AMERICAN STUDIES – A MONOGRAPH SERIES

Volume 80

Edited on behalf
of the German Association
for American Studies by
REINHARD R. DOERRIES
GERHARD HOFFMANN
ALFRED HORNUNG

NADJA GERNALZICK

Kredit und Kultur

Ökonomie- und Geldbegriff
bei Jacques Derrida
und in der amerikanischen Literaturtheorie
der Postmoderne

Universitätsverlag
C. WINTER
Heidelberg

Die Deutsche Bibliothek – CIP-Einheitsaufnahme

Gernalzick, Nadja:
Kredit und Kultur: Ökonomie- und Geldbegriff bei Jacques
Derrida und in der amerikanischen Literaturtheorie der
Postmoderne/Nadja Gernalzick. – Heidelberg: Winter, 2000

(American studies; Vol. 80)
Zugl.: Mainz, Univ., Diss., 1998
ISBN 3-8253-0943-6

ISBN 3-8253-0943-6

Imprimé en Allemagne · Printed in Germany
Druck: Strauss Offsetdruck GmbH, 69509 Mörlenbach

Inhalt

Diese Veröffentlichung ist aus meiner Dissertation im Jahr 1998 am Fachbereich 14, Amerikanistik, der Johannes Gutenberg-Universität Mainz hervorgegangen.

Meinem Doktorvater, Prof. Dr. Alfred Hornung, danke ich herzlich für die Annahme des Themas und für seine stetige und aufmerksame Unterstützung.

Dem Land Rheinland-Pfalz danke ich für die Gewährung eines Stipendiums der Landesgraduiertenförderung sowie für die Möglichkeit der Teilnahme am 3. Managementseminar der Stiftung Innovation 1996. Ebenfalls danke ich der Vereinigung der Freunde der Universität Mainz für die Verleihung eines Dissertationspreises 1999.

Meiner Familie und meinen Freunden danke ich für Rat und Tat und für ihre treue Begleitung.

Mainz, im April 2000   Nadja Gernalzick

Einleitung

In seiner Theorie der Dekonstruktion setzt Jacques Derrida Schrift und Geld gleich: Schrift und Geld sind materielle Markierungen und folgen gleichen Regeln. Sprache und Kommunikation korrelieren mit der Geldwirtschaft. Sprachsystem und Geldwirtschaft werden von Fiktionalität und Konventionalität - des Sinns oder der Werte - bestimmt. In Derridas Werk weicht die klassische Erklärung der Schrift und des Geldes als sekundäre Repräsentationen von Realität oder Natur und des Zinses als Konsumverzicht einer pragmatischen Affirmation von Kultur und Kredit als ethisch unhintergehbar und philosophisch irreduzibel. Folglich richtet sich die Aufmerksamkeit auf die vertrauensverpflichtenden und distributiv wirksamen Momente des Kreditwesens statt auf eine deterministische Ethik der natürlichen oder energetischen Produktion; es sind die kulturellen Fiktionen, die unsere Kommunikation bedingen und demokratische Veränderung ermöglichen. In Konsequenz wird von Sprachphilosophen und Wirtschaftstheoretikern gleichermaßen verlangt, Fiktionalität und Konventionalität als Bedingung und Möglichkeit demokratischer Kultur anzuerkennen - unter der Annahme, daß eine Natur oder Realität als nur ein weiteres System von materiellen Markierungen kein Primat habe in der Sinnstiftung oder in der Wertebestimmung. Eine Ethik der Verantwortung soll im irreduziblen Relativismus der Werte Garantie sein für zumindest temporäre Stabilität eines jeden Kontextes in einer Vielzahl von Kontexten unterschiedlichster Ausdehnung und Dauer. Die zeitgenössische Debatte um Universalismus und Relativismus in der multikulturellen Gesellschaft und um die Definition der Menschenrechte oder um einen globalen Standard für Lebensqualität weist auf diese Notwendigkeit der konventionellen, ethischen Wertefindung. Anders als poststrukturalistische Ansätze liefert die Dekonstruktion Derridas also Erklärungen, die kompatibel sind mit der ethischen Wende der Postmoderne. In der Wirtschaftswissenschaft und in der Geisteswissenschaft umfaßt die Theorie der Dekonstruktion die seit den 80er-Jahren des 20. Jahrhunderts ausgeprägten Bewegungen der Wirtschaftsethik, der globalen Kulturwissenschaft und der politisch motivierten Studien zum Postkolonialismus.

Ökonomiebegriff und Dekonstruktion

Derrida setzt sich vom Strukturalismus der Linguistik, Anthropologie und Literaturwissenschaft ab, indem er den Ökonomiebegriff in seiner Theorie der allgemeinen Textualität und der *différance* verwendet. Der Ökonomiebegriff dynamisiert den synchronischen und ahistorischen Strukturbegriff durch ein temporalisierendes Moment. Es gilt, daß die Sprache, die Schrift und jedes System von Markierungen nicht, auch nicht als Anliegen der Wissenschaft, auf eine architektonische Statik und Struktur reduziert werden dürfen, sondern - gleichsam mit Heraklit - alle Markierungen, auch die des Interpreten, radikal aus dem Fluß der Zeit heraus begriffen werden sollen. Derridas Begriff der *différance* benennt den Effekt der Verschiebungen und Unterscheidungen, die eine materielle Markierung - eine Zahl, ein Laut der Sprache, ein Buchstabe oder Wort der Schrift, eine Linie der Mimik oder Gestik, eine Form, ein Körper, ein Verkehrsschild, ein Baum in der Landschaft - durch die Zeit erfährt.[1] Indem Derrida die aristotelische Unterscheidung von Ökonomik - autarke Naturaltauschwirtschaft - und Chrematistik - über Zeit und Raum handelnde, entgrenzende Geldwirtschaft - für „invivable"[2] erklärt, beschreibt er die Ökonomie schon immer als Geldwirtschaft: Er setzt seine Theorie, mit den Ergebnissen der zeitgenössischen Wirtschafts- und Geldtheorie kompatibel, von der aristotelischen Tradition ab, die auf einen instantanen, verzögerungsfreien, zeitlosen und idealen Tausch rekurriert, so daß Elemente des Tauschsystems oder des Kommunikationssystems gleichsam von Zeit nicht affiziert würden. Mit der geldwirtschaftlichen Lesart des Wortes Ökonomie wertet Derrida dagegen das Kulturelle als das Künstliche, Konventionelle und Fiktionale auf und stellt eine hierarchisierte Opposition von Natur und Kultur in Frage.

Dazu wird der im Herkunftstext des Strukturalismus, dem *Cours de linguistique générale* von Ferdinand de Saussure, eingesetzte Vergleich von sprachlichem Zeichen und Geldzeichen bis zu einer Konvergenz von Sprachtheorie und Geldtheorie ausgeweitet: Das Geld wie die Sprache werden in Übereinstimmung mit zeitgenössischer Wirtschaftstheorie als Zeittechnologie begriffen. Derrida affirmiert die ökonomischen Techniken des Zählens und Schreibens sowie das Rechnen und den Kalkül im Umgang mit dem Umherirren des Sinns und des Wertes; die Ökonomie der Sprache wird zum Gegenstand der Philosophie nach dem „linguistic turn."[3]

---

[1] Zum von Derrida geprägten Neologismus *différance* vgl. Kapitel 3. Als Adjektiv zu *différance* verwende ich im Deutschen 'differantiell'.

[2] Jacques Derrida, *Donner le temps: 1. La fausse monnaie* (Paris: Galilée, 1991) 203.

[3] Richard Rorty, Hg. und Einf., *The Linguistic Turn: Recent Essays in Philosophical Method* (Chicago: U of Chicago P, 1967).

Zum kritischen Hebel wird die Herleitung des Wortes Ökonomie vom griechischen *oikonomía*, als Zusammensetzung von *oikos* und *nomos*, Haus und Gesetz der Verteilung. Jede Referenz auf das Haus, das Heim oder das Wohnen kann in Bezug auf ökonomische Regeln und Ordnungen gelesen werden. Martin Heideggers Satz „die Sprache ist das Haus des Seins"[4] wird so von Derrida als philosophiegeschichtlich jüngste, seinem eigenen Interesse naheliegende, wenn auch zu modifizierende Formulierung der Korrelation von Ökonomie und Sprache gelesen. Wenn nach Derrida die Schrift des literarischen und philosophischen Textes selbst nach den Begriffen der Geldwirtschaft geordnet werden kann, fallen die im Text beschriebenen wirtschaftlichen oder monetären Zusammenhänge unter dieselben Regeln wie die Beschreibung selbst, so daß ein kategorialer Unterschied zwischen ökonomischem Inhalt und ökonomischer Form eines Textes und zwischen ökonomischer Metapher und nicht-figuraler Beschreibung der Ökonomie entfällt. Mit der Vorstellung vom Wohnen des Seins im Haus der Sprache werden theologische, gnostische und rhetorische Lesarten des ökonomischen Wortfeldes, die bis in die Antike zurückverfolgt werden können,[5] fortgeführt.

Geld und textuelle Markierung oder Zeichen sowie Geldtheorie und Sprachtheorie werden für Derrida analog: Die Rede vom Haus des Seins sei keine Metapher mehr, denn mit Heidegger müsse gerade „la valeur économique de la demeure et du propre"[6] in der Definition der Metapher selbst bedacht werden, so daß die Rede von der Eigentlichkeit oder Uneigentlichkeit von Bedeutung den Metaphernbegriff - gewissermaßen inflationär - außer Kraft setze. Da Heideggers Satz in der Sprache von ihrer Metaphorizität spricht, kann das Metaphorische nur „depuis et dans la langue"[7] gedacht werden. Mit Heidegger gilt daher für Derrida „[qu'il n'y a] plus de métalangage, plus de métalinguistique, donc plus de métarhétorique, plus de métaphysique. Toujours une métaphore de plus au moment où la métaphore se retire en évasant ses limites."[8] Die Metaphorizität wird verallgemeinert zum unhintergehbaren Wesen der Sprache wie der Sprachkritik. Die bisherige Ontologie habe die Frage nach dem Eigenen und dem Ökonomischen noch nicht eingeholt. Zwar sei es nicht möglich, nur weil die Frage nach dem Eigenen - „propre" - nun nicht länger von der Frage nach dem Sein abgeleitet werden könne, sie für der unmittelbaren Untersuchung zugänglich zu halten, da noch nicht einmal geklärt sei, was „le propre, la propriation, l'échange, le donner, le prendre,

---

[4] Martin Heidegger, *Über den Humanismus*, 1947 (Frankfurt: Klostermann, 1991) 5.

[5] Vgl. zur Geschichte des Wortes Ökonomie und seines metaphorischen Gebrauchs Anhang I.

[6] Jacques Derrida, „Le retrait de la métaphore," 1978, *Psyché: Inventions de l'autre* (Paris: Galilée, 1987) 84.

[7] Derrida, „Le retrait de la métaphore" 84.

[8] Derrida, „Le retrait de la métaphore" 85.

la dette, le *coût*, etc."[9] überhaupt seien. Die Gesetze der Ökonomie, auch der Ökonomie der Sprache, sind nach Derrida noch nicht erkannt: „[E]conomics . . . is not one domain among others or a domain whose laws have already been recognized."[10] Ein Diskurs aber, der diese Fragen nicht zu beantworten suche, löse sich nie aus einer „présupposition onto-herméneutique," sondern verbleibe „dans la relation pré-critique au signifié, dans le retour à la parole présente, à la langue naturelle."[11] Entsprechend verläuft Derridas Abgrenzung von Heidegger über „la chose monétaire . . . dont il est significatif, sans doute, que Heidegger parle si peu."[12] Derrida schreibt Heideggers Denken kritisch weiter, wenn er Geldwirtschaft und differantielle Bestimmung der Sprache analogisiert und gegen die aristotelische Naturgesetzlichkeit stellt, ohne eine ursprüngliche Präsenz des Seins zu postulieren: Derridas Vorbehalte gegenüber Heidegger liegen „à l'endroit des motifs heideggeriens les plus essentiels, qu'il s'agisse de déterminer ce qui est originairement propre à l'être, au temps, au don, ou d'accéder au don le plus <<originaire>>."[13] Die Untersuchung der Ökonomie der Sprache „comme *habitation* toujours déjà située"[14] soll der philosophischen Ontologie vorangehen oder sie ablösen.

Kultur und Kredit

Der Satz von der Sprache als dem Haus des Seins impliziert ein Ende der Metaphorizität, der repräsentativen oder motivierten Sprache und der mimetischen Kunst. Die Arbitrarität des sprachlichen und des monetären Zeichens führt Derrida schon in *De la grammatologie* zum Ersatz des Begriffs des Zeichens (in der durchgeistigten Sprache) durch den der Markierung (in der Materialität des Textes). Die Unmotiviertheit des Zeichens als Markierung

> requiert une synthèse dans laquelle le tout autre s'annonce comme tel - sans aucune simplicité, aucune identité, aucune ressemblance ou continuité . . . . Sans renvoyer à une <<nature>>, l'immotivation de la trace est toujours *devenue.*[15]

---

[9] Jacques Derrida, *Éperons: les styles de Nietzsche/Spurs: Nietzsche's Styles*, 1973, zweisprachig frz. und engl., übers. Barbara Harlow (Chicago: U of Chicago P, 1979) 112. In der englischen Version „proper-ty *(propre)*." *Éperons* 113.

[10] Jacques Derrida, „Limited Inc abc ... ," 1977, übers. Samuel Weber, *Limited Inc*, 1971/1977/1988, übers. Samuel Weber und Jeffrey Mehlman (Evanston: Northwestern UP, 1988) 76.

[11] Derrida, *Éperons* 112.

[12] Derrida, *Donner le temps: 1. La fausse monnaie* 203, Anm. 1.

[13] Derrida, *Donner le temps: 1. La fausse monnaie* 205.

[14] Jacques Derrida, *De la grammatologie* (Paris: Minuit, 1967) 410.

[15] Derrida, *De la grammatologie* 69.

Oppositionen wie Natur und Kultur, Ursprung und Geschichte, Grenze und Unendlichkeit als ideale Identitäten können in der Temporalität nicht aufrecht erhalten werden, sondern das Prinzip der *différance* affiziert sie immer mit dem Anderen oder Nächsten in der Materialität des Textes. Derridas pantextuelle Ausweitung des Schriftbegriffs nimmt keinen Unterschied zwischen (gedruckter oder handgeschriebener) Schrift und Elementen jedweden anderen signifikanten Systems - wie der Geldwirtschaft - an. Derridas Entwurf ähnelt hierin Niklas Luhmanns vergleichender, systemtheoretischer Beschreibung der symbolisch generalisierten Kommunikationsmedien Sprache und Geld. Ein Ende der Schrift und ein Hinausgehen über sie und ihren Text ist nicht möglich, ebensowenig wie die utopische oder nostalgische Rückkehr zu einer angeblich nicht-entfremdeten Authentizität, Unmittelbarkeit oder identitären Präsenz vor den oder jenseits der Zeichen. Textualität umfaßt Schrift, Sprache, Geld und jede materielle Markierung, die sich der Wahrnehmung gibt, also auch den Menschen selbst. Der Gegensatz von *physis* und *nomos* wird im Begriff der Textualität aufgelöst; zwischen den Kontexten der Natur, Technik, Kunst oder Konvention kann nicht länger kategorisch getrennt werden. Zwischen Fiktion und Realität besteht keine absolute Trennung.

Il n'y a pas de nature, seulement des effets de nature: dénaturation ou naturalisation. La nature, la signification de nature, se reconstitue après coup depuis un simulacre (par exemple la littérature) dont on la croit la cause.[16]

Der Gegensatz von *physis* oder Natur und *nomos* oder Gesetz, Technik und Kunst ist unhaltbar, ebenso wie derjenige von Ökonomik und Chrematistik. Sowohl Natürlichkeit wie auch Schuldenfreiheit können wegen ihrer Idealität und der temporalisierenden Wirkung der *différance* nur als jenseits der Materialität des Textes angenommen, aber nie erreicht werden. Kultur und Kredit, vielmehr, beschreiben nach Derrida das Verhältnis von Mensch und Wirklichkeit und ermöglichen den adäquaten Begriff dieses Verhältnisses. Ein Hintergehen der temporalisierenden und ökonomisierenden *différance* als des generativen Prinzips des materiellen Textes kann nur in „cet instant de folie qui déchire le temps et interrompt tout calcul"[17] statthaben, ansonsten gibt es „tout au plus un remboursement à crédit."[18] Erst und nur die *différance* ermöglicht durch den Text - die Schrift, das Geld - Ereignisse in der Ökonomie der Schrift. Als „une

---

[16] Derrida, *Donner le temps: 1. La fausse monnaie* 216.
[17] Derrida, *Donner le temps: 1. La fausse monnaie* 187.
[18] Derrida, *Donner le temps: 1. La fausse monnaie* 186.

machine à provoquer des événements"[19] kann der Text in seiner Selbstläufigkeit nicht umfassend beeinflußt oder verpflichtet werden, auch wenn die Kalkulation und die Zeit die Zählung der Ereignisse als Geschichte ermöglichen und Erzählung und Literatur wie Geldwirtschaft als Techniken hervorbringen. „La chose comme chose donnée, le donné du don n'arrive, s'il arrive, que dans le récit."[20] Derrida erklärt, er vertraue „pas trop à la série <<produire, engendrer, donner>>, ni même à l'indéracinable axiomatique qui associe le don à la générosité, au pouvoir génial, donc naturel et originaire, d'engendrer."[21] Eine Unterscheidung zwischen Natürlichkeit und Künstlichkeit, so wie sie Aristoteles mit der Trennung des Wirtschaftlichen in Ökonomisches und Chrematistisches anstrebt, ist nach Derrida unmöglich; darauf zu verweisen, daß es eine „distinction rassurante entre le naturel et l'artificiel, l'authentique et l'inauthentique, l'originaire et le dérivé ou l'emprunté"[22] gebe, bezwecke die Errichtung „d'une limite idéale et désirable,"[23] die nach der Theorie der *différance* und der Textualität unaushaltbar ist: Von Fiktionalität oder Künstlichkeit, kultureller Geschaffenheit und Zeitlichkeit ist *a priori* jede der Wahrnehmung gegebene Markierung affiziert.

Wahrheit und Wert werden als transzendierend begriffene Momente problematisch und von Derrida in ihrem Angewiesensein auf Konvention, Glauben, Vertrauen und Entscheidung anhand von gegebenen Markierungen erklärt. Das Funktionieren der Literatur wie der Geldwirtschaft ist „acte de foi, phénomène de crédit ou de créance, de croyance et d'autorité conventionnelle."[24] Handel, Kredit, Überzeugungskraft der Fiktion und Kommunikation implizieren immer einen Vertrag. Dieser „restera indispensable au moins pour le *crédit* que nous nous faisons, la foi ou la bonne foi que nous nous prêtons . . . . Tout dépend de l'acte de foi et du crédit."[25] Die Literatur ist als Fiktion wie das Geld an

---

[19] Derrida, *Donner le temps: 1. La fausse monnaie* 125. Vgl.: „OR [...] Le numéraire, engin de terrible précision, net aux consciences, perd jusqu'à un sens." Stéphane Mallarmé, „Or," 1893, *Divagations*, 1897, *Œuvres*, hg. Yves-Alain Favre (Paris: Bordas, 1992) 325, nach Jacques Derrida, „La double séance," 1970, *La dissémination* (Paris: Seuil, 1972) 294.

[20] Derrida, *Donner le temps: 1. La fausse monnaie* 60.

[21] Derrida, *Donner le temps: 1. La fausse monnaie* 204-205.

[22] Derrida, *Donner le temps: 1. La fausse monnaie* 94.

[23] Derrida, *Donner le temps: 1. La fausse monnaie* 200.

[24] Derrida, *Donner le temps: 1. La fausse monnaie* 126. Derrida expliziert seinen Geldbegriff entlang der Lektüre von Charles Baudelaires Kurzgeschichte „La fausse monnaie," an der er nicht nur die differantielle Logik des Geldes, sondern auch der Literatur, der Fiktion und der Lektüre darlegt.

[25] Derrida, *Donner le temps: 1. La fausse monnaie* 23-24, 159. In der deutschen Übersetzung: Dieser „bleibt auf jeden Fall die unerläßliche Grundvoraussetzung für den *Kredit*, den wir uns einräumen, für die Glaubwürdigkeit, die wir uns zubilligen, für den Glauben, den wir uns schenken. . . . Alles hängt vom Akt des Vertrauens und

die Glaubwürdigkeit, den Kredit und „donc au capital, à l'économie et donc à la politique"[26] gebunden. „L'autorité est constituée par l'accréditation, à la fois au sens de la légitimation comme effet de croyance ou de crédulité, et du crédit bancaire, de l'intérêt capitalisé."[27] Derridas Kritik an der abendländischen Metaphysik und ihrem Denken der Identität und Präsenz vollzieht die Entwicklung der Wirtschaftswissenschaft vom substantiellen zum kontraktuellen Geldbegriff nach. Der Kredit geht immer schon dem Kapital voraus, die Schrift geht immer der Wahrheit voraus: Derridas Logik entspricht der Theorie des Geldes als Vertrag über Eigentum, nach der erst durch eine rechtliche Setzung, eine Autorisierung oder Akkreditierung, die Möglichkeit von Kapital durch Zins geschaffen wird, statt wie nach der klassischen Geldtheorie durch Konsumverzicht. Der Geldbegriff und das Ökonomiekonzept der Dekonstruktion stehen in Einklang mit der subjektiven Werttheorie und einer Vertragstheorie des Geldes und betonen Distribution vor Produktion.

Cultural Turn und New Economic Criticism

Derridas sprachphilosophische, dekonstruktionistische Abkehr vom Begriff der Natürlichkeit zugunsten der allgemeinen, kulturellen Textualität und die Ersetzung der Produktivität der Natur durch die Generativität der *différance* als der geliehenen Zeit - des Kredits - gehen seit Ende der 80er-Jahre mit einem neuen wissenschaftlichen Begriff der Kultur einher. Boris Groys erklärt 1992 das

> alte Kulturverständnis . . . , demzufolge das Denken und die Kunst 'die Welt', wie sie ist, adäquat zu beschreiben oder mimetisch darzustellen haben, wobei als Kriterium für die Wahrheit entsprechender Beschreibungen und Darstellungen ihre Übereinstimmung mit der Wirklichkeit gilt,[28]

für unzeitgemäß. Der Gedanke eines Zugangs zur Wirklichkeit - oder zum Sein - jenseits der Kultur läßt sich mit dekonstruktionistischen Prämissen nicht vereinen. Realität liege in den Verhältnissen, dem Dazwischen, der *différance*, nicht in den gesetzten Identitäten selbst. „Real . . . sind die Verhältnisse zwischen kulturellen Aktivitäten und Produkten - die Hierarchien

---

dem Erborgten [*crédit*] ab." Andreas Knop und Michael Wetzel, Übers., *Falschgeld: Zeit geben I*, von Jacques Derrida (München: Fink, 1993) 22, 162.

[26] Derrida, *Donner le temps: 1. La fausse monnaie* 126. Vgl. 159: „Ce texte de Baudelaire traite en somme des rapports entre la fiction en général, la fiction littéraire et le capitalisme."

[27] Derrida, *Donner le temps: 1. La fausse monnaie* 126.

[28] Boris Groys, *Über das Neue: Versuch einer Kulturökonomie* (München: Hanser, 1992) 11.

und Werte, die unsere Kultur bestimmen."[29] Unter dem Begriff des
„cultural turn"[30] etabliert sich entsprechend eine neue Kulturwissenschaft.
Sie versteht sich den Bedürnissen einer neuen Ära der Postmoderne
angemessen:

> [I]t is no longer possible to mark meaningful distinctions between culture and
> society: the real world no longer exists in its own terms but only as it is staged,
> performed, enacted, imagined in cultural forms. So drastic is this suggestion . . .
> that to many . . . it has seemed that we must have transcended the modern and
> become postmodern.[31]

Derridas Radikalisierung der Sprachphilosophie zum Begriff der
allgemeinen Textualität wird von Soziologie und neuer Kulturwissenschaft
in einen „triumphant culturalism - the postmodern world as the apogee of
the turn to culture"[32] verwandelt.

Vor allem in den USA verbreitet sich bis in die 90er-Jahre des 20.
Jahrhunderts mit der Schule des *new historicism* eine Lektüreweise, die
unter dem Einfluß der Theorie der Dekonstruktion eine neue
Kulturwissenschaft fordert. Diese solle sich nicht auf die Auseinandersetzung mit literarischen, ästhetisch anerkannten Texten beschränken,
sondern ihren Untersuchungsgegenstand anhand eines semiotischen,
verallgemeinerten Textbegriffs auch in anderen Textsorten - Werbung,
politischer Essay, populärer Roman, Film und viele mehr - finden.
Einhergehend mit dem Denken der Textualität setzt sich die Ökonomievokabel als kritisches Instrument im Laufe der Rezeption der Theorie der
Dekonstruktion durch. Von ökonomischen Beschreibungen oder
Metaphern im literarischen Text wird auf seine ästhetischen und
sprachlichen Regeln und die Bedingungen seines Sinns geschlossen. Mit
der Erklärung H. Aram Veesers zum *new historicism* von 1989 erhebt
amerikanische Kulturtheorie zum Programm, die Grenze zwischen den
Disziplinen der Wirtschaftswissenschaft und der Kulturwissenschaft zu
überschreiten. „[A] critical method and a language adequate to describe
culture under capitalism participate in the economy they describe."[33] Die
Ökonomie wird wie bei Groys und entgegen idealistischen Positionen als
allumfassende Dachwissenschaft und unhintergehbar begriffen:

> Die Unterwerfung der Kultur unter ökonomische Zwänge wurde freilich in der
> Vergangenheit beständig des Verrats am ursprünglichen Auftrag der Kultur, die
> Wahrheit anzustreben und aufzuzeigen, bezichtigt. Dieser Vorwurf beruht jedoch

---

[29] Groys 12.
[30] David Chaney, *The Cultural Turn: Scene-Setting Essays on Contemporary Cultural
History* (London: Routledge, 1994).
[31] Chaney 7, 182.
[32] Chaney 182.
[33] Aram H. Veeser, Hg., *The New Historicism* (New York: Routledge, 1989) xi.

auf einem grundsätzlichen Mißverständnis. Er geht nämlich von der Überzeugung aus, daß das Funktionieren des ökonomischen Systems verständlich ist, daß man die ökonomischen Zwänge beschreiben und systematisieren kann, daß die Ökonomie überhaupt ein System bildet, dessen Struktur wissenschaftlich erforschbar und beschreibbar ist. . . . Der Glaube an die Beschreibbarkeit der Ökonomie ist aber eine Illusion.[34]

Über die neu definierte Deckungsgleichheit von Kultur und Markt oder Ökonomie ergeht an die Literatur- und Kulturwissenschaft die Aufforderung, an der Erklärung der Ökonomie und ihrer Regeln mitzuwirken. Es kommt schließlich zum Ende des 20. Jahrhunderts in den USA zur Ausbildung des *new economic criticism*, der in Anspielung auf die präzisen Lektüren des *new criticism* der 40er- und 50er-Jahre des 20. Jahrhunderts die Beschäftigung mit der Ökonomie des Textes, mit Kultur und Kredit fordert.[35] Von Gayatri Chakravorty Spivak wurde bereits 1980 die Aufarbeitung des „auratic borrowing"[36] von ökonomischen Begriffen in der amerikanischen Literaturwissenschaft gefordert; diese Arbeit bleibt unter Berücksichtigung der Korrelation von Geld- und Sprachtheorie und unter Aufmerksamkeit für aktuelle wirtschaftstheoretische Schulen und Modelle, die sich von klassischer Writschaftstheorie absetzen, dringend geboten. Die vorliegende Arbeit untersucht den Ökonomie- und Geldbegriff in Derridas Theorie der Dekonstruktion unter wirtschaftstheoretischen und geldtheoretischen Aspekten und möchte damit zu der von Spivak geforderten Aufarbeitung beitragen.

Gang der Untersuchung

Seit den 70er-Jahren des 20. Jahrhunderts finden der Begriff Ökonomie und verwandte Termini weite Verbreitung in postmoderner amerikanischer Literatur- und Kulturtheorie. Das erste Kapitel zeigt diese semantische Ökonomisierung der Literaturtheorie anhand von Beispielen auf. Die Verbreitung des Terminus Ökonomie resultiert jedoch nicht aus der Fruchtbarmachung eines aktuellen Ökonomiebegriffs, sondern aus einer den Terminus begleitenden Aura: Geldtheorie und Temporalisierung werden von den meisten amerikanischen Verwendungen des Ökonomiebegriffs nicht impliziert. Der auratische Reiz des Terminus Ökonomie resultiert also in der amerikanischen Literaturtheorie seit den 70er-Jahren des 20. Jahrhunderts aus seiner Assoziation mit Derridas Dekonstruktion

---

[34] Groys 14.
[35] Vgl. Martha Woodmansee und Mark Osteen, *The New Economic Criticism: Studies at the Intersection of Literature and Economics* (London: Routledge, 1999).
[36] Gayatri Chakravorty Spivak, „Limits and Openings of Marx in Derrida," 1980, *Outside in the Teaching Machine* (London: Routledge, 1993) 110.

und ihrer Rezeption in Amerika, während die dekonstruktionistische Konnotation und Anwendung des Terminus Ökonomie selten angenommen wird. So belegt das Kapitel, wie der Ökonomiebegriff in Derridas Theorie der Dekonstruktion als semiotisches Modell in der amerikanischen Rezeption durch die marxistisch orientierte Literaturwissenschaft, die Schulen des *new historicism* und des *new pragmatism* und die axiologische Literaturtheorie zwar angeeignet wird, wie jedoch diese Schulen fortfahren, Ökonomie mit klassischen oder marxistischen, vorrangig produktionistischen Arbeitswerttheorien nach Adam Smith zu assoziieren, so daß der Ökonomiebegriff eine anachronistische Verkürzung erfährt. Subjektivistische Axiologien, die aus der marginalistischen Revolution in der Wirtschaftstheorie hervorgehen, finden keine Beachtung. Diese Beschränkung führt zum Ausschluß einer aktuellen Geldtheorie und damit auch zum Übersehen der Zeitlichkeit von Sprache und Wirtschaft, so daß das wichtigste Kriterium der *différance* als des generativen Prinzips der Textualität und damit das wichtigste Element der Theorie der Dekonstruktion verloren geht.

Der Konflikt von objektiver und subjektiver Werttheorie - von einer Arbeitswerttheorie und einer Nutzentheorie des Wertes - bestimmt auch einen der folgenreichsten Texte der frühen amerikanischen Postmoderne, Leslie Fiedlers „Cross the Border - Close the Gap" von 1969. Fiedlers Manifest erweitert die französische Hegel-Renaissance der 40er- und 50er-Jahre des 20. Jahrhunderts, indem er Motive aus dem Werk von Georges Bataille und Alexandre Kojève aufnimmt. Unter dem Einfluß der französischen Hegel-Renaissance wird zwar mit der frühen amerikanischen Theorie der Postmoderne, wie das zweite Kapitel zeigt, die Möglichkeit gegeben, den Produktionismus in der Literaturwissenschaft auszusetzen, aber durch fehlende Sprachreflexion und einfachen Ersatz des produktionistischen durch ein hedonistisches Prinzip und der Arbeitswerttheorie durch die Nutzentheorie des Wertes bleibt die Fiedlersche Postmoderne der Theorie des Posthistoire und der ahistorischen Vorstellung eines Austritts aus der Zeit verbunden. Die Theorie des Geldes als Zeittechnologie und der Akkumulation als Effekt des Vertrags über Eigentum, statt als Effekt der Produktion, mit welcher Theorie die Werttheorie in der Wirtschaftswissenschaft abgelöst wird, kann nicht integriert und damit kann auch die Beschreibung der Sprache und der Wirtschaft in der Zeit nicht erreicht werden. Derridas Kritik am Anthropologismus der Hegel-Renaissance dagegen besteht mit Heidegger auf der Gegebenheit der Sprache und der Zeit; ein anthropologistischer oder humanistischer Begriff einer Produktion von Zeichen oder Werken im literatur- und kulturwissenschaftlichen Ansatz bleibt mit der Theorie der Dekonstruktion inkompatibel. Eine kurze Synopse der Geschichte der axiologischen Differenz in der idealistischen Philosophie bei Kant und

Fichte und vor allem bei Hegel in der Allegorie von Herr und Knecht belegt den Einfluß von Wirtschaftstheorien anderer als klassischer Provenienz auch nach der Rezeption Adam Smiths und die resultierende Opposition von Arbeits- und Nutzentheorie des Wertes. Diese Opposition der Werttheorien wird bei Derrida zur *différance* weiterentwickelt, unter Rückgriff auf die aktuelle Geldtheorie als Modell für die Verzeitlichung der Sprache und des Denkens. Die Dekonstruktion geht über die hegelsche axiologische Differenz hinaus; in ökonomischen Begriffen heißt dies, daß Derridas Theorie mit der Preistheorie eher denn der Werttheorie korreliert.

Das dritte und vierte Kapitel explizieren die Sprach- und Geldtheorie der Dekonstruktion. Die strukturalistische Linguistik Ferdinand de Saussures, auf die sich die Dekonstruktion beruft, adaptiert bereits den marginalistischen Begriff des Nutzenwertes nach Vilfredo Pareto auf der Wende zum 20. Jahrhundert, welche Aneignung in der poststrukturalistischen Theorie im allgemeinen übersehen wird, wenn sie versucht, saussuresche Linguistik und marxistische Werttheorie zu verbinden. Auch die produktionistische postmoderne amerikanische Literaturtheorie und Axiologie übersehen die Verbindung von Saussures Linguistik und der Grenznutzentheorie in der Wirtschaftswissenschaft. Saussures strukturalistische Theorie des sprachlichen Werts wiederum wird durch das Prinzip der *différance* bei Derrida verzeitlicht und konvergiert so auf die aktuelle Geld- und Kredittheorie. Die *différance* als generatives Prinzip der Verzeitlichung reduziert die hegelsche Aufhebung der Differenz zu Oppositionen, so daß die binäre und totalisierende Struktur der Dialektik entgrenzt und wieder für die Differenz geöffnet wird. Derrida radikalisiert Saussures Begriff des relativen sprachlichen Werts, der mit der Arbitrarität des Werts bereits auf die mathematische Preis- und Geldtheorie der Wirtschaftstheorie der Grenznutzenschule nach Vilfredo Pareto um die Wende zum 20. Jahrhundert Bezug nimmt. So widmet sich das vierte Kapitel den Aspekten der Fiktionalität und des Kredits, der Konventionalität von Wert und Sinn und der Zeittechnologie, die die Konvergenz von Sprach- und Geldtheorie bei Derrida bestimmen. Das Eingehen von wirtschaftstheoretischen Motiven in die Theorie der Dekonstruktion wird nachvollzogen und es wird erläutert, welche wirtschaftstheoretischen Hintergründe in den Schriften Derridas kontextuell impliziert sind. Die konventionelle Geldtheorie erfährt bei Derrida entlang der Korrelation mit der Konventionalität der Sprache eine dezidierte Affirmation und wird schließlich in eine demokratische Ethik überführt. Die These von *Kredit und Kultur* wird mit einer Diskussion der Rezeption der aristotelischen Wirtschaftstheorie bei Derrida, der nominalistischen entgegen einer metallistischen Geldtheorie und des Geldes als *symbolon* und Technologie der Temporalisierung - jeweils in Bezug zur *différance*, zu Schrift und zur Grammatologie - erhärtet.

Im Kontrast dazu und als vergleichendes Fazit stellt das fünfte Kapitel zwei alternative Theorien der Korrelation von Geldtheorie und Sprachtheorie bei Jean Baudrillard und Jean-Joseph Goux vor, die in ihrer Kritik am statischen Strukturalismus eine Anwendung der Derridaschen Theorie der *différance* beanspruchen. Beide alternativen Zeichenökonomien kommen dennoch zu anderen Ergebnissen und zu einer anderen Ethik als die Theorie der Dekonstruktion, weil im Vergleich mit der Sprache die Geldtheorie nicht ausreichend und entsprechend dem zeitgenössischen Stand der Wirtschaftstheorie herangezogen, sondern wie in der amerikanischen Rezeption des Ökonomiebegriffs auf den Kontext der klassischen Wirtschaftstheorie beschränkt wird. Die klassische Arbeitswerttheorie und die metallistische Geldtheorie bestimmen die Argumentation Baudrillards wie auch Gouxs. Anders als der Theorie der Dekonstruktion gelingt dem Poststrukturalismus bei Baudrillard und Goux keine Beschreibung der Verzeitlichung in Sprache und Wirtschaft durch *différance*, sondern verbleiben ihre Entwürfe bei einem additiven, aggregierenden Strukturpluralismus. Ein abschließender Vergleich der Ökonomiebegriffe bei Baudrillard, Derrida und Goux und in der amerikanischen Rezeption des Ökonomiebegriffs der Dekonstruktion differenziert die Begriffe Postmoderne, Poststrukturalismus und Dekonstruktion anhand des Ökonomiebegriffs. Der Anhang bietet zur Illustration eine Auswahl von Beispielen aus der Geschichte des Wortes Ökonomie als Metapher und aus der Geschichte des Vergleichs von Sprache und Geld in der Theologie, Rhetorik, Philosophie und Literatur. Außerdem enthält der Anhang statistische Belege zur verstärkten Verbreitung des Terminus Ökonomie seit der Mitte des 20. Jahrhunderts und eine tabellarische Geschichte des Wortes Ökonomie im Griechischen, Lateinischen, Französischen, Englischen und Deutschen.

Hinweis zur Zitierweise

Zitiert werden die neusprachlichen Titel durchgehend in der Sprache der Erstveröffentlichung, außer in wenigen Fällen, in denen die Originaltitel nicht zur Verfügung standen. Zur Abgleichung mit englischen und deutschen Übersetzungen sei auf die zu Anfang der Bibliographie angeführten bereits vorliegenden Bibliographien der Werke Derridas mit ihren Übersetzungen verwiesen. Die jeweiligen Veröffentlichungsdaten von Originaltiteln und Übersetzungen geben darüber hinaus Aufschluß über den Verlauf der Rezeption in Amerika und Deutschland. Für die 70er- und 80er-Jahre kann gelten, daß die Rezeption der übersetzten Werke Derridas in Deutschland - die deutsche Rezeption wird offenbar über die amerikanische Rezeption erst angeregt - fünf bis zehn Jahre später stattfindet als die Rezeption in den USA; erst seit Anfang der 90er-Jahre des 20. Jahrhunderts scheint die Übersetzungstätigkeit und Rezeption im Englischen und Deutschen annähernd parallel zu verlaufen.

1.

Dekonstruktion und die Verwandlung
ihres Ökonomiebegriffs in den USA

Amerikanische Wissenschaftshistoriker beschreiben und dramatisieren den Einfluß Derridas und seiner Theorie der Dekonstruktion auf die Literatur- und Kulturwissenschaft in den USA mit dem Vokabular der Revolution oder der religiösen Erweckung. „Sometime in the early 1970s we awoke from the dogmatic slumber of our phenomenological sleep to find that a new presence had taken absolute hold over our avant-garde critical imagination: Jacques Derrida."[1] Die Literaturwissenschaft in den Vereinigten Staaten habe seit 1960 „a radical transformation" erlebt, die eine Abkehr von der „almost total hegemony of *new criticism*, with its privileging of the 'autonomous' literary work and close readings of particular literary texts" und „an explosion of interest in interdisciplinary approaches to literature" mit sich gebracht habe: „In large part this revolution began with the importation of Continental philosophical and literary studies to the once insulated American academy."[2] Die Revolutionsmetaphorik breitet sich in den 80er-Jahren aus: „There is today a revolution occurring in literary criticism, particularly in the United States."[3] Der Einfluß Derridas in den USA wird jedoch auch selbstironisch wahrgenommen, wie in der Formulierung von einem „full potential for havoc carried by Derrida's earliest writings."[4] Diese Selbstironie wird von den Kritikern der Dekonstruktion - dies gilt auch für die in deutschen Feuilletons verbreiteten Polemiken gegen die Dekonstruktion - häufig überlesen. Die Kritik an der Dekonstruktion bestätigt ihren großen Einfluß, wenn amerikanischen Literaturwissenschaftlern noch bis Ende der 90er-Jahre vorgeworfen wird, die „französischen Autoren . . . von Lacan über Baudrillard bis Derrida . . . in einem irrationalen Personenkult verehrt"[5] zu haben. Amerikanische Selbstkritik äußert sich auch, wenn in Bezug auf das internationale Kolloquium am Humanities Center der Johns Hopkins University in Baltimore von 1966, mit dem die amerikanische Rezeption

---

[1] Frank Lentricchia, *After the New Criticism* (London: Athlone Press, 1980) 159.
[2] Robert Con Davis und Ronald Schleifer, Hg., *Rhetoric and Form: Deconstruction at Yale* (Norman: Oklahoma UP, 1985) vii.
[3] Irene E. Harvey, *Derrida and the Economy of Différance* (Bloomington: Indiana UP, 1986) ix.
[4] Lentricchia 160.
[5] Alan D. Sokal nach Martina Meister, „Denken als Risiko: Sind die französischen Intellektuellen Betrüger?" *Frankfurter Rundschau* 29. Oktober 1997: 8.

Derridas begann und an dem neben Derrida, Roland Barthes, Lucien Goldmann, Jean Hyppolite und Tzvetan Todorov auch Jacques Lacan teilnahm, eine Anekdote mit diabolischem Unterton angeführt wird: Wenn Lacan und Derrida gemeinsam zu dem Symposium gereist wären, „one might appropriately have said to the other (as Freud is reputed to have said to Jung when they arrived . . . to attend a conference at Clark University in 1909), 'They do not know that we come bringing the plague.' "[6]

Anläßlich des Kolloquiums hält Derrida einen Vortrag zu Claude Lévy-Strauss' *Anthropologie structurale*:[7] Wird das Symposium ursprünglich mit der Intention einberufen, den Strukturalismus in den Geistes- und Sozialwissenschaften in den USA einzuführen, bringt Derridas Vortrag stattdessen bereits die Dekonstruktion voran: „The edited proceedings of the symposium . . . prefigured the most heated combat in our [American] critical history, but they do not mark the beginning of a structuralist movement in our criticism."[8] Der Rezeption Derridas und anderer später dem Poststrukturalismus zugeordneter Autoren geht in Amerika keine Rezeption des Strukturalismus voraus. Eugenio Donatos Essay im Konferenzband verweist bereits auf das spätere erste Kapitel von Derridas *De la grammatologie*, das zunächst auf französisch in *Critique* 1965-66 erschienen ist, und unterstützt Derridas dekonstruktionistische Intervention gegen den Strukturalismus.[9] Schon drei Monate nach dem Kolloquium in Baltimore hält Paul de Man einen Vortrag an der University of Texas, der die von Derrida aufgeworfene Kritik am Strukturalismus umsetzt.[10] Wallace Martin weist darauf hin, daß die Wiederauflage des Tagungsbandes 1972 im Titel anzeigt, wie sich die Gewichtung der Tagung mit der weiteren Rezeption der Schriften Derridas zu diesem Zeitpunkt schon verschoben hat: „The structuralist controversy" steht im Vordergrund, und die Herausgeber weisen darauf hin, daß „the very existence of structuralism as a meaningful concept" hinterfragt werden müsse und der Tagungsband „evidence . . . of the ensuing moment of theoretical deconstruction"[11] zeige. Derrida gilt in den USA seit dem Vortrag von 1966, bei welchem er zum ersten Mal den Begriff der Dekonstruktion verwendet, als „the foremost critic of structuralism. "[12]

---

[6] Jonathan Arac, Wlad Godzich und Wallace Martin, Hg., *The Yale Critics: Deconstruction in America* (Minneapolis: U of Minnesota P, 1983) xxiv.

[7] Jacques Derrida, „La structure, le signe et le jeu dans le discours des sciences humaines," 1966, *L'écriture et la différence* (Paris: Seuil, 1967) 409-428.

[8] Lentricchia 159. „The edited proceedings" erscheinen 1970 und wiederaufgelegt 1972: Eugenio Donato und Richard Macksey, Hg., *The Structuralist Controversy: The Languages of Criticism and the Sciences of Man*, 1970 (Baltimore: Johns Hopkins UP, 1972).

[9] Eugenio Donato, „The Two Languages of Criticism," Donato und Macksey 89-97.

[10] Arac, Godzich und Martin xxiii.

[11] Arac, Godzich und Martin xx.

[12] Mark Poster, *Existential Marxism in Postwar France* (Princeton: Princeton UP, 1975)

Nach dieser Anfangsphase der Rezeption des Denkens Derridas in den USA, die Vincent B. Leitch von 1968 bis 1972 als Zeit der „formation of the doctrin"[13] ansetzt und in der nur wenige Texte Derridas in englischer Übersetzung vorliegen, verläuft die Rezeption bald in weiteren Kreisen und erscheinen weitere Übersetzungen. Neben der Veröffentlichung des Vortrags Derridas im Konferenzband 1970 und in zweiter Auflage 1972 sowie früher Übersetzungen einiger wichtiger Essays[14] wird die dekonstruktionistische Theorie in den 70er-Jahren maßgeblich durch die Schriften der *Yale Critics* Harold Bloom, Paul de Man, Geoffrey Hartman und J. Hillis Miller an die literaturwissenschaftlichen Fachbereiche amerikanischer Universitäten vermittelt: Nachdem J. Hillis Miller und Paul de Man Anfang der 70er-Jahre von der Johns Hopkins University, an der Derrida 1966 seinen einflußreichen Vortrag gehalten hat, nach Yale wechseln, bringen sie dort mit Harold Bloom und Geoffrey Hartman, alle vier bereits „a distinctive presence in American criticism,"[15] dasjenige von der Lektüre des Werks Derridas beeinflußte literaturkritische Corpus hervor, das sie Mitte der 70er-Jahre unter dem Namen *Yale Critics* in den USA prägend werden läßt. „Intrinsic analysis of literature"[16] nach Vorgabe des *new criticism* wird vielerorts von der Dekonstruktion und Derridas Textualitätsbegriff abgelöst. Die Literaturwissenschaft als Disziplin der Auslegung der Fiktion erhebt als allgemeine Hermeneutik im Sinne einer Textwissenschaft Anspruch auf Relevanz auch hinsichtlich anderen als literarischen und fiktionalen Schreibens, so daß auch die Grenze zwischen Philologie und Philosophie in Frage gestellt wird und sich eine neue Kulturwissenschaft entwickelt.

Derrida selbst lehrt ab Anfang der 70er-Jahre an der Johns Hopkins University und der Yale University.[17] Die Übersetzung[18] seines

---

353, Anm. 100.

[13] Vincent B. Leitch, *American Literary Criticism from the Thirties to the Eighties* (New York: Columbia UP, 1988).

[14] Jacques Derrida, „Les fins de l'homme," 1968, *Marges de la philosophie* (Paris: Minuit, 1972) 129-164, englisch zuerst als „The Ends of Man," übers. Edouard Morot-Sir et al., *Philosophy and Phenomenological Research* 30.1 (1969): 31-57; Jacques Derrida, „La différance," *Bulletin de la société francaise de philosophie* 62.3 (1968): 73-101, englisch zuerst als „Differance," übers. David B. Allison, *Speech and Phenomena: And Other Essays on Husserl's Theory of Signs* (Evanston: Northwestern UP, 1973); Jacques Derrida, „La mythologie blanche dans le texte philosophique)," *Poétique* 5 (1971): 1-51, englisch zuerst als „White Mythology: Metaphor in the Text of Philosophy," übers. F.C.T. Moore, *New Literary History* 6.1 (1974): 5-74.

[15] Arac, Godzich und Martin xxx.

[16] Arac, Godzich und Martin xxx.

[17] Donato und Macksey 324, sowie Jacques Derrida, *Donner le temps: 1. La fausse monnaie* 9. Neben seiner Tätigkeit an der *École Normale Supérieure* in Paris bis 1984 und daraufhin an der *École des Hautes Etudes en Sciences Sociales* lehrt Derrida ab den späten 70er-Jahren auch an der Cornell University, University of Chicago und an

Hauptwerks *De la Grammatologie* durch Gayatri Chakravorty Spivak erscheint 1976; 1979 veröffentlichen Bloom, Hartman, de Man und Miller gemeinsam mit Derrida den Band *Deconstruction and Criticism*.[19] In dieser Phase der Rezeption der Werke Derridas finden die heftigsten Debatten über die Dekonstruktion statt. Dem *new criticism* verpflichtete amerikanische Zeitschriften führen „strategische Feldzüge"[20] gegen den Einfluß der Dekonstruktion und poststrukturalistischer Theorie aus Frankreich. Im Verlauf der Institutionalisierung der Dekonstruktion an den amerikanischen Universitäten Ende der 70er-Jahre werden von konservativer Seite „nicht nur die dekonstruktionistische Literaturtheorie Derridas und der sogenannten *Yale School*," sondern auch „[p]oststrukturalistische, feministische und (neo)marxistische Ansätze . . . als unerwünschte Fremdlinge diffamiert."[21] Es erscheinen zahlreiche Übersetzungen von Büchern und Essays Derridas sowie von poststrukturalistischer Theorie.[22] Seit spätestens 1982 erreicht die Dekonstruktion auch die Theologie, Ethik und Politik; sie breitet sich aus

> far beyond its early adherents, galvanizing large numbers of intellectuals in a struggle over the meaning and significance of this School . . ., mobilizing numerous antagonists and generating a massive secondary literature.[23]

---

der University of California at Irvine, abgesehen von internationaler Vortragstätigkeit.

[18] Gayatri Chakravorty Spivak, Übers., *Of Grammatology*, von Jacques Derrida, 1967 (Baltimore: Johns Hopkins UP, 1976).

[19] Harold Bloom, Jacques Derrida, Geoffrey H. Hartman, Paul de Man und J. Hillis Miller, *Deconstruction and Criticism* (London: Routledge & Kegan Paul, 1979).

[20] Andreas Huyssen und Klaus R. Scherpe, Hg., *Postmoderne* (Reinbek: Rowohlt, 1986) 30.

[21] Huyssen und Scherpe 30.

[22] So auch Jean Baudrillard, *Le miroir de la production ou l'illusion critique du matérialisme historique*, 1973 (Paris: Galilée, 1985), engl. Mark Poster, Übers., *The Mirror of Production*, von Jean Baudrillard (St. Louis: Telos, 1975), und *Pour une critique de l'économie politique du signe* (Paris: Gallimard, 1972), engl. Charles Levin, Übers., *For a Critique of the Political Economy of the Sign*, von Jean Baudrillard (St. Louis: Telos, 1981). Jean Baudrillards für die Ausbildung des Poststrukturalismus wichtiger Text *L'échange symbolique et la mort* (Paris: Gallimard, 1976) erscheint erst 1993 in englischer Übersetzung: Iain Hamilton Grant, Übers., *Symbolic Exchange and Death*, von Jean Baudrillard (London: Sage, 1993). Auch eine Zusammenstellung von Essays aus Jean-Joseph Gouxs *Freud, Marx: économie et symbolique* (Paris: Seuil, 1973) und *Les iconoclastes* (Paris: Seuil, 1978) erscheint erst 1990 in englischer Übersetzung als *Symbolic Economies: After Marx and Freud*, von Jean-Joseph Goux, übers. Jennifer Curtiss Gage (Ithaca/New York: Cornell UP, 1990); Gouxs *Les monnayeurs du langage* (Paris: Galilée, 1984) erscheint 1994 als *The Coiners of Language*, von Jean-Joseph Goux, übers. Jennifer Curtiss Gage (Norman/London: U of Oklahoma P, 1994). Zur selten wiedergegebenen Rolle Gouxs in der Ausbildung des Poststrukturalismus - der Terminus geht auf ihn zurück - vgl. 23 f..

[23] Leitch 269.

Semantische Ökonomisierung
der amerikanischen Literaturtheorie

Wenn der Einfluß von Derridas Theorie der Dekonstruktion und des durch sie vermittelten Poststrukturalismus auf die Literaturwissenschaft in den USA also ohnehin groß geschätzt wird, so läßt er sich in der auffälligen Proliferation der Verwendung des Ökonomiebegriffs ablesen. Texte der Vertreter vor allem der Schule des *new historicism* der späten 80er- und der 90er-Jahre des 20. Jahrhunderts weisen einen wuchernden Gebrauch der Ökonomievokabel auf, jedoch ohne daß die von seiner dekonstruktionistischen Aura zehrende Verwendung des Wortes reflektiert oder definiert würde: „economies of debt and gift," „providential economy," „economic form,"[24] „economy of reappropriation," „economy of sacrifice," „conjugal economy," „transcendental economy,"[25] „economy of abundance," „economy of scarcity,"[26] „economy of excess," „economy of expenditure," „comic economy," „revolutionary economy," „Irish economy," „economy of composition," „artistic economy," „verbal economy," „linguistic and material economies," „economy of reading,"[27] „moral economy,"[28] „economy of happiness," „economic mode of thinking,"[29] „erotic economy,"[30] „climacteric economy,"[31] „economy of being,"[32] „American economy of the self,"[33] „textual economy," „general

---

[24] John Rieder, „Wordsworth's 'Indolence:' Providential Economy and Poetic Vocation," *Pacific Coast Philology* 23.1-2 (November 1988): 75, 67, 67.

[25] Claire Nouvet; „The Discourse of the 'Whore:' An Economy of Sacrifice," *Modern Language Notes* 105 (1990): 766, 750, 766, 772.

[26] David Trotter, „Too Much of a Good Thing: Fiction and the 'Economy of Abundance'," *Critical Quarterly* 34.4 (Winter 1992): 27, 27.

[27] Mark Osteen, „Narrative Gifts: 'Cyclops' and the Economy of Excess," *Joyce Studies Annual* 1 (Summer 1990): 162, 163, 163, 163, 171, 185, 189, 189, 162, 195.

[28] Wai-Chee Dimock, „The Economy of Pain: Capitalism, Humanitarianism, and the Realistic Novel," *New Essays on Silas Lapham*, hg. Donald E. Pease (Cambridge: Cambridge UP, 1991) 67. Charles A. Knight, „The *Spectator*'s Moral Economy," *Modern Philology* 91.2 (Nov. 1993): 161. Da Zheng, *Moral Economy and American Realistic Novels* (New York: Lang, 1996) passim.

[29] Kevin Cope, „Rational Hope, Rational Benevolence, and Ethical Accounting," *The Age of Johnson*, hg. Paul J. Korshin (New York: AMS Press, 1987) 181, 181.

[30] Michael Warner, „*Walden*'s Erotic Economy," *Comparative American Identities*, hg. Hortense J. Spillers (NY: Routledge, 1991) 157.

[31] Susan Walsh, „Bodies of Capital: *Great Expectations* and the Climacteric Economy," *Victorian Studies* 37.1 (Autumn 1993): 73.

[32] John Dolis, „Thoreau's *Walden*: Intimate Space and the Economy of Being," *Consumable Goods*, hg. David K. Vaughan (Orono: National Poetry Foundation, 1987) 185.

[33] Duane Coltharp, „Landscapes of Commodity: Nature as Economy in Emerson's Poems," *ESQ: A Journal of the American Renaissance* 38.4 (1992): 280.

economy," „libidinal economy,"[34] „economy of explanation,"[35] „economy of pain."[36] Die Herkunft der ökonomischen Begriffe - des Begriffs der Ökonomie sowie z.b. seiner Korrelate Produktion, Wert, Geld oder Kredit - aus der Dekonstruktion Derridas und dem von ihr beeinflußten und beförderten Poststrukturalismus kann bei vielen der amerikanischen Autoren heute nur noch vage abgelesen werden, da sich die Prämissen der dekonstruktiven Semiotik inzwischen als Selbstverständlichkeit darstellen, ohne daß Quellen Erwähnung finden.[37] Auch zur Tradition der ökonomischen Metapher in Theologie, Rhetorik und Moralphilosophie werden nur äußerst selten Bezüge hergestellt. Die Verwendung der ökonomischen Begriffe scheint sich allein auf die Aura zu stützen, die der Terminus Ökonomie durch die Assoziation mit der dekonstruktiven Theorie erlangt hat. Die Rezeption des Ökonomiebegriffs der Dekonstruktion in den USA hat den der Theorie Derridas eigenen Differenzierungen und deren Entsprechungen in der Wirtschaftstheorie also bisher kaum Beachtung geschenkt, obwohl von Kurt Heinzelmann eine solche Unaufmerksamkeit hinsichtlich der für den Ökonomiebegriff in der amerikanischen Literaturwissenschaft seminalen Rezeption der Dekonstruktion bei Marc Shell[38] schon früh angemerkt wird: „In fact, Shell rarely discusses economists as such, or their particular economic theories, and therefore he overlooks the internal symbolization of *their* structures."[39]

Produktionismus und klassische Wirtschaftstheorie in der amerikanischen Rezeption des Ökonomiebegriffs der Dekonstruktion

In der amerikanischen Literaturwissenschaft konzentriert sich die Adaption des Ökonomiebegriffs der Dekonstruktion auf den Aspekt der

---

[34] Steve McCaffery, *North of Intention: Critical Writings 1973-1986* (New York: Roof Books, 1986) x, x, 201.

[35] N. Katherine Hayles, „Information or Noise? Economy of Explanation in Barthes's S/Z and Shannon's Information Theory," *One Culture*, hg. George Levine (Madison: U of Wisconsin P, 1987) 119.

[36] Dimock 67.

[37] Vgl. z.B. Zheng 5: „Realistic novels . . . merely offer systems of signs . . . . The meaning of these signs is referential but slippery, inviting infinite interpretation, and there is never a definite correspondence between the sign and the signified." Zheng stellt seine semiotischen Festlegungen, die dekonstruktive und poststrukturalistische Momente andeuten, aber bis zur Unkenntlichkeit verallgemeinern, in keinerlei theoretischen oder kritischen Zusammenhang und gibt keinerlei Referenzen auf relevante semiotische oder sprachtheoretische Werke.

[38] Vgl. Marc Shell, *The Economy of Literature* (Baltimore: Johns Hopkins UP, 1978).

[39] Kurt Heinzelmann, *The Economics of the Imagination* (Amherst: U of Massachusetts P, 1980) 284, Anm. 9.

Produktion. Anders als von Derrida wird in der amerikanischen Rezeption jedoch Produktion als substantielle Produktivität des Menschen gelesen, nicht als Effekt der *différance*: Die amerikanische Literaturwissenschaft begreift Ökonomie vorwiegend über die produktionistische klassische Wirtschaftstheorie und ihrer Ausrichtung an einer Analyse des menschlichen Produkts als Tauschwert und der Arbeit als Wertsubstanz. Indem Differenzierungen des Ökonomiebegriffs durch nutzentheoretische Ansätze unterbleiben und stattdessen ein monolithischer Ökonomiebegriff der klassischen Wirtschaftstheorie mit Ausrichtung auf Produktion und Akkumulation durch Arbeit oft auch nur implizit vorausgesetzt wird, verkürzt die amerikanische Rezeption gerade die von Derrida stetig fortgeführte Auseinandersetzung mit der Geldtheorie, so daß die Fiktionalität und Konventionalität von Werten nicht adäquat beschrieben werden kann. Der metallistische und repräsentationistische Geldbegriff der klassischen Wirtschaftstheorie wird beibehalten, statt daß zu neueren Ansätzen, die das Geld nach seiner nominalistischen Erklärung als Vertragsinstanz und Zeittechnologie begreifen, übergegangen würde. Semiotische Produktivität und Tausch von Zeichenwerten werden unter Ausschluß geldtheoretischer Aspekte - wie Fiktionalität und Konventionalität der Werte, Akkumulation und Zeit - erläutert. Darüber hinaus können das Hervorgehen von Eigentum aus rechtlicher Setzung statt aus Arbeit und vor allem die Arbitrarität von Verteilung vor dem Hintergrund der klassischen Wirtschaftstheorie nicht adäquat beschrieben werden.

Auch die Diskussion um Dekonstruktion und Marxismus in der amerikanischen Literaturtheorie führt zu keiner Ablösung von der produktionistischen Ausrichtung der Rezeption des Ökonomiebegriffs, beruht die Wirtschaftstheorie bei Marx doch auf einer Radikalisierung eben der klassischen Arbeitswerttheorie. Trotz der Verwendung wirtschaftswissenschaftlich besetzter Termini neigt die produktionistische Aneignung des Ökonomiebegriffs der Dekonstruktion in der amerikanischen Literaturtheorie also zu Anachronismen, vor allem dann, wenn jegliche seit der Publikation von Adam Smiths oder Karl Marx' Schriften erfolgte Fortführung wirtschaftswissenschaftlicher Theorie und insbesondere das Ende der Werttheorie und die Wende zur Geldtheorie spätestens mit John Maynard Keynes seit den 30er-Jahren des 20. Jahrhunderts nicht zur Kenntnis genommen werden.

Eine Untersuchung der mit der Verwendung des Ökonomiebegriffs und seiner Korrelate in die Literaturanalyse hineingetragenen wirtschaftstheoretischen Kontexte erlaubt eine Bündelung und Klärung der einzelnen Debatten um die Dekonstruktion in Amerika: der Debatte um die konservative und domestizierende Rezeption der Werke Derridas bei den *Yale Critics*, um die Vereinbarkeit von Marxismus und Dekonstruktion, um die

Vorläuferschaft von amerikanischem Pragmatismus oder Dekonstruktion und um die Gemeinsamkeiten von Dekonstruktion und Postmoderne.

Marxismus und die Anfänge der Dekonstruktion in Frankreich und in den USA

Die 60er-Jahre in Frankreich mit ihrem Höhepunkt in den Studentenprotesten von 1968 bringen eine Auseinandersetzung mit der marxistischen Tradition. Auch die Dekonstruktion und ihr Ökonomiebegriff müssen in diesem Zusammenhang erörtert werden: In der französischen Kulturtheorie und Philosophie von Ökonomie zu sprechen, impliziert in den 60er-Jahren immer auch die Diskussion um den Marxismus. Ab 1963 in Frankreich vor allem durch einen Disput mit Michel Foucault über das cartesianische Cogito bekannt geworden,[40] publiziert Derrida 1965 und 1966 in der Zeitschrift *Tel Quel*, der auch diejenige Gruppe von Theoretikern - Roland Barthes, Jean Baudrillard, Jean-Joseph Goux, Julia Kristeva, Jean-Francois Lyotard - verbunden ist, die im Laufe der 70er- und 80er-Jahre als Poststrukturalisten und marxistische Semiotiker internationalen Einfluß erlangt. Die *Tel Quel*-Gruppe begreift ihre theoretische und kritische Arbeit als direkte Mitwirkung am politischen Wandel. „[I]n the midst of an intellectual renewal" assoziiert sich die Gruppe in den späten 60er-Jahren mit der Kommunistischen Partei, „aping the surrealists of the 1920s and 1930s and the existentialists of the 1940s and 1950s."[41] Die Gruppe führt die Auseinandersetzung mit der strukturalistischen Zeichentheorie der Linguistik Ferdinand de Saussures und der strukturalen Anthropologie.

Diese Zusammenhänge werden von Fredric Jameson Anfang der 70er-Jahre in die amerikanische Literaturwissenschaft vermittelt. Er verweist in *Marxism and Form* von 1971, einer Diskussion der Positionen von Jean-Paul Sartre, Walter Benjamin, Theodor W. Adorno und Ernst Bloch, auf Derridas Buch *De la grammatologie* von 1967, das zu diesem Zeitpunkt noch nicht ins Englische übersetzt ist, und erwähnt Derrida sowie den Terminus Dekonstruktion, um eine mögliche Neuorientierung in der marxistischen Kritik anzudeuten. Auch mit *The Prison House of Language* von 1972, das die *Tel Quel*-Gruppe und Derrida noch als Strukturalisten in Amerika einzuführen sucht, etabliert Jameson einen marxistischen Kontext

---

[40] Vgl. Jacques Derrida, „Cogito et histoire de la folie," 1963, *L'écriture et la différence* 51-97, eine Kritik von Foucaults Ansatz in Michel Foucaults *Histoire de la folie à l'âge classique* von 1961, und Foucaults offizielle Antwort, „Mon corps, ce papier, ce feu," im Anhang zur Neuausgabe *Histoire de la folie à l'âge classique. Suivi de „Mon corps, ce papier, ce feu,, et „La folie, l'absence d'œuvre,"* 1961/1972 (Paris: Gallimard, 1972).

[41] Poster, *Existential Marxism* 359.

für die Rezeption Derridas in den USA, wobei er zwischen einer Einordnung Derridas als eines Marxisten und Vorbehalten angesichts der Uneindeutigkeit von Derridas Aussagen zum Marxismus, wie sie zur selben Zeit auch Jean-Louis Houdebine und Guy Scarpetta in einem Interview mit Derrida in Frankreich anbringen,[42] schwankt. In Assoziation mit der *Tel Quel*-Gruppe habe Derridas Denken seinen politischen Gehalt gewonnen. Andererseits wird der suggerierte Marxismus Derridas vorsichtig eingeschränkt: „Derrida's original vision of the explanatory force of the notion of script may be said to have left a place open for Marxism . . . . The political ethic [is] implicit in Derrida, outspoken in the *Tel Quel* group."[43] Eine Analyse der ökonomischen Implikationen der Texte Derridas unterbleibt.

Jamesons Buch von 1972 belegt Unsicherheit in Amerika hinsichtlich der politischen Einordnung der neuen französischen Theorie Anfang der 70er-Jahre. Die Zuordnung Derridas zum Marxismus ist allerdings auch in Frankreich von Anfang an umstritten: Nach dem Vortrag Derridas auf dem Symposium an der Johns Hopkins University im Jahr 1966 verwehrt sich Lucien Goldmann - als marxistischer Literaturtheoretiker vermittelte er in den 50er-Jahren unter anderem das Werk von Georg Lukács nach Frankreich - gegen Derridas Denken und dessen Assoziation mit dem Marxismus, indem er es als reaktionär, destruktiv und undialektisch kritisiert. Dennoch wird der Einfluß Derridas auch von Goldmann anerkannt: „Derrida, with whose conclusions I do not agree, has a catalytic function in French cultural life, and for that reason I pay him homage."[44] Goldmanns Einschätzung wird von der nach 1967 einsetzenden regen Publikationstätigkeit Derridas bestätigt: 1967 kann Derrida sein Hauptwerk *De la grammatologie* und im Sammelband *L'écriture et la différence* nochmals seine Essays aus *Tel Quel* zugleich mit anderen frühen Schriften veröffentlichen. In den folgenden Jahren erscheinen wichtige Aufsätze, darunter „La différance" (1968),[45] „La pharmacie de Platon" (1968),[46] „Les fins de l'homme" (1969), „La double séance" (1970)[47] und „La mythologie blanche" (1971).[48] Diese Veröffentlichungen sowie eine Reihe von Interviews und die legitimierende Funktion, mit der Derridas Denken

---

[42] Jacques Derrida, „Positions: entretien avec Jean-Louis Houdebine et Guy Scarpetta," 1971, *Positions: Entretiens avec Henri Ronse, Julia Kristeva, Jean-Louis Houdebine, Guy Scarpetta* (Paris: Minuit, 1972) 51-133.

[43] Fredric Jameson, *The Prison-House of Language* (Princeton: Princeton UP, 1972) 177, 181.

[44] Lucien Goldmann nach Donato und Macksey 269.

[45] Gleichzeitig zuerst in *Bulletin de la société française de philosophie* 62.3 (1968): 73-101 und in *Théorie d'ensemble* (Paris: Seuil, 1968) 41-66.

[46] Zuerst in *Tel Quel* 32 (Winter 1968): 3-48 und 33 (Frühjahr 1969): 18-59.

[47] Zuerst in *Tel Quel* 41 (Frühjahr 1970): 3-43 und 42 (Sommer 1970): 3-45.

[48] Zuerst in *Poétique* 5 (1971): 1-51.

beispielsweise in den frühen semiotischen Schriften der Mitglieder der *Tel Quel*-Gruppe Jean-Joseph Goux und Jean Baudrillard zitiert wird,[49] stützen die Dekonstruktion gegen alle politischen Festlegungs- und Ausgrenzungsversuche.

Dekonstruktion zwischen Postmoderne und Poststrukturalismus

In der amerikanischen Rezeption führt die Unsicherheit über die politische Zuordnung der Theorie Derridas zu einer Festschreibung an zwei widersprüchlichen Positionen. Zum einen wird die Dekonstruktion mit der Postmoderne als Terminus für eine gemäßigte oder liberale Position - bei Leslie Fiedler und Jameson[50] - assoziiert und zum anderen mit dem Poststrukturalismus, der einen Theorie-Import mit progressivem, marxistischem Gestus benennt. Der Terminus Poststrukturalismus geht auf Jean-Joseph Gouxs Aufsatz „Dialectique et histoire"[51] von 1973 zurück, in dem er mit Bezug auf Schriften von Karl Marx, Vladimir I. Lenin und Louis Althusser die Integration von Psychoanalyse und historischem Materialismus fordert, mit dem Ziel, den Strukturalismus zu dynamisieren; zu denjenigen, die einen solchen dynamischen Poststrukturalismus entworfen hätten, zählt er neben Lévy-Strauss und Lacan auch Derrida. Goux verwendet 1973 an dieser Stelle meines Wissens als erster den Namen „post-structuraliste;"[52] auf den Umstand, daß „Dialectique et histoire" noch nicht ins Englische übersetzt wurde, mag in der amerikanischen bzw. anglophonen Diskussion die Unklarheit darüber zurückzuführen sein, wer denn nun den Begriff des Poststrukturalismus geprägt habe. Diese Unklarheit äußert sich noch Ende der 80er-Jahre bei Hans Bertens im Umgang mit einer Position Mark Posters. Bertens versteht die Zusammenfassung französischer Theorien unter dem Etikett Poststrukturalismus als Ergebnis der amerikanischen Rezeption und scheint die Herkunft des Terminus Poststrukturalismus aus Amerika zu unterstellen:

> Mark Poster makes the interesting, and to my mind valid, point that even poststructuralism is an American construct: '[P]oststructuralist theory' is a

---

[49] Vgl. Kapitel 5.

[50] Vgl. Kapitel 2 zu Postmoderne und zu Leslie Fiedlers Beitrag, und Fredric Jameson, „Postmodernism, or, The Cultural Logic of Late Capitalism," 1984, *Postmodernism* (Durham: Duke UP, 1991) 1-54, zur Postmoderne als Kultur des „Spätkapitalismus."

[51] Jean-Joseph Goux, „Dialectique et histoire," 1973, *Freud, Marx: économie et symbolique* 9-52.

[52] Goux, „Dialectique et histoire" 47.

uniquely American practice. Americans have assimilated Foucault, Derrida, and the rest by turning their positions into 'poststructuralist theory.'[53]

Daß die Einführung des Terminus Poststrukturalismus durch Goux überlesen wird, verwundert nicht, denn in der 1990 erschienenen englischen Übersetzung einer Auswahl aus dem Sammelband von Gouxs Aufsätzen von 1968 bis 1973, der in Frankreich 1973 unter dem Titel *Marx, Freud: Économie et Symbolique* erscheint, wird Gouxs einleitender, wenig gemäßigter Aufsatz „Dialectique et histoire" nicht übernommen. Angepaßt an amerikanische Erwartungen hinsichtlich marxistischer Theorie und an jüngste politische Entwicklungen seit dem Ende der Sowjetunion wird auch der englische Titel der Übersetzungen; er heißt historisierend *Symbolic Economies: After Marx and Freud.* Auch Gouxs Essay „Numismatiques" von 1968-69, von Jameson 1972 als wichtigster der Texte der *Tel Quel*-Gruppe und als „monument to their collective efforts"[54] apostrophiert, wird erst 1990 ins Englische übersetzt. Das Muster für die vergleichenden semiotischen Studien zum Wertbegriff bezieht Goux in diesem Text aus Marx' Beschreibung der vier Stufen des Tauschprozesses und der Wertform.[55] Der marxistische Kontext für die Entwicklung der Dekonstruktion und des Poststrukturalismus in Frankreich wird also in den USA zunächst allgemein adaptiert und erst später, Anfang der 90er-Jahre, verstärkt anhand von Übersetzungen der Originaltexte rezipiert.

Fehlende Auseinandersetzung mit dem Ökonomiebegriff bei den *Yale Critics*

In der Rezeption des Werks Derridas bei den *Yale Critics* fehlt weitestgehend selbst Jamesons gemäßigte Darstellung des marxistischen Umfelds der Anfänge. Der Ökonomiebegriff wird seitens der *Yale Critics* nicht in seiner Brisanz hinsichtlich der französischen Diskussion um den Marxismus rezipiert. Ebensowenig zieht jedoch auch die Kritik an der konservativen Rezeption Derridas bei den *Yale Critics* eine Verbindung zur Relevanz des Ökonomiebegriffs für den Marxismus: Jonathan Arac erklärt die Widersprüche in der politischen Einstufung Derridas in Amerika mit Unterschieden zwischen der Praxis der Philosophie und der Literaturwissenschaft in Amerika und in Frankreich. „In the American academy" habe Derridas Werk einen konservativen Effekt: Nachdem die

---

[53] Mark Poster, *Critical Theory and Poststructuralism* (London: Cornell UP, 1989) 6, nach Hans Bertens, *The Idea of the Postmodern* (London: Routledge, 1995) 19.

[54] Jameson, *The Prison-House of Language* 180.

[55] Vgl. Karl Marx, *Das Kapital*, Bd. 1, 4. Aufl., 1890, *Karl Marx/Friedrich Engels: Werke* (Berlin: Dietz, 1993) Kapitel I, 3 „Die Wertform oder der Tauschwert" 62 ff..

Lektüre von philosophischen Klassikern nahezu aufgegeben worden sei, habe es die Rezeption der Werke Derridas wieder notwendig werden lassen, „to read at large in Plato, Aristotle, Descartes, Kant, Hegel."[56] Da derart eine „radical gesture conservative"[57] werde, könne die Ambivalenz in der Rezeption durch die *Yale Critics* erklärt werden. Die Darstellung der Unterschiede in der Rezeption der Werke Derridas in Frankreich und in Amerika scheint bisweilen von zwei Derridas zu handeln, dem Vertreter des „Continental" und dem Vertreter des „Anglo-American criticism."[58] Hartman führt diese Widersprüche weiter zurück: Zwischen dem kontinental-europäischen und dem anglo-amerikanischen Denken habe sich bereits im 19. Jahrhundert eine Kluft aufgetan, und das aus dieser Zeit rührende Mißtrauen gegen „Hegelian or 'conceptual' mediation"[59] in England und Amerika habe auch im 20. Jahrhundert von französischen Vermittlern nicht aufgelöst werden können. Diese Zusammenhänge seien für die große Wirkung der Dekonstruktion mitverantwortlich, denn bis zu ihrem Auftreten habe gegolten, „[that] Anglo-American critics did not see through French culture to German lines of thought with which the Symbolist precursors of Yeats and Eliot were still in touch. "[60]

Daß die Distanz zwischen kontinentalem und angelsächsischem Denken oder spekulativer Philosophie und Moralphilosophie im 19. Jahrhundert auch in einer Zurückweisung der ökonomischen Theorie Adam Smiths durch den deutschen Idealismus und die Romantik markiert sein mag, wird aus der literaturwissenschaftlichen Perspektive der *Yale Critics*, die den Ökonomiebegriff unreflektiert läßt, nicht erwogen. Terry Eagleton, englischer Vertreter einer marxistischen Literatur- und Kulturkritik, bekräftigt, daß die Rezeption Derridas durch die *Yale Critics* einer verkürzenden Aneignung gleichgekommen sei, die Derridas Denken seiner politischen und ökonomischen Aspekte beraubt habe.

> [T]he Yale deconstructionists have been able to effect a . . . fruitful commerce between North American bourgeois liberalism and a certain selective reading of Derrida - one which, most glaringly, eradicates all traces of the political from his work.[61]

J. Hillis Miller und Geoffrey Hartman beschränken sich in ihren Werken auf die Suggestion des Marxschen Textes in derjenigen Form, die Paul de Man schließlich kritisiert: „Nietzsche . . . together with Marx and Freud, in

---

[56] Arac, Godzich und Martin 178.
[57] Arac, Godzich und Martin 178.
[58] Arac, Godzich und Martin xxii.
[59] Geoffrey H. Hartman, *Criticism in the Wilderness* (New Haven: Yale UP, 1980) 44.
[60] Hartman 44.
[61] Terry Eagleton, *The Function of Criticism* (London: Verso, 1984) 101.

a triumvirat that has become a cliché of intellectual history."[62] Zwar läßt die amerikanische Rezeption Derridas durch die *Yale Critics* im Übersehen des marxistischen Kontextes seines Werks die kritische Distanz Derridas zu Marx deutlicher werden als die französische Rezeption. Andererseits wird die der Dekonstruktion eigene Politik und vor allem Ökonomie übersehen.

'Economy, of course, remains to be thought.'

Auch wenn die französische Kritik die Bedeutung des Ökonomiebegriffs in den Texten Derridas schon 1967 deutlich vermerkt,[63] wird dem Ökonomiebegriff Derridas in der amerikanischen Rezeption erst ab Ende der 70er-Jahre Aufmerksamkeit geschenkt. Die widersprüchliche Rezeption Derridas als eines möglicherweise marxistischen Denkers, wie bei Jameson, und das Fehlen von Hinweisen bei den *Yale Critics*, daß Derrida in Frankreich innerhalb eines marxistischen Kontextes diskutiert wird, führen in Amerika erst spät zur Auseinandersetzung mit den politischen, ethischen und schließlich auch ökonomischen Aspekten der Dekonstruktion. Derrida selbst versucht die Aufmerksamkeit auf den Ökonomiebegriff zu lenken, wenn er 1979 in seiner Veröffentlichung zusammen mit den *Yale Critics*, dem Band *Deconstruction and Criticism*, das Bedenken der Ökonomie einfordert. „[E]conomy, of course, remains to be *thought*."[64] 1979/80 gibt Derrida ein 1977/78 zunächst in Paris gehaltenes Seminar, in dessen Verlauf er den Ökonomiebegriff ausführlich diskutiert, auch an der *Yale University*.[65] Gleichzeitig mit diesem Seminar von 1979/80 beginnt die Rezeption des Ökonomiebegriffs der Dekonstruktion in der amerikanischen Literaturwissenschaft;[66] sie erhält Antrieb durch die 1981 erfolgende Veröffentlichung der zweiten englischen Übersetzung in Buchform von „Positions," desjenigen Interviews, das

---

[62] Paul de Man, *Allegories of Reading* (New Haven: Yale UP, 1979) 82.

[63] Jacques Derrida, „Implications: entretien avec Henri Ronse," 1967, *Positions* 17-18.

[64] Jacques Derrida, „Living On - Border Lines," übers. James Hulbert, Bloom et al. 169.

[65] Der Text des Seminars wird erst 1991 unter dem Titel *Donner le temps 1.: La fausse monnaie* in Frankreich veröffentlicht und 1992 in englischer Übersetzung. 1991 hält Derrida in Chicago vier Vorträgen unter demselben Titel.

[66] Die deutsche Rezeption nimmt die Bedeutung des Ökonomiebegriffs im Werk Derridas noch erst viel später wahr, wie Jochen Hörisch 1993 kommentiert: „Die Derrida-Rezeption (gerade in Deutschland) hat häufig übersehen, wie sehr Derridas Theorie an ökonomischen Fragestellungen orientiert ist." Jochen Hörisch, „Dekonstruktion des Geldes. Die Unvermeidbarkeit des Sekundären," *Ethik der Gabe*, hg. Michael Wetzel und Jean-Michel Rabaté (Berlin: Akademie, 1993) 180, Anm. 14. Eine Ausnahme, allerdings auch erst 1991, bildet Thomas Schestag, „économie," *Parerga: Zur literarischen Hermeneutik* (München: Boer, 1991) 160-209.

Derrida im Zusammenhang mit den Ereignissen von 1968 und der Diskussion um den Marxismus in Frankreich vorstellt. [67]

Im Interview von 1971 wird Derrida zu möglichen „convergences stratégiques"[68] zwischen dialektischem Materialismus und Grammatologie befragt. In seinen Antworten erklärt Derrida, mit Batailles Terminus, die „économie générale" zu seinem Anliegen; diese müsse vermeiden, „à la fois de *neutraliser* simplement les oppositions binaires de la métaphysique et de *résider* simplement, en le confirmant, dans le champ clos de ces oppositions."[69] Zur Frage der Interviewer nach einer Begegnung zwischen seinem und dem marxistischen Text erklärt Derrida, daß ihm diese, „depuis longtemps, absolument nécessaire" erscheine, er aber darauf bestehe, „qu'il n'y a aucun bénéfice, théorique ou politique, à précipiter les contacts ou les articulations tant que les conditions n'en sont pas rigoureusement élucidées," denn sonst könne dies nur „des effets de dogmatisme, de confusion, d'opportunisme"[70] zur Folge haben. Seinen zurückhaltenden Umgang mit dem marxistischen Text, so Derrida, müsse er sich auferlegen, wolle er „le texte marxiste, sa difficulté, son hétérogénéité aussi, l'importance décisive de son enjeu historique"[71] ernst nehmen. Jeder Materialismus sei jedoch im affirmativen Sinne Parteinahme und so auch der von ihm geschriebene. Die in seinen Schriften fehlende Auseinandersetzung mit dem Werk von Marx habe er jeweils als „lacunes" in seinen Texten kenntlich gemacht, um die noch zu leistende „élaboration théorique"[72] zu markieren. Diese Lücken seien „bien des lacunes, non des objections, elles ont un statut tout à fait spéficique et délibéré," und wie Derrida hinzufügt, „une certaine efficace."[73] Mit dieser Suggestion bezieht sich Derrida offensichtlich auf Houdebines, Scarpettas und anderer Marxisten Reaktion auf seine Schriften. Er behält sich 1971 eine Distanz zum Marxismus vor: „[E]ntre le travail que je tente . . . et . . . tout le texte, toute la conceptualité marxiste, l'ajointement ne peut pas être *immédiatement donné;"* eine solche Verbindung anzunehmen, „serait effacer la spécificité des champs et limiter leur transformation *effective,"*[74] für welche praktische Umwandlung diese Felder aber sonst offen seien, so daß die Dekonstruktion des marxistischen Textes durchaus angegangen werden könne. Eine solche Arbeit legt Derrida erst über 20 Jahre später in

---

[67] Erste englische Übersetzung als „Positions," übers. Richard Klein, *Diacritics* 2.4 (Winter 1972): 35-43, *Diacritics* 3.1 (Frühjahr 1973): 33-46 und *Diacritics* 3.2 (Sommer 1973): 57-59.

[68] Derrida, „Positions" 83.

[69] Derrida, „Positions" 56.

[70] Derrida, „Positions" 84-85.

[71] Derrida, „Positions" 85.

[72] Derrida, „Positions" 85.

[73] Derrida, „Positions" 85.

[74] Derrida, „Positions" 85.

Spectres de Marx von 1993 vor. In früheren Texten bringt er den Kontext des marxschen Werkes und der marxschen Wirtschaftstheorie weiter nur andeutungsweise und am Rande ein.

Marxistische Rekapitulierung in Amerika

1982, nach der Veröffentlichung der englischen Übersetzung von *Positions* und der dadurch erfolgenden weiteren Verbreitung auch des Interviews „Positions,"[75] hält Christopher Norris entsprechend fest, daß Derridas Antwort auf Houdebines und Scarpettas Fragen nach dem Verhältnis der Dekonstruktion zum historischen Materialismus dahingehend verlaufe „that the texts of Marx and Lenin have yet to be read in a rigorous fashion which could draw out their modes of rhetorical and figurative working."[76] Wie um dieser Aufgabe nachzukommen, legt Michael Ryan 1982 mit *Marxism and Deconstruction* ein Buch vor, das die Frage von Derridas Verbindung zum Marxismus zu klären versucht. In seiner Auseinandersetzung mit „Soviet scientific marxists"[77] allerdings liest Ryan den Text von Marx bereits entlang dekonstruktionistischer Prämissen: „[The] skidding inscribed in the very rationality . . . of the capitalist system,"[78] das die Marxschen Texte aufzeigten, verdeutliche, „[that] the law of value is not a description of an objective mechanism, beyond human control," sondern „something that can be either obeyed or disobeyed."[79] Unter dem Einfluß der Dekonstruktion wird am Text von Marx das differantielle Gleiten der Bedeutungen und „undecidability"[80] betont, so daß auch das Wertgesetz nach Marx in seiner Determinationskraft relativiert wird: Ryan liest Marx als Dekonstruktionisten *avant la lettre*. J. Hillis Miller setzt nach der Vorgabe Ryans Ende der 80er-Jahre „deconstruction in America"[81] synonym mit „[a] rereading of Marx,"[82] womit noch immer nicht, und ebensowenig wie bei Ryan, eine Auseinandersetzung mit dem dekonstruktionistischen oder marxistischen Ökonomiebegriff, sondern eine Erinnerung an den kritischen Habitus des marxschen Textes gemeint ist.

---

[75] Alan Bass, Übers., „Positions," *Positions*, von Jacques Derrida (Chicago: U of Chicago P, 1981). Vgl. Anm. 67.

[76] Christopher Norris, *Deconstruction* (London: Routledge, 1982) 74.

[77] Michael Ryan, *Marxism and Deconstruction* (Baltimore: Johns Hopkins UP, 1982) 82.

[78] Ryan 91.

[79] Ryan 97.

[80] Ryan 96.

[81] J. Hillis Miller, *Theory Now and Then* (New York: Harvester Wheatsheaf, 1991) 334.

[82] Miller 326.

Amerikanische Theorien der kulturellen Produktion

Während die Auseinandersetzung um Dekonstruktion und Marxismus und um die Derrida-Rezeption der *Yale Critics* in den USA weitgehend ohne Bezug auf den Ökonomiebegriff stattfindet, wenn auch dieser Bezug immer drängender wird, übernimmt die Theorie der literarischen Produktion die dekonstruktionistische Privilegierung der Ökonomievokabel. Die auf Aristoteles zurückgehende Theorie der dichterischen *poiesis* betont menschliche Produktivität im Ursprung der Sprache und der Werke und korrespondiert mit dem Arbeitswertbegriff der klassischen Wirtschaftstheorie.

Werttheoretischer Exkurs 1: Klassische Dichotomie

Wirtschaftstheoretisch orientiert sich die produktionistische amerikanische Rezeption der Dekonstruktion auf die Werttheorie, statt auf die Geldtheorie, und auf die klassische Arbeitswerttheorie nach Adam Smith, statt auf die Nutzentheorie des Wertes.

Klassischer Arbeitswertbegriff

Die Veröffentlichung von Adam Smiths *The Wealth of Nations* von 1776 markiert den Beginn der Wirtschaftswissenschaft als National-ökonomie. Indem Smith den Begriff der Arbeit in die von den Physiokraten entwickelte Analyse der natürlichen Reichtümer einführt, verschiebt er die Beschreibung der Wirtschaft von einer statischen Ordnung des Tausches auf eine dynamische Genese der Produktion. Er verortet im Unterschied zu den Physiokraten die Quelle des Güterreichtums einer Nation nicht im von der Natur gewährten Überfluß, sondern primär in der menschlichen, produktiven Arbeit:

> The annual labour of every nation is the fund which originally supplies it with all the necessaries and conveniencies of life which it annually consumes, and which consist always either in the immediate produce of that labour, or in what is purchased with that produce from other nations.[83]

---

[83] Adam Smith, *An Inquiry into the Nature and Causes of the Wealth of Nations*, 1776, hg. Edwin Cannan (New York: Random House, 1937) lvii.

Die Produktion und die Arbeit rücken ins Zentrum des wirtschaftswissenschaftlichen Interesses; es kommt zur Dichotomie des Wertbegriffs und zur Opposition von älterer, subjektiver und Smithscher, objektiver Werttheorie - oder von Nutzentheorie des Wertes und Arbeitstheorie des Wertes - als zweier Ansätze zur Erklärung des Preises. Auch wenn der Werttheorie Smiths schon bald Widersprüchlichkeit bescheinigt wird, bestimmt seine Einführung des Begriffs der Arbeit in die wirtschaftswissenschaftliche Lehre die Werttheorie für das gesamte 19. Jahrhundert; es gilt in der Wirtschaftstheorie als eine Zeit der Vorherrschaft der Schule der klassischen Politischen Ökonomie. Diese dominiert bis um die 80er-Jahre des 19. Jahrhunderts und bis zu den Schriften der „Revolutionäre,"[84] der Anhänger der den Nutzenwert vertretenden Grenznutzenschule.

Die Arbeitswerttheorie versucht die Preise der Güter mittels einer ihnen gemeinsamen Wertsubstanz zu ermitteln, die aus der Arbeitkraft, dem Arbeitsleid oder der Arbeitsmenge abgeleitet werden und als Wertmaßstab dienen soll. Der Preis einer Ware ist auf dem Markt schwankend; „[i]t is adjusted . . . not by any accurate measure, but by the higgling and bargaining of the market."[85] A. Smith sucht daher einen wahren Wert der Waren zu bestimmen, der sich nicht verändert, den „natural price" oder „real price"[86] der Waren. Er wendet sich vom Nutzen- oder Gebrauchswert ab, der über das Bedürfnis definiert wird, und versucht den Tauschwert über das Arbeitsleid zu bestimmen.

> The real price of every thing, what every thing really costs to the man who wants to acquire it, is the toil and trouble of acquiring it. . .. What is bought with money or with goods is purchased by labour, as much as what we acquire by the toil of our own body.[87]

Schwankungen des Wertes des Edelmetallgeldes führt Smith auf die mehr oder weniger große Ergiebigkeit von Gold- und Silberminen und die daher wechselnde Menge an Mühe, die zur Gewinnung des Edelmetalls eingesetzt werden muß, zurück. Das Geld als „commodity which is itself continually varying in its own value, can never be an accurate measure of the value of other commodities."[88] Die Arbeit jedoch, die in die Schürfung von Gold oder Silber eingeht, ist derjenigen identisch, die für die Produktion anderer Waren verwendet wird: „Equal quantities of labour, at all times and places, may be said to be of equal value to the labourer."[89]

---

[84] Joseph A. Schumpeter, *Geschichte der ökonomischen Analyse*, 1954, hg. Elizabeth B. Schumpeter (Göttingen: Vandenhoeck & Ruprecht, 1965) 111, Anm. 68.
[85] Adam Smith 31.
[86] Adam Smith passim.
[87] Adam Smith 30.
[88] Adam Smith 32-33.
[89] Adam Smith 33.

Die Arbeit wird als anthropologische Konstante gedacht, die das Maß des Wertes im Tauschverkehr stellt.

> Labour, therefore, it appears evidently, is the only universal, as well as the only accurate measure of value, or the only standard by which we can compare the values of different commodities at all times and at all places. We cannot estimate, it is allowed, the real value of different commodities from century to century by the quantities of silver which were given for them.[90]

Die Arbeitswertlehre versucht die werttheoretischen Konflikte, die sich aus der metallistischen Theorie des Geldes ergeben, durch die Festlegung auf eine anthropologische Konstante Arbeit, die zum absoluten Maßstab aller Werte genommen wird, zu lösen.

David Ricardos *On the Principles of Political Economy and Taxation* von 1817 baut auf A. Smiths Werttheorie auf, deren „logischen Wirrwarr"[91] Ricardo klären will. Er läßt wie A. Smith den Gebrauchswert unberücksichtigt und sucht den objektiven Wert einer Ware im Tausch. Auch wenn wirtschaftstheoriengeschichtlich Ricardos Theorie des Arbeitswertes „a pris une grande place dans l'histoire de la valeur et a préparé la voie à la théorie marxiste de la plus-value,"[92] findet Ricardo doch keine zufriedenstellende Lösung des Wertproblems, wie er noch in einem seiner letzten Manuskripte, *Absolute and Exchangeable Value*, zusammenfaßt. Er erklärt, „daß ihm die Messung der Werte in Arbeitszeiten unter allen vorgeschlagenen Standards die beste schiene - 'but it is far from being the perfect one.'"[93] Da im Produktionsprozeß wegen der Kapitalkosten - der Schuldzinsen - in die Bestimmung der relativen Preise ein Zeitelement eingeht, muß Ricardo einräumen, daß Abweichungen vom Arbeitswertgesetz auftreten.

Die objektive Arbeitswerttheorie bei Karl Marx stellt der Relativität der Tauschwerte nochmals als absolutes Maß die Arbeit entgegen. Der subjektive Gebrauchswert der Ware fällt auch bei Marx aus dem wirtschaftstheoretischen Interesse heraus, indem er von ihm 'abstrahiert,' um den Tauschwert der Ware zu bestimmen. Nur der Tauschwert der Ware tritt nach Marx im wirschaftlichen Ablauf als Wert in Erscheinung. Beide Werte entstehen zwar aus Arbeit, aber zum einen aus zweckbestimmter, konkreter, zum anderen aus abstrakter Arbeit: „Die Nützlichkeit eines Dings macht es zum Gebrauchswert,"[94] und „[a]lle Arbeit ist . . . Veraus-

---

[90] Adam Smith 36.

[91] Schumpeter 721.

[92] Charles Gide und Charles Rist, *Histoire des doctrines économiques*, Bd. 1, *Des physiocrates à J. Stuart Mill*, 1909, 7. erw. Aufl. (Paris: Recueil Sirey, 1947) 155.

[93] David Ricardo nach Bertram Schefold und Kristian Carstensen, „Die Klassische Politische Ökonomie," *Geschichte der Nationalökonomie*, 1983, hg. Otmar Issing, 3. überarb. und erg. Aufl. (München: Vahlen, 1994) 82.

[94] Karl Marx 50.

gabung menschlicher Arbeitskraft in besondrer zweckbestimmter Form und in dieser Eigenschaft konkreter nützlicher Arbeit produziert sie Gebrauchswerte."[95] Ein Gebrauchswert oder Gut ist jedoch noch keine Ware, sondern nur der Warenkörper. Hinzu kommt der Tauschwert: Alle Arbeit ist andererseits „Verausgabung menschlicher Arbeitskraft im physiologischen Sinn und in dieser Eigenschaft gleicher menschlicher oder abstrakt menschlicher Arbeit bildet sie den Warenwert."[96] Der Tauschwert entspricht dem in der Ware vergegenständlichten Anteil an „gleiche[r] menschlicher Arbeit, abstrakt menschliche[r] Arbeit;" als „Durchschnitts-Arbeitskraft" oder „gesellschaftlich notwendige Arbeitszeit"[97] habe der Tauschwert eine „gespenstige Gegenständlichkeit."[98] Entwirft Ricardo als Annäherung an den objektiven Tauschwert einen Gleichgewichtswert, ist der Wert für Marx mit der in der Ware verkörperten abstrakten Arbeit identisch. Als Werte sind die Waren nichts als „kristallisierte Arbeits-masse."[99] Marx bleibt damit, so Joseph A. Schumpeter, der einzige Werttheoretiker, der jemals die „Idee vom absoluten Wert der Dinge tatsächlich konsequent beibehielt."[100] Mit der Einführung der Abstraktion der gesellschaftlich notwendigen Arbeit ist es Marx im Unterschied zu Ricardo möglich, die Schwierigkeit der Umrechnung spezifischer Arbeits-leistungen zu lösen, indem eine Norm - gesellschaftlich notwendige Arbeitszeit - postuliert wird.

Auf dieser werttheoretischen Basis begründet Marx die Mehrwerttheorie zur Erklärung der Kapitalakkumulation. Die Arbeitskraft selbst als Ware habe bei Marx, in den Worten von Charles Gide und Charles Rist, eine „vertu mystérieuse,"[101] weil sie als „Gebrauchswert selbst die eigen-tümliche Beschaffenheit" besitzt, „Quelle von Wert zu sein, deren wirklicher Verbrauch also selbst Vergegenständlichung von Arbeit [ist], daher Wertschöpfung."[102] Wird die Ware Arbeitskraft länger im Produktionsprozeß eingesetzt, als zur Schaffung von Werten, die die eingesetzte Arbeitskraft reproduzieren, nötig, „so werden weitere Arbeitsleistungen abgegeben, es wird zusätzliche Arbeit vergegenständlicht, es entsteht Mehrwert."[103] Mehrwert und schließlich Profit können nur aus der Arbeit entstehen. „Für Marx ist die Arbeit der

---

[95] Karl Marx 61.
[96] Karl Marx 61.
[97] Karl Marx 53.
[98] Karl Marx 52.
[99] Karl Marx 55.
[100] Schumpeter 729.
[101] Charles Gide und Charles Rist, *Histoire des doctrines économiques*, Bd. 2, *De l'école historique à John Maynard Keynes*, 1909, 7. erw. Aufl. (Paris: Recueil Sirey, 1947) 524. Vgl. Kapitel 3, „ce fait en quelque sorte mystérieux," als den Saussure im An-schluß an Hegel die bildende Kraft der Sprache beschreibt.
[102] Karl Marx 181.
[103] Peter Dobias, „Sozialismus - Marxismus," Issing 114.

einzige wertbildende Faktor;"[104] diese *superadequacy of human labour power*[105] ist ein vom Menschen eingesetztes Zeitverhältnis und kann daher willkürlich bemessen und ausgebeutet werden. Der Mensch muß nicht *superadequate* sein, doch er kann. Es werden bei Marx die Machtverhältnisse, die den Arbeiter länger als nötig - nötig um den als anthropologische Konstante geltenden Gebrauchswert der Arbeitskraft zu reproduzieren - arbeiten lassen und damit eine Ökonomie der Zeit schaffen, als Besonderheit des Kapitalismus konstruiert. Diese in der *superadequacy* veranschlagte Zeittechnologie und damit die Akkumulation wird heute als Effekt des nominalistischen Geldes als eines Leihvertrags über Eigentum erklärt; Marx dagegen besteht auf der Arbeitswerttheorie und der metallistischen, repräsentationistischen und sekundären Theorie des Warengeldes. So ist auch als Widerspruch kritisiert worden, daß Marx am Zusammenhang von Wert und Preis und der Privilegierung der Werttheorie festhält, obwohl sein Wert- und Preisgesetz von jeweils verschiedenen Prinzipien bestimmt werden, „insofern der Wert einer Ware durch die auf sie aufgewandte notwendige Arbeitszeit, ihr Preis aber durch die Produktionskosten und das Spiel von Angebot und Nachfrage"[106] geregelt werden. Nur wenn mit der marxschen Wertlehre auch die Preisrelationen erklärt würden und sich die Geldtheorie in die Preistheorie integrieren liesse, wäre die Einrichtung des absoluten Wertmaßstabs Arbeit gelungen.

Nutzentheorie des Wertes

Die Arbeitstheorie des Wertes vertritt die Position des absoluten oder intrinsischen Wertes gegen die Position des relativen Wertes, wie sie von der subjektiven Werttheorie oder Nutzentheorie des Wertes auch schon vor Adam Smith gehalten wird. Aristoteles bereits erklärt die Güter wegen ihres Nutzens in der Bedürfnisbefriedigung für vergleichbar und damit tauschbar. „Man muß . . . alles an einem einzigen Maßstab messen . . . . Dieser ist . . . das Bedürfnis;" wenn die Menschen „keine Bedürfnisse hätten oder nicht in derselben Weise, so käme kein Tausch zustande."[107]

---

[104] Gerhard Stavenhagen, *Geschichte der Wirtschaftstheorie*, 1951 (Göttingen: Vandenhoeck & Ruprecht, 1964) 148.

[105] Vgl. Spivak, „Limits and Openings" 107: „the natural . . . teleology of the body, . . . its irreducible capacity for superadequation;" „[s]urplus-value . . . in Marx marks the necessary superadequation of the human to itself." Spivak besteht, das Moment der Zeit verkennend, auf einer anthropologischen Notwendigkeit einer *superadequacy of human labour power*.

[106] Stavenhagen 150.

[107] Aristoteles, *Die Nikomachische Ethik*, übers. Olof Gigon (München: dtv, 1991) 215 [1133a26].

Die Nutzentheorie des Wertes bleibt mit Erweiterungen durch das Mittelalter hindurch bis in das 18. Jahrhundert die einzige Werttheorie; sie wird über die Lehre der Physiokraten und Utilitaristen „bis in die Zeiten von A. Smith hinein"[108] weiterentwickelt. Nach Étienne Bonnot de Condillac

> [d]ire qu'une chose vaut, c'est dire qu'elle est ou que nous l'estimons bonne à quelque usage. La valeur des choses est donc fondée sur leur utilité, ou ce qui revient encore au même, sur l'usage que nous pouvons en faire.[109]

Ferdinando Galiani, dessen Schriften als „Spitzenleistung"[110] der Werttheorie des 18. Jahrhunderts gelten, habe nur wegen des ihm fehlenden Begriffs des Grenznutzens „keine zufriedenstellende Preistheorie"[111] ausarbeiten können. Schumpeter schreibt Galiani systematischere Einsichten zu als dem werttheoretisch zur gleichen Zeit mit objektiver Begründung argumentierenden Klassiker Smith. Aus Galianis Ansätzen hätte „ein viel vollkommeneres theoretisches Gebäude . . . aufgerichtet werden können als das, welches A. Smith konstruierte."[112] Die Nutzentheorie des Wertes setzt sich auf dem Kontinent nach dem Erscheinen von *The Wealth of Nations* und der Einführung der Arbeitswerttheorie weiterhin fort in einer „ununterbrochene[n] Entwicklungslinie."[113] Auch während der Zeit der besonderen Aufmerksamkeit für die Arbeitswerttheorie im 19. Jahrhundert werden nutzentheoretische Ansätze der Wertbestimmung weiterentwickelt, um sich schließlich in der mathematischen Preisanalyse und Markttheorie der Grenznutzenschule zu Anfang des 20. Jahrhunderts durchzusetzen.

Trotz der werttheoretischen Entwicklung der Wirtschaftstheorie hin auf die subjektive Werttheorie seit dem Ende des 19. Jahrhunderts herrscht in der amerikanischen kulturwissenschaftlichen Rezeption des Ökonomiebegriffs der Dekonstruktion seit um 1980 eine dezidiert produktionistische, tauschorientierte und arbeitswerttheoretische Lesart vor. Die Beschreibung der Arbeitsgesellschaft wird auf die Zeichentheorie übertragen: Derrida sei, so John D. Caputo, „interested not only in the liberation of signifiers

---

[108] Schumpeter 1280.
[109] Étienne Bonnot de Condillac, *Le commerce et le gouvernement*, Bd. 4, *Oeuvres* (o.O.: o.J.) 10, nach Michel Foucault, *Les mots et les choses: une archéologie des sciences humaines* (Paris: Gallimard, 1966) 210.
[110] Schumpeter 1280.
[111] Schumpeter 383.
[112] Schumpeter 383.
[113] Schumpeter 384.

. . ., but in finding them a job . . . [and] in defending their right to work."[114] Nach Gayle L. Ormiston ist das von der *différance* generierte Supplement „never out of work."[115] Irene E. Harvey, obwohl sie den Bezug von Derridas Begriff der *différance* zur Theorie des Zeichenwerts bei Saussure analysiert, diskutiert in *Derrida and the Economy of Différance* von 1986 weder die Herkunft der saussureschen Werttheorie aus der wirtschaftswissenschaftlichen Grenznutzenschule noch Saussures Vergleich des sprachlichen Zeichens mit dem Geld. Zwar greift sie auch den Arbeitsbegriff nicht auf, doch impliziert der Ökonomiebegriff für I.E. Harvey Tausch: „[A]n economy . . . entails an exchange, but what is exchanged?"[116] Mit der Reduktion der Ökonomie auf den äquivalenten Tausch und den Tauschwert der klassischen Werttheorie werden bei I.E. Harvey wie in der explizit produktionistischen amerikanischen Adaption des Ökonomiebegriffs der Dekonstruktion Ansätze einer zeitgenössischen, zinstheoretischen Geldtheorie ignoriert, obwohl Derrida schon 1977/78 Lévy-Strauss' strukturalistische Argumente als „*échangistes*"[117] kritisiert. Setzt I.E. Harvey einen Ökonomiebegriff voraus ohne ihn weiter zu differenzieren, rekurriert Spivak auf die Radikalisierung des klassischen Ökonomie- und Wertbegriffs bei Marx; andere wirtschaftswissenschaftliche Ansätze und Werttheorien erwägt sie trotz der expliziten Anerkennung der Notwendigkeit der wirtschaftstheoretischen Differenzierung des kulturwissenschaftlichen Ökonomiebegriffs nicht. Auch ihre Lesart der Dekonstruktion konzentriert sich auf die Konzeption des menschlichen Körpers als eines Arbeitsmediums: „The body at work - the physiological part or moment of the flow of what may . . . be called 'laborpower' - is not one text among many."[118]

Anfänge des *New Historicism* und des *New Economic Criticism*

Die produktionistische Adaption des Ökonomiebegriffs der Dekonstruktion in der amerikanischen Literatur- und Textwissenschaft geht schließlich vor allem auf Marc Shells Essaysammlungen *The Economy of Literature* von 1978 und *Money, Language, and Thought* von 1982[119]

---

[114]John D. Caputo, „The Economy of Signs in Husserl and Derrida," *Deconstruction and Philosophy*, hg. John Sallis (Chicago: U of Chicago P, 1987) 99.

[115]Gayle L. Ormiston, „The Economy of Duplicity: Différance," *Derrida and Différance*, hg. David Wood und Robert Bernasconi (Evanston: Northwestern UP, 1988) 45.

[116]Irene E. Harvey 26.

[117]Derrida, *Donner le temps: 1. La fausse monnaie* 101.

[118]Spivak, „Limits and Openings" 110.

[119]Marc Shell, *Money, Language, and Thought: Literary and Philosophical Economies from the Medieval to the Modern Era* (Berkeley: U of California P, 1982). Vgl. auch

zurück, die für den *new historicism* und den *new economic criticism* prägend werden. Wie von der Häufigkeit des Verweises auf seine Essays indiziert, darf Shell als einflußreichster Multiplikator der an der Theorie der Dekonstruktion orientierten Privilegierung des Ökonomiebegriffs und der Erhöhung seiner Korrelate zum Denkmodell in der amerikanischen Kulturwissenschaft gelten. Shell entwickelt seinen Ansatz im Umfeld der *Yale Critics*;[120] beim Vergleich der Texte Shells mit Jan W. Dietrichsons *The Image of Money in the American Novel of the Gilded Age* von 1969, einer auf die Mittel der biographischen Kritik gestützten Untersuchung, die auch an der Yale University erarbeitet wurde,[121] wird in der Tat eine auffällige Veränderung im kritischen Ansatz innerhalb eines Jahrzehnts deutlich. Anders als Dietrichson nennt Shell „appropriations of economic theory"[122] in den Schriften von Saussure, Derrida, Baudrillard und Goux als Herkunft seines Ansatzes.[123]

Shell expliziert einen produktionistischen und arbeitswerttheoretischen Ökonomiebegriff anhand der Axiome „poetics is about production (*poiesis*). There can be no analysis of the form or content of production without a theory of labor."[124] In materialreichen Essays verfolgt er Beispiele aus der Geschichte des Vergleichs von Sprache, bildender Kunst und Geld. Sein Verständnis des Geldes bezieht er aus der klassischen Geldtheorie, nach der die wahren, substantiellen, produzierten Werte vom Geld nur repräsentiert werden, das die Garantie seines Werts gemäß der metallistischen Gelderklärung aus dem Arbeitsaufwand für die Schürfung des Edelmetalls gewinnt. Die angenommene abstrahierende, weil repräsentierende Vermittlung des Geldes wird von Shell bedauert; im Unterschied zu Derridas Auseinandersetzung mit dem Geldbegriff wird Shells Ansatz daher „uneasiness and mistrust . . . towards money as the medium of

---

noch jüngeren Datums: Marc Shell, *Art & Money* (Chicago: U of Chicago P, 1995).

[120] Shell, *The Economy of Literature* 9. Weitere Verweise passim in Fußnoten auf Geoffrey Hartman, Paul de Man und J. Hillis Miller.

[121] Vgl. Jan W. Dietrichson, *The Image of Money in the American Novel of the Gilded Age* (New York: Humanities Press, 1969) „Preface."

[122] Shell, *The Economy of Literature* 6.

[123] Shell, *The Economy of Literature* 6, Anm. 17, 18, 20. Shell bezieht sich in einer Reihe von Fußnoten auch auf Derrida; Derrida wiederum verweist 1993 in *Donner le temps: 1. La fausse monnaie* - wobei dieser Text auf ein Seminar von 1977/78 zurückgeht, zu welcher Zeit beide Autoren mit den *Yale Critics* assoziiert sind - auf Shells Titel, ohne dessen Ansatz zu kommentieren. Auch weist Derrida 1992 auf einen Kommentar Shells zu einem seiner Vorträge hin, vgl. Jacques Derrida, „Du 'sans prix', ou le 'juste prix' de la transaction," *Comment penser l'argent?*, hg. Roger-Pol Droit (Paris: Le Monde Éditions, 1992) 392.

[124] Shell, *The Economy of Literature* 9.

exchange"[125] zugeschrieben, obwohl beide Autoren auf ähnliche Prämissen zurückgreifen: Shell geht von „formal similarities between metaphorization . . . and economic representation and exchange"[126] aus und analysiert anhand der Geschichte des Vergleichs von Sprache und Geld die Metapher im philosophischen Text, wie von Derrida 1971 in „La mythologie blanche (la métaphore dans le texte philosophique)" angeregt. Shells Interesse legt seinen Ursprung in eine Beziehung „between the rise of coinage and the rise of certain forms of thought, and the ways in which the Greeks thought about this relation."[127] Sowohl Heraklit wie Platon hätten „the internalization of money-thinking into . . . thought"[128] festgestellt und versucht, darüber Rechenschaft abzugeben. „Their thought - philosophy - confronts the economics of thought itself. "[129]

The Economy of Literature wirkt in Kurt Heinzelmanns *The Economics of the Imagination* von 1980 fort und trägt maßgeblich zur Aufmerksamkeit für „language and lucre in American fiction"[130] Anfang der 80er-Jahre bei. Neben der Beschränkung des ökonomischen Horizontes auf Produktion, Arbeit und Werttheorie unter Auslassung der nominalistischen Geldtheorie, betonen diese Ansätze einen angenommen äquivalenten Tausch im sprachlichen und wirtschaftlichen Handeln. „[E]conomic exchanges correspond with . . . verbal exchanges,, in einer „analogy of linguistic and material economies;"[131] „writers . . . convert the world itself into a vast system of ledgers and exchanges."[132] Die Kulturwissenschaft untersuche „the relation between literary exchanges and the economic exchange."[133] Für Da Zheng, einen jüngeren Autor der Schule des *new historicism* und des *new economic criticism*, gilt Shells Ansatz inzwischen als „a fresh view of literature" und „a breakthrough in the study of the economic aspect of American novels [in] the late seventies and eighties."[134]

Walter Benn Michaels bezieht sich in *The Gold Standard and the Logic of Naturalism* von 1987 auf Shells zweite Publikation *Money, Language,*

---

[125] J.G.A. Pocock nach Kevin Barry, „Paper Money and English Romanticism: Literary Side-Effects of the Last Invasion of Britain," *Times Literary Supplement* 21. Februar 1997: 14.

[126] Shell, *The Economy of Literature* 3.

[127] Shell, *The Economy of Literature* 13, Anm. 9.

[128] Shell, *The Economy of Literature* 48.

[129] Shell, *The Economy of Literature* 62.

[130] Vgl. Roy R. Male, Hg., *Money Talks: Language and Lucre in American Fiction* (Norman: U of Oklahoma P, 1980).

[131] Osteen 162.

[132] Cope 181.

[133] Zheng 3.

[134] Zheng 3.

and Thought von 1982.[135] Michaels' Essays liefern ein weiteres Beispiel
für die Ausbildung eines quasi-dekonstruktionistischen, produktionistischen ökonomischen Denkmodells, wenn er die schriftstellerische
Tätigkeit definiert als „the work of at once producing and consuming the
self or, what comes to the same thing, work in the market."[136] Michaels
greift jedoch über die klassische Wirtschaftstheorie hinaus, indem er in
Auseinandersetzung mit naturalistischen Texten der Wende zum 20.
Jahrhundert die metallistische Geldtheorie, die der klassischen
Wirtschaftstheorie angehört, in ihrer amerikanischen Tradition
zurückweist. Die Beschreibung des Geldes als „a kind of natural resource,
like coal or cows,"[137] die von den Verteidigern des metallistischen
Warengeldes in den USA Ende des 19. Jahrhunderts gegen die
Befürworter des Papiergeldes vertreten wird, wird von Michaels abgelehnt.
Der naturalistische Gedanke, „[that] in civilized nations . . . natural
selection has determined the use of gold as a standard,"[138] stelle sich gegen
das Papiergeld mit der Warnung, daß nicht mehr Geld gedruckt oder
geprägt werden dürfe „than the world naturally contained."[139] Aller
Geldtausch sei jedoch, so Michaels, nach dieser Theorie zugleich ein
Naturaltausch, und der intrinsische Wert, der die Edelmetalle dazu
geeignet sein lasse, Geld zu werden, garantiere tatsächlich, daß nichts je
wirklich Geld zu sein habe. „Defending gold or silver, the money writers
end up articulating an economic theory that . . . actually stages for itself
. . . the escape from a money economy."[140] Von Michaels wird das
Papiergeld gerade deswegen, weil es keine Ware, sondern „nothing but a
promise"[141] ist, gegen die Metallisten affirmiert.

   Daß das Geld seinen Wert aus einer Übereinkunft zwischen seinen
Verwendern (und dem Staat) bezieht und sein Wert also nicht
metallistisch, sondern nominalistisch oder konventionell erklärt werden
muß, stellt Michaels' Argumentation. Seine Geldtheorie deckt sich mit
derjenigen Derridas und der aktuellen Wirtschaftswissenschaft. Mit dieser
Theorie entfällt die Möglichkeit des absoluten Wertmaßstabs der Arbeit als
vom Warengeld repräsentiert, auch wenn dieser Schritt von Michaels nicht
vollzogen wird. Weder Natur noch menschliche Arbeit bestimmen die
Werte, sondern Vereinbarung und Konvention; die Werte sind fiktional.

---

[135] Walter Benn Michaels, *The Gold Standard and the Logic of Naturalism* (Berkeley: U
of California P, 1987).

[136] Michaels 28.

[137] Michaels 146.

[138] David A. Wells, *Robinson Crusoe's Money*, 1896 (New York: 1969) 5, nach
Michaels 147.

[139] Michaels 147.

[140] Michaels 148.

[141] David Jayne Hill, *An Honest Dollar the Basis for Prosperity* (Chicago: 1900) 3, nach
Michaels 147.

Die Fiktionalität der Werte in der Geldwirtschaft gilt auch für die literarische Produktion: In der Geldwirtschaft und in der Sprache werden Werte erst bestimmt. Mit seiner vertragstheoretischen Begründung der Geltung des nominalistischen Geldes steht Michaels allein im Umfeld der Aneignungen des Ökonomiebegriffs der Dekonstruktion in der amerikanischen Kultur- und Texttheorie, da diese sonst weitgehend eine „domestication of Derrida"[142] in der klassischen Ökonomie der Produktion, des Arbeitswerts und des Arbeitsethos vollziehen. Der *new historicism* und der *new economic criticism* verbleiben in der von der klassischen Dichotomie gesetzten werttheoretischen Opposition und bleiben bis heute hinter der Dekonstruktion zurück, solange geldtheoretische und kredittheoretische Aspekte, und dies heißt, Aspekte der Temporalität und der *différance*, nicht mitaufgenommen werden.

Axiologische Kulturwissenschaft

Auch axiologische Ansätze in der amerikanischen Literatur- und Kulturwissenschaft ziehen unter dem Einfluß der Dekonstruktion den ökonomischen Wertbegriff zur Interpretation von Texten heran. Mit Shell nimmt Barbara Herrnstein Smith in *Contingencies of Value* von 1988 für die Hermeneutik an,[143] daß auch für „dynamics of verbal transactions" ökonomische Regeln gelten, so daß „the motives and processes of verbal communication" wie für alle „social interactions" schon immer „in terms drawn from the marketplace"[144] beschrieben werden könnten. Sie liest die bis in die Antike zurückreichende Geschichte ökonomischer Metaphern „of the gain, loss, circulation, and exchange of goods; of price, coin, purchase, and payment; and of debt and redemption" sowohl „in formal discourses (including . . . theological ones)" wie auch „in songs, poems, games, and proverbs"[145] dahingehend, daß für die Literatur und die Sprache ein Erreichen eines Diskurses oder einer Welt jenseits der Ökonomie und des *marketplace* unmöglich sei. Die ökonomischen Regeln der Literatur würden nicht erkannt, weil ein moralphilosophischer Diskurs der Axiologie von demjenigen der ökonomischen Werttheorie getrennt werde: Es sei nötig, diese „borders that segregate the two discourses of value"[146] zu öffnen, denn nicht nur der ökonomische Wert sei relativ, sondern auch „literary value is radically relative. "[147]

---

[142] Arac, Godzich und Martin 20.
[143] Barbara Herrnstein Smith, *Contingencies of Value* (Cambridge: Harvard UP, 1988) 191, Anm. 4.
[144] Barbara Herrnstein Smith 116, 115.
[145] Barbara Herrnstein Smith 115.
[146] Barbara Herrnstein Smith 116.
[147] Barbara Herrnstein Smith 11.

Um angesichts der Relativität des Wertes eine moralische Instanz zu bewahren, sieht sich B.H. Smith veranlaßt, einen Wertmaßstab zu postulieren. Der Wertmaßstab für die in der Literatur formulierten Werte sei „the good;" das Gute funktioniere als Maßstab wie das Geld.

> [I]t appears that 'good' operates within the discourse of value as does money in a cash economy: *good* is the universal value-form of value and its standard 'measure'; it is that 'in terms of which' all forms of value must be 'expressed' for their commensurability to be calculated; and *good* is that *for* which and *into* which any other name or form of value can . . . be (ex)changed.[148]

In ihrer die marxsche Werttheorie suggerierenden Erklärung impliziert B.H. Smith zwar die Kontingenz eines absoluten Wertmaßstabs, verkürzt jedoch die daraus resultierende Problematik für die Axiologie durch ihr aristotelisches Postulat, daß das Gute der einzige Wertmaßstab sei. Die Arbeit als anthropologische Konstante, repräsentiert im Geld, wird bei B.H. Smith durch das Gute, definiert als Geld, ersetzt.

B.H. Smiths Überzeugung vom Guten als des „principle of the most general economy or the most general principle of economy"[149] paraphrasiert Derridas Aussage zur *différance* als „la structure la plus générale de l'économie."[150] B.H. Smith verwendet sogar die bei Derrida an dieser Stelle und in frühen Texten häufige, auffällige *commutatio*. Obwohl sie also vom Werk Derridas „radical axiological implications"[151] erwartet, zieht Smith jedoch seine Texte nicht heran. Die Problematik der Willkürlichkeit eines absoluten Maßstabs hätte philosophisch differenziert werden müssen, so daß auch Fragen der Konventionalität von Werten - besonders hinsichtlich demokratisch verfaßter Gesellschaften - und einer Freiheit zum Bösen sowie der Absurdität hätten komplexer beantwortet werden können. Wieso sollte optimistisch das Gute allgemeines Äquivalent aller Ethik sein und nicht mit ebensoviel Grund pessimistisch das Böse oder skeptisch ein Indifferentes? B.H. Smiths Setzung des Guten als Standard einer Ökonomie nach klassisch-liberalem Muster gerät in die Gefahr der Nähe zu deterministischen Apologien der Marktwirtschaft innerhalb der zeitgenössischen Proliferation des Ökonomiebegriffs in der amerikanischen Theorie. Diese Apologien verneinen die Frage *Economics and Religion: Are They Distinct?*[152] in Beschreibungen von „economics as

---

[148] Barbara Herrnstein Smith 146.

[149] Barbara Herrnstein Smith 146.

[150] Derrida, „Implications" 17: „Je dirais même que c'est *le* concept de l'économie, et puisqu'il n'y a pas d'économie sans différance, c'est la structure la plus générale de l'économie, pourvu qu'on entende sous cette notion autre chose que l'économie classique de la métaphysique ou la métaphysique classique de l'économie."

[151] Barbara Herrnstein Smith 23.

[152] Vgl. H. Geoffrey Brennan und A.M.C. Waterman, Hg., *Economics and Religion: Are They Distinct?* (Boston: Kluwer Academic, 1994).

a secular religion."[153] „The Law of Supply and Demand is the metaphor we live by; it is the metaphor with which we interpret our experiences, give expression to our feelings, and by which we guide our action."[154] Aus der Einsicht in das Gesetz von Angebot und Nachfrage in schwierigen Lebensfragen ergehe die Aufforderung: „Don't brood but persevere, work harder, and set your nose to the grindstone."[155] Unter den Frommen sei der Glaube stark, „that Adam Smith's invisible hand, guided by supply and demand in the labor market, equitably signs everybody's paycheck. "[156]

Steven Connor untersucht in *Theory and Cultural Value* von 1992 aus britischer Distanz die Zusammenhänge zwischen dem Umstand, „[that] the metaphor of economy has proved in recent years to have had a very great binding and explanatory power in philosophy and literary and cultural theory,"[157] und dem Einfluß des Poststrukturalismus; seine axiologische Perspektive entwirft er in der Lektüre einiger Werke von Bataille, Lyotard und Baudrillard. Auch eine Auseinandersetzung mit B.H. Smiths axiologischen Postulaten fließt in seine Untersuchung ein. Es sei heute möglich,

> to construe languages, texts, images, social structures and practices . . . even . . . the structure of the psyche . . . in the dynamic terms made available by the metaphor of economy (and, we should therefore specify, the economy of metaphor).[158]

Den in seiner Proliferation offensichtlichen analytischen Vorteil des Ökonomiebegriffs sieht auch Connor in einer Dynamisierung des strukturalistischen Modells. Ökonomie sei eine dynamische Struktur, die dem Kritiker gestatte, nicht nur die Elemente seines Forschungsfeldes zu verteilen und zu ordnen, sondern auch die Tausch- und Zirkulationsprozesse zu berücksichtigen. „The metaphor of economy may allow one, therefore, to escape some of the closure or reductiveness of the metaphor of structure."[159] Connor übernimmt diese Argumentation als Gemeingut; sie geht jedoch zurück auf Derridas Einführung des Ökonomiebegriffs zur Dynamisierung des Strukturalismus im Vortrag zu Lévy-Strauss' *Anthropologie structurale* von 1966.[160] Trotz der Bezüge auf Struktur, und

---

[153] Raymond Benton, Jr., „A Hermeneutic Approach to Economics: If Economics Is Not Science, and If It Is Not Merely Mathematics, Then What Could It Be?," *Economics as Discourse: An Analysis of the Language of Economists*, hg. Warren J. Samuels (Boston: Kluwer Academic, 1990) 76.

[154] Benton 85.

[155] Benton 81.

[156] Amanda Bennett, „Corporate Chiefs' Pay Far Outpaces Inflation and the Gains of Staffs," *The Wall Street Journal* 28. März 1988: 1, 6, nach Benton 85.

[157] Steven Connor, *Theory and Cultural Value* (Oxford: Blackwell, 1992) 57.

[158] Connor 57.

[159] Connor 57-58.

[160] Vgl. Derrida, „La structure, le signe et le jeu dans le discours des sciences humaines."

im gegebenen Kontext auch auf den Strukturalismus, zieht Connor Saussures Werk ebenfalls nicht in Betracht, wiewohl gerade Baudrillards Wertbegriff nicht nur auf marxschen Wertgesetzen, sondern vor allem auf einer Lektüre des Werks Saussures beruht. Darüber hinaus nehmen Baudrillards Programm einer Abschaffung des Wertes durch den symbolischen Tausch und Gouxs Begriff des Symbols[161] Connors Vorschlag einer „general theory of symbolic practice"[162] vorweg, ohne daß diese Vorgängerschaft von Connor herausgestellt würde.

Seinen Entwurf stellt Connor anhand einer Diskussion des Wertbegriffes vor; den Wert definiert er über Produktion und Gewinn.

> [T]hough economies allow for the production of many different kinds of value, the concept of an economy in which the principle of value was absent, allowing for no regular possibility of gain or gainful outcome, would seem to be an entirely empty one.[163]

Connor ordnet den ökonomischen Wertbegriff entgegen Smith in eine moralisch negativ besetzte Sphäre des Gewinndenkens ein. Er versucht daraufhin, dem negativ konnotierten Ökonomischen zu entgehen, indem er es - auch er marxschen dialektischen Materialismus nur suggerierend - als notwendigen Durchgang beschreibt und ihm einen Verlust der Sinngebungsmacht prophezeit: Der ethische Wert sei dem als „usual," „financial" und „commercial"[164] beschriebenen ökonomischen Wert entgegenzusetzen. Connor verschiebt somit seine Argumentation entlang der verschiedenen Konnotationen des Wertbegriffs auf den 'ethischen Wert' hin. Der Wert sei, mit Kant und ähnlich B.H. Smith, eine moralische Aufforderung zum Besseren: „Value, in this imperative sense, is the irreducible orientation towards the better, and revulsion from the worse."[165] Connor kritisiert allerdings B.H. Smiths Position für ihre fehlende Selbstreflexion: „There seems . . . to be no possibility for Smith to admit and examine the contingency of her own view of the contingency of all value."[166] Connors Kritik an B.H. Smith legt die Notwendigkeit einer Konventions- und Fiktionstheorie im Umgang mit dem Wertbegriff nahe. Trotz der Rezeption von B.H. Smiths Versuch, das Geld in die Axiologie zu integrieren, geht Connor auf Geldtheorie, die Konventionalität thematisieren könnte, jedoch nicht ein. Sein Lösungsvorschlag bleibt wie der B.H. Smiths bei einer Opposition von absolutem und relativem Wert stehen.

---

[161] Vgl. Kapitel 5.
[162] Connor 57.
[163] Connor 58.
[164] Connor 57.
[165] Connor 2.
[166] Connor 30.

[W]e should attempt the difficult feat of thinking absolutism and relativism together rather than as apart and antagonistic. . .. I recommend the acceptance of the radical self-contradiction and unabatable paradox of value.[167]

Connors Entwurf führt durch das Fehlen einer Konventionstheorie zu einer Mystik des Wertsetzens, nach der der Wert als Gutes bloß gefühlt, eher denn erkannt, benannt oder diskutiert werde.

Werttheoretischer Exkurs 2:
Europäische Tradition der Wertphilosophie und Wertethik

Ein Ausgehen vom Wertfühlen impliziert den Kontext der axiologischen Tradition seit Rudolph Hermann Lotze; dieser Kontext wird trotz der dort bereits geleisteten Diskussion des Wertbegriffs weder von B.H. Smith noch von Connor rezipiert. Die Axiologie, oder Wertphilosophie, entwickelt die Annahme, daß es neben einem „Bereich des Seienden bzw. Wirklichen einen eigenen Bereich der Werte" gebe; nach Lotze werden die Werte „durch die spezielle Fähigkeit des Wertfühlens"[168] erfaßt. „Wie die Ideen, existieren Werte ewig,"[169] nach Lotze. Historisch steht die Axiologie in enger Beziehung zur Wirtschaftstheorie; der ökonomische Begriff des Werts wird zum Leitbegriff ihrer philosophischen Disziplin. Die Axiologie schreibt den absoluten Wertbegriff der Arbeitswerttheorie als ethischen fort und spaltet sich seit Mitte des 19. Jahrhunderts ab von einer nachklassischen Ökonomie, die den Wert als relativ und quantitativ nach den Konventionen der Mathematik zu bestimmen beginnt. Die philosophische Diskussion um die vom Wert konnotierte Relativität und das Bemühen um die Festlegung einer absoluten Größe, die der Relativität enthoben sei, verläuft im 19. Jahrhundert gleichzeitig zur Entwicklung der Opposition von objektiver und subjektiver Werttheorie in der Wirtschaftswissenschaft. Der absolute Wertbegriff findet seit Mitte des 19. Jahrhunderts in der Wertphilosophie und Wertethik gewissermaßen Asyl, zugleich mit seinem Ausschluß aus der Wirtschaftswissenschaft und 'reinen' Soziologie. Erst mit der Entwicklung der Wirtschaftsethik - dem *business ethics movement* - seit den 80er-Jahren des 20. Jahrhunderts kehrt der Wertbegriff in die Wirtschaftswissenschaft zurück. [170]

---

[167]Connor 1-2.
[168]„Wertphilosophie," *Enzyklopädie Philosophie und Wissenschaftstheorie*, hg. Jürgen Mittelstraß, Bd. 4 (Stuttgart: Metzler, 1996) 668.
[169]„Wertphilosophie" 668.
[170]Vgl. Josef Wieland, *Formen der Institutionalisierung von Moral in amerikanischen Unternehmen: Die amerikanische Business-Ethics-Bewegung* (Bern: Haupt, 1993),

In der axiologischen Tradition stehen sich seit dem 19. Jahrhundert
Relativismus und Universalismus explizit gegenüber. Neben Lotzes
Begriff von den ewigen Werten behauptet sich durch die Diskussion im
19. Jahrhundert der absolute Wertbegriff Kants aus dem ethischen Postulat
von der absoluten Würde des Menschen. Für seinen absoluten Wertbegriff
wird Kant jedoch von Schopenhauer kritisiert: „Schopenhauer monierte,
daß Kant Relationsbegriffe in einem absoluten Sinn verwendet, wenn er
z.B. von einem 'Zweck an sich selbst' und von einem 'absoluten Wert'
spricht."[171] Schopenhauer vertritt in der Wertdiskussion die Relativität des
Wertes:

> Jeder *Werth* ist eine Vergleichsgröße, und sogar steht er notwendig in doppelter
> Relation: denn erstlich ist er *relativ*, indem er *für* Jemanden ist, und zweitens ist er
> *komparativ*, indem er im Vergleich mit etwas Anderem, wonach er geschätzt wird,
> ist.[172]

Auch Friedrich Nietzsche affirmiert gegen die Axiologie die Relativität
des Werts und erklärt das Rechnen, nicht die moralische Intuition, zur
ersten Tätigkeit des Menschen. Das rechnende Denken wird in der
Genealogie der Moral aus der persönlichen Verpflichtung im Verhältnis
des Schuldners zum Gläubiger erklärt, das Nietzsche als das „älteste und
urspünglichste Personen-Verhältniss, das es giebt," ansieht: „[H]ier trat
zuerst Person gegen Person, hier *mass sich* zuerst Person an Person."[173] Im
„Preise machen, Werthe abmessen, Äquivalente ausdenken, tauschen" sei
der Ursprung des menschlichen Denkens aufzufinden, so daß diese
Tätigkeiten „in einem gewissen Sinne *das* Denken"[174] seien. Erst durch die
Setzung des Menschen entsteht nach Nietzsche, anders als nach der
Axiologie und ihrer Beschreibung der ewigen Werte, ein Wert: „Werthe
legte erst der Mensch in die Dinge, sich zu erhalten, - er schuf erst den
Dingen Sinn, einen Menschen-Sinn! . . . Durch das Schätzen erst giebt es

---

sowie Peter Ulrich und Josef Wieland, Hg., *Unternehmensethik in der Praxis:
Impulse aus den USA, Deutschland und der Schweiz* (Bern: Haupt, 1998), und für
maßgebliche Titel die Beiträge und Bibliographien zur Diskussion um Unter-
nehmensethik und Diskursethik in der *Zeitschrift für betriebswirtschaftliche
Forschung* seit 1988; zur philosophischen Diskussion der Ansätze Annette Kleinfeld,
Persona Oeconomica: Personalität als Ansatz der Unternehmensethik (Heidelberg:
Physica, 1998).

[171] Jörg Salaquarda, „Umwertung aller Werte," *Archiv für Begriffsgeschichte* 22.2
(1978): 158.

[172] Arthur Schopenhauer, „Preisschrift über die Grundlage der Moral," *Sämtliche Werke*,
Bd. 4/2, hg. A. Hübscher (Wiesbaden: 1972) 161, 166, und „Parerga," Bd. 6, 477,
nach Salaquarda 158.

[173] Friedrich Nietzsche, *Zur Genealogie der Moral: Eine Streitschrift*, 1887, *Kritische
Studienausgabe*, hg. Giorgio Colli und Mazzino Montinari, Bd. 5 (München: dtv/de
Gruyter, 1988) 305-6.

[174] Nietzsche, *Zur Genealogie der Moral* 306.

Werth: und ohne das Schätzen wäre die Nuss des Daseins hohl."[175] Noch für Gilles Deleuze hat erst Nietzsche das Projekt verfolgt, „[de] introduire en philosophie les concepts de sens et de valeur. "[176]
Die auf Lotze und Kant zurückweisende Axiologie oder Wertphilosophie wird bis zu Max Schelers Wertethik weiterentwickelt, und sucht absolute Werte zu bestimmen und zu erklären. Scheler richtet sich mit der Theorie der materialen Wertethik gegen jede Art von Relativismus.[177] Eine zweite Richtung stellt die philosophische Wertkritik im Sinne Nietzsches, die das Prinzip des Wertens zum anthropologischen Merkmal erklärt und den Wert relativ und historisch bestimmt. Zwischen diesen Positionen bewegen sich auch der sogenannte erste und zweite Werturteilsstreit Ende des 19. Jahrhunderts: Historische Schule, exemplarisch in der Position Gustav von Schmollers, der die Wirtschafts-wissenschaft weiterhin als „große moralisch-politische Wissenschaft"[178] verstanden wissen will, und Grenznutzentheoretiker und Vertreter der 'reinen Ökonomie' oder 'reinen Soziologie', exemplarisch in der Position Max Webers, definieren den Wertbegriff zum einen absolut, zum anderen relativ. Die zeitgenössische Debatte um Universalismus und Relativismus in der multikulturellen Gesellschaft und um die Definition der Menschen-rechte oder um einen globalen Standard für Lebensqualität führt frühere Debatten um den Wertbegriff weiter.[179] B.H. Smith und Connor nehmen die Abspaltung einer essentialistischen Theorie des absoluten Werts von der Grenznutzenschule und die Möglichkeit und Notwendigkeit einer konventionelle Begründung des Wertmaßstabs nicht zur Kenntnis; sie ziehen die werttheoretische Tradition und die Diskussion zwischen Wirtschaftstheorie, Axiologie, Soziologie und Philosophie nicht heran.

---

[175] Friedrich Nietzsche, *Also sprach Zarathustra*, 1883-85, *Kritische Studienausgabe*, hg. Giorgio Colli und Mazzino Montinari, Bd. 4 (München: dtv/de Gruyter, 1988) 75.

[176] Gilles Deleuze, *Nietzsche et la philosophie* (Paris: Presses Universitaires de France, 1962) 1.

[177] „Zu seiner Genugtuung darf der Verfasser feststellen, daß besonders der ethische Absolutismus und Wertobjektivismus in Deutschland wie im Auslande seit dem Erscheinen dieses Buches erhebliche Fortschritte gemacht hat und die herkömmlichen relativistischen und subjektivistischen ethischen Lehrmeinungen stark zurückgedrängt hat. Besonders scheint die gegenwärtige deutsche Jugend alles haltlosen Relativismus ebenso müde zu sein wie des leeren und unfruchtbaren Formalismus Kants." Max Scheler, *Der Formalismus in der Ethik und die materiale Wertethik*, 1916 (Bern: Francke, 1980) 14-15.

[178] Gustav von Schmoller nach Heinz Rieter, „Historische Schulen," Issing 148.

[179] Vgl. Horst Steinmann und Andreas Georg Scherer, Hg., *Zwischen Universalismus und Relativismus: Philosophische Grundlagenprobleme des interkulturellen Managements* (Frankfurt: Suhrkamp, 1998); Martha C. Nussbaum und Amartya Sen, Hg., *The Quality of Life* (Oxford: Clarendon, 1993); Martha C. Nussbaum, „Women and Cultural Universals," 1993, *Sex and Social Justice* (NY: Oxford UP, 1999) 29-54; Susan Moller Okin with Respondents, *Is Multiculturalism Bad for Women?* (Princeton: Princeton UP, 1999).

Wird der Wert absolut oder ein absoluter Maßstab wie Arbeitskraft gesetzt, statt relative Nützlichkeit, erübrigt sich die menschliche Konsensfindung über Werturteile: Mit der Dreingabe einer theoretischen Orientierung an relativer Nützlichkeit verliert sich auch die Sorge um das Individuum. Der Maßstab, auch für das individuelle Wohl, gilt als sicher und vorgegeben; es muß ihm nur zur Gültigkeit verholfen werden. Die Diskussion von absolutem und relativem Wertbegriff verläuft somit analog zur Diskussion um die Idealität oder Konventionalität von Wahrheit, wie sie im Werk Derridas fortgeschrieben wird.

Pragmatismus und Dekonstruktion

Anfang der 80er-Jahre wird im Zuge der Rezeption und Dissemination des Werks Derridas in den USA auch die Frage nach der Vereinbarkeit von amerikanischem Pragmatismus und Dekonstruktion aufgeworfen. Sowohl Pragmatismus wie auch Dekonstruktion verwenden das ökonomische Wortfeld zur Sinngebung. Im Unterschied zur Dekonstruktion wird der Ökonomiebegriff im Pragmatismus jedoch nicht reflektiert. William James beschreibt die pragmatische Konsensfindung als „cash-value of the world's unity," welche „empirically realized" zu „practical small-change"[180] werde. Noch bis in die 50er-Jahre des 20. Jahrhunderts gelten „Ausdrücke wie *profits* (Nutzen, Verdienst, Profit), *results* (Erfolg) . . . bei James" als „typisch amerikanisch. "[181]
Der amerikanische Pragmatismus wird auf die calvinistische Tradition des Arbeitsethos zurückgeführt, wie Max Weber[182] 1904/05 in seiner Studie zur protestantischen Ethik anhand des Beispiels von Benjamin Franklin, mit D.H. Lawrence „economic father of the United States,"[183] vorlegt. Franklin stellt sein Leben wie schon Cotton Mather Anfang des 18. Jahrhunderts unter das Gebot der Arbeit und Produktivität. Mather erklärt, „[t]he most of your *Time* is to be Spent in your *Work*. . . . The *Time* you Spend in *Recreations*, must be no more than will *Whet* you and *Fit* you

---

[180] William James, *Some Problems of Philosophy*, 1911, *Writings 1902-1910*, hg. Bruce Kuklick (New York: Literary Classics of the United States, 1987) 1049.

[181] Hans Joachim Störig, *Kleine Weltgeschichte der Philosophie*, 1949 (Frankfurt: Fischer, 1987) 567.

[182] Vgl. Max Weber, *Die protestantische Ethik und der 'Geist' des Kapitalismus*, 1904/5, hg. Klaus Lichtblau und Johannes Weiß, 2. Aufl. (Weinheim: Beltz, 1993). Zur Arbeitsethik vgl. „Die Berufsidee des asketischen Protestantismus," 53 ff..

[183] D.H. Lawrence, *Studies in Classic American Literature*, 1923 (New York: Viking, 1971) 13.

for your Work;"[184] Franklin führt über seine tägliche Arbeits- und Erholungszeit Buch[185] und wird von Max Weber[186] mit dem berühmten Satz aus *Advice to a Young Tradesman* von 1748 zitiert: „Remember that TIME is Money."[187] Auch die Anfänge einer „originär amerikanischen Ästhetik" bei Poe werden im Kontext des produktionistischen Arbeitsethos beschrieben: Er sehe die Kunst „als Arbeitsprozeß;" „[d]er Auffassung von Kunst als Intuition, des Künstlers als Propheten, widersetzt er sich entschieden. Pragmatisch betont er die handwerkliche Dimension von Dichtung."[188] Sacvan Bercovitch ergänzt Webers Thesen mit der Feststellung, daß sich immer „Two American Dreams," Ökonomie und Religion, verbinden: Der Übergang von der Religion oder Moral zur Ökonomie ist für den Puritanismus und den Pragmatismus anhand des Wertbegriffs und der Arbeitsethik fließend.

> The conflict itself . . . points to an underlying unity of design. This is made explicit frequently enough, as in the work of Emerson and Whitman . . . . The counterpoint in *Walden*, for example, of imitatio and parody - spiritual autobiography and the American Way to Wealth - has a major source in . . . Franklin's *complementary views* of the self . . . . Both strains . . . lead back to seventeenth-century Massachusetts.[189]

Am produktionistischen und arbeitsethischen Praxisbegriff des Pragmatismus, der mit dem Sprachbegriff der Dekonstruktion und ihren differantiellen Prämissen nicht vereinbar ist, scheidet sich die Kompatibilität der beiden Denkrichtungen, auch wenn sich Dekonstruktion und Pragmatismus nahe liegen - zur Relativität des Werts und Konventionalität der Wahrheit gibt es Übereinstimmung. Der frühe amerikanische philosophische Pragmatismus entwickelt seinen relativen Wertbegriff in Auseinandersetzung mit der deutschsprachigen Wertphilosophie.[190] Die

---

[184] Cotton Mather, *Honesta Parsimonia*, 1721, nach Kenneth Silverman, „From Cotton Mather to Benjamin Franklin," *Columbia Literary History of the United States* (New York: Columbia UP, 1988) 105.

[185] Vgl. Notation der dreizehn Tugenden und Tabelle zur täglichen Zeiteinteilung in Benjamin Franklin, „Part Two," 1784, *Benjamin Franklin's Autobiography*, hg. J.A. Leo Lemay und P.M. Zall (New York: Norton & Company, 1986) 67-69, 72.

[186] Vgl. Weber 12.

[187] Benjamin Franklin, „Advice to a Young Tradesman, Written by an Old One," 1748, *The Papers of Benjamin Franklin*, hg. Leonard W. Labaree, Bd. 3 (New Haven: Yale UP, 1961) 306.

[188] Carla Gregorzewski, *Edgar Allan Poe und die Anfänge einer originär amerikanischen Ästhetik* (Heidelberg: Winter, 1982) 238.

[189] Sacvan Bercovitch, „Introduction," *The American Puritan Imagination*, hg. Sacvan Bercovitch (Cambridge: Cambridge UP, 1974) 16.

[190] James bezieht sich auf den Neukantianer Heinrich Rickert und auf Hugo Münsterberg: „Münsterberg's book has just appeared in an english [sic] version: *The*

absolute Wahrheit bestimmen zu wollen, wie es die Axiologie in der
Beschreibung absoluter und ewiger Werte unternimmt, gilt James als
„vicious abstractionism.“[191] Den Begriff der Relativität des Werts und der
Wahrheit entwickelt James nach Charles Sanders Peirce: „[N]othing has
any kind of value in itself - whether aesthetic, moral, or scientific - but
only in its place in the whole production to which it appertains.“[192] Nach
James sieht der Pragmatist die Konstitution von Wahrheit als andauernden
Prozeß der Konsensfindung und gründet die Möglichkeit eines solchen
Konsenses darauf, daß die Vorstellung eines „ideal standard“[193] gegeben
sei. Dieser sei jedoch nicht mit dem Zugang zu einer absoluten Wahrheit
zu verwechseln. „'There is absolute truth' is the only absolute truth of
which we can be sure, further debate is practically unimportant.“[194] Nach
James' Sprachtheorie gelten die Worte nur als Arbeitswerkzeuge, nicht wie
in der metaphysischen Logik und Ideenlehre als die Suche abschließende
Gefäße der Wahrheit. Ein Wort „appears less as a solution, then, than as a
program for more work;“[195] es sei nicht angezeigt, sich mit der im Studium
der Worte gewonnenen Erkenntnis zur Ruhe zu setzen. Zu denken, „[that
y]ou can rest when you have them“ oder „[that y]ou are at the end of your
metaphysical quest,“ sei falsch: „[I]f you follow the pragmatic method,
you cannot look on any . . . word as closing your quest.“[196] Mit der
Betonung der rastlosen Arbeit und Notwendigkeit des eifrigen Strebens
nimmt James die arbeitsethischen Motive der amerikanischen purita-
nischen Tradition auf. Die Konsensfindung als Prozeß der Wahrheit bei
James wird von Derridas Begriff der Konventionalität des Sinns
vorausgesetzt, ohne daß jenseits eines konventionellen Sinns eine regelnde
Instanz angenommen werden kann: „La mesure de la mesure nous
manque.“[197] Philosophisch radikal kann für Sinn kein Anspruch auf
Wahrheit erhoben werden; Sinn bleibt in seiner Konventionalität für den
Menschen prekär und temporär. Indem er das Fehlen des Maßstabs für den
Maßstab unter Bezug auf die wirtschaftswissenschafliche Preis- und
Geldtheorie als differantielle Fiktionalität expliziert, geht Derrida über die
Werttheorie und die Sprachtheorie des Pragmatismus hinaus.

Eternal Values, Boston, 1909.“ William James, „Abstractionism and 'Relativismus,'“
        The Meaning of Truth, 1909, Writings 1902-1910, 958.
[191] William James, „Abstractionism and 'Relativismus'“ 959.
[192] Charles Sanders Peirce, Scientific Metaphysics, 1892/3-1902/3, hg. Charles
        Hartshorne und Paul Weiss, 1935, The Collected Papers of Charles Sanders Peirce,
        Bd. 6 (Cambridge: Harvard UP, 1960) 327.
[193] William James, „Abstractionism and 'Relativismus'“ 958.
[194] William James, „Abstractionism and 'Relativismus'“ 959.
[195] William James, Pragmatism, 1906, Writings 1902-1910, 509.
[196] William James, Pragmatism 509.
[197] Jacques Derrida, Spectres de Marx: L'État de la dette, le travail du deuil et la
        nouvelle Internationale (Paris: Galilée, 1993) 129.

New Pragmatism

Richard Rorty erhebt aufgrund der Gemeinsamkeiten von Pragmatismus und Dekonstruktion 1982 den Anspruch, daß der amerikanische Pragmatismus die Ergebnisse der Dekonstruktion und des Poststrukturalismus lange vorweggenommen habe. Bereits William James vermeide die Überreste einer Metaphysik bei Nietzsche, die Heidegger kritisiere und die Überreste einer Metaphysik bei Heidegger, die Derrida kritisiere. Es müsse gelten,

> [that] James and Dewey were not only waiting at the end of the dialectical road which analytical philosophy traveled, but are waiting at the end of the road which, for example, Foucault and Deleuze are currently traveling.[198]

Zur Kritik an Derrida greift Rorty auf James' Sprachbegriff zurück; daß Begriffe und Begriffshierarchien nicht „verbal solutions" für ein metaphysisches Ziel der Philosophie, sondern „instruments" und „indication of the ways in which existing realities may be *changed*"[199] seien, übernimmt Rorty in seiner Argumentation gegen Derrida: Sprache solle nicht als Medium zur Erkenntnis von Wahrheit, sondern als Werkzeug im zielgerichteten sozialen Handeln verwendet werden. Derrida dagegen betrachte Sprache als Medium. Er vertrete

> a specifically *transcendental* project - a project of answering some question of the form 'what are the conditions of the possibility of . . .?' - of, for example, experience, self-consciousness, language, or philosophy itself.[200]

Kants transzendentale Synthesis, Hegels Aufhebung, Heideggers Sorge und Derridas *différance* liest Rorty als sprachliche Instrumente einer Philosophie, die sich „leaps into the darkness which surrounds the totality of everything previously illuminated"[201] zum Ziel setze. Dagegen stellt Rorty hegelsche Aufhebung dar als das, was passiere, wenn die Elemente eines alten Vokabulars gegeneinander ausgespielt würden, um die Erwartung auf ein neues Vokabulars entstehen zu lassen. „On my view, it is precisely *Aufhebung* that Derrida is so good at."[202] Nominalisten wie er selbst, so Rorty, „for whom language is a tool rather than a medium, and

---

[198] Richard Rorty, *Consequences of Pragmatism*, 1982 (New York: Harvester Wheatsheaf, 1991) xviii.

[199] James 509.

[200] Richard Rorty, „Is Derrida a Transcendental Philosopher?," *Derrida: A Critical Reader*, hg. David Wood (Oxford: Blackwell, 1992) 238.

[201] Rorty, „Is Derrida a Transcendental Philosopher?" 239.

[202] Rorty, „Is Derrida a Transcendental Philosopher?" 241.

for whom a concept is just the regular use of a mark or noise,"[203] könnten aus einer solchen Vorgehensweise keinen Sinn gewinnen. Abgesehen von der von Rorty ignorierten Andersartigkeit von dialektischer, binär kodierter Aufhebung gegenüber differantieller Schrift, die seine Beschreibung nicht auf Derridas Denken zutreffen läßt, ist die Sprache für Rorty tendentiell in allen ihren Effekten beherrschbar und vom Menschen produziert, wie ein Werkzeug, und die menschliche Verwendung der Sprache geht nach Rorty ihrer Wirkung voraus. Nach Derrida ist die Sprache stattdessen dem Menschen vorgängig und nie in allen Effekten beherrschbar; ein Autor kann nie alle Kontexte, die sein Text impliziert, beherrschen, und eben diese Unbestimmtheit wird von Derrida gegen dialektische Aufhebung affirmiert. Rorty lenkt entsprechend ein und erklärt, es sei schwer zu entscheiden, ob Derrida ein häufig mißverstandener transzendentaler Philosoph sei, „a latter-day Hegel,"[204] oder ein häufig mißverstandener Nominalist.

Im *new pragmatism* der Text- und Kulturwissenschaft, 1985 von Steven Knapp und Walter Benn Michaels zum Programm erhoben, wird die pragmatistische Rezeption der Dekonstruktion bei Rorty aufgenommen und fortgeführt. Die an einer Metaphysik orientierte Literatur- und Kulturtheorie wird auf ein machtpolitisches Interesse beschränkt. „[T]heory is not just another name for practice. It is the name for all the ways people have tried to stand outside practice in order to govern practice from without."[205] Theorie wird als bloßes Machtinstrument verstanden, mit dem der Denker zwar pragmatische Zwecke verfolge, aber diese Orientierung zu verbergen suche. Hassan, der sich der pragmatischen Wende 1989 anschließt, vermittelt zwischen Dekonstruktion und Pragmatismus, indem er erklärt, es sei „immaterial whether pragmatism leads or follows in this development."[206] Entscheidend sei, daß pragmatisches und dekonstruktionistisches Denken ein Interesse am Wertbegriff teilten.

> [P]ragmatism reintroduces into our discourse the repressed categories of value, belief, desire, and power as these affect not only thought but also praxis. Here pragmatism is in accord with . . . contemporary practitioners of deconstruction.[207]

---

[203] Rorty, „Is Derrida a Transcendental Philosopher?" 241.

[204] Rorty, „Is Derrida a Transcendental Philosopher?" 243.

[205] Steven Knapp und Walter Benn Michaels, „Against Theory," 1982, *Against Theory: Literary Studies and the New Pragmatism*, hg. W.J.T. Mitchell (Chicago: U of Chicago P, 1985) 30.

[206] Ihab Hassan, „Pragmatism, Postmodernism, and Beyond: Toward an Open World," *The End of Postmodernism: New Directions*, hg. Heide Ziegler (Stuttgart: M & P, 1993) 25.

[207] Hassan, „Pragmatism, Postmodernism, and Beyond: Toward an Open World" 29.

In der Postmoderne als der Zeit der „open, pluralist, democratic societies"[208] regten beide Ansätze, Pragmatismus und Dekonstruktion, die Besinnung auf ethische Werte in der Kulturwissenschaft an. Anders als nach Lentricchia, Davis und Schleifer muß folglich angenommen werden, daß Dekonstruktion ihren Einfluß in Amerika nicht durch einen revolutionären Bruch oder ein messianisches Versprechen erzielte, sondern vielmehr durch eine Affirmation: Dekonstruktionistische Prinzipien - Pluralität, Relativität, demokratische Praxis, aber insbesondere auch Zeichenmaterialität und Bevorzugung des Ökonomischen - erweisen sich als nicht nur kompatibel, sondern häufig deckungsgleich mit Prinzipien des Pragmatismus. Derrida selbst äußert sich anläßlich der Kritik John R. Searles an der Dekonstruktion zur Diskussion um den Pragmatismus in der amerikanischen Kulturwissenschaft. Er verweist auf den Begriff der Unentscheidbarkeit als der Basis für die dekonstruktionistische Ethik und erinnert daran, daß Unentscheidbarkeit nicht Unbestimmtheit, sondern immer eine „*determinate* oscillation between possibilities (for example, of meaning, but also of acts)" sei, wobei diese Möglichkeiten wiederum „highly *determined* in strictly *defined* situations (for example, discursive - syntactical or rhetorical - but also political, ethical, etc.)"[209] seien. Diese Bestimmtheit nennt Derrida pragmatisch und merkt an, daß er bereits 1984 vorgeschlagen habe, mit „programmatological" den Raum einer unverzichtbaren Analyse „at the intersection of a pragmatics and a grammatology"[210] zu benennen. Die Grammatologie sei schon immer eine Art Pragmatik gewesen. Der „Gemeinplatz, im Pragmatismus eine Philosophie des *American way of life* zu sehen,"[211] kann also wohl kaum in nationaler Ausschließlichkeit gehalten werden, auch wenn Derrida wiederum in werbender Weise verkündet: „[D]econstruction is quintessentially American."[212] Nach Herbert Stachowiak gilt auch bereits der frühe Pragmatismus als eine

> *über*nationale Bewegung, in der wissenschaftliche, technische und soziale Entwicklungen der zweiten Hälfte des 19. Jahrhunderts und mit diesen verbundene neue Formen der Lebens- und Weltzuwendung des Menschen ihren philosophischen Ausdruck fanden.[213]

---

[208] Hassan, „Pragmatism, Postmodernism, and Beyond: Toward an Open World" 29.

[209] Derrida, „Afterword: Toward an Ethic of Discussion," 1988, übers. Samuel Weber, *Limited Inc* 148.

[210] Derrida, „Afterword" 159, Anm. 16, zitiert dort nach Jacques Derrida, „My Chances/*Mes chances*: A Rendezvous with Some Epicurean Stereophonies," 1983, übers. Irene E. Harvey und Avital Ronell, *Taking Chances*, hg. Joseph H. Smith und William Kerrigan (Baltimore: Johns Hopkins UP, 1984) 27.

[211] Herbert Stachowiak, Hg., *Pragmatik*, Bd. 1, 1986 (Darmstadt: WBG, 1997) xxviii.

[212] Davis und Schleifer viii.

[213] Stachowiak xxviii-xxix.

Trotz der Nähe zwischen Dekonstruktion und Pragmatismus können die beiden Denkrichtungen jedoch nicht zur Deckung gebracht werden, weil dem Pragmatismus eine differenzierte Fiktionstheorie fehlt, die in der Dekonstruktion anhand der Geldtheorie entwickelt wird. Die pragmatische Semiotik bei Peirce wird von Derrida wegen ihres Festhaltens an der Konzeption des Zeichens unter Bezug auf ein motivierendes Objekt zurückgewiesen; mit der Arbitrarität des Zeichens nach Saussure, die von Derrida in Analogie zur Geldtheorie weitergedacht wird, ist kein „rapport [de représentation] <<iconographique>> au sens de Peirce"[214] vereinbar. Auch wenn nach Hassan Dekonstruktion und Pragmatismus in Bezug auf den Wertbegriff beide in Übereinstimmung mit Marx und Nietzsche[215] stehen, ist diese Zusammenlegung problematisch: Schon diese Autoren beziehen unterschiedliche Positionen zum Wertbegriff. Während Marx in der Definition des Tauschwerts als verkörperter Arbeit einen absoluten Maßstab anthropologisch zu gründen sucht und im teleologischen Entwurf des historischen Materialismus durchsetzen möchte, erhebt Nietzsche gerade die Fragilität dieses Maßstabs zum Motor des Prozesses der Umwertung der Werte und relativiert damit auch den Marxschen Anthropologismus. Der Bezug auf den Wertbegriff im *new pragmatism* ignoriert die Tradition der Werttheorie und Wertphilosophie; in der kritischen Auseinandersetzung dagegen versucht die Dekonstruktion der dialektischen Opposition der Werttheorien und den Aporien des Wertbegriffs zu entgehen.

Wegen ihres Produktionismus und wegen des Festhaltens am absoluten und objektiven Wertmaßstab oder des Fehlens einer Fiktionstheorie läßt sich der Ökonomiebegriff in der amerikanischen Kulturtheorie marxistischer Ausrichtung, des *new historicism*, des *new pragmatism* und der Axiologie nicht mit dem Ökonomiebegriff der Dekonstruktion zur Deckung bringen und fällt vielmehr hinter deren wirtschaftstheoretische Aktualität zurück, auch wenn die amerikanischen kulturökonomischen Theorien durch sie inspiriert sind. In der amerikanischen Theorie der Postmoderne liegt jedoch ein mit dem produktionistischen und arbeitsethischen Ökonomiebegriff konfligierender Ansatz vor, der Prämissen des Ökonomiebegriffs der Dekonstruktion in ausgedehnterer Weise teilt.

---

[214] Derrida, *De la grammatologie* 66.
[215] Hassan, „Pragmatism, Postmodernism, and Beyond: Toward an Open World" 29.

2.

Amerikanische Postmoderne, französische Hegel-Renaissance und axiologische Differenz

Wenn in der amerikanischen Literatur- und Kulturwissenschaft die kulturelle Postmoderne seit den späten 70er-Jahren mit der dekonstruktionistischen und poststrukturalistischen Theorie in Verbindung gebracht wird,[1] dann vor allem im Begriff der Relativität und folglich in der Abgrenzung vom produktionistischen Ökonomiebegriff und substantiellen Wertbegriff der klassischen Wirtschaftstheorie und des Marxismus. Anders als die Theorie der Postmoderne geht die Dekonstruktion jedoch nicht nur zu einem hedonistischen Denken über und ersetzt nicht nur die Arbeit durch den Genuß, sondern legt schließlich eine demokratische Ethik vor, die in einer letzten Phase der Postmoderne - nach dem „moral turn of postmodernism"[2] - über sie hinausführt: Alfred Hornung mit Gerhard Hoffmann und Klaus Milich kommen unter anderen Bezeichnungen zu gleichen Diagnosen der Phasen der amerikanischen Postmoderne. Hornung unterscheidet zwischen einer Phase der Anfänge der Postmoderne in den 50er-Jahren, einer 'ästhetischen,' 'spielerischen' oder 'hohen' Postmoderne in den 60er- und 70er-Jahren, und einer 'emanzipatorischen Postmoderne,' auch 'multikulturelle' oder 'postkoloniale' Postmoderne genannt, der 80er- und 90er-Jahre.[3] Milich unterteilt die amerikanische Postmoderne in drei Phasen, die kurz 'frühe Postmoderne,' 'theoretische Postmoderne' und 'politische Postmoderne' genannt werden können.[4] Die irrationalen und als reaktionär kritisierten Momente der frühen Postmoderne werden unter dem Einfluß der Dekonstruktion in der zweiten

---

[1] Vgl. Huyssen und Scherpe 31 ff., und auch Jürgen Habermas, „Die Moderne - ein unvollendetes Projekt," 1981, *Der zeitgenössische amerikanische Roman*, hg. Gerhard Hoffmann, Bd. 1 (München: Fink, 1988) 407.

[2] Gerhard Hoffmann und Alfred Hornung, Hg., *Ethics and Aesthetics: The Moral Turn of Postmodernism* (Heidelberg: Winter, 1996) v.

[3] Gerhard Hoffmann und Alfred Hornung, „Preface," *Ethics and Aesthetics* v-vii, und detaillierter, Alfred Hornung, „Nordamerikanische Literatur im Zeitalter der Postmoderne," *'Jeder nach seiner Fasson': Musikalische Neuansätze*, hg. Ulrike Liedtke (Saarbrücken: Pfau, 1997) 225-244.

[4] Klaus Milich, „Drei Phasen der Postmoderne: Eine Schlußbetrachtung," *Die frühe Postmoderne: Geschichte eines europäisch-amerikanischen Kulturkonflikts* (Frankfurt/New York: Campus, 1998) 215-227.

Phase der Postmoderne in einer ökonomischen Theorie, die Distribution vor Produktion stellt, und einem pluralistischen, demokratischen Ethos integriert. Die Anerkennung und Beschreibung der Fiktionalität der Werte und die Ausarbeitung einer sprachanalytischen Theorie der Konventionalität mittels der Analogie von Sprach- und Geldtheorie in der Theorie der *différance* unterstützen und fordern einen solchen Wandel. Die Dekonstruktion bezieht ihren Standpunkt gegen die Hegel-Rezeption bei Alexandre Kojève und Georges Bataille, wie sie sich noch in Leslie Fiedlers Konzeption der Postmoderne äußert.

Ästhetische Postmoderne: Leslie Fiedlers Postmodernebegriff

Leslie Fiedlers Essay „Cross the Border - Close the Gap"[5] von 1969 markiert den Beginn der affirmativen Verwendung des Wortes Postmoderne,[6] die besonders von Ihab Hassan in den 70er-Jahren theoretisch ausgebaut wird. Die Literatur der Moderne gilt als erschöpft; mit der Postmodernevokabel und collagenartigen Kriterienkatalogen soll eine neue Literatur ins Leben gerufen werden.[7] „We are living, have been living for two decades - and have become acutely conscious of the fact since 1955 - through the death throes of Modernism and the birth pangs of Post-Modernism."[8] Fiedler, inzwischen postmoderne „Vaterfigur,"[9] richtet sich gegen die als hermetisch und elitär empfundene Moderne und den *new criticism*; er fordert die Auflösung des modernen Kanons der Literatur - „Proust, Mann, and Joyce," „Henry James," „the so-called '*nouveau*

---

[5] Leslie Fiedler, „Cross the Border - Close the Gap," 1969, *The Collected Essays of Leslie Fiedler*, Bd. 2 (New York: Stein and Day, 1971) 461-485.

[6] Zur Geschichte des Begriffs Postmoderne vgl. Ihab Hassan, „POSTmodernISM: A Paracritical Bibliography," 1971, *The Postmodern Turn* (Columbus: Ohio State UP, 1987) 25-45; Michael Köhler, „'Postmodernismus': Ein begriffsgeschichtlicher Überblick," *Amerikastudien* 22/1 (1977): 8-18; Gerhard Hoffmann, Alfred Hornung und Rüdiger Kunow, „'Modern', 'Postmodern' und 'Contemporary,'" 1977, *Der zeitgenössische amerikanische Roman* 7-43; Wolfgang Welsch, *Unsere postmoderne Moderne*, 3. Aufl. (Weinheim: VCH, 1991) 12 ff.. Eine kontinuierliche Verwendung des Worts, das schon für 1870 in Europa nachgewiesen wird, beginnt erst 1959, wenn es, zunächst negativ Dekadenz von der Moderne konnotierend, in den Vereinigten Staaten von der Literaturwissenschaft übernommen wird.

[7] Vgl. Hassan, „POSTmodernISM" und „Toward a Concept of Postmodernism," 1982, *The Postmodern Turn* 84-96; zur 'Erschöpfung' der Literatur und ihrer postmodernen Wiederbelebung vgl. John Barth, „The Literature of Exhaustion," 1967, *The Friday Book: Essays and Other Nonfiction* (New York: Perigee, 1984) 62-76, und „The Literature of Replenishment: Postmodernist Fiction," 1979, *The Friday Book* 193-206.

[8] Fiedler 461.

[9] Welsch, *Postmoderne* 22.

roman'"[10] - und seine Ergänzung durch den Pop-Roman als Verbindung von „belles-lettres und pop art."[11] Vorbild für die postmoderne Literatur soll das Werk Boris Vians sein: „Indeed, Boris Vian is in many ways a prototype of the New Novelist, though he has been dead for a decade or so and his most characteristic work belongs to the years just after World War II."[12] Fiedler führt den Roman Vians *J'irai cracher sur vos tombes* von 1946 mit seinen populistischen, obszönen und aggressiven Momenten an. Daß Vian diesen Roman unter dem Pseudonym Vernon Sullivan und unter der Angabe, nur der Übersetzer ins Französische zu sein, veröffentlicht, und der Roman seinen Schauplatz in Amerika hat,[13] wird von Fiedler zur Begründung seiner These verwendet, jeder Schriftsteller müsse „an Imaginary American"[14] sein. Amerikaner sein, so Fiedler, bedeute „precisely to *imagine* a destiny rather than to inherit one; since we have always been, insofar as we are Americans at all, inhabitants of myth rather than history."[15] Es sei Vian durch seinen „mythological Americanism" gelungen, „to straddle the border, if not close the gap between high culture and low."[16] Wenn sein Roman in „an imaginary city whose main thoroughfare is called Boulevard Louis Armstrong"[17] spiele, habe er das Amerikanische, das sich nach Fiedler als Geschichtslosigkeit und fiktionale Selbsterfahrung definiert, eingebracht und sei nicht länger „conventionally *avant-garde*,"[18] sondern habe sich als Autor der Postmoderne ausgewiesen. Der postmoderne Künstler schaffe „new anti-Gods and anti-Heroes" aus *comic books*, der Welt des Jazz und der Rockmusik, Zeitungsschlagzeilen, politischen Karikaturen, alten Filmen und

---

[10] Fiedler 461, 467.

[11] Fiedler 468.

[12] Fiedler 468.

[13] Vgl. Klaus Völker, „Zu dieser Ausgabe," *Ich werde auf eure Gräber spucken*, von Vernon Sullivan, übers. Boris Vian, übers. Eugen Helmlé, 1946 (Berlin: Wagenbach, 1994) 130: „Den Roman hatte Vian in wenigen Wochen aufgrund einer Wette mit dem Verleger Jean d'Halluin geschrieben, der ihm als Rezept für ein erfolgreiches Buch eine Sex-and-crime-Mischung aus Henry Miller, Faulkner und Hemingway empfohlen hatte. Vian nutzte die Form des Sexthrillers für eine sarkastische Attacke wider den Rassismus der Weißen. Die bald nach dem Erscheinen gegen den Roman eingereichte Klage bewirkte, daß *Ich werde auf eure Gräber spucken* zum größten Verkaufserfolg des französischen Buchhandels 1947 wurde. Die literarische Kritik fühlte sich zu den kuriosesten Vermutungen über den fiktiven amerikanischen Autor veranlaßt. Allmählich sprach sich Vians Autorschaft herum. Im Juli 1949 wurde das inkriminierte Buch verboten. Der Prozeß gegen Vian zog sich noch bis 1953 hin. Einmal wurde Vian freigesprochen, ein andermal zu einer Geldstrafe, zum Schluß zu zwei Wochen Haft verurteilt, die er aber nicht abzusitzen brauchte."

[14] Fiedler 468.

[15] Fiedler 473.

[16] Fiedler 468.

[17] Fiedler 468.

[18] Fiedler 468.

„idiot talk shows carried on car radios."[19] In den Köpfen der Schriftsteller
würden nicht nur

> Jean Harlow and Marilyn Monroe and Humphrey Bogart, Charlie Parker and
> Louis Armstrong and Lennie Bruce, Geronimo and Billy the Kid, the Lone
> Ranger and Fu Manchu and the Bride of Frankenstein, but Hitler and Stalin, John
> F. Kennedy and Lee Oswald and Jack Ruby as well[20]

Unsterblichkeit erlangen. Wie durch die Presse sollen auch durch die
Literatur öffentliche Personen mythologisiert und zu Gestalten der Pop-
Geschichte „in the Supermarket of Pop Culture"[21] werden. Die Presse und
die Medien sind nach Fiedler ausschlaggebend für das Wissen und die
Wahrnehmung; physische Erfahrungswelten oder traditionelle Bildungs-
ressourcen werden abgelöst von Zeichenwelten und Angeboten des
Marktes und der Medien an volkstümlichen Erklärungsmodellen im Stil
der romantischen Märchen und Identifikationsvorgaben. Die Künstlichkeit
der Postmoderne entspreche der romantischen „nostalgia for folk ways and
folk-rhythms,"[22] wenn sie sich der technologischen Mittel der Zeit affirmativ bediene, um Scheinwelten zu erzeugen.

> '[F]olk-songs' of an electronic age are made not in rural loneliness or in sylvan
> retreats, but in superstudios by boys singing into the sensitive ear of machines - or
> even by those machines themselves editing, blending, making out of imperfect
> scraps of human song an artifice of simplicity only possible on tape.[23]

Fiedler affirmiert die Technik und schließt sich damit an eine
amerikanische Tradition der positiven Bewertung des technologischen
Fortschritts an, die als „rhetoric of the technological sublime"[24] bereits für
die 30er-Jahre des 19. Jahrhunderts als Antwort auf den Eisenbahnbau
beschrieben wird; diese Tradition verbindet Fiedler mit avantgardistischer,
insbesondere futuristischer Technikeuphorie. Er greift auf die *Two
American Dreams* zurück, die Sacvan Bercovitch[25] als Komplementarität
von populärem, ökonomischem Pragmatismus und elitärer Religiosität
charakterisiert. Fiedler verquickt die beiden Momente in der Auflösung der
Unterscheidung von hoher und populärer Kunst und schließt sich damit an
die Innovationstechnik der historischen Avantgarden Futurismus, Expres-
sionismus, Dadaismus und Surrealismus an, die ebenso zwischen hoher
und niederer Kunst agiert. Vergleichbar der Funktion der Presse für die

---

[19] Fiedler 482.
[20] Fiedler 482.
[21] Fiedler 482.
[22] Fiedler 483.
[23] Fiedler 483.
[24] Leo Marx, *The Machine in the Garden* (New York: Oxford UP, 1964) 195.
[25] Vgl. Kapitel 1.

Collage-Technik der historischen Avantgarden, bildet die Populärkultur der Medien die Quelle für Bilder und Fakten der Postmoderne. „Cross the Border - Close the Gap" wiederholt bereits im Appell des Titels den Manifestcharakter avantgardistischer Texte und erscheint zudem nach Art dadaistischer Öffenlichkeitsarbeit und wegen Fiedlers Auseinandersetzung mit der Pornographie zuerst 1969 im *Playboy*.[26] Der alltagssprachliche, ekstatische und ikonoklastische Stil des Textes beruft die Vorläuferschaft der historischen Avantgarden mit ihren Themen neuer Mensch, letzte Dinge, Weltende und ihren Haltungen Vitalismus, Dynamismus, Irrationalismus und Technikeuphorie. Huyssen legt eine Entwicklungslinie von den europäischen Avantgarden bis in den Zweiten Weltkrieg hin zur frühen amerikanischen Postmoderne der 60er-Jahre, die er als letzte der historischen Avantgarden begreift. Die frühe Postmoderne sei eine Bewegung, um

> die Strategien und Techniken der europäischen ikonoklastischen Avantgarden wiederzubeleben und ihnen eine amerikanische Form zu verleihen, etwa auf der Achse Dada-Duchamp-Warhol-Cage-Burroughs.[27]

Die Kritik selbst soll „radically altered" und erneuert - „useful, viable, relevant"[28] - werden und sich einem neuen Stil verschreiben, der nicht demjenigen eines „'scientific' criticism of culture"[29] entspricht, sondern den kumulativen Beschreibungsstil der Textcollagen der Medientheorie Marshall McLuhans[30] zum Vorbild nimmt.

> [C]riticism is literature or it is nothing. Not amateur philosophy or objective analysis, it differs from other forms of literary art in that it starts not with the world in general but the world of art itself, in short, that it uses one work of art as an occasion to make another.[31]

Diese Beschreibung der Intertextualität oder des Endes der Unterscheidung zwischen Text und Realität findet sich auch in John Barths Diagnose der Situation der Literatur der 60er-Jahre. Barth führt die Werke von Jorge Luis Borges als Beispiele für die Aufhebung einer Trennung von Fiktion und Kritik an. Borges' Geschichte „Pierre Menard, Author of the Quixote"

---

[26] Leslie Fiedler, „Cross the Border, Close the Gap," *Playboy* (Dezember 1969): 151, 230, 252-258.

[27] Huyssen und Scherpe 17. Richard Huelsenbecks Dada-Roman *Dr. Billig am Ende* legt einen Vergleich mit Vians *J'irai cracher sur vos tombes* nahe.

[28] Fiedler 463.

[29] Fiedler 463.

[30] Fiedler 463. Vgl. Marshall McLuhan, *The Gutenberg Galaxy* (Toronto: U of Toronto P, 1962) und *Understanding Media* (New York: McGraw-Hill, 1964). Fredric Jameson charakterisiert die Rezeption von McLuhans Bestsellern 1972 ablehnend als „MacLuhanism." Jameson, *The Prison-House of Language* 176.

[31] Fiedler 464.

sei „a remarkable and original work of literature, the implicit theme of which is the difficulty, perhaps the unnecessity, of writing original works of literature."[32] Daß „the pitch, the rhythms, the dynamics" der neuen Kritik, so Fiedler, „mantic, magical, more than a little *mad*" seien, müsse jeder, der sich mit zeitgenössischer Literatur befassen wolle, als „more honorific than pejorative"[33] verstehen lernen. Der affirmative, rauschhafte Stil wirke gegen „the depressing pieties" der elitären „Culture Religion of Modernism."[34]

Anders als beispielsweise im deutschen Dadaismus wird der Marxismus von Fiedler explizit abgelehnt und impliziert diese Ablehnung eine Abkehr vom produktionistischen Ökonomiebegriff. Die Kritik soll „not in the direction indicated by Marxist critics, however subtle and refined," verändert werden, denn die Marxisten seien „last-ditch defenders of rationality and the primacy of political fact, intrinsically hostile to an age of myth and passion, sentimentality and fantasy."[35] Die Postmoderne konsolidiert sich als Gegenbewegung zum Marxismus und lehnt die produktionistische Ökonomie, die Arbeitsethik und die Entfremdungstheorie ab. „[C]ertain poets and novelists, as well as pop singers and pornographic playwrights, are suggesting in print, on the air, everywhere, that not Work but Vision is the proper activity of men . . . ."[36] Fiedler verkehrt die Vorzeichen der *Two American Dreams*: Populärkultur statt Elitekultur wird mit religiöser Vision identifiziert, und das Produktivitätsgebot der Arbeitsethik entfällt zugunsten der Phantasie und Schwärmerei. Wenn Fiedler D.H. Lawrence als Gewährsmann der neuen Kritik anführt,[37] kann er auch bei ihm eine Ablehnung des produktionistischen Denkens finden; Lawrence verhöhnt Franklin und Amerika anhand der Arbeitsethik:

> And how can any man be free without a soul of his own, that he believes in and won't sell at any price? But Benjamin doesn't let me have a soul of my own. He says I am nothing but a servant of mankind - galley-slave I call it - and if I don't get my wages here below . . . why, never mind, I shall get my wages HEREAFTER . . . . „Work, you free jewel, work!" shouts the liberator, cracking his whip. Benjamin, I will not work. I do not choose to be a free democrat. I am absolutely a servant of my own Holy Ghost . . . . While she [America] . . . goes out to work like millions of squirrels in millions of cages. Production![38]

Nach Fiedler ist „the contemplative life . . . preferable to an active one" und ist es nicht verwunderlich, „that the books which most move the

---

[32] Barth, „The Literature of Exhaustion" 69.
[33] Fiedler 463-464.
[34] Fiedler 464.
[35] Fiedler 463.
[36] Fiedler 484.
[37] Fiedler 464.
[38] Lawrence 21.

young are essentially religious books, as, indeed, pop art is always religious."[39] Die postmoderne Kunst sei volkstümlich und den „mass industrial societies (capitalist, socialist, communist - it makes no difference in this regard)" zugehörig, die sich jeglicher „invidious distinction proper only to a class-structured community "[40] entledigt hätten.

Französische Hegel-Renaissance bei Fiedler: Kojève und Bataille

In Fiedlers „Cross the Border - Close the Gap" wird der Einfluß der französischen Hegel-Renaissance der 30er- und 40er-Jahre bei Alexandre Kojève in der Vermittlung über Georges Bataille deutlich: Bataille besucht Kojèves Vorlesungen in den 30er-Jahren und amalgamiert dessen Hegelianismus in eine Theorie universeller energetischer Ökonomie. Das Interesse wiederum an Batailles Schriften und seine Wirkung in den 60er-Jahren in Frankreich sind groß. Die Mitglieder der *Tel Quel*-Gruppe, die als Ausgangspunkt des Poststrukturalismus gilt, rezipieren Batailles Schriften ausgiebig. Aus Anlaß seines Todes 1962 wird Bataille 1963 eine Sondernummer der Zeitschrift *Critique* gewidmet, die er 1946 gegründet hatte.[41] Derridas Essay zu Bataille - „De l'économie restreinte à l'économie générale - Un hegelianisme sans réserve"[42] - erscheint 1967 in einer Sondernummer zu Bataille der Zeitschrift *L'Arc*. In den USA behandelt Susan Sontag Bataille 1967 in „The Pornographic Imagination;"[43] sein Werk sollte Fiedlers Interesse an französischer Literatur, spätestens durch Sontag vermittelt, deren Stilbegriff *camp* er in „Cross the Border - Close the Gap" 1969 zitiert,[44] nicht entgangen sein, was auch Fiedlers Hinwendung zum Primitivismus und zur Kritik der Pornographie im selben Essay entspricht.[45] Anläßlich einer internationalen Konferenz 1972 in Frankreich, die Bataille und Artaud gewidmet ist und zu der Mitglieder der *Tel Quel*-Gruppe anwesend sind, wird Bataille nach

---

[39] Fiedler 484.

[40] Fiedler 478.

[41] Vgl. Michel Foucault, „Hommage à Georges Bataille," *Critique* 195-196 (1963): 751-770.

[42] Vgl. Jacques Derrida, „De l'économie restreinte à l'économie générale - Un hegelianisme sans réserve," zuerst *L'Arc* (Mai 1967), dann *L'écriture et la différence* 369-407.

[43] Susan Sontag, „The Pornographic Imagination," 1967, *Styles of Radical Will* (London: Secker & Warburg, 1969) 35-73.

[44] Fiedler 478. Vgl. Susan Sontag, „Notes on Camp," 1964, *Against Interpretation and Other Essays* (New York: Farrar, Straus & Giroux, 1969) 275-292.

[45] Vgl. zu Batailles Rolle für den Postmodernismus Shadia B. Drury, *Alexandre Kojève: The Roots of Postmodern Politics* (London: Macmillan, 1994). Für den Hinweis auf diesen Titel danke ich Till Kinzel.

Michael Richardson zum „patron saint of post-structuralism"[46] erklärt. Jean-François Lyotard in *Économie libidinale*[47] von 1974 und Baudrillard - besonders in *L'échange symbolique et la mort* von 1976 - greifen in ausgedehnter Weise auf Batailles Schriften zurück.

Mit dem Hinweis auf die *classless society* rezipiert Fiedler Alexandre Kojèves Beschreibung von Amerika; Fiedlers Charakterisierung der Postmodernisten als der „New Primitives"[48] verbindet Technologie mit Irrationalität und archaischem Clanwesen - „live the tribal life among and with the support of machines"[49] - wie in der Kojève rezipierenden Theorie der Verausgabung bei Bataille. Die neuen Primitiven errichteten „a thousand little Wests in the interstices of a machine civilization, and, as it were, on its steel and concrete back;" die Technologie diene „[to] warm the nakedness of New Primitives with advanced techniques of solar heating."[50] Baudrillards ekstatischer Stil und seine Anrufung der neuen Wilden, inspiriert von der Theorie des Gabentauschs bei Marcel Mauss und von Bataille, liegen Fiedlers Text mit seiner Abkehr von der verantworteten Rationalität und seinem Überwältigtsein durch die Medienwelt nahe.[51] Auch korreliert Fiedlers These von der Fiktionalität der Geschichte mit Baudrillards Begriff der Hyperrealität aus seiner Aneignung von Kojèves Theorie der Posthistoire. Beide, Fiedler und Baudrillard, zeigen sich darüber hinaus beeinflußt von McLuhans medientheoretischen und stilistisch erratischen Bestsellern.

Mit der Aufgabe der kritischen Distanz und ihrer Eingliederung in die Kunst selbst ist das Ende der Trennung von Fakten und Fiktionen umrissen, das für die Postmoderne charakteristisch wird und auf die Begriffe der Signifikantenkette und der Textualität im Poststrukturalismus und in der Dekonstruktion verweist. Die Aufforderung, „one work of art as an occasion to make another"[52] zu verwenden, fordert diejenige selbstreferentielle „reflection upon reflection [that] is always the starting point of an infinite regression"[53] heraus, die Derrida mit der Verabgründung des Sinns in der Fiktionalität auch für die Sprachpraxis der Dekonstruktion beschreibt. Verbindungen zwischen der differantiellen Theorie der Dekonstruktion und postmoderner Indifferenz (Hitler neben Marilyn Monroe) liegen in der Betonung der Fiktionalität, Pluralität, Relativität von Werten, Medientheorie, Distanz zum Marxismus und Marktorientierung vor. Dennoch rezipieren Baudrillard wie Fiedler

---

[46] Michael Richardson, *Georges Bataille* (London: Routledge, 1994) 4, Anm. 2.
[47] Jean-François Lyotard, *Économie libidinale* (Paris: Minuit, 1974).
[48] Fiedler 484.
[49] Fiedler 484.
[50] Fiedler 484.
[51] Vgl. zu Jean Baudrillard Kapitel 5.
[52] Fiedler 464.
[53] Bertens 241.

Bataille und Kojève affirmativ, während beide wie auch McLuhan von Derrida kritisiert werden. Die Verurteilung der Dekonstruktion als zugehörig zur irrationalen, anti-modernistischen frühen Postmoderne und zum Poststrukturalismus überliest die anderen Ansatzpunkte und andere Ausrichtung der Position Derridas.

Emanzipatorische Postmoderne

In der dritten Phase der Postmoderne, deren Beginn mit der Polemik von Jürgen Habermas 1980 gegen die Poststrukturalisten und Derrida als den Vertretern einer angeblich reaktionären Postmoderne gleichgesetzt werden mag,[54] findet die Debatte um die politische und ethische Relevanz der Theorie der Postmoderne statt. Die Dekonstruktion trägt im Verlauf zur ethischen Wende der Postmoderne - dem „moral turn of postmodernism"[55] - bei. Habermas kritisiert die französischen Theorien und ihre Rezeption in den USA als Neokonservatismus, wie auch von amerikanischer Seite die Postmoderne als „superstructural expression of a whole new wave of American military and economic domination throughout the world"[56] mit Skepsis behandelt wird. Habermas stellt die undialektische Argumentation Derridas als Verrat am emanzipativen Projekt der kritischen Theorie der Moderne dar. Derrida jedoch verteidigt sein Differenzdenken gegen die Dialektik bei Habermas, dem er vorwirft, daß er alte und bekannte Gegensätze bewahren wolle. Vertretern des differantiellen Ansatzes werde vorgeworfen, Grenzen verwischen zu wollen, während doch nur feinere und komplexere Differenzen als die zwischen den dialektischen Oppositionen gesucht seien. Es gelte also den Unterschied zwischen Differenzen und Oppositionen zur Kenntnis zu nehmen. Auch habe er, Derrida, nie Philosophie, Wissenschaft, Theorie, Kritik, Recht oder Moral an literarische Fiktion anzugleichen versucht. Sein Interesse an der Fiktionalität philosophischer Texte, deren Bedingungen die Literatur nur teile, impliziert für Derrida keine Reduktion, Einebnung oder Assimilation ethischer Anliegen.[57] Durch die Hinwendung zu ethischen Prämissen unterstützt die dritte Phase der Postmoderne eine Demokratisierung der Kunstwelt und Anerkennung von kultureller Pluralität unter Affirmation der Markt- und Geldwirtschaft. In ihrer Interpretation der Ökonomie

---

[54] Habermas, „Die Moderne" 407. Vgl. auch Jean-François Lyotards Antwort, die einen repressiven Gestus bei Habermas findet und die Postmoderne verteidigt: Jean-François Lyotard, „"Réponse à la question: Qu'est-ce que le postmoderne?," Critique 37/419 (1982): 357-367, dt. „Beantwortung der Frage: Was ist postmodern?," Tumult 4 (1982): 131-142.

[55] Hoffmann und Hornung v.

[56] Fredric Jameson, „Postmodernism, or, The Cultural Logic of Late Capitalism" 5.

[57] Derrida, „Afterword" 119.

umfaßt die Komplexität der Theorie der Dekonstruktion die Theorie der
Postmoderne, eher denn umgekehrt: Derrida distanziert sich von einer
Einordnung der Dekonstruktion in Postmoderne oder Poststrukturalismus.
„Les *post-* et les *posters*," die sich heute vervielfältigten in „post-
structuralisme, post-modernisme, etc."[58] gäben noch dem historizistischen
Druck nach.

> Comme si l'on voulait une fois de plus mettre de l'ordre dans une succession
> linéaire, périodiser, distinguer entre l'avant et l'après, limiter les risques de la
> réversibilité ou de la répétition, de la transformation ou de la permutation:
> idéologie progressiste.[59]

Nach Huyssen bringt bereits die zweite Phase der Postmoderne eine
Amorphisierung der avantgardistischen und ikonoklastischen Motivation
der frühen Postmoderne und kommt es zu einer breiten Streuung
künstlerischer Verfahren. Nicht nur der Gegensatz von hoher Kunst und
Massenkultur wird aufgelöst, sondern auch die Einschränkung des literarischen Kanons auf vorherrschend Werke weißer, männlicher Schriftsteller
wird durchbrochen und schafft sich Kunst von Frauen und verschiedenster
Ethnien Raum. Die Demontage elitärer Modernismen und die Errichtung
postmoderner Positionen und Werke werden als sowohl konservative wie
progressive Momente verstanden; so komme es nach Huyssen „darauf an,
die Kultur der Postmoderne . . . als Gewinn *und* Verlust, als Versprechen
und als Depravation zu lesen."[60] Wollen Marxismus und kritische Theorie
gegen kapitalistische Ökonomie und Markt einen angenommenen Entfrem-
dungseffekt durch Appelle an Vernunft und ästhetische Erfahrung
überwinden und gilt ihnen jede Auflösung der Trennung von Ökonomie
und Bewußtsein als falsche Aufhebung,[61] müssen Postmoderne und Poststrukturalismus, wie von Habermas, wegen der Auflösung der Unterscheidung von Fakten und Fiktion im entgrenzten ökonomischen Modell
als dem emanzipativen Projekt der Moderne zuwiderlaufend eingeschätzt
werden. Eine Argumentation anderer Ausrichtung dagegen kann anführen,
daß gerade ethische Postmoderne und Dekonstruktion wegen des Kollaps
der Unterscheidung von Fakten und Fiktion auf dem einzig verbleibenden

---

[58] Jacques Derrida, „Point de folie - maintenant l'architecture," 1986, *Psyché:
Inventions de l'autre* (Paris: Galilée, 1987) 478.

[59] Derrida, „Point de folie" 478. Vgl. auch Jacques Derrida, „Some Statements and
Truisms about Neo-Logisms, Newisms, Postisms, Parasitisms, and Other Small
Seismisms," 1986, *The States of 'Theory': History, Art, and Critical Discourse*, hg.
David Carroll (New York: Columbia UP, 1990) 63-95.

[60] Huyssen und Scherpe 26.

[61] Vgl. Russell A. Berman, „Konsumgesellschaft. Das Erbe der Avantgarde und die
falsche Aufhebung der ästhetischen Autonomie," übers. Birgitt Diefenbach,
Postmoderne: Alltag, Allegorie und Avantgarde, hg. Christa Bürger und Peter Bürger
(Frankfurt: Suhrkamp, 1987) 56-71.

Markt gegenüber den angenommenen Regeln - gleich welcher wirtschaftstheoretischer Provenienz - der Ökonomie effektiv, weil intrinsisch, kritisch
werden, und so erst der Selbstläufigkeit des *laissez faire* im Wege stehen
und sich gegen eine Überzeugung wenden können, nach der die
grenzenlose Selbstregulierung des Marktes auch die wahre Bestimmung
sozialer Verhältnisse sei. Die Dekonstruktion verhält sich affirmativ und
kritisch zur Ökonomie und zur Ökonomie als Denkmodell, gerade weil
ökonomische Prinzipien als nicht vollständig beschreibbar und ökonomische Wirkungen als nie vollständig kalkulierbar erkannt werden. Aus
Perspektive einer 'Pragmatik weicher Faktoren' genügt keine starre
Dialektik der Idealismen einschließlich derjenigen des Marxismus.
Postmoderne Vielfalt und der „polymorphe Charakter der zeitgenössischen
Kultur als Erbschaft der Avantgarde" stellen einen demokratischen Erfolg
dar, „der mit der Entwicklung der Warengesellschaft vollständig vereinbar
und deshalb den explizit sozialrevolutionären politischen Zielen eines
großen Teils der historischen Avantgarde abträglich ist."[62] Nicht Revolution hin auf endgültige Gewinnung eines Ideals, sondern dekonstruktionistische Schritte zum jeweils Besseren werden politische Agenda. „The
temporary contract is in practice supplanting permanent institutions in the
professional, emotional, sexual, cultural, family, and international
domains, as well as in political affairs."[63]

Die Polemik gegen die Postmoderne und ihren Ökonomiebegriff
rekurriert im Kontext von Scheinhaftigkeit und Entfremdung nach dem
marxistischen ökonomischen und gesellschaftlichen Modell auf eine
Dialektik von kultureller Moderne und ökonomischer Modernisierung. Die
Postmoderne dagegen erkennt in Kunst, Sprache und Wissenschaft keine
eigenständigen, von Technologie und Ökonomie unabhängigen Bereiche
mehr, aus denen ein neuer Mensch vermittelt werden könnte. Eine
Autonomie verschiedener Wertsphären und auch des Ästhetischen weicht
einer Integration im Ökonomischen, die alle Lebens-, Kultur- und
Gesellschaftsbereiche erfaßt. Ökonomische Metaphern und Begrifflichkeit
erklären auch kulturelle und ästhetische Phänomene. War die kulturelle
Moderne auch jenseits der Avantgarden noch häufig Widersacher der
Ökonomie und des Kapitalismus, beteiligt sich die institutionalisierte
Kunst der Postmoderne am Markt; „aesthetic production today has become
integrated into commodity production generally"[64] und wird im
Wirtschaftssystem als Innovationsreservoir integriert.[65] Wenn sich die
postmoderne Kunst und die Kultur dem Vorwurf ausgesetzt sehen, ihre

---

[62] Berman 65.

[63] Jean-François Lyotard nach David Harvey, *The Condition of Postmodernity* (Oxford: Blackwell, 1989) 113.

[64] Jameson, „Postmodernism, or, The Cultural Logic of Late Capitalism" 4.

[65] Vgl. Groys, sowie Holger Bonus und Dieter Ronte, *Die Wa(h)re Kunst: Markt, Kultur, Illusion*, 1990, 2. überarb. und erw. Aufl. (Stuttgart: Schäffer-Poeschel, 1997).

Aufgabe in der Kompensation für Entfremdung in der kapitalistischen Warenwelt zu mißachten, kann dieser Vorwurf nur vor der Beschreibung der Ökonomie als entfremdend aufrechterhalten werden. Angesichts der Eingliederung der Kunst in die Ökonomie kommt es nicht zu einer dialektischen Aufhebung, sondern zu einer Praxis der wechselseitigen Neudefinition der Regeln von Kunst und Ökonomie, ohne daß ein Übersteigen dieser Praxis gelingen könnte. „[S]i un œuvre d'art peut devenir marchandise, et si ce processus paraît fatal, c'est aussi que la marchandise a commencé par mettre en œuvre, d'une façon ou d'une autre, le principe d'un art."[66] Derrida beschreibt die Künstlichkeit als notwendige Bedingung des Lebens, der Kunst und der Wirtschaft. Es ist nicht möglich, Ästhetisierung, Konventionalität und Fiktionalität der Wahrnehmung zu verlassen. Beschreibungen der postmodernen Kultur formulieren eine solche Konvergenz von Kunst, Ökonomie und Lebenswelt, sei es affirmativ oder kritisch. „[T]he existential model of authenticity and inauthenticity" und „[the] great opposition between alienation and disalienation" werden „a casualty of the poststructural or postmodern period."[67] „[C]oncepts such as anxiety and alienation . . . are no longer appropriate in the world of the postmodern."[68] Die Dekonstruktion und der Poststrukturalismus gehen mit der „crisis of explanatory logic"[69] angesichts der Proliferation des Ökonomischen um, indem sie die Wirtschaftstheorie in den Blick der Kulturtheorie und Ästhetik rücken. Marktwirtschaftliche und geldwirtschaftliche Theorie der Wirtschaftswissenschaften kommen zur Deckung mit der Beschreibung der Wirklichkeit durch Dekonstruktion und Postmoderne anhand von Begriffen wie Pluralität, Relativität und Konventionalität der Werte, Fiktionalität, Pragmatik, Ethik. Weder der unmittelbare Tausch ohne Geld, noch die Materialität des Geldes oder ein absoluter Maßstab der Produktivität stabilisieren die Wirtschaft, sondern die durch Konvention temporär garantierte Fiktionalität der Werte und die akkumulierenden Effekte des Geldes als Zeittechnologie in Kredit und Zins. Die postmoderne Geldwirtschaft wie die Sprache und Literatur werden von Übereinkunft über Werte wie über Sinn bestimmt: Geldwert, Wert der Arbeit, Wechselkurse und Währungen, wie sie jeden Tag an den Börsen und letztlich auch in jedem einzelnen Alltagshandel mehr oder weniger funktionstüchtig neu abgesprochen und bestätigt werden. Konventionalität und Kommunikativität der Geldwirtschaft werden Modell für Sprache, Zeichenwert und Textualität, und umgekehrt. Sprache und Geld werden als Techniken der Wertung und Wertsetzung anerkannt und kritisch

---

[66] Derrida, *Spectres de Marx* 258.
[67] Jameson, „Postmodernism, or, The Cultural Logic of Late Capitalism" 12.
[68] Jameson, „Postmodernism, or, The Cultural Logic of Late Capitalism" 14.
[69] David Harvey 291.

hinterfragt; eine pragmatische Ethik betont die Kommunikativität und Dialogizität der Einigung auf Wertmaßstäbe. Notwendigen Anteil an der konventionellen, immer nur vorläufigen Konstitution von Werten haben, und dieser Vorläufigkeit selbst unterworfen sind, die traditionellen, institutionalisierten Definitionsmächte, seien es Philosophie, Kirche, Staat oder Patriarchat. Die ethische und politische Erkenntnis von der Pazifizierung und Demokratisierung durch Geldwirtschaft fordert die Affirmation des Ökonomischen.

Posthumanismus

In ihrer zweiten und dritten Phase ergänzen sich Postmoderne und Dekonstruktion, indem im Unterschied zur ersten Phase der Postmoderne eine Fiktionstheorie zur sprachkritischen, 'posthumanistischen' Grundlage einer neuen Ethik entwickelt wird. Eine Reflexion auf Sprache als Bedingung ihrer theoretischen Entwürfe ist bei Fiedler, Kojève oder Bataille noch nicht zu finden. Die Reflexion auf Sprache und Textualität wiederum gewährt Derrida eine Warte, von welcher aus auch Kojèves anthropologisierende Hegel-Lektüre und der Begriff der Posthistoire kritisiert und im Denken der *différance* die Opposition von absolutem Wert und relativem Wert gelöst werden können. Erst mit der Dekonstruktion gelingt es, das mit der Aufgabe des produktionistischen Denkens entstandene werttheoretische Vakuum in einer 'posthumanistischen' Ethik zu überwinden. Die frühe Postmoderne bei Fiedler schließt noch an die Theorie der Posthistoire an, nach der wegen des Endes der Produktion in der Überflußgesellschaft auch die Motivation des dialektischen Materialismus verfällt und die Zeit und die Geschichte mit der Dialektik zu einem Ende kommen. Mit einer 'posthumanistischen' Argumentation verwehrt sich Derrida gegen die Position der Posthistoire und der frühen Postmoderne unter Berufung auf die von humanistischen Maßstäben unabhängig gegebene Zeit.

Die Sprache und ihre Ökonomie sind dem Denken wie die Zeit vorgängig und können vom Kalkül nie vollständig eingeholt werden. Auch die Sprache ist wie die Literatur als Text etwas Gegebenes, „d'un système qui est là nécessairement avant nous, que nous recevons à partir d'une passivité fondamentale."[70] Entsprechend gilt auch, „[qu']une culture a

---

[70] Derrida, *Donner le temps: 1. La fausse monnaie* 106. Vgl. auch Derrida, *Donner le temps: 1. La fausse monnaie* 129: „N'oublions pas d'abord une évidence triviale et massive. Elle constitue le milieu élémentaire de ce qui se donne ici à penser, à savoir que ce texte . . . est pour nous un *donné*. Il est là avant nous qui le lisons et donc commençons par le recevoir. S'il a la structure d'un donné, ce n'est pas seulement parce que nous sommes d'abord en situation réceptive à son égard mais parce qu'il nous a été donné."

commencé avant la culture - et l'humanité. La capitalisation aussi."[71]
Produktion oder Generativität beginnen vor dem Menschen, so daß eine
Gründung der Ökonomie auf menschlicher Produktivität, wie in der
klassischen Wirtschaftstheorie, sowie Denkmodelle, die auf dieser humanistischen Voraussetzung errichtet werden, in Frage gestellt werden
müssen. Der Gegenstand wird nicht aus dem „Ich heraus geboren,"
sondern „ist gegeben:" Es gibt Text. Diese Zeitlichkeit faßt Derrida als
différance; die Produktivität der Zeit im Aufschieben und Differieren
beschreibt für die menschliche Wahrnehmung das Leben als Sprache oder
Text. Die Abgrenzung des Ökonomiebegriffs der Dekonstruktion vom
produktionistischen der amerikanischen Rezeption und vom hedonistischen der frühen Postmoderne wie bei Fiedler besteht in dieser
posthumanistischen Position, die Derrida in Auseinandersetzung mit der
anthropologisierenden Hegel-Rezeption bei Kojève, mit Batailles noch
mittels menschlicher Korrekturen beherrschbar gedachter allgemeinen
Ökonomie, mit Marx' Denken und mit dem Produktionismus der
Arbeitswerttheorie entwickelt.

Bereits 1968 wendet sich Derrida mit „Les fins de l'homme," einem
Vortrag, den er in New York hält, gegen eine humanistische Rezeption der
Theorie der Dekonstruktion und kritisiert „la lecture anthropologiste de
Hegel, de Husserl et de Heidegger"[72] im Frankreich der Nachkriegszeit.
Derrida reiht sein Denken unter Bezug auf „le recours à Nietzsche qui se
fait en France de plus en plus insistant, de plus en plus rigoureux,"[73] in die
seiner Zeit, Ende der 60er-Jahre, vollzogene Abkehr von der Anthropologie ein. Ob in Jean-Paul Sartres Existentialismus, Kojèves Hegel-
Lektüre oder im Marxismus, der Anthropologismus in der Philosophie
stelle „le lieu commun, inaperçu et incontesté,"[74] und müsse hinterfragt
werden.

Hegel, Edmund Husserl und Heidegger selbst hätten sich gegen den
Humanismus und die Anthropologie als Horizont der Philosophie
gewendet. So überschreite die Phänomenologie als „science des structures
de la phénoménalité de l'esprit"[75] bei Hegel explizit seine Anthropologie,
Husserls eigene Kritik am Anthropologismus bleibe unbemerkt und auch
Heidegger erinnere in seinem *Brief über den Humanismus* daran, daß
„l'anthropologie et l'humanisme n'étaient pas le milieu de sa pensée et
l'horizon de ses questions."[76] Anders als „le style de la . . . déconstruction

---

[71] Derrida, *Spectres de Marx* 254.
[72] Derrida, „Les fins de l'homme" 139.
[73] Derrida, „Les fins de l'homme" 163.
[74] Derrida, „Les fins de l'homme" 138.
[75] Derrida, „Les fins de l'homme" 139.
[76] Derrida, „Les fins de l'homme" 140. Vgl. Heidegger, *Über den Humanismus* 153:
„Jeder Humanismus gründet entweder in einer Metaphysik oder er macht sich selbst
zum Grund einer solchen. Jede Bestimmung des Wesens des Menschen, die schon die

. . . des questions heideggeriennes,"[77] die am Standort verblieben und von dort aus dekonstruierten, „en répétant l'implicite des concepts fondateurs et de la problématique originelle, en utilisant contre l'édifice les instruments ou les pierres disponibles dans la maison, c'est-à-dire aussi bien dans la langue[,]"[78] praktizierten Foucault, Deleuze und Félix Guattari, so Derrida, eine Dekonstruktion des Standortwechsels, „en affirmant la rupture et la différence absolues."[79] Auch diese Strategie werde jedoch in Blindheit geführt, denn schon „la simple pratique de la langue réinstalle sans cesse le <<nouveau>> terrain sur le plus vieux sol."[80] Folglich müsse eine Verknüpfung der beiden Strategien in einem sprachreflektierenden Differenzdenken erreicht werden, als welches Derrida seinen Stil der Dekonstruktion empfiehlt. Die sprachphilosophische Kritik Derridas bewegt sich innerhalb der nach Heidegger beschriebenen Ökonomie der Sprache, in der Wahrheit oder Sein nie substantiell enthalten sein können. Heidegger zeige in der Entwicklung des Gedankens von „es gibt Sein," daß Gabe und Sein nicht begriffen oder angeeignet werden könnten. „[I]l n'y a pas d'essence du *es gibt* dans le *es gibt Sein*, du don et de la donation de l'être."[81] Das Sein oder die Wahrheit bleiben immer jenseits der Ökonomie des Daseins und der Sprache.

Aus dieser Warte, die eine Ontologie als Suche nach der Wahrheit des Seins des Menschen nicht für möglich hält, kritisiert Derrida die nach Kojève entwickelte Theorie der Posthistoire, da sie in einem Aussetzen der Zeitlichkeit und der Geschichte den Menschen auf eine Definition festlegen zu können glaube. Derrida wehrt sich gegen die Position Francis Fukuyamas, der Kojèves Denken 1992 in *The End of History and the Last Man* popularisiert:[82] Er sehe das Ideal mit dem Ende der Geschichte als „*déjà arrivé*"[83] und somit als zugleich unendlich und endlich. „Cet idéal, Fukuyama le considère aussi comme un événement;"[84] ein Ideal jedoch

---

Auslegung des Seienden ohne die Frage der Wahrheit des Seins voraussetzt, sei es mit Wissen, sei es ohne Wissen, ist metaphysisch. Darum zeigt sich, und zwar im Hinblick auf die Art, wie das Wesen des Menschen bestimmt wird, das Eigentümliche aller Metaphysik darin, daß sie 'humanistisch' ist. Demgemäß bleibt jeder Humanismus metaphysisch. Der Humanismus fragt bei der Bestimmung der Menschlichkeit des Menschen nicht nur nicht nach dem Bezug des Seins zum Menschenwesen. Der Humanismus verhindert sogar diese Frage; da er sie aufgrund seiner Herkunft aus der Metaphysik weder kennt noch versteht."

[77] Derrida, „Les fins de l'homme" 163.
[78] Derrida, „Les fins de l'homme" 162.
[79] Derrida, „Les fins de l'homme" 162.
[80] Derrida, „Les fins de l'homme" 162-163.
[81] Derrida, *Éperons* 120.
[82] Francis Fukuyama, *The End of History and the Last Man* (New York: Free Press, 1992).
[83] Derrida, *Spectres de Marx* 112.
[84] Derrida, *Spectres de Marx* 112.

könne kein Ereignis sein. Wie Hegel und Marx, „ces deux maîtres de la fin de l'histoire,"[85] gehe Fukuyama auf unzulässige Weise mit dem Begriff des Ideals um. Eine Position der Verwirklichung des Ideals zu beziehen, sei Fukuyama nur möglich, weil er den Menschen für das Maß der Dinge halte: „[L]e critère *transhistorique et naturel* auquel finalement Fukuyama propose de tout mesurer s'appelle <<l'homme en tant qu'Homme>>."[86] Zu denken „que'on peut en finir dans l'histoire avec une essence générale de l'Homme,"[87] muß dagegen, so Derrida, immer als unsinnig gelten. Wegen ihrer Anthropomorphismen erkennt Derrida die humanistische Warte nicht als philosophische an, sondern nur als wertende; es gehe Fukuyama um Bewertung von „goodness or badness of any regime or social system."[88] Wie die Beschreibung eines Endes der Geschichte im Kommunismus bei Kojève, lösche auch der teleologische, auf die Verwirklichung der Essenz des Menschen ausgerichtete Begriff der Geschichte bei Hegel und Marx die Geschichte und Zeitlichkeit selbst aus. Dagegen müsse eine neue Historizität gedacht werden, so daß an der Affirmation eines emanzipativen Versprechens festgehalten werde, statt es von posthistorischer Grundlage aus zu widerrufen. Dabei gelte „la promesse messianique et émancipatoire comme promesse: comme *promesse* et non comme programme ou dessein onto-théologique ou téléo-eschatologique."[89] Das Bedenken der Zeitlichkeit aus einer posthumanistischen Position heraus steht bei Derrida auch für eine politische Ethik.

Derrida kritisiert schon 1967 die humanistische Sicht der Ökonomie bei Bataille und Kojèves anthropologistische Lektüre Hegels. Bei Bataille zeige sich eine Blindheit gegenüber dem hegelschen Text und wirke sich in der Nachfolge Kojèves in der Berufung auf den angeblichen Marxismus Hegels aus. Für Bataille „aucune rupture fondamentale n'apparaissait entre la lecture de Hegel par Kojève, à laquelle il reconnaissait souscrire presque totalement, et le véritable enseignement du marxisme."[90] Gerade wegen seines anthropologistischen, arbeitswerttheoretischen Begriffs der Produktion unter Zurücksetzung des Zeitmoments wird Marx' Denken von Derrida in *Specters of Marx* 1993 nicht verteidigt. Derrida erklärt nach früheren Andeutungen schließlich in diesem Buch, wenn auch noch immer nur indirekt, kein Marxist zu sein.

---

[85] Derrida, *Spectres de Marx* 113.

[86] Derrida, *Spectres de Marx* 114.

[87] Derrida, *Spectres de Marx* 278.

[88] Fukuyama 139, nach Peggy Kamuf, Übers. *Specters of Marx: The State of the Debt, the Work of Mourning, and the New International*, von Jacques Derrida (London: Routledge, 1994) 67.

[89] Derrida, *Spectres de Marx* 126.

[90] Derrida, „De l'économie restreinte à l'économie générale" 372, Anm. 5.

Ce qui est sûr, c'est que je ne suis pas marxiste. Comme l'avait dit, il y a bien longtemps, rappelons-nous, quelqu'un dont Engels rapporta le mot d'esprit . . . . Faudrait-il s'autoriser encore de lui pour le dire aussi?[91]

Die politische Ökonomie, wie sie Marx begreife, sei zwar nicht mehr die von Hegel kontrollierbar gedachte regionale Wissenschaft, sondern vielmehr „tout le schéma de la subordination des sciences, puis des ontologies régionales à une onto-logique générale ou fondamentale . . . se trouve peut-être ici brouillé."[92] Mit der Kritik des Fetisch bei Marx sei die idealistische Repräsentation, Grundlage auch der klassischen Geldtheorie, problematisch geworden, denn die Kritik des Fetisch führe immer auf das Unentscheidbare und verunsichere damit die identifizierende Ordnung der Repräsentation in der Metaphysik. Die metaphysische Ordnung werde jedoch bei Marx nicht aufgelöst, denn das Denken des Fetisch versuche noch, das Unentscheidbare endgültig zu entscheiden. Die marxsche Theorie bleibt, wie auch in der Teleologie des Tauschwerts auf den Gebrauchswert, auf die Idee eines endgültig definierbaren natürlichen Menschen bezogen. Selbst als „un des premiers penseurs de la technique,"[93] als Denker des Artifiziellen, Fiktionalen und der Repräsentation, gründe Marx seine Kritik in einer humanistischen Ontologie. „Il s'agit d'une ontologie - critique mais pré-déconstructive - de la présence comme réalité effective et comme objectivité."[94] Der Marxismus beschreibt die Ökonomie, auch die der Sprache, noch von außen und vermeint, sie zu beherrschen.[95] Wenn Derrida fordert, „economy, of course, remains to be *thought*,"[96] ergeht diese Aufforderung unter der Bedingung, daß es sich um eine Lektüre „'against' . . . Marx"[97] handele, die humanistische Begriffe der Arbeit und der Produktivität vermeide. Eine solche Lektüre ist auch hinsichtlich Kojèves Posthistoire und Batailles Ökonomiebegriff - Prämissen der Theorie der frühen Postmoderne - notwendig.

---

[91] Derrida, *Spectres de Marx* 145, 65.

[92] Jacques Derrida, „Hors livre: Préfaces," *La dissémination* (Paris: Seuil, 1972) 40, Anm. 20.

[93] Derrida, *Spectres de Marx* 269.

[94] Derrida, *Spectres de Marx* 269.

[95] Vgl. Groys 15: „Der Traum der systematischen Beschreibung und Beherrschung der Ökonomie hat fast alle Utopien der Neuzeit beseelt und die ideologische Grundlage aller modernen totalitären Regime gebildet. Jetzt scheint dieser Traum ausgeträumt zu sein. Die Kritik der Ökonomie wird genauso ökonomisch gehandelt wie ihre Apologie, ihre Deutung, ihre wissenschaftliche Erklärung. Wenn wir alle den Gesetzen und Forderungen der Ökonomie unterworfen sind, dann heißt es nicht, daß wir diese Gesetze erfahren können, indem wir uns von den ökonomischen Zwängen distanzieren und sie von außen betrachten. Eine solche distanzierte Sichtweise ist uns nicht gegeben."

[96] Derrida, „Living On - Border Lines" 169.

[97] Derrida, „Living On - Border Lines" 138.

Alexandre Kojève:
Französische Hegel-Renaissance und Anthropologismus

In seinen Vorlesungen von 1933-1939 legt Alexandre Kojève Hegels *Phänomenologie des Geistes* als philosophische Anthropologie aus und begründet mit Jean Hyppolite die französische Hegel-Renaissance. Hyppolite, der Lehrer Derridas wird, 1966 auch die Konferenz zum Strukturalismus an der Johns Hopkins University besucht und dem der Tagungsband gewidmet ist,[98] übersetzt in den frühen 40er-Jahren die *Phänomenologie des Geistes* ins Französische. Seine Lektüre Hegels in *Genèse et structure de la Phénoménologie de l'Esprit de Hegel* von 1946, ins Englische übersetzt 1974,[99] geht besonders in Derridas Begriff der Temporalität ein. Dagegen wird über die Veröffentlichung von Kojèves Vorlesungstexten 1947 als *Introduction à la lecture de Hegel*[100] in Frankreich die hegelsche Wirtschaftstheorie, so wie sie in den Jenaer Systementwürfen und in der Passage von Herr und Knecht in der *Phänomenologie des Geistes* vorliegt, einflußreich für das Ökonomieverständnis von Bataille und Lacan, sowie über deren Werk auch bei Baudrillard, Derrida und Goux. Nach Amerika wird Kojèves Denken ab den frühen 60er-Jahren von Leo Strauss vermittelt. Deutlich sei, so Shadia B. Drury, der Einfluß Kojèves bei den „disciples of Leo Strauss," Allan Bloom und Francis Fukuyama; Schüler von Strauss „have been, and continue to be, instrumental in publishing Kojève's work in English translation."[101]

Kojève interpretiert die ökonomischen Beschreibungen in Hegels Systementwürfen und die Passage von Herr und Knecht als Vorwegnahme marxistischer Positionen und sieht in der Dialektik von Herr und Knecht ein Bild des Klassenkampfes und das Zentrum der *Phänomenologie des Geistes*. Kojèves einleitender Kommentar zur Passage der *Phänomenologie des Geistes* über „Selbständigkeit und Unselbständigkeit des Bewußtseins; Herrschaft und Knechtschaft" konzentriert sich auf den Begriff der Begierde in der Beschreibung der Konstitution des

---

[98] Donato und Macksey xix.

[99] Jean Hyppolite, *Genèse et structure de la Phénoménologie de l'Esprit de Hegel* (Paris: Aubier, 1946), engl. *Genesis and Structure of Hegel's Phenomenology of Spirit*, übers. Samuel Cherniak und John Heckman (Evanston: Northwestern UP, 1974).

[100] Alexandre Kojève, *Introduction à la lecture de Hegel: Leçons sur la Phénoménologie de l'Esprit*, 1933-1939, zusammengest. und hg. Raymond Queneau (Paris: Gallimard, 1947); engl. James H. Nichols, Übers., *Introduction to the Reading of Hegel: Lectures on the Phenomenology of Spirit*, von Alexandre Kojève, zusammengest. Raymond Queneau, hg. Allan Bloom, 1969 (Ithaca/London: Cornell UP, 1980).

[101] Drury 143.

Bewußtseins bei Hegel. „*L'homme <<absorbé>> par l'objet qu'il contemple ne peut être <<rappelé à lui>> que par un Désir: par le désir de manger, par exemple* . . . . *Le Moi (humain) est le Moi d'un - ou du - Désir.*"[102] Die psychologisierende Lesart Kojèves betont das Moment das Kampfes zwischen menschlichen Individuen in der äußeren Wirklichkeit, oder im Diesseits des Geistes, nicht in der Innerlichkeit der Konstitution des Selbstbewußtseins.

Nur indem die Begierde „porte sur un autre Désir, pris en tant que Désir,"[103] könne das sich in der negierenden und assimilierenden Tat befriedigende Ich, so Kojève, ein anderes werden als das animalische. „Le Désir humain doit porter sur un autre Désir."[104] Nur durch den Bezug auf eine andere Begierde statt auf einen Gegenstand der Begierde werde das Ich ein menschliches. „Or, désirer un désir c'est vouloir se substituer soi-même à la valeur désirée par ce Désir. Car sans cette substitution on désirerait la valeur, l'objet désiré, et non le Désir lui-même."[105] Die Begierde eines anderen zu begehren, bedeute also, „que la valeur que je suis ou que je <<représente>> soit la valeur désirée par cet autre: je veux qu'il <<reconnaisse>> ma valeur comme sa valeur, je veux qu'il me <<reconnaisse>> comme une valeur autonome."[106] Mit der Verwendung des Wertbegriffs bedient sich Kojève Marxscher Terminologie, die von der Theorie der Verkörperung der Arbeit in der Ware, identisch dem Wert als Tauschwert, bestimmt wird. Hegel dagegen verwendet in der *Phänomenologie des Geistes* den Wertbegriff nicht. Kojève sucht die Begierde aus einer Verkörperung zu lösen, an die sie bei Hegel als geistige Kraft nie gebunden ist, und ersetzt den hegelschen Geist, der das Wirkliche übersteigt, durch den Begriff einer exzedierenden Begierde: „Or la seule chose qui dépasse ce réel donné est le Désir lui-même. Car le Désir pris en tant que Désir, c'est-à-dire avant sa satisfaction, n'est en effet qu'un néant révélé, qu'un vide irréel."[107] Kojève denkt sich aus der Begierde und aus dem Wirklichen in das Nichts, während Hegel aus dem Geist mittels der Begierde in die Wirklichkeit denkt. Bei Hegel ist die Dialektik, die Kojève anhand der Begierde erarbeitet, in die Frage der Wahrheit und des Begriffes eingebunden, also in eine Phänomenologie und Geistesphilosophie, keine Anthropologie. Die Passage von Herr und Knecht über Begierde, Ding und Arbeit ist eine Allegorie auf die Bewegung des Geistes im Selbstbewußtsein, keine existentialistische Beschreibung der Selbstbehauptung des Ich; bei Kojève dagegen wird die hegelsche Allegorie in einen vitalistischen Aktionismus und die psycho-

---

[102] Kojève 11.
[103] Kojève 12.
[104] Kojève 13.
[105] Kojève 14.
[106] Kojève 14.
[107] Kojève 12.

logische Beschreibung eines wirklichen Kampfes überführt. „Et puisque le
Désir se réalise en tant qu'action négatrice du donné, l'être même de ce
Moi sera action."[108] Der Mensch werde im Kampf zum Tode Mensch, „en
risquant sa vie pour satisfaire son Désir humain, c'est-à-dire son Désir qui
porte sur un autre Désir."[109] Es gibt in der *Phänomenologie des Geistes*
nach Kojève kein abstraktes Individuum; auch schreibt Kojève nicht von
Selbstbewußtsein, sondern von einem hinsichtlich seines geistigen Status
im hegelschen Sinne ungeklärten Menschsein. Die Menschwerdung durch
„le Désir anthropogène"[110] ist abhängig vom Kampf zum Tode als Kampf
zum Tode in der Hierarchie von Herr und Knecht: „Sans cette lutte à mort
de pur prestige, il n'y aurait jamais eu d'êtres humains sur terre. "[111]

Nach Kojèves anthropologistischer Interpretation der Dialektik ist der
Herr um seinen Status vom Knecht abhängig, kann aber die Anerkennung,
die er im Verhältnis zum Knecht erkämpfe, nie erringen, weil er nur von
einem Knecht, also einem geringeren, anerkannt werde.

> In Kojève's words, the master was in an 'existential impasse'. He needed an
> autonomous person to recognize his desire as human, but instead of free
> recognition, he received only the servile, dependent recognition of the slave.[112]

Die Geschichte liest Kojève als eine des Knechts; der freie Mensch werde
erst der Knecht sein, der seine Knechtschaft überwunden habe.[113] Poster
faßt zusammen, daß Kojève seinen französischen Studenten in den 30er-
Jahren beigebracht habe, Hegel habe eine revolutionäre Sozialtheorie
entwickelt, in der die Arbeiterklasse die zentrale Rolle in der Aufhebung
der autoritären Gesellschaft zu einer freien Gesellschaft spiele und die
Arbeiter die absolute Negation der Welt der Herren seien.[114] Indem er die
Phänomenologie des Geistes als vorausweisend auf Marx' Beschreibung
des Klassenkampfes gelesen habe, so wird Kojève kritisiert, habe er die
liberalen Begriffe Hegels verneint und habe den Begriff einer negierenden
Begierde irrational verklärt. „[T]here was a certain danger of glorifying
violence in Kojève's account of the struggle to the death. He came close,

---

[108] Kojève 12.

[109] Kojève 14.

[110] Kojève 13.

[111] Kojève 14.

[112] Poster, *Existential Marxism* 13.

[113] Vgl. das marxistische Vorurteil, mit dem Hegels Arbeits- und Wertbegriff verein-
seitigt wird, im Motto von Karl Marx, das Kojève seiner *Introduction à la lecture de
Hegel* voranstellt: „Hegel . . . erfasst die *Arbeit* als das *Wesen*, als das sich bewäh-
rende Wesen des Menschen. - Karl Marx." Kojève 9. Auch Jean-Joseph Goux
übernimmt diese marxsche Lesart des Arbeitsbegriffs bei Hegel, vgl. unten
Anmerkung 229 und Kapitel 5. Von Birger P. Priddat wird sie widerlegt, vgl. unten
zum Arbeitsbegriff bei Hegel und Anm. 211.

[114] Poster, *Existential Marxism* 15-16.

in places, to ontologizing this moment of the *Phenomenology* and veering toward fascism."[115] Es sei kein Zufall, wenn die „modernen Hegelianer in das Zentrum ihres Denkens die hegelsche Robinsonade, . . . die Dialektik von Herr und Knecht" gestellt hätten und wenn Kojève „seine Freude gerade an dieser Mythe" hätte, denn er fände in ihr, daß der Mensch „die Angst und die Gewalttat zur Grundlage" habe und einen neuen „Machtwillen," der „zum Universalschlüssel aller menschlichen Probleme"[116] werde. Kojève biete daher „nichts, als in die Hegelsche Mythe die Themen des zeitgenössischen Faschismus hineinzuprojizieren. "[117]

Kojèves anthropologisierende Lesart der *Phänomenologie des Geistes* entwickelt die Thematik der Begierde bis zu einem Ende der Dialektik. Das Ende des Kampfes um Anerkennung in der freien Gesellschaft geht nach Kojève einher mit der Erfüllung ökonomischer Bedürfnisse, indem im 20. Jahrhundert eine ausreichende Verteilung des Wohlstands erreicht und die sozialistische Revolution unnötig werde. Kojève diagnostiziert mit dem Ende der Geschichte das Ende des Klassenkampfes und des dialektischen Materialismus. Die *classless society* sieht er schließlich in Amerika verwirklicht:

[S]everal voyages made (between 1948 and 1958) to the United States and the U.S.S.R. gave me the impression that if the Americans give the appearance of rich Sino-Soviets, it is because the Russians and the Chinese are only Americans who are still poor but are rapidly proceeding to get richer. I was led to conclude from this that the 'American way of life' was the type of life specific to the post-historical period, the actual presence of the United States in the World prefiguring the 'eternal present' future of all of humanity.[118]

Kojèves Denken und die Beschreibung Amerikas, in Worten Derridas, als „stade final du 'communisme' marxiste"[119] wird durch Vermittlung seines Freundes Leo Strauss ab 1963 auch in Amerika rezipiert. Kojèves Hegel-

---

[115] Poster, *Existential Marxism* 12.

[116] Kommission für Kritik des Arbeitskreises französischer kommunistischer Philosophen, *Deutsche Zeitschrift für Philosophie* 3.3. (Ostberlin, o.J.) 355, nach der deutschen Übersetzung der *Introduction à la lecture de Hegel*: Iring Fetscher und Gerhard Lehmbruch, Übers., *Hegel: Eine Vergegenwärtigung seines Denkens*, von Alexandre Kojève, hg. Iring Fetscher, 1958 (Frankfurt: Suhrkamp, 1975) 299, Anm. 4.

[117] Fetscher und Lehmbruch 299, Anm. 4.

[118] Nichols 161, Anm. 6. Kojève ändert seine Meinung über die USA nach einer Reise nach Japan 1959. Vgl. Nichols 161, Anm. 6. Die zweite Auflage der französischen Ausgabe der *Introduction à la lecture de Hegel*, die Nichols vorlag und in der erst die Anmerkung zur amerikanischen Posthistoire erscheint, war mir leider nicht zugänglich. In der deutschen Ausgabe in der Übersetzung von Fetscher und Lehmbruch fehlt die zwölfte Vorlesung des Jahres 1938-1939, in der Kojève die Posthistoire entwickelt, vollständig.

[119] Derrida, *Spectres de Marx* 120-121.

Lektüre und Beschreibung der klassenlosen Gesellschaft, wie sie auch bei Fiedler vorliegt, gilt als politisch konservativer Einfluß auf die amerikanische Postmoderne der ersten Phase. Auch über Georges Batailles Werk, rezipiert unter anderen von Susan Sontag, wird der Einfluß Kojèves in die USA vermittelt. Batailles Ökonomiebegriff differenziert den 'Post-Marxismus' Kojèves.

Georges Bataille: Marxismus versus subjektive Werttheorie

Batailles Revision des Marxismus unter dem Einfluß von Kojèves Lektüre der *Phänomenologie des Geistes* sowie von Schriften aus Anthropologie und Soziologie stellt die produktionistische Ökonomie und Arbeitswertlehre in Frage: „Il est admis, maintenant encore, que le monde est pauvre et qu'il faut travailler. Le monde cependant est malade de richesse."[120] Die produktionistischen Lehre des Marxismus verlange nach einer Soziologie der religiösen und konsumierenden oder verausgabenden Gemeinschaft.

> Le marxisme . . . n'a tenté aucune élucidation générale des modalités propres à la formation de la société religieuse et politique. Il a également admis la possibilité de réactions de la superstructure mais, là encore, il n'est pas passé de l'affirmation à l'analyse scientifique.[121]

Daher sei es nötig, „une tentative de représentation rigoureuse . . . de la superstructure sociale et de ses rapports avec l'infrastructure économique"[122] zu geben. Das Soziale gelte nach der marxistischen Lehre wegen seines ökonomischen Unterbaus als berechenbar; es werde geregelt durch „commensurabilité des éléments et conscience de cette commensurablité."[123] „[U]ne *commune mesure*," welche die als nützlich definierten Elemente der Produktionsgesellschaft meßbar und auch „l'homme une fonction de produits mesurables"[124] werden lasse, sei das Geld. Der Mensch könne zur Funktion der Produkte, der Nützlichkeit und der allgemeinen Kommensurabilität durch das Geld werden, weil er arbeite: „L'argent sert à mesurer tout travail" und „[c]haque homme . . . vaut selon ce qu'il produit."[125] Bataille gibt keine weitere Analyse des

---

[120] Georges Bataille, „L'économie à la mesure de l'univers," 1946, *Œuvres complètes*, Bd. 7 (Paris: Gallimard, 1976) 15.

[121] Georges Bataille, „La structure psychologique du fascisme," 1933-34, *Œuvres complètes*, Bd. 1 (Paris: Gallimard, 1970) 339.

[122] Bataille, „La structure psychologique du fascisme" 339. Dies versucht Bataille hier 1934 am Beispiel des Faschismus.

[123] Bataille, „La structure psychologique du fascisme" 340.

[124] Bataille, „La structure psychologique du fascisme" 340.

[125] Bataille, „La structure psychologique du fascisme" 340.

Geldes. Da er das Geld, wie Marx, als allgemeines Äquivalent aller Waren beschreibt, gilt es als nur repräsentierendes Doppel der Arbeitswerte und fällt aus der Analyse hinaus. Im von Produktion, Arbeitswert und Geld geregelten und bemessenen „cours d'existence . . . toute violence est exclue:"[126] Die Gewaltfreiheit wird von Bataille nicht affirmiert, sondern als Gefahr für das energetische Equilibrium der „économie à la mesure de l'univers"[127] beschrieben; diese allgemeine Ökonomie erhebt den Anspruch, interdisziplinär die Fragen des „mouvement de l'énergie sur la terre"[128] klären zu wollen: „Ni la psychologie, ni généralement la philosophie ne peuvent d'ailleurs être tenues pour indépendantes de cette question première de l'économie."[129] Die produzierende Wirtschaft der klassischen Arbeitswerttheorie gilt Bataille nur als „une *économie restreinte* (aux valeurs marchandes)."[130] Die allgemeine Ökonomie, in der die Werte nicht durch die produktive Arbeit und den äquivalenten Tausch kommensurabel sind, sondern durch den subjektiven Gebrauch bestimmt werden,

> met en évidence en premier lieu que des excédents d'énergie se produisent qui, par définition ne peuvent être utilisés. L'énergie excédante ne peut être que perdue sans le moindre but, en conséquence sans aucun sens. C'est cette perte inutile, insensée, qu'*est* la souveraineté.[131]

Deren gegen das Kalkül gerichtetes Prinzip konkretisiert Bataille mit einer Beschreibung der amerikanischen Wirtschaft als grenzenlos produktiv wie ähnlich bei Kojève. Batailles Vorstellung vom produktiven Überfluß in der amerikanischen Wirtschaft, so daß Produktion in Verausgabung umgesetzt werden könne, entspricht Kojèves Theorie vom Ende der Dialektik in Amerika als der *classless society* und Verwirklichung des Sozialismus.

> [L]a possibilité de poursuivre la croissance est elle-même subordonnée au don: le développement industriel de l'ensemble du monde demande aux Américains de saisir lucidement la nécessité, pour une économie comme la leur, d'avoir une marge d'opérations sans profit.[132]

Den Überfluß an Energie, der auch in der Produktion umgesetzt wird, bewirkt nach Bataille die Sonnenstrahlung; „la *pression* exercée en tous

---

[126]Bataille, „La structure psychologique du fascisme" 340.

[127]Bataille, „L'économie à la mesure de l'univers" 7.

[128]Georges Bataille, „La part maudite," 1949, *Œuvres complètes*, Bd. 7 (Paris: Gallimard, 1976) 20.

[129]Bataille, „La part maudite" 20.

[130]Georges Bataille, „Méthode de méditation," 1946, *Œuvres complètes*, Bd. 5 (Paris: Gallimard, 1973) 215, Anm..

[131]Bataille, „Méthode de méditation" 215-216, Anm..

[132]Bataille, „La part maudite" 33.

sens par la vie"[133] entsteht, wenn der Raum der Erde zu eng wird für die Operationen, mit denen Energie verschwendet werden muß.

Der Gefahr einer geschlossenen Ökonomie wirke entgegen, daß sich an den Rändern des von der Produktion geordneten Bereichs heterogene gesellschaftliche Elemente befänden, die nicht zu assimilieren seien und so das energetische Equilibrium aufrecht erhielten. Sie entgingen auch der wissenschaftlichen Assimilation, denn „la science ne peut pas connaître d'éléments *hétérogènes* en tant que tels."[134] Zur Heterogenität gehören nach Bataille das Unbewußte, das Sakrale, die unproduktive Verausgabung mitsamt des Abfalls und der Körperausscheidungen, die affektive Reaktion, Gewalt, Maßlosigkeit und Wahnsinn. Der 'Druck des Lebens' entlädt sich in Ausdehnung, Verschwendung, Luxus, Kannibalismus, Tod, geschlechtlicher Fortpflanzung, Aktivität in der Arbeit, Technik; Batailles Theorie der Verausgabung verwendet die vitalistischen, Dynamik, Kampf und Krieg verherrlichenden Motive, die seit Nietzsche und der futuristischen Avantgarde auch in der Theorie der Zwischenkriegszeit verbreitet sind.

Im Unterschied zu den identitären, quantifizierbaren Objekten des Bereichs der Produktion, ist die Heterogenität von einer Kraft oder „une charge, comme une valeur"[135] bestimmt,

> passant d'un objet à l'autre d'une façon plus ou moins arbitraire, à peu près comme si le changement avait lieu non dans le monde des objets, mais seulement dans les jugements du sujet . . . . [L]e sujet a la possibilité de déplacer la valeur excitante d'un élément sur un autre analogue ou voisin.[136]

Mit der wandernden Wertigkeit von Objekten, die in der Heterogenität subjektiv zugewiesen wird, steht Batailles Werttheorie im Widerspruch und in Ergänzung zu seinen marxistischen Vorgaben und in Einklang mit dem hegelschen Motiv der Kraft des Geistes und der subjektiven Werttheorie, die seit der Durchsetzung der Grenznutzenschule um die Wende zum 20. Jahrhundert die wirtschaftswissenschafliche Werttheorie bestimmt und in die marktanalytische Preis- und in die Geldtheorie überleitet. In der kosmischen, allgemeinen Ökonomie Batailles bestimmen nicht länger Produktivität und Arbeit den ökonomischen Wert; wenn Bataille die Wertung als subjektiven Vorgang beschreibt, entspricht dies der subjektiven Werttheorie, die den Wert über den Nutzen erklärt. Bataille beschreibt den Übergang von der beschränkten Ökonomie der Produktion und der

---

[133]Bataille, „La part maudite" 36. In der deutschen Übersetzung „der Druck des Lebens." „Der verfemte Teil," übers. Traugott König, *Die Aufhebung der Ökonomie*, von Georges Bataille, hg. Gerd Bergfleth (München: Matthes & Seitz, 1985) 55.

[134]Bataille, „La structure psychologique du fascisme" 344.

[135]Bataille, „La structure psychologique du fascisme" 347.

[136]Bataille, „La structure psychologique du fascisme" 347.

Arbeitswerte zur allgemeinen Ökonomie der Energie und der subjektiven Werte als „un changement copernicien"[137] und scheint die Beschreibung des Einflusses der Grenznutzentheorie in der Wirtschaftswissenschaft seit Anfang des 20. Jahrhunderts, wie im folgenden Zitat aus Joseph A. Schumpeters Geschichte der Wirtschaftstheorie, zu rezipieren:

> Wir sind versucht, über Gossens Prahlerei, eine Kopernikus-Tat vollbracht zu haben, zu lächeln. Aber diese Prahlerei war berechtigter, als sie auf den ersten Blick scheinen mag. Der Ersatz des geozentrischen Systems durch das helio-zentrische und der Ersatz des 'klassischen' Systems durch das Grenznutzen-System waren gleichartige Leistungen: Beide waren . . . Rekonstruktionen, die vereinfachten und unifizierten.[138]

Mit der Grenznutzentheorie werden die klassische Arbeitswerttheorie und die Versuche der Festlegung eines objektiven Wertmaßstabs zugunsten der subjektiven Werttheorie, die den Wert der Güter „aus den Gebrauchs-werten, und zwar jeweils der letzten verbrauchten Gütereinheiten (aus den Grenznutzen)"[139] herleiten kann, aufgegeben.

Unter Bezug auf die Soziologie der Konsumgesellschaft bei Thorstein Veblen hebt Bataille zur Erklärung der allgemeinen Ökonomie die Bedeutung des Konsums statt der Produktion und Reproduktion im ökonomischen Prozeß hervor. Mit der Einbringung der Verausgabung radikalisiert er die wirtschaftswissenschaftliche Bedeutung des Konsums, so wie sie mit dem stetig wachsenden Markt und Theorien der Nachfrage einhergeht. Er versucht, die Konsumtheorie und subjektive Werttheorie in die marxistische Ökonomie zu integrieren, die wie die klassische Öko-nomie die Bedürfnisbefriedigung auf Reproduktion der Arbeitskraft be-schränkt hat.

> [L]es dépenses dites improductives: le luxe, les deuils, les guerres, les cultes, les constructions de monuments somptuaires, les jeux, les spectacles, les arts, l'activité sexuelle perverse (c'est-à-dire détournée de la finalité génitale)[140]

sind im Modell der klassischen Wirtschafts- und Arbeitswerttheorie nicht in die an der Produktion ausgerichtete Gesellschaft einzufügen. Die

---

[137]Bataille, „La part maudite" 33: „Passer des perspectives de l'économie *restreinte* à celles de l'économie *générale* réalise en vérité un changement copernicien: la mise à l'envers de la pensée - et de la morale."

[138]Schumpeter 1119. Schumpeter bezieht sich auf Hermann Heinrich Gossen (1810-1858), der mit seiner *Entwicklung der Gesetze des menschlichen Verkehrs und der daraus fließenden Regeln für menschliches Handeln* von 1853/54 die erste Formu-lierung der Gesetze der Grenznutzenschule vorlegte, die allerdings erst mit den Mar-ginalisten um die Jahrhundertwende zu weiterer Verbreitung kamen. Vgl. Kapitel 3.

[139]Jochen Schumann, „Wegbereiter der modernen Preis- und Kostentheorie," Issing 168.

[140]Georges Bataille, „La notion de dépense," 1933, *Œuvres complètes*, Bd. 1 (Paris: Gallimard, 1970) 305.

allgemeine Ökonomie dagegen berechnet wie die Grenznutzentheorie
ökonomische Verhältnisse ohne moralische Unterscheidung in gute oder
schlechte Bedürfnisse; „un sacrifice humain, la construction d'une église
ou le don d'un joyau n'avaient pas moins d'intérêt que la vente du blé."[141]
Werde die Bedeutung der Verausgabung für die Gesellschaft erkannt,
werde auch deutlich, daß die Produktion immer nur Mittel zur Verausgabung sei.

> Si effroyable qu'elle soit, la misère humaine n'a jamais eu une emprise suffisante
> sur les sociétés pour que le souci de la conservation, qui donne à la production
> l'apparence d'une fin, l'emporte sur celui de la dépense improductive.[142]

Der Mensch gilt Bataille als diejenige privilegierte Lebensform, die das
Gleichgewicht des Lebens in einer allgemeinen Ökonomie erhalten kann
und soll. Er ist „de tous les êtres vivants le plus apte à consumer
intensément, luxueusement, l'excédent d'énergie que la pression de la vie
propose à des embrasements conformes à l'origine solaire de son
mouvement."[143] Dieser handelnde Mensch soll, womit Bataille Kojèves
Version der hegelschen Passage von Herr und Knecht paraphrasiert, der
Arbeiter sein: Der Arbeiter partizipiert in der Lohnarbeit zwar an der
Kommensurabilität der beschränkten Ökonomie, jedoch nicht als Mensch.
„Hors de l'usine . . . un ouvrier est . . . un étranger, un homme d'une autre
nature, d'une nature non réduite, non asservie."[144] Mit dem Ende des
verausgebenden Verhaltens „conformément à une raison qui tient des
comptes"[145] in der bürgerlichen Gesellschaft werde es zur Aufgabe der
Arbeiter, die revolutionäre Kraft der Verausgabung wiederzuerwecken.
„La lutte de classes n'a qu'un terme possible: la perte de ceux qui ont
travaillé à perdre la <<nature humaine>>,"[146] wobei diese als veraus-
gabende Natur gelesen werden muß. Die Verausgabung sei erstrebenswert,
weil sie geknüpft ist „à la dignité plus grande de celui qui donne et à la
perte de prestige de celui qui reçoit."[147] Die Gabe hat somit „[un] caractère
agressif" und „situe le donateur sous le signe souverain de l'instant."[148]
Statt des begrenzenden Kalküls im Tausch gibt es Großzügigkeit, die allerdings „sans la *démesure*"[149] nicht entstehen könnte. Es gelte, den aggressiven Aspekt der Gabe als „la constitution d'une propriété positive de la

---

[141] Bataille, „La part maudite" 19.
[142] Bataille, „La notion de dépense" 308.
[143] Bataille, „La part maudite" 43.
[144] Bataille, „La structure psychologique du fascisme" 341.
[145] Bataille, „La notion de dépense" 314.
[146] Bataille, „La notion de dépense" 318.
[147] Georges Bataille, „La souveraineté," 1956, *Œuvres complètes*, Bd. 8, 383.
[148] Bataille, „La souveraineté" 383.
[149] Bataille, „La souveraineté" 383.

perte," mit der „la noblesse, l'honneur, le rang dans le hiérarchie"[150] begründet werden, wieder einzuführen.

Den Begriff der Verausgabung entwickelt Bataille aus der Theorie des Gabentauschs bei Marcel Mauss und verlangt ein Abgehen von der wirtschaftstheoretischen Gründung der Ökonomie im äquivalenten Tausch.

> L'économie classique a imaginé que l'échange primitif se produisait sous forme de troc: elle n'avait, en effet, aucune raison de supposer qu'un moyen d'acquisition comme l'échange ait pu avoir comme origine, non le besoin d'acquérir qu'il satisfait aujourd'hui, mais le besoin contraire de la destruction et de la perte.[151]

Batailles Erklärung der Überwindung des Tauschprinzips in der Wirtschaftstheorie weist auf Mauss' Forschung zu den Wirtschaftsformen in Eingeborenenkulturen:

> La conception traditionnelle des origines de l'économie n'a été ruinée qu'à une date récente, assez récente même pour qu'un grand nombre d'économistes continue à représenter arbitrairement le troc comme l'ancêtre du commerce.[152]

System des Gabentauschs und Kreditbegriff bei Marcel Mauss

Bataille stellt die subjektive Veränderung des Werts der Objekte in Zusammenhang mit „la pensée mystique des primitifs et dans les représentations du rêve;"[153] die Beschreibung von Eingeborenenökonomien bei Bataille nähert sich Marcel Mauss' anthropologischer Studie „Essai sur le don: Forme et raison de l'échange dans les sociétés archaïques" von 1923-1924 zum Gabentausch in Eingeborenengesellschaften.[154] Bataille hört in den 20er-Jahren Mauss' Vorlesungen;[155] auch wenn Bataille explizit im Kontext des mythischen Denkens und des Traums nur auf Émile Durkheim, den Lehrer von Mauss, Ernst Cassirer, Sigmund Freud und Lucien Lévy-Bruhl verweist,[156] ist die Nähe der Batailleschen Beschreibung zu Mauss' „Essai sur le don" unverkennbar.

---

[150] Bataille, „La notion de dépense" 310.

[151] Bataille, „La notion de dépense" 308.

[152] Bataille, „La notion de dépense" 308-309.

[153] Bataille, „La structure psychologique du fascisme" 347.

[154] Marcel Mauss, „Essai sur le don: Forme et raison de l'échange dans les sociétés archaïques," 1923-24, *Sociologie et Anthropologie: Précédé d'une Introduction à l'œuvre de Marcel Mauss par Claude Lévy-Strauss*, 1950, 5. Aufl. (Paris: Quadrige, 1993) 143-279.

[155] Vgl. Richardson 20.

[156] Bataille, „La structure psychologique du fascisme" 347.

Die Anthropologie von Marcel Mauss als Einfluß auf Batailles Ergänzung der Arbeitswerttheorie durch subjektivistische Komponenten leistet der Kritik der Erklärung des Geldes als metallistischen und repräsentationistischen Tauschmittels in der Wirtschaftstheorie bei John Maynard Keynes Vorschub. Mauss übernimmt als Schüler Durkheims 1925 die *Neue Folge* der Zeitschrift *L'Année Sociologique,* worin auch 1923-1924 sein 1950 mit einem Vorwort von Lévy-Strauss wiederaufgelegter und für das Denken Batailles wie für die Poststrukturalisten einflußreicher Essay erschienen ist.

Anhand seiner Studie zum Gabentausch entwickelt Mauss einen Kreditbegriff, der auf die Keynesianische Geldtheorie und die Erklärung des Geldes als Zeittechnologie statt repräsentierenden Warengeldes vorgreift. Mauss führt das Wirtschaften und das Geld nicht auf einen unmittelbaren und äquivalenten Tausch zurück, sondern auf vertragliche Verpflichtung und Vergeltung, die sich über die Zeit erstrecken können: Es bestehe in primitiven Kulturen eine Verpflichtung zu geben, die als vertragliche Bindung des Gabenempfängers zu begreifen sei, und darüber hinaus Zins fordere. Mauss nennt dieses System, das er für Eingeborenengemeinschaften beschreibt, das des Gabentausches. Es gibt „dans les choses échangées . . . une vertu qui force les dons à circuler, à être donnés et à être rendus;"[157] alle getauschten Sachen sind „des êtres," und jede hat „en soi une vertu productrice"[158] sowie „son individualité, son nom, ses qualités, son pouvoir."[159] Die magische Belebung der Gegenstände in den von Mauss beschriebenen Eingeborenenkulturen entspricht bei Bataille der Vorstellung von der wandernden Wertigkeit und Kraft, die den Dingen vom Subjekt attribuiert wird.

Es gibt nach Mauss keinen einfachen, äquivalenten Tausch, sondern es wird immer eine exzedierende Verpflichtung eingegangen. Den zugrundeliegenden magischen Pakt bezeichnet Mauss als Vertrag; Magie fungiert als Gesetzesinstanz, die den Vertrag sichert. Die den Dingen innewohnende magische, lebendige Kraft erlaubt und fordert auch den Tausch über die Zeit hinweg, so daß die primitiven Gesellschaften nach Mauss bereits Konvention über die Zeit kennen, und Kredit möglich ist.[160] Insofern die Theorien über Wirtschaft und Recht bei den Eingeborenen von modernen Vorstellungen ausgingen und den Kredit als eine höhere Zivilisationsstufe betrachteten als den Barkauf, aus dem jener sich

---

[157] Mauss 214.
[158] Mauss 220.
[159] Mauss 218-219.
[160] Vgl. Ernst Cassirer, *Philosophie der symbolischen Formen*, Bd. 2, *Das Mythische Denken*, 1924 (Darmstadt: WBG, 1994) 137: „Das magische 'Jetzt' ist keineswegs bloßes Jetzt, ist kein einfacher und abgesonderter Gegenwartspunkt, sondern es ist, um den Leibnizischen Ausdruck zu gebrauchen, *chargé du passé et gros de l'avenir* - es enthält das Vergangene in sich und geht mit der Zukunft schwanger."

entwickelt habe, seien sie falsch und tendierten zu „des idées *a priori* de l'évolution."[161] Denn der Kreditbegriff sei „non seulement aussi ancienne, mais aussi simple, ou, si l'on veut, aussi complexe que la notion de comptant."[162] Der Ursprung des Kredits liege „dans une catégorie de droits que laissent de côté les juristes et les économistes qui ne s'y intéressent pas; c'est le don, phénomène complexe."[163] Die Entwicklung habe nicht „de l'économie du troc à la vente et celle-ci du comptant au terme"[164] geführt, sondern Tauschhandel, Kauf und Verkauf, und Darlehen hätten sich aus dem System der Gaben und Gegengaben entwickelt. Nichts beweise, daß der Kredit in irgendeiner historischen Wirtschaftsordnung unbekannt gewesen wäre.

Wertbegriff bei Mauss, Bataille und Derrida

Bataille beschränkt die Theorie des Gabentauschs bei Mauss, die den äquivalenten Tausch in Frage stellt, auf den Aspekt der Verschwendung, während Mauss außer der Übertretung des reproduktiven Prinzips der klassischen, arbeitswerttheoretischen Kommensurabilität vielmehr den Effekt der Akkumulation durch vertragliche Bindung über eine Zeit hinweg, also Befristung, betont und zins- und geldtheoretische Fragen behandelt. Die geldtheoretischen Aspekte der Theorie bei Mauss entfallen bei Bataille. In der Wirtschaftswissenschaft wird so anders als bei Bataille, aber in Fortschreibung der Ergebnisse bei Mauss, die Abkehr von der klassischen Wirtschaftstheorie mit Grundlage im Naturaltausch und repräsentationistischer Geldtheorie mittels einer seit Keynes neuen Geldtheorie, die das Geld als Schuldkontrakt begreift und seine Wirkung mit der Zeitlichkeit der Ökonomie zusammenbringt, bewerkstelligt. Bei Bataille bleibt die Abkehr von der klassischen, produktionistischen Wirtschaftstheorie auf die Betonung der Bedürfnisbefriedigung und des Konsums statt der Arbeit und der Produktion als Zweck der Wirtschaft beschränkt. Batailles ökonomisches Denken bietet Ansatzpunkte für eine entwickelte Geldtheorie, bleibt aber durch den am Arbeitswert der marxistischen Ökonomie ausgerichteten Geldbegriff, der das Geld nur als sekundär und repräsentativ erachtet, vor deren Erwägung stehen; Bataille geht nicht auf Fragen der Geld- und Zinstheorie ein, so daß das Zeitmoment in der Wirtschaft nicht adäquat berücksichtigt wird. Dennoch bewegt sich Batailles Denken am Rande des geldtheoretischen Diskurses

---

[161] Mauss 199.
[162] Mauss 199, Anm. 2.
[163] Mauss 199.
[164] Mauss 199.

der Wirtschaftstheorie seiner Zeit, wie auch einzelne Hinweise auf Keynes belegen.[165]

Bataille erweitert mit der Anlehnung an die Wirtschaftstheorie der Grenznutzenschule, der Beschreibung einer produktiven Überflußökonomie nach Kojève und der Verschwendung nach Mauss die marxistische, auf arbeitswerttheoretische wirtschaftliche Prämissen beschränkte Ökonomie um eine nutzenwerttheoretische Anlage. Es stehen der gesellschaftliche Bereich der Produktion, für den beansprucht wird, daß er objektive Arbeitswerte produziert, und der heterogene Bereich der Gesellschaft, der subjektiv Werte bestimmt, gegeneinander. Bataille führt den nutzentheoretischen Aspekt der Wirtschaftstheorie, der als Gebrauchswert von den klassischen Ökonomien und Marx für weitgehend irrelevant in der ökonomischen Wertbestimmung erklärt wird, in extremer Form wieder ein; er inszeniert in seinen Schriften gewissermaßen den Nutzenbegriff der subjektiven Werttheorie gegen den Arbeitsbegriff der objektiven Werttheorie. Diese Gegenüberstellung schreibt die Opposition der Werttheorien fort, wie sie bereits bei Hegel in seiner Rezeption der Wirtschaftstheorie Adam Smiths auftritt. Die marxistische Lesart der hegelschen Wirtschaftstheorie drängt diese Opposition zurück, indem der Gebrauchswert aus der ökonomischen Analyse hinausgewiesen wird und nur Arbeit als wertschaffend gilt.

Derrida übernimmt diese Lesart noch, wenn er mit Bataille erklärt, daß die *Phänomenologie des Geistes* als beschränkte Ökonomie „ne peut déterminer la différence . . . que comme . . . travail;"[166] wird allerdings Derridas spätere Auseinandersetzung mit der Geldtheorie in Betracht gezogen, gilt es Derrida in seinem Essay zu Bataille und in seiner Auslegung des Arbeitsbegriffs der *Phänomenologie des Geistes* 'gegen' Derrida zu lesen. Nur in seinen frühesten Schriften steht Derridas Begriff der Generativität der *différance* unter einem Arbeitsbegriff nach Vorgabe der klassischen Wirtschaftstheorie, ohne daß eine Nutzentheorie des Wertes oder Geldtheorie zur Kenntnis genommen wird. In Derridas Einführung zu Condillac, *L'archéologie du frivole* von 1973,[167] werden jedoch nutzentheoretische Momente merklich und in der Betonung der Geldtheorie ab den Seminaren zu *Falschgeld* 1977/78 spätestens revidiert Derrida seine frühe Ausrichtung auf den Arbeitsbegriff zur Beschreibung der Produktivität, wie seine Stellungnahmen zur Problematik des Produktions- und Arbeitsbegriffs bereits seit 1971 belegen: Die Arbeit als Begriff oder Wert sei „elle-même à repenser hors de son appartenance

---

[165] Vgl. Bataille, „La part maudite" 22.

[166] Derrida, „De l'économie restreinte à l'économie générale" 399.

[167] Jacques Derrida, *L'archéologie du frivole: lire Condillac*, 1973 (Paris: Denoël/Gonthier, 1976).

hégélienne"[168] und er handhabe den Produktionsbegriff stets mit „a sense of uneasiness."[169] Auch wenn die Theorie der *différance*, von der ausgehend Derrida Bataille und Hegel analysiert, in Schritten erst als unvereinbar mit der Arbeitswerttheorie beschrieben wird, ist in ihr bereits von den frühen Schriften Derridas an wegen der sie bestimmenden Momente der die Relativität radikalisierenden Differentialität und der Temporalität die Erklärung des Geldes als Zeittechnologie und Vertrag angelegt und wirkt sich Derridas frühe Lektüre Hegels als eines Arbeitswerttheoretikers nicht in Widersprüchen zur Theorie der Dekonstruktion aus. Die werttheoretische Differenz als Problem der ökonomischen Theorie bei Hegel kann als Ansatzpunkt der Theorie der *différance* angesehen werden, welche von dort ausgehend die Generativität als Temporalisierung statt als Arbeit oder Produktivität entwickelt und unter Abgehen von der Werttheorie mit der diese ablösenden Geldtheorie konvergiert.

Werttheoretische Differenz in der Rezeption von Adam Smith bei Kant und Fichte

Erst mit *The Wealth of Nations* kommt es zur Opposition der Werttheorien; vor Adam Smith wird der Wert der Güter nicht über die Arbeit, die auf sie verwendet wird, sondern über den Nutzen, den sie in der Bedürfnisbefriedigung gewähren, erklärt. Die Auswirkung der Arbeitstheorie des Wertes nach Adam Smith läßt sich am Motiv einer Differenz von Nutzentheorie und Arbeitstheorie bei Kant, Fichte und schließlich bei Hegel in der Allegorie von Herr und Knecht in der *Phänomenologie des Geistes* ablesen. Alle drei Denker beziehen nach der Rezeption von *The Wealth of Nations* die Arbeit als Kategorie in die Diskussion ökonomischer Fragen mit ein, bleiben aber dennoch der Nutzentheorie des Wertes verbunden.

Kant gibt das Motiv der werttheoretischen Differenz vor, wenn er mit A. Smith das Geld als Repräsentation der Arbeit erklärt: „Geld ist also (nach Adam Smith) derjenige Körper, dessen Veräußerung das Mittel und zugleich der Maßstab des Fleißes ist, mit welchem Menschen und Völker unter einander Verkehr treiben."[170] Die Arbeitswerttheorie wird mit dem metallistischen Geldbegriff in Einklang gehalten, indem Kant feststellt,

---

[168] Derrida, „Positions" 88.

[169] Jacques Derrida, „Afterword" 149. Produktion dürfe nicht im essentialistischen Sinne verstanden werden als „'rendering explicit' (*producere* as setting forth or into the light that which is already there)." Derrida, „Afterword" 148. Vgl. Kapitel 3.

[170] Immanuel Kant, *Metaphysik der Sitten*, 1797, *Schriften zur Ethik und Religionsphilosophie*, 2. Teil, *Werke in zehn Bänden*, hg. Wilhelm Weischedel, Bd. 7 (Darmstadt: WBG, 1983) 403.

daß das Geld soviel Fleiß kosten muß, wie dem Fleiß, der für die
Produktion von Waren nötig ist, entspricht. Es darf nicht leicht sein, Geld
zu beschaffen, sonst gäbe es zu viel Geld; Papiergeld wird abgelehnt. Das
Gold und das Silber dagegen entsprechen der Bedingung der
Vergleichbarkeit der Arbeitsmengen, denn die Mühe der Bergarbeiter in
Südamerika, die die Metalle schürfen, überwiege wahrscheinlich noch den
Fleiß der Europäer in der Warenfertigung. [171]

Kants Aufgabe des Nutzenwerts - den er an anderem Ort beibehält[172] - in
seiner Begründung der Geltung des Geldes wird von Fichte kritisiert.
Fichte beschreibt in seiner Kritik an der metallistischen Geldtheorie den
Widerspruch zwischen der Subjektivität der Nutzentheorie des Wertes und
der Objektivität der Arbeitswerttheorie. „[D]er Grund, den ein berühmter
Schriftsteller dafür anführt," warum „die Menschen sich vereinigt, gerade
Gold und Silber als Zeichen alles Wertes gelten zu lassen,"[173] sei nicht
hinreichend. Wenn der berühmte Schriftsteller schreibe, daß man „ein
Quantum Goldes oder Silbers deswegen als Äquivalent einer bestimmten
andern Ware gelten" lasse, „weil die Gewinnung des ersteren ebensoviel
Zeit und Mühe gekostet habe, als die Gewinnung oder Verfertigung der
letzteren,"[174] so hält Fichte dagegen:

> Angenommen, daß diese Gleichheit der aufgewandten Mühe wirklich stattfinde,
> so fragt sich nur, da der sich selbst überlassene Mensch das Produkt des anderen
> gar nicht nach der Mühe, die jener darauf verwandt, sondern vielmehr nach dem
> Nutzen schätzt, den er selbst davon zu ziehen gedenkt, - es fragt sich, warum der
> Landbauer die Mühe des Bergmanns bei Gewinnung eines Stück Goldes der
> seinigen bei Gewinnung einiger Scheffel Korns gleichsetzt, und für ebenso wohl
> angewendet gehalten, da der letztere ohne sein Korn gar nicht leben, dieser aber
> mit dem Golde jenes natürlicherweise nichts anfangen kann. Wenn irgend jemand
> zwecklose Mühe anwendete, würde sich denn das Menschengeschlecht für ver-
> bunden halten, ihm dieselbe durch zweckmäßige zu vergelten?[175]

[171] Kant, *Metaphysik der Sitten* 402.
[172] Kant, *Metaphysik der Sitten* 401.
[173] Johann G. Fichte, *Der geschlossne Handelsstaat*, 1800 (Leipzig: Meiner, 1943) 68.
Zu Fichtes Diskussion des Arbeitswerts nimmt Tetsushi Harada an, daß „wir
wahrscheinlich den im Zitat genannten 'berühmten Schriftsteller', der die Arbeitswertlehre fordert, vom Inhalt her mit Adam Smith oder einem seiner Anhänger
identifizieren [dürfen], wenngleich Fichte auch da keinen Namen nennt." Tetsushi
Harada, *Politische Ökonomie des Idealismus und der Romantik* (Berlin: Duncker &
Humblot, 1989) 55. Harada zieht Kant nicht als einen 'Anhänger' A. Smiths in Erwägung. Fichtes rhetorische Frage mittels des Zweckbegriffs verweist jedoch möglicherweise auf Kant oder auf eine Rezeption A. Smiths bei Fichte nur über Kant,
auch wenn der diskutierte Sachverhalt schon im Kapitel V, „Real- und Nominalpreis
der Güter oder ihr Arbeits- und ihr Geldwert" des *Wealth of Nations* formuliert wird.
[174] Fichte 68.
[175] Fichte 68-69.

Fichte besteht darauf, daß die Arbeit selbst erst einen Nutzenwert haben muß, bevor sie irgendeine Relevanz in der Wertbestimmung haben kann, daß also der Nutzenwert einen allgemeineren Maßstab abgibt als der Arbeitswert.

Politische Ökonomie und werttheoretische Differenz bei Hegel

Die werttheoretische Differenz wird bei Hegel am prägnantesten in der Allegorie von Herr und Knecht in der *Phänomenologie des Geistes* beschrieben; diese Passage steht jedoch in Bezug zum Ort der Wirtschaftstheorie im hegelschen System der Philosophie und in der Hierarchie der Wissenschaften. In Hegels später *Geschichte der Philosophie* heißt es zu Adam Smith, dessen Werk gelte der Wirtschaftswissenschaft als grundlegend für die Ausbildung der Nationalökonomie zu einer eigenständigen Disziplin. A. Smiths Werk beschreibt, systemtheoretisch formuliert, die Ausdifferenzierung der Ökonomie aus der praktischen Philosophie. Hegel hält dazu fest, daß die „schottische[n] Philosophen" meist über Moral geschrieben hätten und auch „der Staatsökonom Adam Smith," als „der bekannteste" unter ihnen, „in diesem Sinne Philosoph"[176] sei. In Deutschland werde diese Philosophie „als etwas Neues ausgegeben" und setze dem spekulativen Philosophieren ein Ende, denn sie sei „Populärphilosophie."[177] Sie habe zwar „das große Recht . . . im Menschen, in seinem Bewußtsein die Quelle für das aufzusuchen, was ihm überhaupt gelten soll, die Immanenz dessen, was für ihn Wert haben soll," aber so sei ihr Inhalt doch „konkreter Inhalt" und der „eigentlichen Metaphysik, dem Herumirren in abstrakten Verstandesbestimmungen entgegengesetzt."[178] Die Moralphilosophen suchen nach Hegel „eine apriorische Philosophie, aber nicht auf spekulative Weise."[179] Ihr Prinzip sei der „gesunde Menschenverstand," zu dem sie „wohlwollende Neigungen, Sympathie, moralischen Sinn" hinzugenommen und „von solchen Gründen aus sehr vorzügliche moralische Schriften"[180] verfaßt hätten. Die „Staatsökonomie" bei Adam Smith und David Ricardo sei „eine der Wissenschaften, die in neuerer Zeit als ihrem Boden entstanden ist."[181] Sie zeige in ihrer Entwicklung auf interessante Weise, „wie der Gedanke . . . aus der unendlichen Menge von Einzel-

---

[176]G.W.F. Hegel, *Vorlesungen über die Geschichte der Philosophie III*, 1816-20 (Frankfurt: Suhrkamp, 1986) 285-86.

[177]Hegel, *Geschichte der Philosophie III* 285-86.

[178]Hegel, *Geschichte der Philosophie III* 286.

[179]Hegel, *Geschichte der Philosophie III* 286.

[180]Hegel, *Geschichte der Philosophie III* 286.

[181]G.W.F. Hegel, *Grundlinien der Philosophie des Rechts*, 1820 (Frankfurt: Suhrkamp, 1986) 346.

heiten, die zunächst vor ihm liegen, die einfachen Prinzipien der Sache, den in ihr wirksamen und sie regierenden Verstand"[182] herausfinde. Hegel zollt der Staatsökonomie Lob, weil sie „dem Gedanken Ehre" mache, indem sie „zu einer Masse von Zufälligkeiten die Gesetze"[183] finde. Er vergleicht die Ordnung der Ökonomie, an die „man zunächst nicht glaubt," die aber von der Staatsökonomie als Wissenschaft beschrieben wird, mit dem Planetensystem, „das immer dem Auge nur unregelmäßige Bewegungen zeigt, aber dessen Gesetze doch erkannt werden können."[184] So wird auch anerkannt, daß „die politische Ökonomie . . . Fortschritte gemacht"[185] habe. Die politische Ökonomie wird von Hegel im Rang einer Wissenschaft bestätigt[186] und in ihren Fortschritten beobachtet.[187]

Hegels Gesamtwerk enthält keine selbständig ökonomische Schrift; die praktische Philosophie oder Moralphilosophie, der die Ökonomie wie die Rechtsphilosophie zugeordnet werden, wird wiederum der Phänomenologie des Geistes als philosophischer Wissenschaft eingeordnet. Die Beherrschung der ökonomischen Sphäre duch den Staat wird wegen der Gefahr ihrer Autonomisierung gefordert: Im frühen Aufsatz „Über die wissenschaftlichen Behandlungsarten des Naturrechts, seine Stelle in der Praktischen Philosophie und sein Verhältnis zu den positiven Rechtswissenschaften"[188] von 1803 wird die Politische Ökonomie streng der Geistesphilosophie untergeordnet. Sie wird definiert als Wissenschaft „vom System der allgemeinen gegenseitigen Abhängigkeit in Ansehung der physischen Bedürfnisse und der Arbeit und Anhäufung für dieselben."[189] Bedürfnisse stehen am Anfang; Arbeit und Gütererwerb als Mittel der Bedürfnisbefriedigung und Arbeitsteilung folgen. Die Ökonomie, das „System der Realität" und wie alles Reale keine permanente Einheit, muß der „positiven Totalität,"[190] dem sittlichen Staat, untergeordnet bleiben; sie muß „seiner Herrschaft unterworfen bleiben," denn „was seiner Natur nach negativ ist, muß negativ bleiben und darf nicht etwas Festes werden."[191] Der „positive[n] Sittlichkeit des Staats" muß „die Unabhängigkeit von dem rein reellen Systeme und die Behauptung der negativen und einschränkenden Haltung"[192] erlaubt sein. Der Staat soll als Wirklichkeit der positiven Totalität des selbstbewußten

---

[182] Hegel, *Grundlinien der Philosophie des Rechts* 346-47.

[183] Hegel, *Grundlinien der Philosophie des Rechts* 347.

[184] Hegel, *Grundlinien der Philosophie des Rechts* 347.

[185] G.W.F. Hegel, *Berliner Schriften 1818-1831* (Frankfurt: Suhrkamp, 1986) 555.

[186] Vgl. G.W.F. Hegel, *Jenaer Schriften 1801-1807* (Frankfurt: Suhrkamp, 1986) 482.

[187] Vgl. Hegel, *Grundlinien der Philosophie des Rechts* 356.

[188] Hegel, *Jenaer Schriften* 434-530.

[189] Hegel, *Jenaer Schriften* 482.

[190] Hegel, *Jenaer Schriften* 482.

[191] Hegel, *Jenaer Schriften* 482-3.

[192] Hegel, *Jenaer Schriften* 483.

Geistes nicht von der Ökonomie und dem „System des Besitzes"[193] gelenkt werden. Mit der Forderung der Beschränkung der Ökonomie durch den Staat als Wirklichkeit des Geistes widerspricht Hegel A. Smiths Entwurf der von der *invisible hand* notwendig moralisch gut gestalteten Ökonomie, die daher auch nicht von staatlichen Eingriffen kontrolliert werden müsse, und teilt mit Fichte die Vorbehalte in der deutschen wirtschaftswissenschaftlichen Rezeption von *The Wealth of Nations* - wie in F.J.H. von Sodens Werk[194] *Die Nationalökonomie* von 1805-1824 - gegen das *laissez-faire* Prinzip. Stattdessen werden dem Staat Funktionen im Wirtschaftsprozeß zugeschrieben. Es wird bezweifelt, daß sich das Prinzip des *self-interest* stets zum Nutzen der Allgemeinheit auswirken müsse. In Hegels Werk bleibt die Ökonomie systematisch einschließlich der Beschreibung der Wirtschaftsformen der drei Stände der Staatswissenschaft und Rechtsphilosophie als Teilbereichen der praktischen Philosophie untergeordnet und als solche der Geistesphilosophie.

Arbeitsbegriff bei Hegel

Wenn sich Hegel spätestens 1803 mit A. Smith auseinandersetzt,[195] integriert er Ökonomie und Geistesphilosophie, indem er die Arbeit als Potenz des lebendigen Geistes, als eine Weise der geistigen Energie, konzipiert. Der Einfluß A. Smiths auf Hegel wird groß geschätzt, denn im Vergleich zu Hegels frühen Schriften zur religiösen Gemeinschaft und einer Ablehnung des Eigentums wegen einer gemeinschaftszersetzenden Wirkung werden die arbeitsteilige Gesellschaft und das Eigentum bereits im ersten Systementwurf von 1803/4 affirmiert. Harada sieht darin eine „qualitative methodische Änderung"[196] in Hegels Denken, die er Hegels Rezeption von *The Wealth of Nations* zuschreibt. Der Arbeitsbegriff wird in den Vorlesungsmanuskripten aus der Jenaer Zeit von 1803/4 zum *System der spekulativen Philosophie* und von 1805/6 zur *Philosophie des Geistes*, die die *Phänomenologie des Geistes* von 1807 vorbereiten, und

---

[193] Hegel, *Jenaer Schriften* 483.

[194] Vgl. Stavenhagen 103.

[195] Ein früher Kommentar Hegels zu James Steuarts *An Inquiry into the Principles of Political Economy* aus der Frankfurter Zeit vor 1800 ist verloren. Es kann aus einem Bericht von K. Rosenkranz geschlossen werden, daß Hegel den mechanistischen Merkantilismus Steuarts als tot kritisierte und das „*Gemüth* des Menschen" (K. Rosenkranz, *G.W.F. Hegels Leben* (Berlin 1844), nach Harada 120) dagegen setzte. Mit der organisierenden Konzeption des lebendigen Geistes ist eine mechanistische Konzeption nicht zu vereinen; Harada argumentiert, daß Hegel wegen seines frühen Anliegens, eine religiöse Versöhnung im *Geist des Christentums* zu begründen, die mechanistischen ökonomischen Grundlagen der sozialen Theorie bei Steuart nicht habe aufgreifen können.

[196] Harada 125.

auch durch die Passage von Herr und Knecht in der *Phänomenologie des Geistes* stetig erweitert. Die frühen Systementwürfe allerdings trennen noch nicht Rechtsphilosophie und Wirtschaftstheorie von Geistesphilosophie. Erst im späteren Werk Hegels gehen die Abschnitte über den wirklichen Geist und über Stände, Geld, Wert, Vertrag und Gesetz in die Rechtsphilosophie, wie in die *Grundlinien der Philosophie des Rechts* von 1820, ein und diejenigen über den absoluten Geist, Selbstbewußtsein und Anerkennung (schließlich über den Kampf zum Tode) in die *Phänomenologie des Geistes* von 1807. Mit der Trennung von spekulativer *Phänomenologie des Geistes* und praktischer *Philosophie des Rechts* ab 1807 in Hegels Werk wird also die Verbindung von Geistesphilosophie und Wirtschaftstheorie differenziert, ohne jedoch jeweils im anderen Bereich nicht Spuren zu hinterlassen.

In den Systementwürfen ist die Arbeit beschrieben als eine Potenz des Geistes und Form von Energie, mit der sich das Bewußtsein aus der Indifferenz in den Schritten der Dialektik aufhebt oder 'herausarbeitet.' Das Bewußtsein geht durch die Potenzen aus der Animalität hervor, die wiederum als organische Einheit aus der allgemeinen und unendlichen Flüssigkeit der Materie erwächst. Durch die Potenzen Sprechen, Arbeit und Liebe unterliegt das Bewußtsein einem Sollen hin auf die Existenz in der praktischen Realität; die Potenzen sind Aktivitäten, in denen sich das Bewußtsein veräußert, praktisch orientiert und seiner selbst bewußt wird. In die Bewußtseinskonstitution eingebunden, ist die Arbeit als Potenz des Geistes organisierende Energie und Kraft oder Begierde. „In der Arbeit reißt die Begierde den zu vernichtenden Gegenstand überhaupt seinem Zusammenhange, besondert ihn und setzt ihn als auf ein Begehrendes bezogen."[197] Die Arbeit veräußert die Energie der Begierde und stellt eine Relation zum Objekt her; die Arbeit „muß . . . als Mitte sein, in der sie sich als Entgegengesetzte beziehen."[198] Durch die Arbeit stellt die Begierde die dialektische Opposition her, die dem Bewußtsein ermöglicht, sich zu veräußern und zum praktischen Bewußtsein aufzuheben. Die Arbeit produziert Dinge, objektiviert und hebt damit die Begierde auf und kann das Bedürfnis im Genuß des Dings vermitteln; die Arbeit ist selbst Tätigkeit oder Begierde, ein physiologisches Bedürfnis und für den Geist ein Sollen. Das Arbeiten und Tätigsein des einzelnen Bewußtseins ist die Erfüllung eines Bedürfnisses, so wie die aufhebenden Schritte des Geistes dessen Bedürfnis erfüllen und Genuß sind. So ist der sittliche Geist

> das Unendliche, Negative, das Aufheben der Natur, in der er sich nur ein anderes geworden ist, das Setzen derselben als seiner selbst und dann der absolute Genuß seiner selbst, indem er sie in sich zurückgenommen hat.[199]

---

[197] G.W.F. Hegel, *Jenaer Systementwürfe I*, 1803/04 (Hamburg: Meiner, 1986) 210.
[198] Hegel, *Jenaer Systementwürfe I* 211.
[199] Hegel, *Jenaer Systementwürfe I* 225.

Das energetische Moment der Begierde, das auf Erfüllung von Bedürfnissen und Genuß drängt, motiviert die Bewußtseinskonstitution, schon entsprechend der späteren Formulierung aus der *Phänomenologie des Geistes*, daß die

> Erscheinung . . . das Entstehen und Vergehen [ist], das selbst nicht entsteht und vergeht, sondern an sich ist und die Wirklichkeit und Bewegung des Lebens der Wahrheit ausmacht. Das Wahre ist so der bacchantische Taumel, an dem kein Glied nicht trunken ist; und weil jedes, indem es sich absondert, ebenso unmittelbar [sich] auflöst, ist er ebenso die durchsichtige und einfache Ruhe.[200]

Nicht Arbeit ist primäres Moment des lebendigen Geistes und der Wahrheit, sondern Genuß, also im praktischen, ökonomischen Sinne, Bedürfnisbefriedigung.

Wenn die Arbeit, als Potenz und Energie des Bewußtseins „überhaupt ideale,"[201] das praktische Bewußtsein generiert hat, ist sie „erst existierend in einem Volke."[202] Die Arbeit als Begierde und Sollen des Bewußtseins wird Arbeit als wirkliche und allgemeine Praxis der Existenz. In der Beschreibung der Arbeitsteilung, der Spezialisierung und der Maschine im wirklichen Geist als Dasein übernimmt Hegel aus *The Wealth of Nations* das Beispiel der Stecknadelproduktion für die Effektivität der Arbeitsteilung.[203] Da er A. Smith unter die praktischen Philosophen einordnet, rezipiert ihn Hegel in der Beschreibung der allgemeinen Arbeit im wirklichen Geist. Der Begriff der Arbeit als lebendiger Energie in der spekulativen Philosophie des Geistes allerdings bleibt der praktischen Philosophie wegen der Hierarchie der Wissenschaften immer vorgeschrieben: Der Wert der Arbeit als Energie für die lebendige Vermittlung des Bewußtseins in der praktischen Beziehung zur Natur fällt, wenn die Energie der Arbeit als wirklicher von Maschinen eingesetzt wird, denn die Maschinenarbeit ist nach Hegel tot. Maschinenarbeit ist „Betrug," den der Mensch, weil er nicht länger selbst tätig ist, „gegen die Natur ausübt."[204] Die Natur als Teil des lebendigen Geistes „rächt sich,"[205] indem der Mensch niedrigere und maschinenmäßigere Arbeiten verrichten muß, je

---

[200] G.W.F. Hegel, *Phänomenologie des Geistes*, 1807 (Frankfurt: Suhrkamp, 1986) 46.

[201] Hegel, *Jenaer Systementwürfe I* 226.

[202] Hegel, *Jenaer Systementwürfe I* 226.

[203] In Bezug auf die Arbeit und ihre konkrete „Vereinzelung" (Hegel, *Jenaer Systementwürfe I* 229) in der Fabrikarbeit, ihre Spezialisierung in der Arbeitsteilung und Reduktion auf einen einzigen Handgriff in der Massenproduktion, verweist Hegel im Systementwurf von 1803/4 auf „Smith S. 8" (Hegel, *Jenaer Systementwürfe I* 230) und führt das Stecknadelbeispiel A. Smiths (Adam Smith 4-5) an. Der Hinweis belegt, daß Hegel zu dieser Zeit *The Wealth of Nations* kennt.

[204] Hegel, *Jenaer Systementwürfe I* 228.

[205] Hegel, *Jenaer Systementwürfe I* 228.

mehr lebendige Arbeit er an die Maschine abgibt. Der Arbeitsbegriff geht als Tätigkeit und Leben über den Menschen und seine Produktivität hinaus.

Im Jenaer Systementwurf *Naturphilosophie und Philosophie des Geistes* von 1805/6 erscheint die Arbeit als Energie wieder auf der ersten Stufe der Bewußtseinswerdung und geht durch alle anderen Erscheinungsformen des Geistes bis in das Recht und die Wirtschaft. Viele Erweiterungen im Systementwurf von 1805/6 betreffen die Definition der Arbeit. Der Arbeitsbegriff setzt sich immer stärker durch bis zu seiner zentralen Bedeutung in der Allegorie von Herr und Knecht in der *Phänomenologie des Geistes* von 1807. 1803/4 ist die Arbeit ein Bedürfnis nach Tätigkeit; 1805/6 ist sie in der „freie[n] Kraft" des Geistes „das erste innere Wirken auf sich selbst - eine ganz unsinnliche Beschäftigung - und der Anfang der freien Erhebung des Geistes."[206] Entsprechend ist die Namensgebung als eine „erste Schöpferkraft, die der Geist ausübt,"[207] ebenso eine Kraft wie die Arbeit. Das Bewußtsein, als ideelles, muß durch diese Kraft fest werden in der Indifferenz des Unorganischen.

> Ich ist im Namen seiend (allgemein) unmittelbar; itzt durch Vermittlung - es muß es durch sich werden; seine Unruhe muß das sich Befestigen, sich als Unruhe, sich als reine Bewegung aufhebende Bewegung werden. Dies die Arbeit.[208]

Durch sie wird die Unruhe Gegenstand, „als befestigte Vielheit, als Ordnung; - die Unruhe wird Ordnung eben dadurch, daß sie Gegenstand wird."[209] Die Arbeit objektiviert das Ich in der Namensgebung für sich selbst. Schöpferkraft, Selbsterschaffung und sprachliches Bewußtsein fallen alle unter den Arbeitsbegriff als Begriff der lebendigen Energie.

Die Beschreibung der ökonomischen Wirklichkeit des praktischen Bewußtseins wiederholt und erweitert auch in diesem Systementwurf die Bestimmung von praktischer Arbeit. Das praktische Dasein ist definiert als eine Menge von Bedürfnissen, die mittels der Verarbeitung von Dingen befriedigt werden. Auch im wirklichen Geist, in der Wirtschaft als dem „System der allgemeinen gegenseitigen Abhängigkeit in Ansehung der physischen Bedürfnisse,"[210] vermittelt die Arbeit nur zwischen Bedürfnis und Befriedigung. Trotz des Umstands, daß Hegel von seinen frühesten Schriften an die Nationalökonomie A. Smiths rezipiert und den Begriff der Arbeit als Begriff für Kraft und Energie in der Geistesphilosophie verwendet, vertritt er keine Arbeitswertlehre, die einen Maßstab für den Tauschwert liefern will, sondern bleibt die Arbeit für Hegel Schaffung von

---

[206] G.W.F. Hegel, *Jenaer Systementwürfe III*, 1805/06 (Hamburg: Meiner, 1987) 179.

[207] Hegel, *Jenaer Systementwürfe III* 175.

[208] Hegel, *Jenaer Systementwürfe III* 177, Anm. 1.

[209] Hegel, *Jenaer Systementwürfe III* 177, Anm. 1.

[210] Hegel, *Jenaer Schriften* 482.

Gebrauchswerten und ist selbst ein Bedürfnis der energetischen Kraft des Geistes. Hegel ist trotzt des Einbringens des Arbeitsbegriffs in seiner Werttheorie Nutzen-, nicht Produktionstheoretiker; er beschreibt einen „allgemeinen Tauschzusammenhang," aber als „arbeits- und interessengeleitete[s] System der *gegenseitigen Vermittlung der Bedürfnisse.*"[211] Entsprechend, so Priddat, nenne Hegel die bürgerliche Gesellschaft das *„System der Bedürfnisse* und nicht, wie es in Smithscher Weise heißen müßte, *System der Produktion.*"[212]

Die Allegorie von Herr und Knecht in der *Phänomenologie des Geistes* verwendet den Arbeitsbegriff in Unterordnung unter den Genuß, so daß auch an dieser Stelle deutlich wird, daß Hegel keine Arbeitstheorie vertritt. In der *Phänomenologie des Geistes* ist die schaffende Energie, die in den Systementwürfen bereits vor der Konstitution des Selbstbewußtseins in der Sprachwerdung oder in der praktischen Orientierung Arbeit genannt wird, in Kraft, Tätigkeit, Bewegung und Begierde verteilt, bevor sie als Arbeit oder Energie der Konstitution des Selbstbewußtseins erst in der Passage von Herr und Knecht erscheint. Die Konstitution des Selbstbewußtseins geschieht im Aufeinandertreffen zweier Begierden oder Kräfte, also aus einer Kräftedifferenz. Der mechanistische, formale und mathematische Gedanke des Gegensatzes der physikalischen Kräfte, wie in Kants Beschreibung der Werte von Lust und Unlust,[213] wird zum Muster für das Gegenüber lebendiger, organischer Energien: Arbeit und Genuß. Jede der beiden Kräfte wirkt; die Bewegung des Anerkennens stellt als Auseinanderlegung des Begriffs der geistigen Einheit des Selbstbewußtseins die Interaktion der beiden Kräfte dar. „In dieser Bewegung sehen wir den Prozeß sich wiederholen, der sich als Spiel der Kräfte darstellte, aber

---

[211] Birger P. Priddat, *Hegel als Ökonom* (Berlin: Duncker & Humblot, 1990) 26, Kursivschreibung meine.

[212] Priddat 27.

[213] Immanuel Kant, „Versuch, den Begriff der negativen Größen in die Weltweisheit einzuführen," 1763, *Vorkritische Schriften*, Bd. 2, *Werke in zehn Bänden*, hg. Wilhelm Weischedel, Bd. 2 (Darmstadt: WBG, 1983) 792-93: „Man bringt einer spartanischen Mutter die Nachricht, daß ihr Sohn im Treffen vor das Vaterland heldenmütig gefochten habe. Das angenehme Gefühl der Lust bemächtigt sich ihrer Seele. Es wird hinzugefügt, er habe hiebei einen rühmlichen Tod erlitten. Dieses vermindert gar sehr jene Lust und setzt sie auf einen geringern Grad. Nennet die Grade der Lust aus dem ersten Grunde allein 4a, und die Unlust sei bloß eine Verneinung = 0, so ist, nachdem beides zusammengenommen worden, der Wert des Vergnügens 4a + 0 = 4a, und also wäre die Lust durch die Nachricht des Todes nicht vermindert worden, welches falsch ist. Es sei demnach die Lust aus seiner bewiesenen Tapferkeit = 4a und was da übrig bleibt, nachdem aus der andern Ursache die Unlust mitgewirkt hat = 3a, so ist die Unlust = a, und sie ist die Negative der Lust, nämlich -a und daher 4a - a = 3a. Die Schätzung des ganzen Werts der gesamten Lust in einem vermischten Zustande würde auch sehr ungereimt sein, wenn Unlust eine bloße Verneinung und dem Zero gleich wäre."

im Bewußtsein."[214] Mit der Erfahrung des Lebens als seines Wesens im Kampf zum Tode um Anerkennung ist das Selbstbewußtsein aus einer einfachen Einheit mit sich gelöst; es trennt sich in reines Selbstbewußtsein und Bewußtsein „welches nicht rein für sich, sondern für ein anderes"[215] ist. Die beiden Momente sind „zwei entgegengesetzte Gestalten des Bewußtseins; die eine das selbständige, welchem das Fürsichsein, die andere das unselbständige, dem das Leben oder das Sein für ein Anderes das Wesen ist."[216] Hegel nennt diese Herr und Knecht; sie sind formale Figuren oder allegorisch; sie sind, wie Christoph Riedel formuliert, ein „Ordnungsverhältnis,"[217] keine konkreten Einzelnen und nicht im Dasein, sondern nur im Sein. So steht bei Hegel die „Individualität gegenüber dem geiststrukturierten Selbstbewußtsein abgewertet"[218] und kann die Beschreibung der Bewegung und Kräfte des Selbstbewußtseins in der Passage von Herr und Knecht nicht anthropologisch oder soziologisch reduziert werden. „Das bewußtseinstheoretische Subjekt steht in Hegels Ich-Gedanken im Vordergrund."[219] Herr und Knecht beschreiben die Differenz, verweisend schon auf die *différance*, als Bedingung des Selbstbewußtseins des Geistes.

Die Differenz der Kräfte, von Herr und Knecht allegorisiert, muß sich bei Hegel aus dem Fluß in Oppositionen verfestigen, um die Dialektik zu ermöglichen; im Verhältnis zum Ding wird eine erste Differenz als Selbständigkeit und Unselbständigkeit im Kampf um Anerkennung postuliert. Der Knecht, der im Kampf nicht vom „selbständigen Sein" als dem Gegenstand „abstrahieren konnte" und „darum sich als unselbständig, seine Selbständigkeit in der Dingheit zu haben erwies," ist an sie gebunden; sie „ist seine Kette."[220] Der Herr dagegen bezieht sich „mittelbar durch das selbständige Sein,"[221] die Dingheit, auf den Knecht. Das Ding ist für den Herrn, der sich auch „*mittelbar durch den Knecht auf das Ding*" bezieht, nicht selbständig, während sich der Knecht „als Selbstbewußtsein überhaupt auf das Ding auch negativ" bezieht und es aufhebt, wobei es „zugleich selbständig für ihn"[222] ist. Er „kann darum durch sein Negieren nicht bis zur Vernichtung mit ihm fertig werden, oder er *bearbeitet* es nur."[223] Durch die Vermittlung wird dagegen dem Herrn

---

[214] Hegel, *Phänomenologie des Geistes* 147.
[215] Hegel, *Phänomenologie des Geistes* 150.
[216] Hegel, *Phänomenologie des Geistes* 150.
[217] Christoph Riedel, *Subjekt und Individuum: Zur Geschichte des philosophischen Ich-Begriffes* (Darmstadt: WBG, 1989) 120.
[218] Riedel 123.
[219] Riedel 123.
[220] Hegel, *Phänomenologie des Geistes* 151.
[221] Hegel, *Phänomenologie des Geistes* 151.
[222] Hegel, *Phänomenologie des Geistes* 151.
[223] Hegel, *Phänomenologie des Geistes* 151.

„die *unmittelbare* Beziehung als die reine Negation" des Dings, „oder der *Genuß*;" es „gelingt ihm, damit fertig zu werden und im Genusse sich zu befriedigen."[224] Der Herr, der den Knecht zwischen das Ding und sich stellt, „schließt sich dadurch nur mit der Unselbständigkeit des Dinges zusammen und genießt es rein; die Seite der Selbständigkeit aber überläßt er dem Knechte, der es bearbeitet."[225] Der Knecht bearbeitet das Ding unaufhörlich. Er hebt in der Arbeit und im Dienen „seine Anhänglichkeit an natürliches Dasein auf und arbeitet dasselbe hinweg,"[226] so wie es der Herr im Genuß verzehrt. Die Arbeit verwirklicht auch für den Knecht das Selbstbewußtsein, das der Herr im Genuß, also der Vernichtung des Dings, hat.

Hegel verwendet die werttheoretische Differenz, die Fichte vermerkt, in der Allegorie von Herr und Knecht in der *Phänomenologie des Geistes* zur Beschreibung des Differenzprinzips der Dialektik selbst. In der Allegorie auf die Konstitution des Selbstbewußtseins in der *Phänomenologie des Geistes* schafft der Knecht Arbeitswerte; der Herr konsumiert aber Nutzen-werte; Fichtes werttheoretische Differenz wird als Prämisse der dialek-tischen Konstitution des Selbstbewußtseins installiert. Hegel bleibt wie Fichte bei einer Betonung derjenigen Werttheorie, die den Wert als subjektiven Nutzen in der Bedürfnisbefriedigung statt als objektiven Arbeitswert liest, indem er das Genuß- und Nutzenprinzip dem Herrn und damit der Seite der Macht zuordnet. Goux hat das Moment der Opposition der Werttheorien in der Allegorie von Herr und Knecht angemerkt, liest die Allegorie jedoch anthropologisch und führt Hegels Wirtschaftstheorie auf eine angebliche Korrelation der hegelschen Philosophie mit einer Theorie des Arbeitsleids zurück.[227]

Wertbegriff Hegels

Der Kampf zum Tode der Kräfte um Anerkennung, der die beiden Seiten von Herr und Knecht hervorbringt, entspricht der dialektischen Bewegung des Wertens im Vertrag, wie sie von Hegel bereits 1805/6 beschrieben wird:

> Der Wert ist meine Meinung von der Sache, diese meine Meinung und Willen hat dem Anderen gegolten . . . . Meine Meinung - des Werts galt dem Anderen, und

---

[224]Hegel, *Phänomenologie des Geistes* 151. Der Stamm des Wortes Genuß ist 'nutzen.'
[225]Hegel, *Phänomenologie des Geistes* 151.
[226]Hegel, *Phänomenologie des Geistes* 153.
[227]Vgl. Jean-Joseph Goux, „Calcul des jouissances," 1975, *Les Iconoclastes* 210, und Kapitel 5.

mein Wollen seiner *Sache*. Sie schauen sich an als solche, deren Meinung und Willen Wirklichkeit hat.[228]

Der Wert bleibt für Hegel bezogen auf das Bedürfnis; es gibt keinen absoluten Maßstab, sondern nur die vertragliche Bindung: Wert wird im Tausch subjektiv gesetzt. „Ich habe gewollt im Tausche, - mein Ding als Wert gesetzt, d.h. innerliche Bewegung, innerliches Tun - wie Arbeit, das in das Sein versenkte - dieselbe Entäußerung."[229] Wert ist keine Substanz, sondern besteht in der abstrakten Vermittlung zwischen den Tauschenden. „[N]ur weil der Andere seine Sache losschlägt, tue ich es - und diese Gleichheit im Dinge, als sein Inneres, ist sein Wert, der vollkommen meine Einstimmung und die Meinung des Anderen hat."[230] Im Systementwurf von 1805/6 tritt der Begriff des Selbstbewußtseins im Kontext der vertraglichen Wertdefinition auf und bereitet die Passage von Herr und Knecht als Allegorie auf die Konstitution des Selbstbewußtseins in der *Phänomenologie des Geistes* vor.

Es gibt wiederholt Definitionen für den Wert bei Hegel; er bezieht den Wert jedoch nie auf die Arbeit wie A. Smith oder Marx, sondern immer auf das Bedürfnis, so wenn er feststellt, daß der Wert die „sich erhaltende Möglichkeit, ein Bedürfnis zu befriedigen,"[231] ist. Späte Positionen Hegels zum Wert aus den *Grundlinien der Philosophie des Rechts* von 1820 zeigen deutlich, daß Hegel zwar „keine subjektive Werttheorie" im wirtschaftswissenschaftlichen Sinne schreibt, daß „aber die arbeitswerttheoretische Vermutung, die bei ihm als einem Rezipienten der englischen Klassik angenommen werden kann, . . . widerlegt"[232] ist. Wie Birger P. Priddat nachgewiesen hat, gehört Hegel „nolens volens in die Reihe jener Schriftsteller des frühen 19. Jahrhunderts, die, in Opposition zur englischen *political economy*, die spätere '*marginal revolution*' . . . vorbereiten halfen . . . ."[233] Hegel ordnet auch die Arbeit, als Weise der Begierde oder Energie, unter die Bedürfnisse, statt wie A. Smith die Arbeit als auferlegte, nachparadiesische Mühe zu begreifen. Hegels Beschreibungen kennen keine Sentimentalität des Arbeitsleids. Hegels Konzeption des Werts steht im Einklang mit der Position der subjektiven Werttheorie seiner Zeit, daß die Güter zwar durch Arbeit entstehen, aber sie werden „durch Arbeit nicht Güter . . . , sondern . . . nur durch die Vorstellung von ihrem Wert."[234]

---

[228] Hegel, *Jenaer Systementwürfe III* 209.
[229] Hegel, *Jenaer Systementwürfe III* 208.
[230] Hegel, *Jenaer Systementwürfe III* 207-8.
[231] Hegel, *Grundlinien der Philosophie des Rechts* 136.
[232] Priddat 313.
[233] Priddat 313.
[234] Gottlieb Hufeland (1807) nach Priddat 313.

3.

Theorie der Dekonstruktion:
différance und Textualität

Mit dem Prinzip der *différance* verpflichtet sich Derrida auf Hegel: „Nous n'en aurons jamais fini avec la lecture ou la relecture du texte hégélien et, d'une certaine manière, je ne fais rien d'autre que d'essayer de m'expliquer sur ce point."[1] Anders als bei Hegel wird die Differenz bei Derrida jedoch nie in einer dialektischen Aufhebung auf eine Identität zurückgeführt und sollen ihre Effekte nicht in einer erfüllenden Rückkehr des Geistes zu sich selbst festgelegt, sondern immer nur schon in ihrem Fluß oder Prozeß verfolgt werden. Die *différance* „marque ce qui écarte de soi, interrompt toute identité à soi, tout rassemblement ponctuel sur soi, toute homogénéité à soi, toute intériorité à soi."[2] Die *différance*, „n'étant jamais en elle-même, et par définition, une plénitude sensible,"[3] ist „le jeu systèmatique des différences, des traces de différences, de l'*espacement* par lequel les éléments se rapportent les uns aux autres;"[4] sie ist „l'<<origine>> non-pleine, non-simple, l'origine structurée et différante des différences. Le nom d'<<origine>> ne lui convient donc plus."[5] Derrida führt die hegelsche Dialektik, die eine ursprüngliche Differenz auch als eine der ökonomischen Werttheorien schildert, in eine Theorie der Differenz als temporalisierende *différance* über, die auf die Theorie vom Geld als Zeittechnologie konvergiert. Das Motiv der geistigen Energie, die aus der Differenz von Arbeit und Genuß zum Selbstbewußtsein als Instanz des Wertes, des Wissens und der Wirklichkeit dialektisch aufgehoben wird, wandelt Derrida in der Konzeption der *différance* ab und reduziert die Differenz auf ein formales Prinzip „de la temporisation-temporalisation."[6] „Or le mot différence (avec un *e*) n'a jamais pu renvoyer . . . au différer comme temporisation . . . . C'est cette déperdition de sens que devrait compenser - économiquement - le mot différance (avec

---

[1] Derrida, „Positions" 103.
[2] Derrida, „Positions" 109, Anm. 31.
[3] Derrida, *De la grammatologie* 77.
[4] Derrida, „Sémiologie et grammatologie: entretien avec Julia Kristeva," 1968, *Positions* 38.
[5] Jacques Derrida, „La différance," 1968, *Marges de la philosophie* (Paris: Minuit, 1972) 12.
[6] Derrida, „Positions" 109, Anm. 31.

un *a*).”[7] Die Änderung des Buchstabens e zum a konnotiert zum einen die Temporalität, führt jedoch beispielhaft auch die Materialität des Textes und jeder Markierung vor: Der Unterschied zwischen e und a kann im Französischen nicht gehört, sondern nur in der (materiellen) Schrift gelesen werden. Als Beispiel selbst für den Effekt der *différance* läßt der Neologismus *différance* also Bewegung zwischen den philosophischen Begriffen des Textes Derridas oder jeden anderen Autors auftreten: „L'activité ou la productivité connotées par le *a* de la *différance* renvoient au mouvement génératif dans le jeu des differences.“[8] Die *différance* verbindet die Bewegung des Identitätsetzens, das Moment des Selbstbewußtseins im Herrn, und des Identitätsaufschubs, das Moment des Selbstbewußtseins im sich abarbeitenden Knecht. „[L]a production du différer“[9] ist doppelsinnig als Aufschub und Unterschied; sie beruht auf Verzeitlichung. Wegen des Effekts der Zeit sind die Werte nie absolut, substantiell, identitär oder permanent, sondern immer nur relativ, differantiell und vorläufig. Die Theorie der Dekonstruktion kehrt auf die Differenz als des die Wertsetzung erst ermöglichenden Moments zurück und liest von dort die Werte oder den Sinn posthumanistisch in ihrem differantiellen, nie identischen Gegebensein für die menschliche Wahrnehmung in der Materialität und der Zeit, nicht wie Hegel aus der Perspektive eines zeitlich unbedingten Geistes, der Zeichen zur Entzifferung idealer Substanzen gebe. Temporalität der Effekte und Generativität der *différance* werden von Derrida als Ökonomie der *différance* beschrieben.

Generativität oder Produktion

Der generative Effekt der Differenz als Temporisation wird in den ersten Schriften Derridas noch als Arbeit gefaßt, im Sinne der Arbeit bei Hegel als einer Potenz des Geistes und Form von Energie, mit der er sich aus der Indifferenz in den Schritten der Dialektik aufhebt oder 'herausarbeitet.' Derrida äußert gegenüber den Begriffen der Kraft, der Arbeit und der Produktivität jedoch bald Bedenken. Die Begriffe der Kraft, der Arbeit und der Produktivität verwende er nie, so Derrida, ohne ein ungutes Gefühl, „a sense of uneasiness,“ auch wenn er sich an sie gebunden fühle, „in order to designate something irreducible.“[10] Eine generierende Instanz müsse angenommen werden. Es gelte jedoch, „[that the] concept and the word

---

[7] Derrida, „La différance“ 8.
[8] Derrida, „Sémiologie et grammatologie“ 39.
[9] Derrida, *De la grammatologie* 38.
[10] Derrida, „Afterword“ 149.

'production' pose enormous problems."[11] Derrida fordert, die Arbeit, als Begriff oder Wert, müsse neu überdacht werden „hors de son appartenance hégélienne."[12]

Die Wörter Produktion und Arbeit sind problematisch in der Beschreibung der *différance* wegen desjenigen Implizierten, „which resembles an obscure substance."[13] Eine Argumentation mittels der Produktivität oder Arbeit, wie bei Hegel für das energetische Prinzip, wird in Frage gestellt, weil eine Essenz oder Substanz der Differenz impliziert werde, während die *différance* sich auf Bewegung und Motivation zwischen differierten Einheiten bezieht. Für Derrida gibt Nietzsches Beschreibung des Bewußtseins als „l'effet de forces dont l'essence et les voies et les modes ne lui sont pas propres" und dessen Kraft nie gegenwärtig oder absolut, sondern „un jeu de différences et de quantités"[14] ist, einen Vorläufer der Erklärung der *différance*, die erst Kraft, Arbeit oder Produktivität bildet. „Il n'y aurait pas de force en général sans la différence entre les forces; et ici la différence de quantité compte plus que le contenu de la quantité, que la grandeur absolue elle-même."[15] Die Eindeutigkeit und Binarität der Dialektik wird von der *différance* erst ermöglicht, die nicht auf ein Identitätsprinzip zurückgeführt werden kann. Die *différance* ist „ce qui résiste à tout philosophème, l'excédant indéfiniment comme non-identité, non-essence, non-substance" und „refusant son ambivalence à l'analyse."[16] Es darf also die Relativität, oder besser, Relationalität, nicht in der Beschreibung der *différance* als produzierender Instanz übersehen werden. Produktivität dürfe nicht als „'rendering explicit' (*producere* as setting forth or into the light that which is already there)"[17] begriffen werden.

Wie Wlad Godzich hinweist, war „[p]roduction . . . a term very much in vogue at the time Derrida wrote *De la grammatologie*, most notably among his early boosters in the *Tel Quel* group who used it in what they claimed was a Marxist seme."[18] Derrida legt den Terminus Produktion ab, sobald deutlich wird, daß seine marxistische und arbeitswerttheoretische, also essentialistische Konnotation mit der *différance* als Prinzip der Verzeitlichung kollidiert. In der Rezeption der Theorie der *différance* ist diese Veränderung in Derridas Beschreibung der *différance* von einem produktiven zu einem verzeitlichenden Prinzip, oder, die Beschreibung der Produktion als einer Wirkung der Zeit, nicht der Arbeit, vielfach nicht

---

[11] Derrida, „Afterword" 148.
[12] Derrida, „Positions" 88.
[13] Derrida, „Afterword" 149.
[14] Derrida, „La différance" 18.
[15] Derrida, „La différance" 18.
[16] Jacques Derrida, „La pharmacie de Platon," 1968, *La dissémination* 79.
[17] Derrida, „Afterword" 148.
[18] Arac, Godzich und Martin 31.

nachvollzogen worden. Derridas Stellungnahme gegen eine Substanz im Kontext der Arbeit als Kraft liest sich im ökonomischen Kontext als Absage an die objektive Arbeitswertlehre der klassischen Wirtschaftstheorie und Orientierung auf die Werttheorie der Grenznutzenschule, von der die klassische Arbeitswerttheorie widerlegt bzw. auf einen Sonderfall einer allgemeineren Theorie, der Preistheorie, reduziert wird. Hiermit deutet sich die Konvergenz von Theorie der *différance* und Preistheorie an, die schließlich zur Geldtheorie führt.

Temporalität und Geschichte

Als motivierendes Prinzip bewirkt die *différance* das verzeitlichende Moment und die Geschichte. Um das temporierende Moment der Differenz zu kennzeichnen, verwendet Derrida den Neologismus *différance*. Die Differenz, auch zwischen Kraft und Bedeutung und „entre Dionysos et Apollon, entre l'élan et la structure," ist nicht in der Geschichte, sondern „l'ouverture de l'histoire, l'historicité elle-même."[19] Identität und Simultaneität werden von „la différance temporelle, ou plus précisément temporisatrice, . . . qui disloque tout <<en même temps>>" im „délai du terme" oder „terme du délai"[20] verunmöglicht. Die *différance* benennt die „*temporisation*" mittels derer „le rapport au présent, la référence à une réalité présente, à un *étant*, sont toujours *différés*;"[21] anders als „toute l'histoire de la philosophie" bezieht sie ihre Autorität nicht aus „[le] <<droit inouï>> du présent,"[22] der Identität und Simultaneität, wird doch in der Geschichte der Philosophie „[l]a non-présence" immer gedacht „dans la forme de la présence . . . ou comme modalisation de la présence. Le passé et le futur sont toujours déterminés comme présents passés ou présents futurs."[23] Nach der Theorie der *différance* muß versucht werden, die Zeit anders als von der Anwesenheit her zu denken:

> Si l'on pense le temps à partir du maintenant, il faut en conclure qu'il n'est pas. Le maintenant se donne à la fois comme ce qui *n'est plus* et comme ce qui *n'est pas encore*. Il est ce qu'il n'est pas et n'est pas ce qu'il est.[24]

Der Sinn von Zeit in der Metaphysik verweist immer auf das andere des Denkbaren und erscheint als

---

[19] Jacques Derrida, „Force et signification," 1963, *L'écriture et la différence* 47.
[20] Derrida, *Donner le temps: 1. La fausse monnaie* 58.
[21] Derrida, „Sémiologie et grammatologie" 40.
[22] Jacques Derrida, „Ousia et grammè: Note sur une note de *Sein und Zeit*," 1968, *Marges de la philosophie* 41.
[23] Derrida, „Ousia et grammè" 36-37.
[24] Derrida, „Ousia et grammè" 43.

une trace . . . inscrite dans le texte métaphysique tout en faisant signe, non pas vers une autre présence ou vers une autre forme de la présence, mais vers un tout autre texte. Une telle trace ne peut être pensée *more metaphysico.*[25]

Die Differenz „n'appartient simplement ni à l'histoire ni à la structure,"[26] sondern ist Spur, so daß sich ihre „altérité radicale par rapport à tout mode possible de présence . . . en des effets irréductibles d'après-coup" und in einer „structure du retardement (*Nachträglichkeit*)"[27] markiert.

> [L]e temps n'appartenant à personne en tant que tel, on ne peut pas plus le *prendre*, lui-même, que le *donner*. Le temps s'annonce déjà comme ce qui déjoue cette distinction entre prendre et donner, donc aussi bien entre recevoir et donner, peut-être entre la réceptivité et l'activité.[28]

Wie die Unterscheidung zwischen nehmen und geben außer Spiel gesetzt wird durch die Zeit, wird auch die dialektische Gründung des Selbstbewußtseins in der Unterscheidung von Arbeitswert und Nutzenwert unmöglich. Durch die *différance* werden alle begrifflichen Gegensätze der Metaphysik und der Dialektik, „en tant qu'elles ont pour ultime référence la présence d'un présent," unwesentlich, weil sie alle darauf zurückkommen, „à subordonner le mouvement de la différance à la présence d'une valeur ou d'un *sens* qui serait antérieure à la différance, plus originaire qu'elle, l'excédant et la commandant en dernière instance."[29] Ein solcher Begriff authentischen Seins ist aus posthumanistischer Perspektive, die vom Gegebensein der Zeit ausgeht, nicht möglich.

Ökonomie der *différance*

Derrida verwendet den Ökonomiebegriff, um die *différance* als „le jeu des forces et des différences de forces"[30] und als „théorie du chiffre (ou de la trace) et énergétique"[31] zu beschreiben. Eine Ökonomie soll die Ahistorizität und Statik der Struktur überwinden. „[I]l faut chercher de nouveaux

---

[25] Derrida, „Ousia et grammè" 76.

[26] Derrida, „Force et signification" 47.

[27] Derrida, „La différance" 21, vgl. dort auch 22: „Un passé qui n'a jamais été présent, cette formule est celle par laquelle Emmanuel Levinas . . . qualifie la trace et l'énigme de l'altérité absolue: autrui. Dans ces limites et de ce point de vue du moins, la pensée de la différance implique toute la critique de l'ontologie classique entreprise par Levinas."

[28] Derrida, *Donner le temps: 1. La fausse monnaie* 14.

[29] Derrida, „Sémiologie et grammatologie" 41.

[30] Derrida, *De la.grammatologie* 223.

[31] Derrida, „La différance" 19.

concepts et de nouveaux modèles, une *économie* échappant à ce système d'oppositions métaphysiques."[32] Die Motive der Kraft, des Aufschubs und des Vorrats, die als ökonomisch gelten, ersetzen logische Begriffe wie Wiederholung, Identität und Differenz. „La structure, le signe et le jeu dans le discours de sciences humaines," derjenige Text, mit dem nach dem Vortrag auf der Konferenz zum Strukturalismus in Baltimore 1966 und durch die anschließende englischsprachige Publikation die amerikanische Rezeption Derridas beginnt, bringt den Ökonomiebegriff bereits ein. Der Ökonomiebegriff wird als temporalisierende Alternative zum Struktur-begriff lanciert; die Strukturalität der Struktur wird zum „[p]roblème d'*économie*."[33]

Die Beschreibung der *différance* anhand des Ökonomiebegriffs wird in der Rezeption der 1967 publizierten *De la grammatologie* und Sammlung von frühen Essays *L'écriture et la différence* bald zur Kenntnis genommen. So nimmt Henri Ronse in einem Interview von 1967 die Verwendung ökonomischer Vokabeln zur Beschreibung der *différance* zum Anlaß, Derrida zum Verhältnis von *différance* und Ökonomie zu befragen. Auf die Frage Ronses, ob die *différance* ein ökonomischer Begriff sei, antwortet Derrida, „que c'est *le* concept de l'économie, et puisqu'il n'y a pas d'économie sans différance, c'est la structure la plus générale de l'économie."[34] Als habe der Dialog mit den Kritikern die Verwendung des Ökonomiebegriffs herausgefordert, faßt Derrida die *différance* ab 1968 zunehmend weiter mittels ökonomischer Vokabeln, so besonders in den Essays „La différance" von 1968 und „La mythologie blanche" von 1971. Die *différance* wird jetzt beschrieben

> comme détour économique qui, dans l'élément du même, vise toujours à retrouver le plaisir où la présence différée par calcul (conscient ou inconscient) et d'autre part . . . comme rapport à la présence impossible, comme dépense sans réserve, comme perte irréparable de la présence, usure irréversible de l'énergie . . . et rapport au tout-autre interrompant en apparence toute économie.[35]

---

[32] Derrida, „Force et signification" 34.

[33] Derrida, „La structure, le signe et le jeu dans le discours des sciences humaines" 414.

[34] Jacques Derrida, „Implications" 17. Der Satz lautet vollständig: „Je dirais même que c'est *le* concept de l'économie, et puisqu'il n'y a pas d'économie sans différance, c'est la structure la plus générale de l'économie, pourvu qu'on entende sous cette notion autre chose que l'économie classique de la métaphysique ou la métaphysique classique de l'économie." Nach einem solchen Satz, in dem Derrida, wie mehrfach in den frühen Schriften, die rhetorische *commutatio* einsetzt, fragt Ronse nicht näher nach der hier implizierten Wirtschaftstheorie. Derridas Verklausulierung belegt vor allem seine Vorsicht im marxistisch bestimmten Klima von 1967. Vgl. Kapitel 1 zu Dekonstruktion und Marxismus und zur klassischen Ökonomie und Grenznutzen-schule in diesem Kapitel und in Kapitel 4.

[35] Derrida, „La différance" 20.

Derrida entwickelt die Ökonomie der *différance* in ihrem Bezug zu Materialität, Textualität und Geldtheorie in Auseinandersetzung mit Saussures Zeichentheorie. Die *différance* als nicht-substantielle Motivation und Bewegung der Verzeitlichung radikalisiert die Theorie des arbiträren sprachlichen Werts bei Saussure, der den relativen Wertbegriff der Grenznutzenschule in die Linguistik und Semiotik einführt. Derrida kündigt in *De la grammatologie* von 1967 an:

> Désormais, ce n'est pas à la thèse de l'arbitraire du signe que nous ferons directement appel, mais à celle qui lui est associée par Saussure comme un indispensable corrélat et qui nous paraît plutôt la fonder: la thèse de la *différence* comme source de valeur linguistique.[36]

Permanenz von Sinn gilt Derrida erst als Ergebnis von Wertung. „Une certaine valorisation . . . - la valorisation elle-même - ne s'interrompt jamais. C'est là une permanence dont it faut tenir compte et dont la nécessité doit être sans cesse interrogée."[37] Die Stabilisierung von Sinn und Wert wird von polysemischen Wörtern wie *différance, pharmakon* oder Gabe, die auf Unentscheidbarkeit verweisen, unterlaufen. Werte sind nie stabil, sondern werden von der mit *différance* gefaßten Kraft ermöglicht und entzogen. „Toutes les oppositions de valeur ont leur possibilité dans la différence, dans l'entre de son écart qui accorde autant qu'il démarque."[38] Die *différance* läßt jeden Wert in sein Gegenteil übergehen: „[E]very value leads over into its opposite."[39] Diese Bewegung der Unentscheidbarkeit zwischen zwei Werten als Zwischenraum zwischen zwei Elementen oder als Differenz vergleicht Derrida in *Glas* mit dem Glockenschlag oder Totengeläut: „Le mouvement de pendule qui entraîne tous ces 'objets,' eux-mêmes clivés, d'une valeur à la valeur opposée, c'est aussi un mouvement de langue, de bouche, de glotte."[40] Die Kraft oder das Prinzip der *différance* werden zum emanzipativen Versprechen: „C'est au-delà de la valeur même, de l'usage et de l'échange, de la technique et du marché, que la grâce est promise, sinon donnée. "[41]

Die Differenz wird bei Derrida ausgehend vom Vergleich des sprachlichen Zeichens mit dem wirtschaftlichen Wertbegriff und dem Geldzeichen im *Cours de linguistique générale* als motivierendes Prinzip und Herkunft der Werte und des Sinns beschrieben und das systematische, synchronische und strukturale Prinzip der Relativität der Werte bei Saussure wird temporalisiert. Dies bringt diejenige Veränderung im

---

[36] Derrida, *De la grammatologie* 77.

[37] Derrida, *Éperons* 116.

[38] Jacques Derrida, „Le retrait de la métaphore" 92.

[39] Derrida, „Living On - Border Lines" 121.

[40] Jacques Derrida, *Glas*, 1974 (Paris: Denoël/Gonthier, 1981) 224-25.

[41] Derrida, *Spectres de Marx* 255.

linguistischen und strukturalistischen Denken, die von Goux bald als 'poststrukturalistisch' bezeichnet wird.[42] Derrida wendet sich der Differenz als des differierenden Prinzips der Zwischenräume, die in der Relativität von Elementen in einem System bestehen - der Relationalität - , statt den Elementen als differierten selbst zu und re-temporalisiert einen Struktur-begriff, der bei Saussure als analytisches Modell aus der Ablehnung der historischen Sprachwissenschaft durch das Ausschalten des Zeitmoments entwickelt wurde. Die Wirtschaftstheorie, bei Hegel in der Form der Opposition der Werttheorien unausgedrückter Bezug der Theorie des Ursprungs der Dialektik in der Differenz, wird von Saussure zur Erklärung der Differenz explizit herangezogen. Relevanz erhält nicht länger die Werttheorie, sondern mit der Theorie der Grenznutzenschule die Preistheorie.

Wert und System: Ferdinand de Saussure

In dem aus Vorlesungen Ferdinand de Saussures aus den Jahren 1906-1911 posthum zusammengestellten *Cours de linguistique générale* von 1916 wird die deskriptive - im Unterschied zur historischen - Sprach-wissenschaft über die Gleichsetzung der Sprachwissenschaft mit der Wirtschaftswissenschaft entwickelt. Indem man nach dem Muster der Nationalökonomie die wissenschaftliche Disziplin in eine historische und analytische Richtung teile, gehorche man „à une nécessité intérieure," denn in der Linguistik, „comme en économie politique, on est en face de la notion de *valeur*."[43] Wie die Nationalökonomie, die als analytische Wirtschaftslehre und Wirtschaftsgeschichte Synchronie und Diachronie trenne, sei auch die Sprachwissenschaft als Lehre von der Bedeutung der sprachlichen Zeichen wegen der Zeit „devant deux routes absolument divergentes"[44] gestellt. Mit der Behauptung dieser Zweiheit, „[qui] s'impose déjà impérieusement aux sciences économiques,"[45] bezieht sich der *Cours de linguistique générale* auf die Diskussion um die Ablösung der analytischen von der historischen Wirtschaftswissenschaft um die Wende zum 20. Jahrhundert. Wegen ihres unterschiedlichen Umgangs mit dem Zeitmoment, so Saussure, „l'économie politique et l'histoire économique constituent deux disciplines nettement séparées au sein d'une même science; les ouvrages parus récemment sur ces matières accentuent

---

[42] Vgl. Kapitel 1.

[43] Ferdinand de Saussure, *Cours de linguistique générale*, 1906-1911, hg. Tullio de Mauro (Paris: Payot, 1972) 115.

[44] Saussure 114.

[45] Saussure 114-115.

cette distinction."[46] Tullio de Mauro beruft sich auf Saussures „témoignage personnel explicite,"[47] wenn er den letzten Satz als Hinweis auf den älteren Methodenstreit in der Wirtschafts- und Sozialwissenschaft liest. „[I] s'agit du *Methodenstreit* qui s'alluma après qu'en 1883 Carl Menger ait attaqué . . . l'école historique menée par Gustav von Schmoller."[48] Saussure habe die seit 1883 geführte Debatte „entre l'école 'historique' et l'école 'théorique' en économie politique"[49] mit Aufmerksamkeit verfolgt.

Es sei schwierig, in der umfangreichen Literatur zum Methodenstreit diejenigen Werke zu bestimmen, auf die sich Saussure mit dem Hinweis auf „les ouvrages parus récemment" in der Wirtschaftswissenschaft beziehe. Es dürfe jedoch auf das 1906 erschienene und 1909 ins Französische übersetzte *Manuale di economia politica* von Vilfredo Pareto geschlossen werden, das wegen seiner mathematischen Grundlagen Saussures Bemerkung in den Vorlesungsmanuskripten entspreche, er beziehe sich nicht nur auf jüngere Werke, sondern auch auf solche, „qui tendent à être scientifiques."[50] Eine grundlegende Studie der wirtschaftswissenschaftlichen Quellen Saussures liegt noch nicht vor; Überlegungen, daß Saussure die marginalistische Wirtschaftstheorie von einem ihrer wichtigsten Vordenker, Léon Walras, der von 1870-1892 in Lausanne lehrt, übernommen haben könnte, scheinen wenig plausibel:[51] Walras' *Éléments d'économie politique pure ou Théorie de la richesse sociale* sind bereits 1874[52] erschienen, weshalb Saussures Hinweis auf die jüngeren Werke nicht auf Walras bezogen werden mag, sondern auf Pareto, den Fortentwickler der Marginaltheorie hin auf die Mathematisierung der Wirtschaftswissenschaften. Als Schüler von Walras lehrt Pareto zur gleichen Zeit in Lausanne Volkswirtschaft, zu der Saussure in Genf lebt und lehrt. Die *Éléments d'économie politique pure ou théorie de la richesse sociale* von Walras sind zum Zeitpunkt des ersten Kurses Saussures schon 30 Jahre alt, während Paretos Arbeiten seit einigen Jahren erst vorliegen: Mit der Tätigkeit in Lausanne ab 1893 beginnt Pareto umfassend zu veröffentlichen, so 1896/97 den *Cours d'économie politique*. Ab 1897 weitet er seine Vorlesungstätigkeit aus, widerlegt 1902/3 in *Les systèmes socialistes* die Arbeitswerttheorie von Karl Marx, publiziert 1906 das *Manuale di economia politica*, das bereits 1909 auf Französisch

[46] Saussure 115.
[47] Tullio de Mauro in Saussure 451, Anm. 165.
[48] Mauro in Saussure 451, Anm. 165.
[49] Mauro in Saussure 451, Anm. 165.
[50] Saussure nach Mauro in Saussure 451, Anm. 165.
[51] Vgl. Paul Veyne und J. Molino in *"Panem et circenses*: L'évergétisme devant les sciences humaines," *Annales: économies, sociétés, civilisations* 24 (Jan.-June 1969), nach Shell, *The Economy of Literature* 6, Anm. 18.
[52] Vgl. Léon Walras, *Élements d'économie pure ou Théorie de la richesse sociale*, 1874, ergänzte und verbesserte Ausgabe (Paris: Economica, 1988).

übersetzt wird, und 1907 seinen ersten soziologischen Artikel,
"L'économie et la sociologie au point de vue scientifique," dessen Thesen
1916 in den *Trattato di Sociologia generale* münden. Saussure entwickelt
nach dem ersten Kurs von 1906-1907 seine Hauptthesen erst im zweiten
und dritten Kurs von 1908-1909 und 1910-1911, also kurz vor seinem Tod
1913 und weit nach dem Erscheinen des *Cours d'économie politique*
Paretos 1896/97 und mit bzw. nach dem Erscheinen des *Manuale di
economia politica* 1906. Saussures Unterfangen, eine wissenschaftliche
Grundlage für die deskriptive Linguistik zu etablieren, entspringt also
einer Zeit des Einflusses des wirtschaftstheoretischen und wissenschafts-
philosophischen Methodenstreits. Saussures interdisziplinäre Vorgehensweise liefert ein Beispiel für Otto Brunners Feststellung, daß „der
Volkswirtschaftslehre in den Jahrzehnten um 1900 vorübergehend eine Art
Schlüsselstellung unter den Geisteswissenschaften zukam."[53]

Saussures Abkehr von idealistischer Zeichentheorie

Der *Cours de linguistique générale* diskutiert den Begriff des
sprachlichen Zeichens zunächst in herkömmlichen, auf idealistische
Zeichentheorie verweisenden Bezügen. Nach Hegel stellt die Sprache nur
die äußere Manifestation der inneren geistigen Kraft des Sinns und der
Wahrheit dar: Das hegelsche Sprachdenken ist in die idealistische
Systematik der Wissenschaften eingebunden, die sich zunächst in
Naturphilosophie und Philosophie des Geistes gliedert. Die Naturphilosophie bewegt sich von der Beschreibung der gestaltlosen Bewegung
und "allgemeine[n] Flüssigkeit"[54] Heraklits zur Beschreibung der Erde als
starrer Gestalt. Der Geist als Begriff des „Einseins des Einfachen und der
Unendlichkeit"[55] fixiert sich im Bewußtsein aus der indifferenten

---

[53] Otto Brunner, „Das 'ganze Haus' und die alteuropäische 'Ökonomik'," 1956, *Neue
Wege der Verfassungs- und Sozialgeschichte*, 3. Aufl. (Göttingen: Vandenhoeck &
Ruprecht, 1980) 126.

[54] Hegel, *Jenaer Systementwürfe I* 183.

[55] Hegel, *Jenaer Systementwürfe I* 183, vgl. dort 183-84: „Im Geiste ist der absolut
einfache Äther durch die Unendlichkeit der Erde hindurch zu sich selbst zurück-
gekehrt; in der Erde überhaupt existiert dieses Einsein der absoluten Einfachheit des
Äthers und der Unendlichkeit verbreitet in die allgemeine Flüssigkeit, aber in seinem
Verbreiten sich als Einzelnheiten fixierend; und das numerische Eins der Einzelnheit,
die für das Tier die wesentliche Bestimmtheit ist, wird selbst ein Ideelles, zu einem
Momente. Der so bestimmte Geist ist das Bewußtsein als der Begriff des Einsseins
des Einfachen und der Unendlichkeit; aber im Geiste existiert sie für sich selbst oder
als wahrhafte Unendlichkeit; das Entgegengesetzte in ihr, in der Unendlichkeit ist
diese absolute Einfachheit beider selbst. Dieser Begriff des Geistes ist dasjenige, was
Bewußtsein genannt wird; [für es] ist das ihm Entgegengesetzte selbst ein solches
Einfaches, an sich Unendliches, ein Begriff."

Bewegung der Flüssigkeit in der Einzelnheit des organischen Körpers als dem Prinzip des Individuellen, das mit dem "Ende der Mechanik" und dem "Chemismus"[56] seinen Anfang nimmt. Im Bewußtsein liegt das "fünfte Element,"[57] neben Feuer, Wasser, Luft und Erde. Die vier physikalischen Elemente sind das Tote, das Gegenteil des organischen, geistigen Prinzips als Leben; Geist und Bewußtsein sind lebendig. Das Bewußtsein wird durch die Potenzen zur menschlichen Individualität; es unterliegt einem „Sollen"[58] hin auf die Existenz in der Realität. Eine der Potenzen oder Kräfte des Geistes ist bereits im frühesten Systementwurf Hegels die Sprache, die im Zeichen das Bewußtsein vergegenständlicht und ihm durch die Anschauung und Einbildungskraft eine Beziehung zur Äußerlichkeit erlaubt, so daß es sich in die Realität aufheben kann.

Saussure rezipiert den idealistischen Begriff der Einbildungskraft als Veräußerung des Bewußtseins in die Sprache: Das linguistische Zeichen verbindet bei Saussure zunächst „un concept" und „une image acoustique;"[59] es ist zugleich als Lautbild sensorisch und als „concept" - Vorstellung[60] oder Begriff - geistig. Beide, Lautbild und Vorstellung, sind nach Saussure als „le signe linguistique . . . une entité psychique."[61] Wenn das Zeichen als materiell beschrieben werden könne, dann nur insofern, als das sensorische Lautbild zwar materieller sei als die Vorstellung, aber auch diese sensorische Qualität sei bereits wenig greifbar, denn das Lautbild habe vor allem „[un] caractère psychique" als „l'image intérieure."[62] Daher sollte von Lauten nicht als Phonemen gesprochen werden, denn dies verweise auf die Sprechtätigkeit, „la réalisation de l'image intérieure dans le discours."[63] Tatsächlich beinhalte das Lautbild jedoch nur ein inneres Bild der lautlichen Erscheinung. Die frühen Passagen des *Cours de linguistique générale* belegen, wie das sprachliche Zeichen für Saussure von Innerlichkeit und Immaterialität des Geistes bestimmt wird. Das Zeichen soll streng von der Materialität der Schrift abgegrenzt werden, die als Gefahr für das Zeichen gesehen wird, da „le prestige de l'écriture"[64] Lautung und ihre Veränderungen beeinflussen könne, wodurch die psychischen oder geistigen Einheiten von Äußerlichkeiten beeinflußt und verzerrt würden. Die Sprache habe dem Denken gegenüber nicht die Rolle,

---

[56] Hegel, *Jenaer Systementwürfe I* 24 ff.
[57] Hegel, *Jenaer Systementwürfe I* 194.
[58] Hegel, *Jenaer Systementwürfe I* 200.
[59] Saussure 98.
[60] Der Übersetzer des *Cours de linguistique générale* ins Deutsche gibt „concept" mit „Vorstellung" (statt Begriff) wieder, vgl. Herman Lommel, Übers., *Grundfragen der allgemeinen Sprachwissenschaft*, 1931, von Ferdinand de Saussure, 2. Aufl. (Berlin: Walter de Gruyter, 1967) 77 f..
[61] Saussure 99.
[62] Saussure 98.
[63] Saussure 98.
[64] Saussure 45. Lommel übersetzt mit „Autorität der Schrift." Lommel 28.

mittels der Laute ein materielles Mittel zum Ausdruck der Gedanken zu schaffen, sondern als Verbindungsglied zwischen dem Denken und dem Laut zu dienen. Wie bei Hegel aus der Indifferenz, „la pensée, chaotique de sa nature, est forcée de se préciser en se décomposant."[65] Nicht nur seien das Denken und die Laute, die durch die Sprache aneinander gebunden würden, unbestimmt und gestaltlos, „mais le choix qui appelle telle tranche acoustique pour telle idée est parfaitement arbitraire."[66] Der *Cours de linguistique générale* formuliert schließlich, daß weder eine Verstofflichung der Gedanken noch eine Vergeistigung der Laute stattfinde, „mais il s'agit de ce fait en quelque sorte mystérieux, que la 'pensée-son' implique des divisions et que la langue élabore ses unités en se constituant entre deux masses amorphes."[67] Das Mysteriöse resultiert aus der Vorstellung, daß die Sprache durch sich selbst ihre Einheiten als „Laut-Gedanken"[68] im Sinne eines hegelschen Sprachbegriffs, nach dem die Sprache als Potenz des lebendigen Geistes wirkt, herausarbeite.

In der Formulierung, die sich über die Erklärung des Übergangs von der Innerlichkeit des Geistes in die Äußerlichkeit und lautliche Materialität der Sprache wie bei Hegel verwundert, kulminieren die frühesten Passagen des *Cours de linguistique générale*. Sie werden als unvereinbar mit Saussures späterem Denken beschrieben, wie es sich mit der Einführung der Unterscheidung von Signifikant und Signifikat, des Wertbegriffs und der Unterscheidung in diachrone und synchrone Achse des Zeichens darstellt: In Mauros kritischer Edition des *Cours de linguistique générale* wird darauf hingewiesen, daß die zitierte Beschreibung wohl nur „un moment de passage"[69] im Denken Saussures darstelle. Die späteren Beschreibungen, nach der Integration des Wertbegriffs in den *Cours de linguistique générale*, lassen von der energetischen, lebendigen Sprache ab und wenden sich der Mathematik und dem Formalen zur Erklärung von Arbitrarität von Bedeutung zu. „[C]oncept et *image acoustique*" seien durch „*signifié* et *signifiant*,"[70] oder Signifikat und Signifikant, zu ersetzen. Die sich in diesen terminologischen Erwägungen äußernde Unzufriedenheit Saussures mit dem Zeichenbegriff wird im Wertbegriff überwunden: Im Verlauf des *Cours de linguistique générale* ersetzt der Wertbegriff schließlich den des Zeichens, wobei der Wertbegriff von der Verweisfunktion und einer Beziehung auf ein Ding, wie in der Wirtschaftswissenschaft, erst noch befreit werden muß; das Zeichen wird auf den Signifikanten reduziert. Mit der Einführung des Werts und dem Bezug auf die Wirtschaftswissenschaft läßt der *Cours de linguistique générale* die idealistische Trennung in geistige

---

[65] Saussure 156.
[66] Saussure 157.
[67] Saussure 156.
[68] So Lommels Übersetzung für „pensée-son." Lommel 134.
[69] Mauro in Saussure 463, Anm. 226.
[70] Saussure 99.

Vorstellung und Laut hinter sich und beschäftigt sich stattdessen mit der Trennung des Zeichens in materielles Bezeichnendes und gemeintes Bezeichnetes oder Bedeutung, die beide in der materiellen Realität anzutreffen sind.

Sprachlicher Wert im *Cours de linguistique générale*

Der Wert wird zunächst als Element in einem Koordinatensystem beschrieben und liegt auf dem Kreuzungspunkt von zwei Achsen, der diachronen und der synchronen, die ihn beide definieren. Die Sprachwissenschaft müsse ein Interesse haben „à marquer plus scrupuleusement les axes sur lesquels sont situées les choses dont elle . . . s'occupe."[71] Auf der einen Achse liegen sie gleichzeitig vor, bestehen Beziehungen zwischen ihnen und „toute intervention du temps est exclue."[72] Auf der zweiten Achse liegt ein Element in seiner historischen Veränderung vor. Der Forscher könne nicht vorgehen „sans tenir compte des deux axes, sans distinguer le système des valeurs considérées en soi, de ces mêmes valeurs considérées en fonction du temps."[73] Wird die Sprache synchron betrachtet, bildet sie „un système de pures valeurs que rien ne détermine en dehors de l'état momentané de ses termes."[74] In der synchronen Betrachtung, auf die Saussure seinen Ansatz zusehends beschränkt, erscheint der Wert als bloßer Wert, *pure valeur*; er ist also von etwas bereinigt: Er hat keine historischen Veränderungen unterworfene Substanz mehr über die Verweisungsfunktion auf ein Signifikat.

> Tant que par un de ses côtés une valeur a sa racine dans les choses et leurs rapports naturels (comme c'est le cas dans la science économique - par exemple un fonds de terre vaut en proportion de ce qu'il rapporte), on peut jusqu'à un certain point suivre cette valeur dans le temps, tout en se souvenant qu'à chaque moment elle dépend d'un système de valeurs contemporaines.[75]

Für den Wert ist das Zeitmoment nach Saussure nur „jusqu'à un certain point" gültig, weil er nur zu diesem Grad in den Dingen und ihrem natürlichen Verhältnis wurzelt; der Wert wird im *Cours de linguistique générale* vor allem unabhängig von den Dingen über das ahistorische, synchrone System definiert. In der diachronen Betrachtung hat der Wert durch seine Verbindung mit den Dingen „une base naturelle, et par là les appréciations qu'on y rattache ne sont jamais complètement arbitraire; leur

---

[71] Saussure 115.
[72] Saussure 115.
[73] Saussure 115-116.
[74] Saussure 116.
[75] Saussure 116.

variabilité est limitée.“[76] Im synchronen Sprachsystem dagegen „les données naturelles n'ont aucune place.“[77] Der Wertbegriff des *Cours de linguistique générale* kann also nicht mit einem Wertbegriff wie dem der Arbeitswerttheorie identifiziert werden, der auf eine intrinsische Substanz rekurriert, sondern entspricht dem Unterfangen, von den konkreten Dingen und der Natur zu abstrahieren. Diese Abstraktion wird im *Cours de linguistique générale* zunächst als nie vollständig möglich erachtet; der Wert liegt nur „jusqu'à un certain point“[78] in Achsen getrennt vor; die zeitliche Dimension des Wertbegriffes steht hinter der synchronen Dimension des Sprachsystems nur zurück.

Im weiteren Verlauf des *Cours de linguistique générale* ab dem dritten Kapitel wird der sprachliche Wert allerdings von jedem „élément imposé du dehors“ gelöst; er wird „entièrement relative;“ „[s]i ce n'était pas le cas, la notion de valeur perdrait quelque chose de son caractère.“[79] Nach Mauro stellt Saussure also eine Linguistik vor, „où seules les différences . . . ont une valeur, c'est-à-dire que les valeurs consistent uniquement en un système de différences.“[80] Geht der *Cours de linguistique générale* anfänglich noch von einer Diskussion des sprachlichen Zeichens aus, ersetzt der Wertbegriff im Verlauf den des Zeichens. Die Synchronizität des Sprachsystems wird vor der Diachronizität privilegiert und der Bezug des Zeichens auf eine bedeutetes Ding der Realität immer weiter zurückgedrängt. Große Teile des *Cours de linguistique générale* erstrecken sich auf die immer weitere Elimierung von 'natürlichen' Anteilen am Wertbegriff, so daß Wert schließlich als formale, rein relative Einheit begriffen wird, die zu konkreten Dingen oder idealen Inhalten keinen Bezug mehr hat. Wegen dieser Relativität der sprachlichen Werte im differentiellen System ist „le lien de l'idée et du son . . . radicalement arbitraire,“ also „l'arbitraire du signe“[81] erklärt. Der sprachliche Wert wird von nun an als Synonym für das sprachliche Zeichen verwendet; er wird zur elementaren Einheit der Sprache.

Die Sprache wird als *langue* im Unterschied zum Sprechen - *parole* - vom *Cours de linguistique générale* behandelt; *langue* ist definiert als „l'ensemble des habitudes linguistiques qui permettent à un sujet de comprendre et de se faire comprendre“ und als „réalité sociale“ in einer „masse parlante.“[82] Das Sprachsystem besteht kraft eines Kontrakts zwischen den Gliedern der Sprachgemeinschaft; es ist ein geregelter Code: Wegen der Beliebigkeit der Zeichen „le fait social peut seul créer un

---

[76] Saussure 116.
[77] Saussure 116.
[78] Saussure 116.
[79] Saussure 157.
[80] Mauro in Saussure 450, Anm. 164.
[81] Saussure 157.
[82] Saussure 112-113.

système linguistique. La collectivité est nécessaire pour établir des valeurs dont l'unique raison d'être est dans l'usage et le consentement général."[83] Der Systembegriff des *Cours de linguistique générale* ist nach Hans Arens der wichtigste sprachwissenschaftliche Fortschritt der Lehre Saussures.[84] „[J]amais le système n'est modifié directement; en lui-même il est immuable; seuls certains éléments sont altérés sans égard à la solidarité qui les lie au tout."[85] Nur in der ahistorischen Formalität kann die Totalität des Sprachsystems als Relation von Werten gewahrt werden; hätte das System einen Bezug auf die Zeit, würde sich die Konstitution von Werten ins Unendliche öffnen. Sucht der *Cours de linguistique générale* zwar die Zeit als Bestandteil der Definition der Sprache zu postulieren,[86] schließt er sie jedoch durch die Konzentration auf die synchrone Achse des sprachlichen Wertes im Verlauf der Beschreibung wieder aus.

Wenn der Wert über seine Relativität - sein Verhältnis zu anderen Werten - definiert ist, so daß „c'est du tout solidaire qu'il faut partir pour obtenir par analyse les éléments qu'il renferme,"[87] mit anderen Worten, wenn nur unter Berücksichtigung der Systematizität der Sprache die Relativität des Wertes gefaßt werden kann, so fragt der *Cours de linguistique générale*, „comment se fait-il que la valeur, ainsi définie, se confonde avec la signification, c'est-à-dire avec la contre-partie de l'image auditive"[88] in einem dem System der Werte nicht zugehörigen Bereich. Die Unterscheidung von Bedeutung - *signification* - und Wert, und damit ein Festhalten an einer Zwieschlächtigkeit des Zeichens - Signifikant und Signifikat - wird unsinnig, so Manfred Franks Formulierung des Problems,

> wenn man zugleich anerkennt, daß die zwei Seiten des Zeichens: *signifiant* und *signifié*, nichts Ursprüngliches sind, sondern ihren Unterschied selbst aus der Differenzierung/Artikulation der Werte beziehen.[89]

Es fehlt nun für Saussure eine Kategorie, die zwischen formalem Wert und bedeutetem Ding in der Realität vermittelt. An diesem Punkt kommt der *Cours de linguistique générale* auf die Geldmünze: Indem die Münze dem Wert gleichgesetzt und ihm als Illustration beigegeben wird, konkretisiert die formale Abstraktion des Wertes und wird das Problem des Dingbezugs überspielt, indem alle Elemente des Systems, Münzen oder Brot, materiell sind.

---

[83] Saussure 157.
[84] Hans Arens, *Sprachwissenschaft*, 2. Aufl. (Freiburg: Karl Alber, 1969) 443.
[85] Saussure 121.
[86] Vgl. Saussure 113.
[87] Saussure 157.
[88] Saussure 159.
[89] Manfred Frank, *Was ist Neostrukturalismus?* (Frankfurt: Suhrkamp, 1983) 91.

Ainsi pour déterminer ce que vaut une pièce de cinq francs, il faut savoir: 1° qu'on peut l'échanger contre une quantité déterminée d'une chose différente, par exemple du pain; 2° qu'on peut la comparer avec une valeur similaire du même système, par exemple une pièce d'un franc, ou avec une monnaie d'un autre système (un dollar, etc.). De même un mot peut être échangé contre quelque chose de dissemblable: une idée; en outre, il peut être comparé avec quelque chose de même nature: un autre mot. Sa valeur n'est donc pas fixée tant qu'on se borne à constater qu'il peut être <<échangé>> contre tel ou tel concept, c'est-à-dire qu'il a telle ou telle signification; il faut encore le comparer avec les valeurs similaires, avec les autres mots qui lui sont opposables. Son contenu n'est vraiment déterminé que par le concours de ce qui existe en dehors de lui. Faisant partie d'un système, il est revêtu, non seulement d'une signification, mais aussi et surtout d'une valeur, et c'est tout autre chose.[90]

Zum einen also muß der *Cours de linguistique générale* zur Beschreibung des Zeichens mittels des Werts auf ein materielles Element zurückgreifen, um die Differenz zwischen Signifikant und Signifikat in einer synchronen Struktur aufzuheben. Zum anderen mißlingt die Gleichsetzung von sprachlichem Wert und Münze, weil dem *Cours de linguistique générale* der Preisbegriff fehlt. Die Schwierigkeit, die der *Cours de linguistique générale* mit der Definition des Wertes aufwirft, entspricht einer unvollständigen Rezeption wirtschaftswissenschaftlicher Differenzierungen. Die Gleichsetzung des Wortes, als dem einen Aspekt des sprachlichen Wertes, mit der Münze, und die Gleichsetzung der Vorstellung oder Bedeutung mit dem Brot oder der Ware, ist nicht vollständig, denn das Brot ist im Unterschied zur Vorstellung (eines Dings) bereits das Ding selbst.[91] Tatsächlich formuliert ja auch der *Cours de linguistique générale*, daß das Geldstück gegen „une quantité déterminée d'une chose différente" ausgewechselt werden kann, nicht gegen die Sache selbst und unmittelbar. Somit fehlt dem *Cours de linguistique générale* im Übergang von der Münze zum Brot der Preisbegriff; die Bedeutung hat ihre angemessene Entsprechung im Preis, als Einheit der Relativität, nicht im Brot. Als Einheit der Relativität ist der Preisbegriff angemessener an das Anliegen des *Cours de linguistique générale* als der offenbar für Saussure von essentialistischen oder substantiellen Bestandteilen nicht zu lösende Wert. Der Preis allein drückt die abstrakten Wertverhältnisse aus. Das Wort verhält sich zur Bedeutung wie die Münze zum Preis, oder, der Preis vermittelt zwischen Ding und Münze, wie die Bedeutung zwischen Ding und Wort. Erst wenn der Preis berücksichtigt wird, kommt der Vergleich zwischen Sprache und Geld, so

---

[90] Saussure 159-160.

[91] Vgl. Gayatri Chakravorty Spivak, „Ghostwriting," *diacritics* 25.2 (Summer 1995): 77, wo eine Pluralität von Systemen bzw. eine strikte Grenze zwischen ihnen betont wird: „ . . . the equivalency or homogeneity between signs in the same system which makes it impossible to eat the word 'bread' as one eats bread, though possible to eat it as one eats one's words."

wie ihn der *Cours de linguistique générale* vorschlägt, vollständig zustande; es erhellt, daß der Bereich der Realität, dem das Brot angehört, von der Sprache tatsächlich nicht beschrieben wird. Die Problematik des Münzvergleichs bei Saussure ist jüngst von Sabine Roggenbuck wieder diskutiert worden; auch sie erkennt an, daß „[i]n der Münz-Metapher . . ., anders als im Schachspielvergleich . . . der différence gegenüber der *valeur/identité* der größte Raum eingeräumt"[92] wird.

Werttheoretischer Exkurs 3:
Vilfredo Pareto, Marginalismus und die Mathematisierung der Wirtschaftswissenschaften zur Preistheorie

In Saussures Formulierung des Tauschs von Wert gegen Brot als Tausch des Werts „contre une quantité déterminée d'une chose différente"[93] entspricht der Wert also vielmehr dem Preis, wie ihn Pareto beschreibt: „On appelle PRIX de Y en X la quantité de X qu'il faut donner pour avoir une unité de Y."[94] Im Unterschied zu Saussure legt Pareto den Wertbegriff ab: Er erklärt den Wertbegriff für überflüssig. „On a . . . donné tant de sens vagues et parfois mème contradictoires au terme *valeur* qu'il vaut mieux ne pas s'en servir dans l'étude de l'économie politique."[95] Der Wert scheidet aus der ökonomischen Analyse aus, weil er als „un rapport, la raison d'échange de deux marchandises,"[96] einem Preisverhältnis entspreche. Indem man vom Wert „les conceptions nébuleuses dont l'entourent les économistes littéraires"[97] entferne, trete der Preisbegriff hervor und die Wirtschaftswissenschaft werde „[g]râce à l'usage des mathématiques"[98] „une science positive"[99] „sans faire intervenir aucune entité métaphysique."[100] Der Wert stellt für Pareto keine mathematische oder empirische, sondern eine metaphysische Einheit dar und kann in der mathematischen Wirtschaftstheorie entfallen, mittels derer Pareto seine Abkehr von der als metaphysisch und literarisch betitelten Arbeitswert-

---

[92] Sabine Roggenbuck, *Saussure und Derrida: Linguistik und Philosophie* (Tübingen: Francke, 1998) 26. Für den Hinweis auf diesen Titel danke ich Klaus Faiß.

[93] Saussure 160.

[94] Vilfredo Pareto, *Manuel d'économie politique*, 1906 (Genf: Librairie Droz, 1966) 207.

[95] Pareto, *Manuel d'économie politique* 243.

[96] Pareto, *Manuel d'économie politique* 243.

[97] Pareto, *Manuel d'économie politique* 208.

[98] Pareto, *Manuel d'économie politique* 160.

[99] Pareto, *Manuel d'économie politique* 208.

[100] Pareto, *Manuel d'économie politique* 160.

lehre formuliert, zu deren Vertretern als den „économistes littéraires"[101] er auch Marx zählt: „Über den Wert zu schwätzen, zu untersuchen, wann und wie man sagen kann, 'ein Ding hat Wert', ist viel weniger schwer, als die Gesetze des volkswirtschaftlichen Gleichgewichts zu studieren und zu verstehen."[102]

Mit einer gleichen Logik, mit der Pareto gegen die Beibehaltung des Wertbegriffes argumentiert, könnte auch der *Cours de linguistique générale* den Übergang zur Rede vom Preis statt von der Bedeutung einfordern. Die Erklärung der Relativität und Arbitrarität des Wertes als Preis in der Wirtschaftswissenschaft bildet den impliziten Bezug der Argumentation des *Cours de linguistique générale*. Die Schwierigkeit der Unterscheidung zwischen dem Wert eines sprachlichen Zeichens und der Bedeutung eines sprachlichen Zeichens entsteht genau aus der hinsichtlich der wirtschaftswissenschaftlichen Logik des *Cours de linguistique générale* inkonsequenten Beibehaltung des Wertbegriffs, der wegen seiner essentialistischen Komponenten in seiner Definition um die Jahrhundertwende mit dem motivierten Bedeutungsbegriff übereinstimmt, statt sich von ihm abzusetzen, wozu er von Saussure intendiert ist. Saussure sah sich offenbar nicht veranlaßt, den für den Wirtschaftswissenschaftler aus Gründen der Deutlichkeit des Fachvokabulars aufzugebenden Wertbegriff wie Pareto ebenfalls nicht zu verwenden oder durch einen Neologismus zu ersetzen; vielmehr nimmt seine relativistische Verwendung des Wertbegriffs Anteil an der Dichotomie des Wertbegriffs in einen relativen und absoluten Wert um die Wende zum 20. Jahrhundert, die Pareto bereits hinter sich läßt. Dennoch werden auch der Sprachwissenschaft mit dem *Cours de linguistique générale* „neue Grundlagen und eine neue Methodenlehre"[103] gegeben, die für ihre „bestechende mathematische Klarheit"[104] gelobt wird. Angesichts der methodischen Übereinstimmungen des *Cours de linguistique générale* mit der Marginaltheorie und Systemtheorie Paretos entsteht der Eindruck, Saussure habe zu Paretos soziologischem System den Baustein einer *linguistique scientifique* beitragen wollen.

---

[101] Pareto, *Manuel d'économie politique* 242.
[102] Vilfredo Pareto, *System der allgemeinen Soziologie*, 1916, hg. Gottfried Eisermann (Stuttgart: Enke, 1962) 62.
[103] Arens 443.
[104] Arens 443.

Methodenstreit:
Historische Wirtschaftswissenschaften und Grenznutzenschule

Die Gleichsetzung der Sprachwissenschaft mit der Wirtschaftswissenschaft im *Cours de linguistique générale* speist sich aus wirtschaftswissenschaftlichen Quellen, die der subjektiven Werttheorie oder Nutzentheorie des Wertes verpflichtet sind und ordnet sich mit der impliziten Orientierung an einer mathematischen Theorie des Preises, wie sie die Grenznutzenschule in der Ausprägung bei Pareto hervorbringt, der analytischen Partei im Methodenstreit zu. Die relative Definition des Wertes bei Saussure ist mit einer Orientierung an einem absoluten Maßstab für den Wert, wie er in der Arbeitswerttheorie anhand der Arbeit als einer Substanz des Wertes gedacht wird, nicht kompatibel und bewegt sich hin auf einen Preisbegriff. Es wird noch bis Mitte des 20. Jahrhunderts dauern, bis der Wertbegriff und die Werttheorie in der Wirtschaftswissenschaft endgültig durch den Preisbegriff und die Preistheorie abgelöst werden.[105] Paretos Kritik des Wertbegriffs steht im Kontext der Durchsetzung der Grenznutzenschule gegen die Arbeitswerttheorie der klassischen Wirtschaftstheorie in der zweiten Hälfte des 19. Jahrhunderts. Der Arbeitswerttheorie, die in der Arbeit einen objektiven und absoluten Wertmaßstab für wirtschaftliche Güter sucht, stellen die Marginalisten den subjektivistischen Ansatz der Bestimmung des Werts über den Nutzen entgegen. Die Wirtschaftstheorie soll wieder auf analytische Prämissen zurückgeführt werden, um damit einen Mangel an theoretischer Reflexion in der Nationalökonomie in den letzten Jahrzehnten des 19. Jahrhunderts, der auf die Verbreitung sozialpolitischer und wirtschaftshistorischer Interessen zurückgeführt wird, zu beheben. Es wird kritisiert, daß die historische Schule „avait réduit l'Èconomie politique à une sorte de classification des faits observés."[106] Zwischen den Vertretern der historischen Schule der Wirtschaftswissenschaften, insbesondere Gustav von Schmoller, und den Vertretern der Grenznutzenschule, insbesondere Carl Menger, entspannt sich der von Saussure zur Kenntnis genommene sogenannte ältere Methodenstreit von 1883/84. Menger fordert gegen von Schmoller die Umsetzung einer „*Économie Pure*"[107] als exakter Wissenschaft. Schmoller, der für die Wirtschaft und Wirtschaftstheorie dagegen als „[o]berstes Kriterium . . . die Verteilungsgerechtigkeit"[108] sieht, steht in der aristotelischen Tradition einer auf die Moralphilosophie verpflichteten Ökonomie. Der Methodenstreit bedeutet hinsichtlich der Wertdefinition

---

[105] Vgl. Kapitel 4.
[106] Gide und Rist, *Histoire des doctrines économiques*, Bd. 2, 559.
[107] Gide und Rist, *Histoire des doctrines économiques*, Bd. 2, 559.
[108] Rieter 144.

daher eine Trennung der analytischen Wirtschaftswissenschaft von der praktischen Philosophie und Ethik: Die historische Wirtschaftswissenschaft als „große moralisch-politische Wissenschaft,"[109] die auch ethische Werturteile fällen und vertreten müsse, steht einer spezialisierten ökonomischen Analyse, die solche Urteile Vertretern anderer Spezialwissenschaften überlassen will, gegenüber. 1909 führt der jüngere Methodenstreit oder auch Werturteilsstreit zwischen Max Weber als dem Hauptwortführer des Anspruchs auf die exakten Wissenschaften und jüngeren Vertretern der historischen Schule so weit, daß von der Wirtschaftswissenschaft eine Enthaltsamkeit hinsichtlich jeder Wertung gefordert wird. So erklärt es Weber für unzulässig, wenn

> Probleme von weltbewegender Bedeutung, von größter ideeller Tragweite, in gewissem Sinne höchste Probleme, die eine Menschenbrust bewegen können, . . . zu einem Gegenstand der Diskussion einer *Fach*disziplin, wie es die Nationalökonomie ist, gemacht werden.[110]

Anders als die klassische Arbeitswerttheorie, die menschliche Arbeitskraft an die Gemeinschaft und ihre ethischen Kategorien wie Verteilung und Gerechtigkeit zurückbinden und deren Probleme wie noch bei Marx zu lösen versucht, verwendet die subjektive Werttheorie die Individualität als methodische Grundlage der Quantifizierung und versucht in ihrer Beschreibung, zunächst der wirtschaftlichen und theoretischen Entwicklung Ende des 19. Jahrhunderts nachzukommen, wenn der Konsum statt der Produktion zum Motor der Wirtschaft zu werden scheint. Die Grenznutzenschule sieht sich daher der Kritik ausgesetzt, die Bedürfnisse auf Zahlen reduzieren zu wollen,[111] da der Nutzenbegriff des Theoretikers „rein formalen Charakter"[112] habe und die Nutzentheorie eher „als eine

---

[109] Gustav von Schmoller nach Rieter 148.

[110] Max Weber nach Rieter 148.

[111] "L'*homo œconomicus* . . . est remis en honneur et bien plus simplifié encore: ce n'est plus seulement l'homme squelette, c'est l'homme schématique. Les hommes ne sont plus considérés que comme des forces représentées par des flèches, comme dans les figures des traités de mécanique. Il suffit d'analyser ce qui résulte de leurs rapports les uns avec les autres et de leurs réactions sur le monde extérieur . . . . En somme, l'école nouvelle ramène toute la science économique à une *mécanique* de l'échange et elle s'y croit d'autant plus autorisée que le principe hédonistique <<obtenir le maximum de satisfaction avec le minimum de peine>> n'est qu'un principe de mécanique pure, celui qu'on appelle le principe <<du moindre effort>> ou de <<l'économie des forces>>. Chaque individu est considéré comme subissant l'impulsion de l'intérêt, de même que la bille de billard chassée par la queue; et il s'agit de calculer, comme doit le faire d'ailleurs tout bon joueur, les figures compliquées qui vont résulter du choc des billes entre elles et sur les bandes." Gide und Rist, *Histoire des doctrines économiques*, Bd. 2, 560, 579.

[112] Schumpeter 1284.

Logik denn als eine Psychologie der Werte bezeichnet werden"[113] müsse. Indem die „Nutzeneinschätzung der Verbraucher Ursache und Bestimmungsgrund für Wert und Tauschwert eines Gutes" wird, können die Marginalisten die „Wert- und Preisbildung von (Konsum-)Gütern und Produktionsfaktoren von einem einheitlichen Erklärungsprinzip her"[114] ableiten und *„ein analytisches Werkzeug von allgemeiner Verwendbarkeit für ökonomische Probleme"*[115] schaffen. Dies ist möglich, weil erkannt wird, daß *„tout échange suppose un rapport entre les quantités échangées, lequel s'exprime et se formule dans le prix."*[116] Die Grenznutzenschule hat der Arbeitsmengen- und Arbeitswerttheorie des Tausches die abstrahierende Reduktion voraus; die Arbeitsmengentheorie des Wertes ist nicht falsch, sondern nur dadurch unzulänglich, „daß sie sich auf einen Sonderfall bezieht,"[117] indem sie nur den Preis bei „einer in allen Warenproduktionen der Volkswirtschaft gleichen organischen Zusammensetzung des Kapitals"[118] beschreiben kann. Da es aber „keine Beschreibung des Prozesses, der diesen Preis hervorbringt," gibt, kann die Arbeitsmengentheorie „daher überhaupt nicht als Preistheorie bezeichnet werden."[119] So wird auch die Grenznutzenschule in ihrer Abwendung von der Arbeitswertlehre der Klassik als Revolution empfunden. Den Grenznutzentheoretikern wird zugestanden, nicht nur „ein existierendes theoretisches Gebäude revolutioniert, sondern ein solches errichtet [zu haben], wo vorher keines gestanden hatte."[120]

Mit der wirtschaftswissenschaftlichen Ausarbeitung des Gedankens der Relativität legt Pareto „das Fundament der modernen Werttheorie,"[121] indem das Nutzenverständnis nur noch auf den Bereich der Relationen zwischen quantitativen Einheiten verweist. Die Messung und Zuordnung des Wertes zum Nutzen ist willkürlich, *„l'unité de mesure . . . restant . . . arbitraire."*[122] Die Meßbarkeit einer Einheit oder eines Wertes im System - in Paretos Wortgebrauch, der Elemente oder Moleküle des Systems - beruht allein auf einem Gleichgewichtszustand *„d'interdépendance . . . entre les divers facteurs de la production,"* so daß *„certains biens étant complémentaires* l'un de l'autre, leur valeur ne peut varier isolément."*[123] Die Mathematisierung der Wirtschaftswissenschaften findet bald interna-

---

[113] Schumpeter 1285.

[114] "Grenznutzenschule," *Vahlens Großes Wirtschaftslexikon*, hg. Erwin Dichtl und Otmar Issing, 2. Aufl., Bd. 1 (München: Beck/Vahlen, 1993) 848.

[115] Schumpeter 1112.

[116] Gide und Rist, *Histoire des doctrines économiques*, Bd. 2, 573.

[117] Schumpeter 1112, Anm. 68.

[118] Schumann 167.

[119] Schumpeter 1112, Anm. 68.

[120] Schumpeter 1112, Anm. 68.

[121] Schumpeter 1291.

[122] Pareto, *Manuel d'économie politique* 159.

[123] Gide und Rist, *Histoire des doctrines économiques*, Bd. 2, 580.

tionale Verbreitung, so in der Volkswirtschaftslehre von Alfred Marshall
und Francis Y. Edgeworth bis zu John Maynard Keynes in England oder
von Irving Fisher in den Vereinigten Staaten. [124]

Derrida übernimmt die mathematische Ausrichtung des *Cours de
linguistique générale* in seiner Kritik der hegelschen Zeichentheorie und
ihrer Distanzierung von Gottfried Wilhelm Leibniz und der rationalistischen, an der mathematischen Algebra ausgerichteten Zeichentheorie
der *characteristica universalis*. Entgegen Hegel affirmiert Derrida im
Sinne des Formalismus Saussures die Forschung an der *characteristica
universalis* im 17. und 18. Jahrhundert wie an der Mathematik als
Vorläufer des Ansatzes der Grammatologie. Die Ergebnisse dieser Forschung seien im 19. Jahrhundert wieder verschüttet worden. Diese
Beschreibung Derridas wird von der wirtschaftstheoretischen Vorherrschaft der Werttheorie als Arbeitswertlehre im 19. Jahrhundert, während
die Nutzentheorie des Werts und die Geldtheorie verdrängt werden,
bestätigt. In der Angleichung der Schrift an die Zahlen, oder der Sprache
an die mathematische Algebra, und in den Versuchen der Quantifizierung
und Formalisierung der Sprache sieht Derrida Vorläufer seines eigenen
Ansatzes.

> C'est [la mathématique] une langue spéciale qui n'a plus aucun rapport avec le
> langage, c'est une espèce de langue universelle, c'est-à-dire que nous constatons
> par les mathématiques que la langage - je me venge des linguistes - est absolument
> incapable de rendre compte de certaines formes de la pensée moderne. Et à ce
> moment-là, l'écriture, qui a été tellement méconnue, prend la place du langage,
> après avoir été sa servante. [125]

---

[124] Vgl. Gide und Rist, *Histoire des doctrines économiques*, Bd. 2, 572-573, Anm. 1, und
Stavenhagen 295 ff.: „Die Ausbreitung der mathematischen Methode." Der Anfang
der mathematischen Wirtschaftstheorie wird auf das Erscheinen des Buches Antoine
Augustin Cournots von den *Recherches sur les principes mathématiques de la théorie
des richesses* von 1838 zurückgeführt. Hermann Heinrich Gossens ebenfalls mathematisch orientiertes Buch über die *Entwicklung der Gesetze des menschlichen Verkehrs und den daraus fließenden Regeln für menschliches Handeln* von 1853 bleibt
wie dasjenige Cournots zunächst weitgehend unbekannt, auch wenn darin bereits
zentrale Ideen der Grenznutzenschule vorweggenommen werden. Gossen und
Cournot finden erst im Zuge einer zweiten Entdeckung marginalistischer Prinzipien
mit der Grenznutzenschule Anerkennung. Auch John Bates Clark in den Vereinigten
Staaten beansprucht 1899 die Wiederentdeckung der Marginalanalyse nach Johann
Heinrich Thünen, vgl. Stavenhagen 112.

[125] J. G. Février zitiert von Derrida nach *L'écriture et la psychologie des peuples: Actes
d'un colloque* (1963) 349; Derrida, *De la grammatologie* 123.

Derridas Affirmation der Mathematik und des Formalen verbindet sich mit einem Interesse am Mechanischen. Wenn Hegel gegen „l'équivalence de l'entendement, de la formalité, du mathématique, du négatif, de l'extériorité et de la mort" und gegen „le calcul, la machine, l'écriture" den lebendigen Geist setzt, dann weil er „*n'a jamais pu penser* . . . [t]out simplement une machine . . . qui fonctionnerait[, u]ne machine définie dans son pur fonctionnement et non dans son utilité finale, son sens, son rendement, son travail."[126]

Strukturalität der Struktur

Um die Differenz als temporalisierendes, nicht nur relativierendes formales Prinzip, als *différance*, zu erklären, wendet sich Derrida gegen die von Saussure beschriebene Synchronizität des Systems, gegen die Gleichgewichtstheorie, und gegen den ahistorischen Begriff der Struktur bei Lévy-Strauss. Die Struktur als System von Differenzen im Denken zu inaugurieren, sei zwar die Leistung des Strukturalismus. Die Struktur sei jedoch nie in ihrer Strukturalität erkannt und daher enthistorisiert worden. Zwar habe die differentielle Struktur das Spiel der Elemente erlaubt, aber immer „à l'intérieur de la forme totale"[127] zurückgehalten. So ist nach Derrida der Strukturalismus der Metaphysik dadurch angeglichen, daß sein Feld teleologisch geschlossen gedacht wird, und er mit ihr die Problematik des Ausschlusses der Geschichtlichkeit oder ihrer kreisförmigen Geschlossenheit teile.

On ne peut . . . décrire la propriété de l'organisation structurale qu'en ne tenant pas compte, dans le moment même de cette description, de ses conditions passées: en omettant de poser le problème du passage d'une structure à une autre, en mettant l'histoire entre parenthèses.[128]

Zwar ist die temporalisierende Differenz nicht a-strukturell, weil sie „des transformations systèmatiques et réglées" bewirkt, „pouvant, jusqu'à un certain point, donner lieu à une science structurale;" sie ist jedoch anders

---

[126]Jacques Derrida, „Le puits et la pyramide: introduction à la sémiologie de Hegel," 1968, *Marges de la philosophie* 126.

[127]Derrida, „La structure, le signe et le jeu dans le discours des sciences humaines" 409.

[128]Derrida, „La structure, le signe et le jeu dans le discours des sciences humaines" 426. An diesem Punkt schließt sich üblicherweise die Frage nach dem Ursprung der Sprache an, wie Derrida auch in *De la grammatologie* in den Schriften Rousseaus und anderer ausweist. So wenig sich der Ursprung der Sprache nachweisen lasse, so Derrida, so wenig könne sie, wie bei Lévy-Strauss, dadurch strukturalistisch gefaßt werden, daß erklärt werde, „le langage n'a pu naître que tout d'un coup." Claude Lévy-Strauss, „Introduction à l'œuvre de Marcel Mauss," Mauss xlvii. Vgl. Derrida, „La structure, le signe et le jeu dans le discours des sciences humaines" 426.

als die Relativität „incompatible avec le motif statique, synchronique, taxinomique, anhistorique, etc., du concept de *structure*."[129] Nur die Differenz weist über die Grenze des Systems der Werte hinaus.

> Transzendental wäre die Differenz. Transzendental wäre die reine und endlose Unruhe eines Denkens, das sich darum bemüht, die Differenz zu 'reduzieren', indem es die faktische Unendlichkeit auf eine Unendlichkeit des Sinns und der Geltung hin übersteigt, d.h. die Differenz beibehält.[130]

Die *différance* ist in keinem Werk auf eine ahistorische Struktur reduzierbar; ihre Generativität ist unendlich und nicht beherrschbar. „Il y a plus."[131] Die endgültige Begrenzung eines Bereichs des ökonomischen Kalküls, der Festlegung von Werten, der Stiftung von Sinn, oder der Erkenntnis von Wahrheit gegen die Indifferenz und den Exzess ist nicht möglich. Vollständige Formalisierung und erschöpfendes Kalkül gibt es nicht. Im System der Differenz, „un élément ne fonctionne et ne signifie, ne prenne ou ne donne 'sens' qu'en renvoyant à un autre élément passé ou à venir, dans une économie des traces,"[132] so daß immer ein überbordendes Moment bleibt.

Polysemie, Dissemination und Unentscheidbarkeit

Dieser Effekt der *différance* zeigt sich in der Polysemie von Signifikanten, so auch des Neologismus *différance*. Indem durch die neue Schreibung „le mot différance (avec un *a*) . . . devrait compenser," was das Wort *différence* an Verweis auf die Temporisation nicht enthält, hat Derrida ein Wort wie das *pharmakon* geschaffen, das „immédiatement et irréductiblement polysémique"[133] ist. Polysemische Effekte können erklärt werden, wenn angenommen wird, daß die Signifikanten in einer Signifikantenkette oder einem Netz oder Gewebe von Signifikanten ihren Sinn relativ erhalten und die *différance* darüber hinaus wegen ihrer verzeitlichenden Bewegung keine permanente Festlegung einer Struktur der Kette oder des Netzes zuläßt. Derrida zeigt am Beispiel Platons, wie sich dagegen die Logik der Metaphysik „intolérante à ce passage entre les deux sens contraires d'un même mot"[134] verhält. Das Wort *pharmakon*, das Gift, schmerzhaft und künstlich, und Heilmittel zugleich bedeuten kann, gehöre

---

[129] Derrida, „Sémiologie et grammatologie" 39.
[130] Jacques Derrida, *Husserls Weg in die Geschichte am Leitfaden der Geometrie*, 1962, übers. Rüdiger Hentschel und Andreas Knop (München: Fink, 1987) 202-03.
[131] Derrida, „La double séance" 285.
[132] Derrida, „Sémiologie et grammatologie" 40.
[133] Derrida, „La différance" 8.
[134] Derrida, „La pharmacie de Platon" 112.

zu denjenigen Phänomenen, die Platon ausschließen möchte. Wie die *différance* kann das Wort *pharmakon* als Grenzgänger oder *borderline signifier* beschrieben werden, der die identitätsphilosophischen Setzungen unterläuft. Das Wort *pharmakon* verwahrt in sich „cette complicité des valeurs contraires" und ist

> ce qui, se donnant pour remède peut (se) corrompre en poison, ou ce qui se donnant pour poison peut s'avérer remède, peut apparaître après coup dans sa vérité de remède . . . . Le *pharmakon* n'a aucune identité idéale.[135]

Es wird unmöglich, „le remède du poison, le bien du mal, le vrai du faux, le dedans du dehors, le vital du mortel, le premier du second, etc."[136] endgültig zu scheiden. Mit "<<différance>>, <<gramme>>, <<trace>>, . . . <<pharmakon>>, <<supplément>>, . . . <<marque-marche-marge>>, et quelques autres"[137] stellt auch Falschgeld einen der *borderline signifiers*, an denen die Polysemie demonstriert wird. Falschgeld gewinnt seine Bedeutung erst, wenn es im Geldkreislauf wie echtes Geld gehandelt wird. Wenn es wie echtes Geld gehandelt wird, wird es aber nicht als Falschgeld erkannt. „La fausse monnaie n'est jamais, *comme telle*, de la fausse monnaie. Dès qu'elle est ce qu'elle est, reconnue *comme telle*, elle cesse d'agir et de valoir comme de la fausse monnaie."[138] Folglich gibt es nach einer Logik der Präsenz kein Falschgeld; Falschgeld kann nur mit dem Prinzip der *différance* erklärt werden.

> [T]ant que l'*espèce* monétaire fonctionne, tant qu'on peut compter avec sa phénoménalité, tant qu'on peut *compter avec et sur le numéraire* pour produire des effets ..., tant que de la monnaie passe pour de la (bonne) monnaie, elle n'est tout simplement pas différente de la monnaie que, peut-être, elle contrefait.[139]

Den Effekt der *différance* in der Polysemie nennt Derrida Dissemination; als solche kann die fortlaufende Spur der *différance* auch einen Effekt der Verabgründung von Sinn - nach André Gide von Derrida *mise en abyme* genannt - in der Lektüre hervorbringen. Die Verabgründung des Sinns durch die *différance* und ihre disseminierende Energie versuchen Derridas eigene Schriften ebensowenig aufzuhalten, wie sie nicht versuchen, eine Wahrheit endgültig festzuschreiben. Wegen der Unmöglichkeit der endgültigen Verfestigung von Sinngehalten im Text muß sich die Lektüre und Wiedereinschreibung bestmöglich der Bewegung der Schrift und dem Prinzip der *différance* anpassen. Diese Lektüre- und Schreibweise oder Hermeneutik nennt Derrida Dekon-

---

[135] Derrida, „La pharmacie de Platon" 143-144.
[136] Derrida, „La pharmacie de Platon" 195.
[137] Derrida, „Hors livre" 32.
[138] Derrida, *Donner le temps: 1. La fausse monnaie* 114-115.
[139] Derrida, *Donner le temps: 1. La fausse monnaie* 194.

struktion, als eine Verbindung von Destruktion und Konstruktion. Von der destruktiven Terminologie nietzscheanischer Provenienz löst sich Derrida, indem er den zugleich Abbauen und Aufbauen fassenden Begriff der Dekonstruktion prägt, so daß seine Schriften dem Fluß des Sinns selbst eingeordnet bleiben, statt von außen Umwertungen zu versuchen, und sie das Gleiten des ständig in die Indifferenz abzurutschen drohenden Sinns exemplifizieren.[140] „Deconstruction does not exist somewhere, pure, proper, self-identical, outside of its inscriptions in conflictual and differentiated contexts; it 'is' only what it does and what is done with it, there where it takes place."[141] Dem Gleiten des Sinns von Signifikant zu Signifikant in der Zeit immer dann nachzuspüren, wenn es verdeckt oder stillgestellt werden soll, ist das Erfordernis der Dekonstruktion als Praxis des Schreibens und der Lektüre. Im frühen, polemischen Essay zu Bataille erklärt Derrida daher mit Bezug auf Hegel und die Dialektik, der Philosoph - als Metaphysiker und Wahrheitssucher - „s'aveugle au texte . . . parce qu'il n'est philosophe que par ce désir indestructible de tenir, de *maintenir* contre le glissement la certitude de soi et la sécurité du concept. "[142]

Die Unentscheidbarkeit,[143] die von der Supplementarität und Polysemie generiert wird, kann nicht auf „quelque équivocité énigmatique"[144] oder einen „<<*Gegensinn der Urworte*>>"[145] zurückgeführt werden, so wie es für Derrida nicht anliegt, Hegels Verwunderung über (deutschsprachige) Worte wie „*Aufhebung, Urteil, Meinen, Beispiel*" fortzusetzen, wegen derer dieser „cette chance qui installe une langue naturelle dans l'élément de la dialectique spéculative" annahm: „[L]a philologie et l'étymologie ne nous intéressent que secondairement et la perte d['un mot] . . . ne serait pas

---

[140] Daß die Dekonstruktion Schumpeters wirtschaftswissenschaftlichem Begriff der „schöpferischen Zerstörung" ähnelt, ist eine von Derrida meines Wissens nirgends angedeutete Koinzidenz. Schumpeter in *Kapitalismus, Sozialismus und Demokratie* (1943) nach Thomas Wex, „Ökonomik der Verschwendung: Batailles *Allgemeine Ökonomie* und die Wirtschaftswissenschaft," *Georges Batailles: Vorreden zur Überschreitung,* hg. Andreas Hetzel und Peter Wiechens (Würzburg: Königshausen und Neumann, 1999) 207: „Kapitalismus ist wesentlich ein Prozeß, 'der unaufhörlich die Wirtschaftsstruktur von innen heraus revolutioniert, unaufhörlich die alte Struktur zerstört und unaufhörlich eine neue schafft. Dieser Prozeß der >>schöpferischen Zerstörung<< ist das für den Kapitalismus wesentliche Faktum.'"

[141] Derrida, „Afterword" 141.

[142] Derrida, „De l'économie restreinte à l'économie générale" 393.

[143] Derrida, „La double séance" 280, Anm. 45: „[L]a possibilité de propositions <<indécidables>> a fait surgir de redoutables difficultés devant le discours phénoménologique." Dazu „La double séance" 248-249: „Une proposition indécidable, Gödel en a démontré la possibilité en 1931, est une proposition qui, étant donné un système d'axiomes qui domine une multiplicité, n'est ni une conséquence analytique ou déductive des axiomes, ni en contradiction avec eux, ni vraie ni fausse au regard de ces axiomes. *Tertium datur,* sans synthèse."

[144] Derrida, „La double séance" 249.

[145] Derrida, „La double séance" 249; Derrida zitiert eine Freud-Lektüre von Abel (1910).

irréparable."[146] Nicht „la richesse lexicale, l'infinité sémantique d'un mot ou d'un concept, sa profondeur ou son épaisseur, la sédimentation en lui de deux significations contradictoires" sind mit der *différance* und Dissemination gemeint, sondern „la pratique formelle ou syntaxique qui le [le mot] compose et le décompose."[147] Bei dieser Praktik ist kein Wort in einem mystischen Sinne unverzichtbar. Die Wirkung eines Wortes wird durch die Syntax produziert, nicht durch es selbst. Dies gilt „pour tous les signes qui, comme *pharmakon, supplément, différance* et quelques autres, ont une valeur double, contradictoire, indécidable qui tient toujours à leur syntaxe."[148] Sie sind im Sinne der Energetik der *différance* „de plus ou moins grandes unités syntaxiques au travail, et . . . des différences économiques de condensation."[149]

Kalkulation und rechnendes Denken

Gegen Hegel und die dialektische Synthese im Dreischritt affirmiert Derrida die mathematische Formalisierung und das Kalkül als Wege, der fortlaufenden Markierung und der differantiellen Bewegung zu folgen, auch wenn die Sprache vom Kalkül nie eingeholt werden kann. Hegel verbindet die Dreieinigkeit in der christlichen Religion mit der Triplizität in der Dialektik des lebendigen Geistes und setzt diese spiritualisierte Einheit gegen die tote Zahl und die Aufhebung gegen das Zählen:

> Le nombre trois est conçu avec plus de profondeur dans la religion comme trinité et dans la philosophie comme concept. En général la forme numérique, prise comme expression, est très pauvre et insuffisante pour présenter la véritable unité concrète. L'Esprit est certainement une trinité, mais il ne saurait être additionné ou compté. Compter est un mauvais procédé. [150]

---

[146]Derrida, „La double séance" 249.
[147]Derrida, „La double séance" 249.
[148]Derrida, „La double séance" 250.
[149]Derrida, „La double séance" 250.
[150]Hegel nach Derrida, „Hors livre" 31, zitiert von Derrida nach Gibelin, Übers., *Leçons sur l'histoire de la philosophie*, von G.W.F. Hegel, 190. Vgl. G.W.F. Hegel, *System und Geschichte der Philosophie*, hg. Johannes Hoffmeister (Leipzig 1940) 214, nach „Buch-Ausserhalb," von Jacques Derrida, übers. Hans-Dieter Gondek, Gondek 32: „Die Drei ist auf tiefere Weise gefaßt in der Religion, als Dreieinigkeit, und in der Philosophie als Begriff. Im Allgemeinen ist die numerische Form der Darstellung sehr dürftig und nicht hinlänglich zur Vorstellung der wahren, konkreten Einheit. Der Geist ist allerdings eine Dreiheit, aber addiert oder gezählt zu werden vermag er nicht. Zählen ist schlechte Manier." Vgl. G.W.F. Hegel, *Vorlesungen über die Geschichte der Philosophie I* (Frankfurt: Suhrkamp, 1986) 110: „Die Drei erscheint auf tiefere Weise in der Religion als Dreieinigkeit, in der Philosophie als Begriff. Zählen ist aber schlechte Manier."

Gegen die hegelsche Trinität setzt die Dissemination, als „[a]utre pratique de *nombres,*" eine Bewegung, „où l'on ne peut plus compter ni par un, ni par deux, ni par trois, tout commençant par la dyade."[151] Die *borderline signifiers*

> *détruisent* l'horizon trinitaire. Le détruisent textuellement: ce sont les marques de la dissémination . . . parce qu'elles ne se laissent en aucun *point* épingler par le concept ou la teneur d'un signifié. Elles y <<ajoutent>> le plus ou le moins d'un quatrième terme.[152]

Die Dissemination und den Umweg und Aufschub des Sinns „[o]n ne . . . dissociera plus . . . d'une remise en scène de l'*arithmos* et du <<compter>> comme <<mauvais procédé>>."[153] Die Kalkulation erscheint als Notwendigkeit, die zugleich nie erschöpfend sein kann, weil es immer Rest gibt. Das Zählen gilt als unendliche Aufgabe. Die sich ständig verschiebende Grenze der Ökonomie zeigt sich in der exzessiven Überschreitung der Kalkulation: „Economy. Temptation, but it's impossible, to recount the history of this text ..., but I count the words and I give up. Economy. Political."[154] Wenn der Kontext und die Analyse begrenzt werden, dann von der Unmöglichkeit einer abschließenden Formalisierung und Zählbarkeit als Beschränktheit des menschlichen Verstandes und wegen der Zeit, nicht wegen einer Wahrheit im Sinne einer wesentlichen Untrennbarkeit von Signifikat und Signifikant. Die Arretierung ist „a matter of *economy* . . . and retains an essential relationship with time, space, counting words, signs, *marks*. The unity of the word is not to be fetishized or substantialized."[155] In der Verbindung von Unendlichkeit und Kalkül in der *différance* wird auch Heideggers Vorbehalt gegen das 'rechnende Denken'[156] eingeholt. Dekonstruktion ist Werten, Schätzen,

---

[151] Derrida, „Hors livre" 31.

[152] Derrida, „Hors livre" 32.

[153] Derrida, „Hors livre" 33.

[154] Derrida, „Living On - Border Lines" 166, 169.

[155] Derrida, „Living On - Border Lines" 169-170.

[156] Vgl. Martin Heidegger, „Was heißt Denken?" *Vorträge und Aufsätze*, 1954 (Stuttgart: Neske, 1994) 128: „Es gibt von den Wissenschaften her zum Denken keine Brücke, sondern nur den Sprung. Wohin er uns bringt, dort ist nicht nur die andere Seite, sondern eine völlig andere Ortschaft. Was mit ihr offen wird, läßt sich niemals beweisen, wenn beweisen heißt: Sätze über einen Sachverhalt aus geeigneten Voraussetzungen durch Schlußketten herleiten. Wer das, was nur offenkundig wird, insofern es von sich her erscheint, indem es sich zugleich verbirgt, wer solches noch beweisen und bewiesen haben will, urteilt keineswegs nach einem höheren und strengeren Maßstab des Wissens. Er *rechnet* lediglich mit einem Maßstab und zwar mit einem ungemäßen." Vgl. auch Wolfgang Welsch, *Ästhetisches Denken* (Stuttgart: Reclam, 1990) 47: „Schon Heidegger hat, als er das neuzeitliche Denken als 'rechnendes Denken' kennzeichnete, der Wahrnehmung eines Grundcharakters Ausdruck gegeben,

Auswahl und Berechnung, auch wenn immer ein Rest bleibt, der die Bestimmungen unterläuft. Ökonomie bedeutet Formalisierung und darin zugleich „impoverishment by univocality" und „semantic accumulation and overloading . . . until the point when the logic of the undecidable . . . opens polysemia (and its economy) in the direction of dissemination."[157] Die Dissemination läßt sich in diesem Sinne auch als Begriff für monetäre Spekulation oder Inflation lesen.

Schrift: Materialität der Markierung und Pantextualität

Indem er die idealistische Privilegierung der lautenden Sprache vor dem Buchstaben und des Signifikats vor dem Signifikanten ablehnt und die Materialität des Schriftzeichens, wie bei Saussure im Vergleich mit der Münze vorgegeben, hervorhebt, entwickelt Derrida die Begriffe der Schrift oder Inschrift und des Textes. „L'antériorité simple de l'Idée ou du <<dessein intérieur>> au regard d'une œuvre" - oder einer Zahl oder eines Zeichens - „qui l'exprimerait seulement," stellt nach Derrida „un préjugé: celui de la critique traditionnelle qu'on appelle *idéaliste*."[158] Der *matérialisme de l'idée*,[159] ihre Schreibung, führt sie auf die Materialität des Zeichens oder des Graphems als des Elements des Textes zurück. Die Theorie der Pantextualität[160] oder des „entgrenzten Textes"[161] zieht die Konsequenz aus der bei Saussure begonnenen Reduktion des sprachlichen Zeichens auf den Signifikanten, indem sie im Sinne der Strukturalität der Struktur von einem offenen, temporalisierten System ausgeht. Der Effekt

der in diesem Denken auch dort noch bestimmend ist, wo gar nicht in wörtlichem Sinn gerechnet wird."

[157] Derrida, „Living On - Border Lines" 90-91.

[158] Derrida, „Force et signification" 23.

[159] Die Beschreibung des *matérialisme de l'idée* entwickelt Derrida nach Vorgabe Jean Hyppolites in Bezug auf Stéphane Mallarmés Schriften in „La double séance" von 1970. Um die Verschiebung des Idealismus durch Mallarmé zu kennzeichnen, greift Jean Hyppolite auf die Formulierung *matérialisme de l'idée* zurück. Hyppolite über Mallarmé: „[I]l imagine dans ce matérialisme de l'idée les diverses possibilités de lire le texte." Jean Hyppolite, „Le coup de dés de Stéphane Mallarmé et le message," *Les Études philosophiques* 4 (1958), nach Derrida, „La double séance" 235, Anm. 18. Der Materialismus der Idee nach Hyppolite, so Derrida, benennt keine philosophische Lehre Mallarmés, sondern seine Auffassung vom Schreiben und Lesen als Praxis. Vgl. Derrida, „La double séance" 235, Anm. 18, und Stéphane Mallarmé, „Le mystère dans les lettres," 1896, *Divagations*, 1897, *Œuvres*, hg. Yves-Alain Favre (Paris: Bordas, 1992) 306: „Lire - / Cette pratique - ."

[160] Mit dem Terminus Pantextualität benennt Edith Wyschogrod die Textualität bei Derrida, vgl. Edith Wyschogrod, „Towards a Postmodern Ethics: Corporeality and Alterity," Hoffmann und Hornung 53.

[161] Manfred Frank benennt die Textualität bei Derrida mit dem Ausdruck des „entgrenzten Textes," vgl. Frank 609.

der Generativität der *différance* „est nécessairement un texte, le système d'une écriture et d'une lecture:"[162] Die *différance* bleibt an Materialität gebunden, denn erst als Zwischenräume materiellen Sinns und materieller Werte - als verschiedener Weisen der Schrift - können Differenzen wahrgenommen werden. Nur die Schrift, aus materiellen Markierungen, kann den Sinn zur Geltung bringen:

> Écrire, c'est savoir que ce qui n'est pas encore produit dans la lettre n'a pas d'autre demeure, ne nous attend pas comme *prescription* dans . . . quelque entendement divin. Le sens doit attendre d'être dit ou écrit pour s'habiter lui-même et devenir ce qu'à différer de soi il est: le sens.[163]

Der Sinn und der Wert beziehen sich also nicht auf eine vormenschliche, vorschriftliche, idealistische Instanz, die feststehende und zu entziffernde Bedeutung bereithalten würde, sondern sind auf das diesseitige, materielle Zeichen und Ding - die Markierung - reduziert. Mit seiner Ablehnung des Sprachbegriffs des Idealismus verbindet Derrida die Aufwertung der Schrift und erhebt die textuelle Phänomenalität von Sinn, Wahrheit und Wert zum Programm. *De la grammatologie* von 1967 entwirft gegen die idealistische Sprachwissenschaft eine materialistische Schriftwissenschaft als die umfassendere, semiotische Disziplin. Wenn in einer vorgeblich mimetischen Struktur

> cet imitant n'ayant pas d'imité en dernière instance, ce signifiant n'ayant pas de signifié en dernière instance, ce signe n'ayant pas de référent en dernière instance, leur opération n'est plus comprise dans le procès de la vérité, le comprend au contraire.[164]

Es gibt kein Signifikat mehr, denn „[l]e signifié . . . fonctionne toujours déjà comme un signifiant. La secondarité qu'on croyait pouvoir réserver à l'écriture affecte tout signifié en général, l'affecte toujours déjà, c'est-à-dire d'*entrée de jeu*."[165] Die Schrift löscht die Grenze aus, „depuis laquelle on a cru pouvoir régler la circulation des signes, entraînant avec soi tous les signifiés rassurants, . . . tous les abris de hors-jeu qui surveillaient le champ du langage."[166] Die Begriffe der Metaphysik versuchen immer, „le 'signifié transcendantal'"[167] wiederherzustellen, doch die *différance* läßt diese Versuche ins Leere laufen.

---

[162] Derrida, *De la grammatologie* 234.
[163] Derrida, „Force et signification" 21-22.
[164] Derrida, „La double séance" 235-236.
[165] Derrida, *De la grammatologie* 16.
[166] Derrida, *De la grammatologie* 16.
[167] Derrida, „Sémiologie et grammatologie" 41.

L'absence d'un *autre* ici-maintenant, d'un autre présent transcendantal, d'une *autre* origine du monde apparaissant comme telle, se présentant comme absence irréductible dans la présence de la trace, ce n'est pas une formule métaphysique substituée à un concept scientifique de l'écriture. Cette formule, outre qu'elle est la contestation de *la* métaphysique elle-même, décrit la structure impliquée par l'<<arbitraire du signe>>.[168]

Eine solche Entwicklung „revient, en toute rigueur, à détruire le concept de <<signe>> et toute sa logique."[169] „Dans la structure synchronique et dans le principe systématique de l'écriture alphabétique" sind Vorstellungen von symbolischer Repräsentation, als eines Verhältnisses „de ressemblance ou de participation . . . au sens hegelien-saussurien" oder eines ikonographischen Verhältnisses „au sens de Peirce" nicht vertretbar, denn „on doit . . . récuser, au nom même de l'arbitraire du signe, la définition saussurienne de l'écriture comme <<image>> - donc comme symbole naturel - de la langue;"[170] gerade „le propre du signe, c'est de n'être pas image."[171] Wie Derridas Auseinandersetzung mit Saussure in *De la grammatologie* belegt, gilt auch für die Linguistik Saussures noch „an inner link with classical metaphysics"[172] in Form der saturierbar gedachten Verweisung des Signifikanten auf ein Signifikat.

Der Materialismus des Sinns und des Werts, der sich hinsichtlich Transzendenz, Idealität und prädeterminierter Wahrheit bescheidet, wird in Derridas frühen Schriften gegen den idealistischen, hegelschen Sprachbegriff bei Saussure und im Strukturalismus entworfen. In *De la grammatologie* wird der Begriff des Zeichens mit dem der Markierung ersetzt, da der Zeichenbegriff in der Vorstellung von Bezeichnung noch auf Intentionalität einer Bedeutung und damit einen Punkt jenseits des materiellen Elements Bezug nimmt. „La notion de signe implique toujours en elle-même la distinction du signifié et du signifiant,"[173] wohingegen „le *gramme* - ou le *graphème* - nommerait ainsi l'élément."[174] Statt als Zahl oder Wert beschreibt Derrida das Element der Relativität als Graphem, als materiell und Schrift.

Folglich diskutiert er den Wertbegriff trotz seiner Prominenz bei Saussure und dessen Theorie von den Wissenschaften von den Werten fast gar nicht. Derrida trennt die Relativität vom Wertbegriff; die Differenz wird zum relativierenden und temporierenden Prinzip, während der Wert ein Substanz indizierender Begriff bleibt. Obwohl der Wert arbiträr gesetzt und willkürlich ist, nimmt er für Derrida, wie noch für Saussure, Substanz

---

[168] Derrida, *De la grammatologie* 68.
[169] Derrida, *De la grammatologie* 16.
[170] Derrida, *De la grammatologie* 66.
[171] Derrida, *De la grammatologie* 67.
[172] Irene E. Harvey 111.
[173] Derrida, *De la grammatologie* 23.
[174] Derrida, *De la grammatologie* 19.

an; nur die Differenz hat keine Substanz. Nur „ce qui *s'indique* alors, dans la clôture de la métaphysique, comme non-valeur," also die Differenz, „si l'on tient compte de ce *commentaire du non-sens*," „*renvoie* au-delà de l'opposition de la valeur et de la non-valeur, au-delà du concept même de valeur, comme du conept de sens."[175] Mit der Radikalisierung der Zeichentheorie Saussures durch eine Gleichsetzung des Zeichens mit schriftlicher Markierung und dem Geld und durch einen Ausschluß aller bei Saussure noch gegebenen Bezüge des Zeichens auf eine geistige Prägung oder einen idealen Vorstellungsinhalt, wirkt Derridas materialistische Sprachtheorie dem leitenden Interesse der hegelschen Philosophie des lebendigen Geistes, die das Zeichen als bloße tote Repräsentation hinter der geistigen, ideellen, wahren Bedeutung verschwinden läßt, entgegen. Derrida radikalisiert den Saussureschen Begriff der Arbitrarität des Zeichens, um jede dem Zeichen vorhergehende ideale Geistigkeit oder eine seine Funktion gewährleistende Substanz zu widerlegen.

Mit dieser Radikalisierung schreibt Derrida eine in Saussures Rezeption der Wirtschaftstheorie bereits angelegte Angleichung des Sprachbegriffs auf den Geldbegriff fort. Der Bezug auf das Geld als Materialität des Werts wie bei Saussure, und auf die Schrift, als der Materialität der Bedeutung oder des Sinns, beschreibt eine notwendige Reduktion auf Textualität, die von der neuen Wissenschaft der Grammatologie untersucht wird. Die Festlegung Derridas auf die Materialität der Schrift und des Geldes zieht die Orientierung auf die Geldtheorie statt auf die Werttheorie als Kontext der Analyse nach sich. Wirtschaftswissenschaftlich wird diese Beschreibung erst mit der Grenznutzenschule und der Orientierung auf die Preistheorie und die mathematische Analyse im 20. Jahrhundert, nach einer Tradition der Werttheorie über viele Jahrhunderte, möglich.

Leben der Schrift

Derridas Ausweitung des Textbegriffs ist wegen der Bezüge zum Schriftbegriff der Kabbala als „jüdische Apologetik"[176] abgestempelt und auf ein Instrument zur Aufdeckung von Antisemitismen verkürzt worden.[177] Vorsichtiger formuliert Catherine H. Zuckert unter Bezug auf

---

[175] Derrida, „De l'économie restreinte à l'économie générale" 399.

[176] Jürgen Habermas, *Der philosophische Diskurs der Moderne* (Frankfurt: Suhrkamp, 1988) 219, Anm. 46.

[177] Steven Bowman, „Anti-Semitism," *Dictionary of Literary Themes and Motifs*, Bd. 1, hg. Jean-Charles Seigneuret (New York: Greenwood Press, 1988) 82: „A recently developed tool of literary criticism called deconstructionism, which is derived from the application of cabbalistic terminology and methodology, has uncovered new dimensions of anti-Semitism embedded in . . . literature."

Stanley Rosen und Susan Handelman:[178] „Because . . . Derrida argue[s] that a careful reading of classic texts shows that they have multiple meanings, commentators have characterized the analyses [of Derrida] as Talmudic."[179] Tatsächlich kritisiert Derrida die Mystik der Präsenz auch an der kabbalistischen Schrift. Die jüdische Mystik, wie Derrida am Werk von Edmond Jabès expliziert, versuche wie die Metaphysik und die christliche Theologie die Abwesenheit Gottes im Buch zu erzeugen und müsse doch erkennen, daß für den Menschen die Abwesenheit zu erreichen, bedeute, sie zu verfehlen: „Y accéder, c'est la manquer; la montrer, c'est la dissimuler; l'avouer, c'est mentir."[180] Wäre die Abwesenheit erreicht, gäbe es keine Differenz zwischen Mensch und Gott. Man finde „[une] hésitation, . . . [un] mouvement inquiet dans la différence entre le socratisme et l'hébraïsme, la misère et la hauteur de la lettre, le pneumatique et le grammatique"[181] und „la négativité en Dieu, l'exil comme écriture, la vie de la lettre" sowohl in der jüdischen Mystik wie auch im kabbalistischen Schriftbegriff und in den schon aus der Kabbala bekannten Motiven bei christlichen Autoren: Diese Motive „ne sont pas d'abord propres à Boehme, au romantisme allemand, à Hegel, au dernier Scheler, etc., etc.."[182] Derrida betont in seinen frühen Schriften den Einfluß der Kabbala auf den naturphilosophischen, energetischen Geistesbegriff Hegels. Hegel gilt Derrida als „premier penseur de l'écriture."[183]

Die „Lehre von der magischen Wirkungskraft der Buchstaben" in der jüdischen Tradition seit dem 2. Jahrhundert entsteht in „Absetzung von christlich-griechischer Pneumatologie"[184] und der Sprache des Heiligen Geistes, deren Kennzeichen „Immaterialität, Unmittelbarkeit, Direktheit, Vollständigkeit"[185] sind. Die Buchstaben gelten nach der Kabbala „nicht als Abbilder von Sprache, sondern als unmittelbar wirksame Energien."[186] Nach Gershom Scholem sind sie für die Kabbalisten „die Organe, durch die alle weitere Schöpfung erfolgt" und ist das „Alphabet . . . der Ursprung

---

[178] Stanley Rosen, *Hermeneutics as Politics* (NY: Oxford UP, 1987) und Susan Handelman, *The Slayers of Moses: The Emergence of Rabbinic Interpretation in Modern Literary Theory* (Albany: State U of NY P, 1982).

[179] Catherine H. Zuckert, *Postmodern Platos: Nietzsche, Heidegger, Gadamer, Strauss, Derrida* (Chicago: U of Chicago P, 1996) 202.

[180] Jacques Derrida, „Edmond Jabès et la question du livre," 1964, *L'écriture et la différence* 105.

[181] Derrida, „Edmond Jabès et la question du livre" 110.

[182] Derrida, „Edmond Jabès et la question du livre" 111.

[183] Derrida, *De la grammatologie* 41, vgl. dort auch: „Il [Hegel] a réhabilité la pensée comme *mémoire productrice* de signes."

[184] Aleida Assmann, „Schriftspekulation und Sprachutopien in Antike und früher Neuzeit," *Kabbala und Romantik*, hg. Eveline Goodman-Thau, Gerd Mattenklott und Christoph Schulte (Tübingen: Niemeyer, 1994) 27.

[185] Assmann 26.

[186] Assmann 28.

der Sprache und der Ursprung des Seins zugleich;"[187] die Schrift gilt als „gleichursprünglich mit der Sprache, und sie ist der Welt mit ihren Erscheinungen gegenüber vorgängig."[188] Derrida setzt in frühen Schriften den kabbalistischen Gedanken der Schrift in einer diesseitigen, materialistischen Konzeption um, die zwischen Pneumatischem und Grammatischem nicht oszilliert, keine magischen Elemente enthält und statt nach der Rede Gottes nach der Lektüre des Menschen und dem Effekt der Differenz zwischen Anwesenheit und Abwesenheit oder Jetzt und Zeit fragt: „Ce qu'on appelle Dieu, qui affecte de secondarité toute navigation humaine, n'est-ce pas ce passage: la réciprocité différée entre la lecture et l'écriture?"[189] Zuckert gibt diese Position Derridas wie folgt wieder:

> Derrida insisted that there was no Absolute Other; otherness or difference exists only in relation to sameness, not in itself. As the 'other' of all determinate forms of existence, the 'other' could be said to be in-finite, but it was a negative infinity, not a positive one. The Other could not and should not, therefore, be identified with God.[190]

Derrida gelangt zur Beschreibung auch des kabbalistischen Buches als nur einer Epoche des Seins, statt als des einen Seinszugangs. Da das Sein mit Karl Jaspers „radicalement hors du livre, hors de sa lettre" gedacht werden müsse, „[d]'une transcendance qui ne se laisserait plus toucher par l'inscription et la signification,"[191] verbleibe nur der Text im posthumanistischen Sinn als „un tissu de traces marquant la disparition d'un Dieu excédé ou d'un homme effacé,"[192] so „qu'à jamais il y a *des* livres."[193]

Wenn Derrida das Sein derart von den Büchern abhebt, so um anzuzeigen, „que la destruction du livre, telle qu'elle s'annonce aujourd'hui dans tous les domaines, dénude la surface du texte"[194] statt ein Ende der Schrift zu bewirken, wie die in den 60er-Jahren aufkommende Rede vom Ende des Buchzeitalters wegen der neuen Medien - so bei

---

[187] Gershom Scholem, „Der Name Gottes und die Sprachtheorie der Kabbala," *Judaica III* (Frankfurt: Suhrkamp, 1970) 21, nach Assmann 28. Vgl. Franz Rosenzweig, *Der Stern der Erlösung*, 1921 (Frankfurt: Suhrkamp, 1996) 335-36 zum Hebräischen: „. . . der merkwürdige Umstand, daß die Sprache des Alltags wenigstens in den stummen Zeichen der Schrift die Verbindung mit dem Alltag übrigens längst verlorenen altheiligen Sprache aufrechtzuerhalten sucht; ganz anders als bei den Völkern der Welt, wo eher die Sprache eine verlorene Schrift als umgekehrt die Schrift eine dem Alltag entschwundene Sprache überlebt."

[188] Assmann 29.

[189] Derrida, „Force et signification" 22-23.

[190] Zuckert 210.

[191] Derrida, „Edmond Jabès et la question du livre" 114-115.

[192] Jacques Derrida, „Ellipse," *L'écriture et la différence* 429.

[193] Derrida, „Force et signification" 20.

[194] Derrida, *De la grammatologie* 31.

Marshall McLuhan - vertritt. „Il n'y a . . . pas ici de tragédie du livre."[195] Derrida verwehrt sich gegen die Assoziation seiner Lehre mit „la représentation idéologique de Mac Luhan," die ein Ende des Buches noch im Sinne des von Derrida kritisierten Ideals Jean-Jacques Rousseaus als Wiederherstellung „[d']une transparence ou [d']une immédiateté des rapports sociaux"[196] beschreibt. Statt eines Endes der Schrift, als der Buchschrift oder Druckschrift, beruht die Semiotik der Dekonstruktion auf der Annahme eines

> déploiement historique de plus en plus puissant d'une écriture générale dont le système de la parole, de la conscience, du sens, de la présence, de la vérité, etc., ne serait qu'un effet et doit être analysé comme tel.[197]

Derridas pantextuelle Ausweitung des Schriftbegriffs nimmt keinen Unterschied zwischen gedruckter Schrift und Elementen jedweden anderen signifikanten Systems - wie der Geldwirtschaft - an, so daß ein Ende der Schrift und ein Hinausgehen über sie ausgeschlossen ist, damit allerdings auch die utopische oder nostalgische Rückkehr zu einer angeblichen nicht-entfremdeten Authentizität und Unmittelbarkeit vor den oder jenseits der Zeichen. Textualität umfaßt Schrift und Sprache. Die Schrift ist ein umfassenderer Begriff als die Sprache:

> Par une nécessité qui se laisse à peine percevoir, tout se passe comme si, cessant de désigner une forme particulière, dérivée, auxiliaire du langage ..., le concept d'écriture commençait à déborder l'extension du langage. A tous les sens de ce mot, l'écriture *comprendrait* le langage.[198]

Der Text wird in frühen Schriften Derridas - vergleichbar dem hegelschen Geist - anthropomorphisiert und verlebendigt; er hat „toujours plusieurs âges," „racines . . . [qui] vivent," und „la conscience de soi."[199] Das Leben der Schrift erscheint in *De la grammatologie* als Leben des Textes und Text des Lebens. Die Elemente des Textes stellen „tout signe," sowohl „dans le langage articulé" als auch „dans le <<langage d'action>>,"[200] also den Handlungen der Menschen. Die Schrift geht selbst vor „l'intervention de l'écriture au sens classique,"[201] die Entwicklung der Schrift in archaischer Zeit, zurück. Unter Voraussetzung eines derartigen Schriftbegriffs bezieht sich Lektüre nicht mehr nur auf die Rezeption eines

---

[195] Derrida, „Force et signification" 20.
[196] Jacques Derrida, „Signature événement contexte," 1971, *Marges de la philosophie* 392.
[197] Derrida, „Signature événement contexte" 392.
[198] Derrida, *De la grammatologie* 16.
[199] Derrida, *De la grammatologie* 150.
[200] Derrida, „Signature événement contexte" 374.
[201] Derrida, „Signature événement contexte" 374.

in Buchform gegebenen Textes, sondern auch auf die Wahrnehmung und Beurteilung der empirischen Mannigfaltigkeit, also aller Realität als Inschrift und Text jenseits von Sprache.[202] Natur und Leben sind Schrift. Der Textualitätsbegriff Derridas umfaßt das Leben eines Menschen und seine Bewegungen, seine Arbeit, sein Denken und seine Gefühle, gelesen als Inschrift. Text „is limited neither to the graphic, nor to the book, nor even to discourse, and even less to the semantic, representational, symbolic, ideal, or ideological sphere;" Text impliziere „all the structures called 'real', 'economic,' 'historical,' socio-institutional, in short: all possible referents."[203] Erst in späteren Texten wird Derridas Beschreibung des Textes abgeklärter[204] und werden die frühen Ansätze humorvoll reformuliert, allerdings ohne widerrufen zu werden. Aus dem Spiel mit den Wörtern Textkörper oder Corpus zur Benennung eines Textes beispielsweise entwickelt Derrida eine Variante der Thematik des lebenden, energetischen Textes: Ein Textabschnitt kann im psychoanalytischen Sinn in einem Übertragungsverhältnis zu einem anderen Textabschnitt stehen. „And, since Freud reminds us that the relationship of transference is a 'love' relationship, stress the point: one text loves another . . . . It's enough to make a philologist laugh (or scream). "[205]

Als lebende, zeitgebundene Materialität sind der Text und seine Elemente bewegt. Der Text hat eine lebendige Kraft, „la force rare du texte."[206] Derrida verwendet allerdings den Begriff der Semiose, der sich für die Beschreibung der Kraft des Textes anbietet, nicht, denn er wird nur mit Relativität, nicht mit der verzeitlichenden Differantialität von Kraft identifiziert: Peirce beschreibt *semiosis* nach der altgriechischen Bedeutung als „the action of almost any kind of sign," geht jedoch in seiner Verwendung des Begriffs der Semiose davon aus, „[that] all dynamical action, or action of brute force, physical or psychical, either takes place between two subjects . . . or at any rate is a resultant of such actions between pairs," und daß diese Definition der semiotischen Kraft noch erweitert werden muß auf „an action, or influence, which is, or involves, a coöperation of *three* subjects, such as a sign, its object, and its

---

[202] Vgl. die marxistische und produktionistisch orientierte Kritik von Spivak: „The body at work . . . is not one text among many." Spivak, „Limits and Openings" 110.

[203] Derrida, „Afterword" 148.

[204] Rorty hat diese Entwicklung in anderem Kontext angemerkt. So bringe Derrida zwar in *De la grammatologie* eine brauchbare Sprachkritik vor, „[b]ut, alas, he immediately goes on to talk in a grandiloquent, Hegel-Heidegger, 'destiny of Europe' tone." Rorty, „Is Derrida a Transcendental Philosopher?" 243. Derridas Ton habe sich jedoch gewandelt, so daß Rorty Derridas frühes Werk als einen Fehlstart betrachtet, in derselben Weise, wie *Sein und Zeit* ihm im Licht von Heideggers späterem Werk wie ein Fehlstart erscheine, und wie Wittgenstein seinen *Tractatus* für einen Fehlstart gehalten habe.

[205] Derrida, „Living On - Border Lines" 147.

[206] Derrida, *Glas* 277.

interpretant."[207] Peirce setzt den Begriff der Semiose in Bezug zu einem Zeichenbegriff und zu Intentionalität in einer stabil gedachten Struktur. Die differantielle Generativität der Schrift bewirkt dagegen immer einen unbestimmten und beliebigen Überschuß an Signifikanten, was auch die Zentriertheit und Abgeschlossenheit der Struktur für den Text unmöglich sein läßt. So erkennt Derrida auch in Hegels Abwertung der Vorrede als problematisch hinsichtlich der Geschlossenheit der Dialektik eben „la requête même de l'écriture."[208] Die Vorrede wird für Derrida „archaïque, académique, contraire à la nécessité du texte."[209] In der Pantextualität wird der Gestus der Vorrede, daß dem Text noch etwas vorweg gesetzt werden könne, redundant.

Auch die scheinbaren Marginalien der Textproduktion wie das Alphabet werden gleichwertige Elemente der Sinnkonstitution.

> [H]enceforth I will have at my disposal only 18 letters . . . and I will have to make the best of them. But, one will protest, is not this limit utterly contingent, artificial and external? Are we now going to integrate such fringes into the text, and take account of such frames? . . . Must the surface of the paper, the contents of the time at our disposal, etc. all be integrated into our calculations? If so, what about the ink remaining in my typewriter ribbon? And yet: why not? That is the question.[210]

Die Materialität des Textes und seine Entgrenzung wird auch an typographischen Experimenten gezeigt: Die Typographie von *Glas*, Derridas Buch zu Hegels Systementwürfen, ignoriert die Falte der Seiten in der Mitte des Blattes, und die Schrift ist in unterschiedlichen Schrifttypen in Spalten auf dem Blatt angeordnet, so daß der Eindruck einzelner Säulen von Schrift, die nebeneinander gereiht einen Raum einnehmen, entsteht; jede Kolumne läuft von Blatt zu Blatt fort. Jeweils zwei herkömmliche Seiten sind mit einer Seitennummer versehen. Es gibt keine Fußnoten oder Anmerkungen; Zitate aus Hegel oder Jean Genet sind mit Anführungszeichen gekennzeichnet, aber ihre Herkunft wird nicht ausgewiesen. Der philosophische Kommentar wird gehandhabt wie Literatur, indem die wissenschaftlichen Konventionen ignoriert und die Gattungen auf Textualität reduziert werden. Der Anfang der Schrift des Buches ist in Kleinschreibung und scheint nicht den Text des Buches zu beginnen, sondern unmittelbar an einen vorangehenden anderen Text anzuschließen. Ebenso wird das Ende gehalten, das mitten im Satz abbricht und offen ist auf einen unendlichen Text. Die Typographie

---

[207] Charles Sanders Peirce, „A Survey of Pragmaticism," *Pragmatism and Pragmaticism/Scientific Metaphysics*, 1892/3-1902/3, hg. Charles Hartshorne und Paul Weiss, 1935, *The Collected Papers of Charles Sanders Peirce*, Bd. 5 (Cambridge: Harvard UP, 1960) 332.

[208] Derrida, „Hors livre" 41.

[209] Derrida, „Hors livre" 42.

[210] Derrida, „Limited Inc a b c ..." 45.

verweist auf die Unabschließbarkeit des Buches und kritisiert die
hegelsche Konzeption des absoluten Wissens, das unerreichbar ist, solange
es auf die Schrift angewiesen ist und bleibt. Mittels der Schreibweise in
Spalten kommentiert Derrida - mit Referenzen auf Genet, Saussure und
Bataille - seinen eigenen Hegelkommentar: Der einzelne, typographisch
abgeschlossene stilisierte Text kann nie komplett oder total sein, sondern
wird immer schon allein durch eine Lektüre kommentiert. Dabei verändert
sich für den Leser auch der Autor, so daß die Signatur des Autors
tatsächlich keine wahre, bleibende Bedeutung authentizitiert, sondern nur
zur vorübergehenden Markierung für eine Zusammenstellung oder
Gruppierung von textuellen Markierungen in einem Buch wird. Der Text
läuft jenseits der Signatur und außerhalb des Buches immer weiter. Mit
seiner Typographie verdeutlicht *Glas*, daß Innen und Außen des Buches
und eines einzelnen Textabschnittes in der „textualité générale"[211] nie klar
getrennt sind.

Ende der Metapher

In der Pantextualität kann keine 'übertragene Bedeutung,' eine
Hierarchie von unmittelbarem und mittelbarem Ausdruck, oder ein von
Außen kommendes umfassendes Begreifen mehr statthaben, so daß auch
die Metapher ihren herkömmlichen Sinn verliert und zur einfachen
Markierung wird. Die Metapher wird problematisch, indem sie „par tous
ses traits essentiels, un philosophème classique, un concept
métaphysique"[212] bleibt, denn sie beruht auf der Vorstellung eines
„passage du sens propre sensible au sens propre spirituel à travers le détour
des figures;" zur Auflösung der sinnlichen Äußerlichkeit werde vom idealistischen Schema „l'opposition nature/esprit, nature/histoire ou
nature/liberté"[213] eingesetzt. Nach Derrida, „[n]ulle part ce système n'est
plus explicite que chez Hegel. Or il décrit l'espace de possibilité de la
métaphysique et le concept de métaphore ainsi défini lui appartient."[214]

---

[211] Derrida, *Glas* 5.
[212] Jacques Derrida, „La mythologie blanche: la métaphore dans le texte philosophique,"
1971, *Marges de la philosophie* 261.
[213] Derrida, „La mythologie blanche" 269.
[214] Derrida, „La mythologie blanche" 269. Derrida erklärt mit diesem Zusammenhang
von Metapher und Metaphysik bei Hegel „la méfiance qu'inspire à Heidegger le
concept de métaphore." Derrida, „La mythologie blanche" 269, Anm. 19. Heidegger
zur Metapher: „Doch hier genügt die folgende Überlegung. Weil unser Hören und
Sehen niemals ein bloß sinnliches Aufnehmen ist, deshalb bleibt es auch ungemäß zu
behaupten, das Denken als Er-hören und Er-blicken sei nur als Übertragung gemeint,
nämlich als Übertragung des vermeintlich Sinnlichen in das Nichtsinnliche. Die Vorstellung von 'übertragen' und von der Metapher beruht auf der Unterscheidung, wenn
nicht gar der Trennung des Sinnlichen und Nichtsinnlichen als zweier für sich

Vom Blickpunkt der Textualität, „le mouvement de la métaphorisation . . . n'est autre qu'un mouvement d'idéalisation."[215] Wenn für die Idealisierung gilt, „[que t]out énoncé au sujet de quoi que ce soit qui se passe, y compris la métaphore, se sera produit *non sans* métaphore," dann heißt dies für Derrida, „que la métaphore se passe de tout autre."[216] „La métaphore . . . se retire, elle est au soir de sa vie."[217] Es sei nicht zu trennen „entre une lecture tropique et une lecture appropriée ou littérale, juste et vraie," sondern - im energetischen Sinne - „entre des capacités tropiques. "[218]

Text und Kontext

Der Text ist nie erschöpfend analysierbar, sondern überbordet immer das Verstehen und den Sinn. In der Auseinandersetzung mit J.L. Austins Theorie der performativen Linguistik und der Vorstellung des „contexte total" widerspricht Derrida der Möglichkeit eines abgeschlossenen Textes; es ist unsinnig, wenn „les analyses d'Austin requièrent en permanence une valeur de *contexte*, et même de contexte exhaustivement déterminable, en droit ou téléologiquement."[219] Die Dissemination und die Polysemie können nicht verhindert oder stillgestellt werden. Als Beispiel führt Derrida den Effekt der Anführungszeichen an, durch die jedes Zeichen zitiert werden kann; „par là il peut rompre avec tout contexte donné, engendrer à l'infini de nouveaux contextes, de façon absolument non saturable."[220] Dabei wird nicht gesetzt, „que la marque vaut hors contexte,

---

bestehender Bereiche. Die Aufstellung dieser Scheidung des Sinnlichen und Nicht-sinnlichen, des Physischen und des Nichtphysischen ist ein Grundzug dessen, was Metaphysik heißt und das abendländische Denken maßgebend bestimmt. Mit der Einsicht, daß die genannte Unterscheidung des Sinnlichen und Nichtsinnlichen unzu-reichend bleibt, verliert die Metaphysik den Rang einer maßgebenden Denkweise.
Mit der Einsicht in das Beschränkte der Metaphysik wird auch die maßgebende Vorstellung von der 'Metapher' hinfällig. Sie gibt nämlich das Maß für unsere Vorstellung vom Wesen der Sprache. Darum dient die Metapher als vielgebrauchtes Hilfsmittel bei der Auslegung der Werke des Dichtens und des künstlerischen Bildens überhaupt. Das Metaphorische gibt es nur innerhalb der Metaphysik." Martin Heidegger, *Der Satz vom Grund* (Pfullingen 1957) 88 f., nach Jacques Derrida, „Die weiße Mythologie: Die Metapher im philosophischen Text," übers. Mathilde Fischer und Karin Karabaczek-Schreiner, *Randgänge der Philosophie*, von Jacques Derrida, hg. Peter Engelmann (Wien: Passagen, 1988) 269-270, Anm. 19.

[215] Derrida, „La mythologie blanche" 269.

[216] Derrida, „Le retrait de la métaphore" 65.

[217] Derrida, „Le retrait de la métaphore" 66. „Heidegger n'a que très allusivement traité de la métaphore comme telle et sous ce nom. Et cette rareté même n'aura pas été insignifiante." Derrida, „Le retrait de la métaphore" 67.

[218] Derrida, „Le retrait de la métaphore" 74.

[219] Derrida, „Signature événement contexte" 383.

[220] Derrida, „Signature événement contexte" 381.

mais au contraire qu'il n'y a que des contextes sans aucun centre d'ancrage absolu."[221] Indem Derrida mit Hilfe des Schriftbegriffs den Regress des Zeichens in die Abgründigkeit der Dissemination konstruiert, entfällt die Möglichkeit der definitiven Festschreibung des Zeichens durch den Kontext. Vielmehr gehen von der notwendigen Polysemie des Zeichens verschiedene Kontexte aus, deren disseminierende Bewegung nicht aufgehalten werden kann. Diese Unmöglichkeit der Abgrenzung eines totalen Kontexts ergibt sich aus dem offenen, entgrenzten Textbegriff. John R. Searles Annahme, eine Sprechaktanalyse könne auf einen Text bereinigt werden, so daß eine ideale Form zur Formulierung idealer Grundlagen diene, wird von Derrida angegriffen: „[T]he import of context can never be dissociated from the analysis of a text, and . . . despite or because of this a context is always transformative-transformable, exportative-exportable."[222] Nur wenn ein Text, sei es als Rede im Sprechen oder in der Schrift eines Buches, aus der allgemeinen Schrift abgegrenzt wird, kann die illusorische Stabilität der Wahrheit bestehen. Nur in der Umgrenzung eines Abschnitts des Textes als Kontext wird Sinn und Wahrheit angetroffen:

> [D]es mots . . . se fixent le temps d'un trajet, s'y traduisent, se réarticulent, se répercutent, se contredisent, font des histoires, reviennent comme des réponses, organisent leurs échanges, se protègent, instituent un commerce intérieur, se prennent pour un dialogue. Plein de sens. Toute une histoire. Toute la philosophie.[223]

Mit der Unentscheidbarkeit hinsichtlich eines vom Autornamen oder einer Signatur beherrschten Kontextes spielt Derrida, wenn er in *Glas* unter den Textspalten keinen für die Sinnfindung primären oder wichtigeren Text und keine Herkunft von Zitaten ausweist. Dieses Spiel zeigt die „économie de l'indécidable" auf:

> Car si mon texte est (était) imprenable, il ne sera(it) pas pris, ni retenu. Qui serait puni, dans cette économie de l'indécidable? Mais si je linéarise, si je me mets en ligne et crois - niaiserie - n'écrire qu'un texte à la fois, cela revient au même et il faut encore compter avec le coût de la marge. Je gagne et perds à tous les cas mon dard.[224]

Welche der Textspalten das Protokoll vorgibt, nach dem der Sinn des Gesamten konstruiert werden kann oder soll, wird nie mit Sicherheit festzulegen sein. Wie der Autor im Prozeß des Schreibens und Kommentierens, kann der Leser im Prozeß des Lesens gewinnen und verlieren, je

---

[221] Derrida, „Signature événement contexte" 381.
[222] Derrida, „Limited Inc a b c ..." 79.
[223] Derrida, „La pharmacie de Platon" 196.
[224] Derrida, *Glas* 92.

nach dem, ob seine Aneignungen, Einschätzungen und Zuordnungen von Sinn im Laufe der Lektüre bestätigt werden oder nicht. Die einzelnen Textabschnitte lassen sich nicht in eindeutiger Folge aneinanderreihen, sondern bewirken momentan eine Gleichzeitigkeit und Unentscheidbarkeit von Sinnen. Gegen Searles Versuche, die Unentscheidbarkeit auszuräumen mit der Begründung, daß zuvor kein analytisches System errichtet werden könne, stellt Derrida die Notwendigkeit, anzuerkennen und damit umzugehen, daß jedes Element im System „structurally ambivalent "[225] ist.

Autorschaft

Ebenso wie sich die Frage stellt, ob die Autorschaft Autorität über den Text und die Wahrheit hat, muß angesichts der Pantextualität auch gefragt werden: „Qui écrit?"[226] - der Autor, der Leser oder die Schrift selbst? „Les différences sont . . . <<produites>> - différées - par la différance. Mais *qu'*est-*ce* qui diffère ou *qui* diffère? Autrement dit, *qu'est-ce* que la différance?"[227] Es produziert nicht das Subjekt des metaphysischen Diskurses als selbstgegenwärtiges Bewußtsein, sondern die *différance*. Der Mensch tritt auf als „l'écrivain."[228] Die generative Kraft der *différance* geht der Materialität der Schrift als einer allgemeinen Textualität voraus und bestimmt darin auch den Menschen als eine ihrer Markierungen. Die Produktivität auch der Sprache und ganz allgemein jeder semiotische Code „n'ont pas pour cause un sujet, une substance" und können nicht auf „un étant quelque part présent"[229] zurückgeführt werden, sondern sie sind Wirkungen ohne Ursache. „[L]e sujet, et d'abord le sujet conscient et parlant, dépend du système des différences et du mouvement de la différance"[230] und die Ökonomie der Sprache geht wie die Zeit dem Subjekt voraus.[231] Derrida verwehrt sich allerdings gegen die Unterstellung, er

---

[225] Derrida, „Limited Inc a b c ..." 75.

[226] Derrida, *Glas* 85.

[227] Derrida, „La différance" 15.

[228] Derrida, „Force et signification" 22. In der deutschen Übersetzung „Schriftsteller." Rodolphe Gasché, Übers., „Kraft und Bedeutung," 1963, *Die Schrift und die Differenz*, von Jacques Derrida (Frankfurt: Suhrkamp, 1976) 23.

[229] Derrida, „Sémiologie et grammatologie" 39.

[230] Derrida, „Sémiologie et grammatologie" 41.

[231] Die *différance* ähnelt dem Prinzip der Autopoiesis in der Systemtheorie; zu Autopoiesis und Systemtheorie vgl. Niklas Luhmann, „Die Autopoiesis des Bewusstseins," *Selbstthematisierung und Selbstzeugnis*, hg. Alois Hahn und Volker Kapp (Frankfurt: Suhrkamp, 1987) 25-94; Francisco J. Varela, „Autonomie und Autopoiese," 1981, übers. Siegfried J. Schmidt, *Der Diskurs des radikalen Konstruktivismus*, hg. Siegfried J. Schmidt (Frankfurt: Suhrkamp, 1987) 119-132. Vgl. auch Christopher Johnson, *System and Writing in the Philosophy of Jacques Derrida* (Cambridge: Cambridge UP, 1993), der Derridas Textbegriff mit der Frage

habe behauptet, daß es kein Subjekt der Schrift gebe. „Le <<sujet>> de
l'écriture n'existe pas si l'on entend par là quelque solitude souveraine de
l'écrivain. Le sujet de l'écriture est un *système* de rapports."[232] Die
produzierende Generativität der *différance*, statt eine beherrschende Produktivität des Autors, stellt auch die Intentionalität in Frage, wie Derrida
in Auseinandersetzung mit dem Intentionalitätsbegriff der Sprechakt-
theorie thematisiert: „ . . . among all the effects produced, if not
intended."[233]

Die im Begriff und Prinzip der *différance* angelegte Verzeitlichung und
die in der Textualität und der Schrift formulierte Materialität als der beiden
von Derrida gegen den Idealismus affirmierten Aspekte der Sprache
werden anhand der Analogie von Sprache und Geld im Verlauf seines
Werks zusehends als ökonomische Kategorien beschrieben. Ausgangspunkt ist immer die Sprachphilosophie, nie die Wirtschaftstheorie;
dennoch korreliert die Beschreibung des Geldes bei Derrida als Markierung in der von der *différance* verzeitlichten Textualität mit wirtschaftstheoretischen Ergebnissen und die Theorie der Dekonstruktion als
Semiotik kann auch eine Beschreibung der Geldwirtschaft leisten.
Zugleich bezieht die Theorie der Dekonstruktion im Verlauf der Auseinandersetzung mit dem Geldbegriff Anregungen, die zur Entwicklung einer
Ethik führen, die auch als Wirtschaftsethik schlüssig wird, indem sie
Konventionalität von moralischen Maßstäben, Gesetzgebung und Verteilung betont und die angenommenen Zwänge von Arbeit und Produktivität
dekonstruiert.

---

von Offenheit und Geschlossenheit in der Systemtheorie (nach Ludwig von
Bertalanffy und Gregory Bateson, ohne Luhmann) zusammenbringt, und Niklas
Luhmann, „Deconstruction as Second-Order Observing," *New Literary History* 24.4
(Herbst 1993): 763-782.

[232] Derrida, „Freud et la scène de l'écriture," 1966, *L'écriture et la différence* 335.

[233] Derrida, „Limited Inc a b c ..." 41.

4.

Theorie der Dekonstruktion:
Sprachtheorie und Geldtheorie

Nach Derrida gehört auch das Geld „à l'ordre illimitable du langage ou de l'inscription - de la marque."[1] Der Vergleich zwischen Geld und Sprache sei mehr als eine Analogie, „ou en tout cas plus qu'une analogie comme les autres ou parmi d'autres."[2] Bereits 1967 erklärt Derrida, „[que l]a description critique de l'argent est la réflexion fidèle du discours sur l'écriture."[3] Die Analogie von Sprache und Geld ist mehr als eine Analogie, weil Geld und Sprache als Markierungen gelten und als solche nicht analogischen Ordnungen, sondern ein und derselben Ordnung, der Textualität oder Inschrift, angehören. Die Theorie der Dekonstruktion betrachtet „l'économie, monétaire ou pré-monétaire, et le calcul graphique" als „co-originaires," so daß „une possibilité commune et radicale qu'aucune science déterminée, aucune discipline abstraite, ne peut penser comme telle"[4] angenommen wird. „La circulation des signes arbitraires" der Schrift „est bien parallèle à celui dans lequel se constitue la monnaie."[5] Für „un discours sur la figure" ergibt sich, daß er „ne se laisse plus contenir dans une science régionale ou déterminée, la linguistique ou la philologie;" es kommt zu „l'échange entre le linguistique et l'économique" als „deux types de signifiant."[6] Geldtheorie und Schrifttheorie, Ökonomie und Sprachwissenschaft werden in der Grammatologie zu einer Disziplin. Es folgt, daß wirtschaftswissenschaftliche Beschreibungen des Geldes auch als Kritik der Schrift gelesen werden, ebenso wie umgekehrt sprachwissenschaftliche Beschreibungen Auskunft über das Geld und die Geldwirtschaft geben können. Hegels hierarchische Unterordnung der Wirtschaftstheorie unter die Philosophie des Geistes in der Rechtsphilosophie kann nicht aufrechterhalten werden.[7] In Derridas Lektüre der Systementwürfe Hegels und der *Phänomenologie des Geistes* wird diese Unter-

---

[1] Derrida, „Du 'sans prix', ou le 'juste prix' de la transaction" 392.

[2] Derrida, „Du 'sans prix', ou le 'juste prix' de la transaction" 389.

[3] Derrida, *De la grammatologie* 424.

[4] Derrida, *De la grammatologie* 141. Vgl. Klaus Rosenthal, *Die Gleichursprünglichkeit von Ökonomie und Wissenschaft* (Spardorf: René F. Wilfer, 1986).

[5] Derrida, *De la grammatologie* 424.

[6] Derrida, „La mythologie blanche" 257. In der deutschen Übersetzung wird „figure" mit „bildliche Darstellung" wiedergegeben. Fischer und Karabaczek-Schreiner 212.

[7] Vgl. Kapitel 2.

ordnung dadurch umgangen, daß die Spekulation - „cette régénérescence,
. . . ce vol"[8] - nicht nur als Überfliegen und Übergehen wirtschaftlicher
Momente, sondern homonymisch als Diebstahl der Geistesphilosophie von
der Ökonomie der Familie beschrieben und damit wieder in einen wirtschaftlichen und juridischen Kontext eingeholt wird.

Ein unauffälliger Text Derridas von 1992 - „Du 'sans prix', ou le 'juste
prix' de la transaction," die schriftliche Fassung eines kurzen Vortrags
anläßlich eines von der Zeitung Le Monde organisierten Forums zur Frage
„Comment penser l'argent?" - enthält einen Abriß des Ökonomiebegriffs
Derridas, der wie eine Zusammenfassung der aktuellen wirtschaftswissenschaftlichen Geldtheorie anmutet und die wichtigsten Aspekte des
Vergleichs von dekonstruktionistischer Sprachtheorie und Geldtheorie
aufwirft: Mit den im Vortrag gegebenen Definitionen - Konventionalität,
Fiktionalität und Künstlichkeit des Geldes und des Wertes, Allgemeingültigkeit der Geldwirtschaft (aristotelische Chrematistik) und Redundanz
der Naturaltauschwirtschaft (aristotelische Ökonomik), Geld als Technologie der Zeit und des demokratischen Individualismus - sind diejenigen
Momente vorgeführt, die in der Geschichte der Wirtschaftstheorie seit
Aristoteles und bis in das 20. Jahrhundert keine Selbstverständlichkeit,
sondern äußerst umstritten sind und sich auch in philosophischen, vor
allem moralphilosophischen, Kontroversen auswirken. Die von Derrida
bezüglich der Sekundarität der Schrift aufgewiesenen Dispute zwischen
Idealismus und Materialismus finden ihre historische Analogie in einer
angenommenen Sekundarität des Geldes.

Wirtschaftstheoretischer Kontext im Werk Derridas

In seinem Vortrag von 1992 nimmt Derrida keinen Bezug auf
wirtschaftswissenschaftliche Theorien außer auf die Beschreibung der
Ökonomik bei Aristoteles; seine Schriften enthalten auch sonst kaum
direkte Hinweise auf die Tradition der Wirtschaftswissenschaften, auch
wenn diese immer in der Ökonomie der différance wegen der Analogie
von Sprache und Geld impliziert sind und kontextuell ergänzt werden
können. Andere Ansätze als den der klassischen Wirtschaftstheorie spricht
Derrida explizit nicht an; es werden jedoch wegen der Kritik an der
Arbeitswerttheorie bei Marx und bei Hegel, den Derrida auch als Vertreter

---

[8] Derrida, Glas 144. Derridas Wortspiel mit dem polysemischen „vol" bezieht sich im
    Flug auf dasjenige mit „aigle" und „Hegel," beide Wörter im Französischen homo-
    phon, das Glas durchzieht. Derrida kommentiert seine Auseinandersetzung mit dem
    hegelschen Text durch die Lektüre von Jean Genets Le Journal du voleur und
    konzentriert sich auf den Begriff des Fetisch, der, wie das Wortspiel auf „vol," „aigle"
    und „voleur," die identitären Prämissen der hegelschen Dialektik aufbrechen läßt.

der Arbeitswerttheorie rezipiert, solche immer wieder nahegelegt. Schon früh wehrt sich Derrida gegen ein Verständnis der Ökonomie als „l'économie classique de la métaphysique."[9] In einer Passage von Derridas Schrift zu Condillacs *Essai sur l'origine des connoissances humaines* und *Traité des sensations* wird zwar vermerkt, daß die subjektive Werttheorie oder Nutzentheorie in Condillacs ökonomischer Theorie angelegt ist,[10] Derrida expliziert jedoch nicht die subjektive Werttheorie selbst, sondern stellt ihr nur eine noch der klassischen Arbeitswertlehre verbundene Kritik an Marx entgegen;[11] auf einen Widerstreit ökonomischer Werttheorien geht Derrida nicht ein, auch wenn dieser Widerstreit heute durch die Wirtschaftstheorie im Sinne von Condillac, nicht von Marx, beigelegt ist. Obwohl Derrida in seiner Schrift zu Condillac wie in seiner Auseinandersetzung mit Jean-Jacques Rousseau in *De la grammatologie* eng am subjektiven, über das Bedürfnis und den Nutzen bestimmten Wertbegriff entlang argumentiert, setzt er die Überlegungen der Autoren nicht in den Kontext wirtschaftswissenschaftlicher Erkenntnisse ihrer Zeit oder in den der werttheoretischen Diskussion seit Ende des 18. Jahrhunderts. Auch spricht er in Bezug auf die Theorie des Tauschwerts von der platonischen Tradition, was im Sinne eines zu diagnostizierenden Idealismus des Tauschwerts im Kontext der Schriftreflexion auch wirtschaftswissenschaftlich stimmig ist, während allerdings die Unterscheidung von Gebrauchs- und Tauschwert in der Geschichte der Wirtschaftstheorie auf Aristoteles, nicht auf Platon, zurückgeführt wird. In *Glas* wird beiläufig auf Hegels weniger relevante Lektüre der *Inquiry into the Principles of Political Economy* von James Steuart[12] verwiesen, aber trotz des Bezugs auf die Jenaer Systementwürfe die wichtigere Rezeption Adam Smiths durch Hegel nicht erwähnt. Derrida kann damit den Einfluss der frühen Wirtschaftswissenschaft auf Hegels Denken nur behaupten; was er für Hegels Schriften diagnostiziert, kann auch für seine eigenen gelten: „Mais même si les conséquences politico-économiques des premiers essais ne sont pas développées, elles sont conceptuellement marquées."[13] Der Derridasche Text ist offen auf die Wirtschaftstheorie, ohne daß deren Kontext entwickelt würde. Auf die Schriften anderer zeitgenössischer Autoren, so Shell und Goux, die wie er selbst die Analogie von Sprachtheorie und Geldtheorie verfolgen, nimmt Derrida in Anmerkungen Bezug, jedoch mit Ausnahme einer Stellungnahme zu Gouxs Vorstellung vom Goldstandard[14] immer ohne Erläuterung zu den von den Autoren eingebrachten wirtschaftswissenschaftlichen Aspekten.

---

[9] Derrida, „Implications" 17.
[10] Zu Condillac vgl. Kapitel 1.
[11] Derrida, *L'archéologie du frivole: lire Condillac* 85 ff..
[12] Derrida, *Glas* 130-131. Vgl. Kapitel 2.
[13] Derrida, *Glas* 131.
[14] Vgl. Kapitel 5.

Eine Lektüre der Werke Derridas entlang der von der Wirtschaftstheorie und ihrer Geschichte vorgegebenen Problemstellungen und ihres Vokabulars bringt die Lücken in Derridas Projekt einer Analogie von Sprache und Ökonomie hervor, ohne daß es insgesamt in seiner Relevanz in Frage gestellt würde, weil die *différance* und der Begriff der Schrift und seine Behandlung in der Geschichte der Philosophie auf die heutige Geldtheorie und den aktuellen wirtschaftswissenschaftlichen Stand konvergieren, somit die Zurückhaltung Derridas hinsichtlich der Hinzuziehung ökonomischer Theorie die Konvergenz von Sprach- und Geldtheorie nicht anachronistisch verkürzt wie beispielsweise in vielen amerikanischen Texten, die den Ökonomiebegriff produktionistisch rezipieren. Derridas Schriften halten sich dem wirtschaftswissen-schaftlichen Kontext mit Bedacht offen und weisen, gegen Spivaks Zweifel, keine „'mistakes'"[15] hinsichtlich wirtschaftswissenschaftlicher Prämissen in der Korrelation von Wirtschafts- und Sprachtheorie auf.

Aristoteles-Rezeption bei Derrida

Besonders deutlich wird Derridas im Nachtrag stattfindende Rezeption von Wirtschaftstheorie im Umgang mit der aristotelischen Unterscheidung von Ökonomik und Chrematistik, die in der Geschichte der Wirtschafts-theorie starken Einfluß genommen hat. Auch für die Thematik der beschränkten und allgemeinen Ökonomie nach Bataille oder der akkumu-lierenden Supplementarität des Textes als Effekt der *différance* in der Theorie der Dekonstruktion erlangt die aristotelische Unterscheidung Brisanz: Derridas Denken läßt sich bevorzugt beschreiben als Infrage-stellung der Trennung von Ökonomik und Chrematistik, unter Einschluß aller einhergehenden Etymologien und Kontexte wie Haus, Heim, Maß, Geld, Zins, Ursprung, Berechnung, Natur, Künstlichkeit und Grenze.

Derrida bemerkt in *Glas* 1975 zum ersten Mal, „[que] Hegel dialogue . . . avec Platon et Aristote;"[16] auch wenn Derrida belegt, wie Hegel in der Nachfolge Aristoteles' das organisatorische Prinzip des *oikos* von Familie zu Bürgertum und schließlich zum Staat ausweitet, wird die an diese Beschreibung gebundene aristotelische ökonomischen Theorie von Derrida an dieser Stelle nicht erwähnt. Es ist davon auszugehen, daß Derrida die aristotelische Unterscheidung von Ökonomik und Chrematistik, die in seinen späteren Schriften in wirtschaftstheoretischer Hinsicht herange-zogen wird, zu dieser Zeit, Mitte der 70er-Jahre, noch nicht kennt. Diese Annahme wird davon gestützt, daß Derridas Auseinandersetzung mit Batailles Konzeption der beschränkten und allgemeinen Ökonomie von

---

[15] Spivak, „Ghostwriting" 71.
[16] Derrida, *Glas* 145.

1967 auch keine Referenz auf die im späteren Werk Derridas hinsichtlich ökonomischer Theorie starke Unterscheidung von Ökonomik und Chrematistik bei Aristoteles vorlegt, obwohl sich der Vergleich mit Batailles Unterscheidung aufdrängt. Wenn sich Derrida in *Donner le temps: 1. La fausse monnaie* von 1991 in einer Fußnote bei Egide Berns dafür bedankt, „d'avoir rappelé ce passage" - in der Aristoteles die Unterscheidung von Ökonomik und Chrematistik begründet - „à mon attention,"[17] was frühestens 1977, also nach der Veröffentlichung von *Glas*, aber auch erst unmittelbar vor 1991, zur Nachbereitung vor der Veröffentlichung von *Donner le temps: 1. La fausse monnaie* geschehen sein kann, spricht dies dafür, daß Derrida tatsächlich erst spät von der aristotelischen Unterscheidung Kenntnis genommen hat. Hiermit stimmt auch die geringe Aufmerksamkeit Derridas für mit dem Geldbegriff verbundene wirtschaftstheoretische Themen vor 1977 überein. Derrida legt erst 1991 diejenigen aristotelischen Einflüsse seines Ökonomiebegriffs vor, die, wie sich im Rückblick auf seine seit 1962 erfolgten Veröffentlichungen, schon früh, wenn auch nicht benannt, in seinen Schriften besonders im Kontext der Beschreibung der Grenze des Systems und der Kraft der *différance* „conceptuellement" oder als Lücken markiert sind. *Donner le temps: 1. La fausse monnaie* kann als Zusammenfassung und nachträgliche Abrundung des Ökonomiebegriffs Derridas gelten, wie er selbst in der Vorbemerkung betont.[18] Das frühe Denken Derridas zur Zeitlichkeit, zum Aufschub und zur Materialität wird im Geldbegriff gesammelt.

Donner le temps: 1. La fausse monnaie

Derrida geht den Ökonomiebegriff in *Donner le temps: 1. La fausse monnaie* etymologisch an; die Etymologie des Wortes definiert es als Gesetz der Verteilung im Haus oder des Familienbesitzes. Darüber hinaus, abgesehen von der griechischen Etymologie, impliziere Ökonomie „l'idée d'échange, de circulation, de retour,"[19] was wiederum auf die Figur des

---

[17] Derrida, *Donner le temps: 1. La fausse monnaie* 200, Anm. 1.

[18] Derrida, *Donner le temps: 1. La fausse monnaie* 9: „A cette occasion, j'avais en effet tenté de fixer la forme du discours proposé en 1977-1978 et qui gardait pour moi une signification particulière." Die Problematik der Gabe, die in *Donner le temps: 1. La fausse monnaie* entlang des Zeitbegriffs und des Geldbegriffs entwickelt wird, so Derrida, sei ihm an denjenigen Stellen seines Werks bis 1991 schon spürbar geworden, „où il a pu être traité du *propre* ..., de l'économie, de la trace, . . . et surtout du *reste*, bien sûr, c'est-à-dire de façon à peu près constante." Derrida, *Donner le temps: 1. La fausse monnaie* 10, Anm. 1. „Les prémisses de ce séminaire non publié restaient impliquées, d'une façon ou d'une autre, dans les ouvrages ultérieurs." Derrida, *Donner le temps: 1. La fausse monnaie* 10.

[19] Derrida, *Donner le temps: 1. La fausse monnaie* 18.

Kreises verweise. Als „échange circulaire, circulation des biens, des produits, des signes monétaires ou des marchandises, amortissement des dépenses, revenus, substitution des valeurs d'usage et des valeurs d'échange" stehe diese Figur „au centre de toute problématique de l'*oikonomia*."[20] Das Gesetz der Ökonomie sei „le retour - circulaire - au point de départ, à l'origine, à la maison."[21] Unter Bezug auf seine Hegel-Lektüre erklärt Derrida, daß somit „[l]'être-auprès-de-soi de l'Idée dans le Savoir Absolu serait odysséique" im Sinne „d'une *économie* et d'une *nostalgie*, d'un <<mal du pays>>, d'un exil provisoire en mal de réappropriation."[22]

Dieser zirkuläre Begriff der Ökonomie, der auf physiokratische Vorstellungen vom wirtschaftlichen Kreislauf verweist, erfährt bei Derrida eine Modifikation. Diese wird deutlich schon in *Donner le temps: 1. La fausse monnaie* zwischen der Beschreibung der Ökonomie als aristotelischer Ökonomik zu Anfang des Buches und der Erklärung zum Ende des Buches, daß die Trennung zwischen Ökonomik und Chrematistik unaushaltbar sei; erst zum Ende von *Donner le temps: 1. La fausse monnaie* führt Derrida den Ökonomiebegriff auf seine Anfänge bei Aristoteles im frühesten wirtschaftswissenschaftlichen Kontext der Überlieferung der westlichen Philosophie zurück. *Donner le temps: 1. La fausse monnaie* beschreibt die Entwicklung des Begriffs der Ökonomie bei Derrida von einer zirkulären Tauschwirtschaft zu einer entgrenzten Geldwirtschaft. Die Geschichte des Aufschubs des Ökonomiebegriffs als Begriff der Geldwirtschaft in Derridas Werk demonstriert nicht nur die Folgerichtigkeit eines Verständnisses der Ökonomie anhand der Begriffe der Zeit, des Aufschubs und des Zinses der Geldwirtschaft, sondern belegt auch, daß die Textualität an jedem ihrer Orte immer alle ihre Möglichkeiten impliziert und der Lektüre öffnet. Das Ökonomieverständnis bei Derrida muß unter dem 'Druck der Schrift'[23] immer auf das Geld, den Preis, den Markt und eine Affirmation des Offenen, chrematistisch Akkumulierenden konvergieren.

Wie vor allem der Vortrag von 1992 mit Explikationen zu Aristoteles' Unterscheidung von Ökonomik und Chrematistik und deren zeitgenössischer Irrelevanz belegt, erweisen sich die im letzten Abschnitt von *Donner le temps: 1. La fausse monnaie* enthaltenen Gedanken zu Aristoteles als die Anfang der 90er-Jahre erst aktuellen Entwicklungen in Derridas Theorie der Ökonomie. Zum Ende von *Donner le temps: 1. La fausse monnaie* wird wie im Vortrag „Du 'sans prix', ou le 'juste prix' de la transaction" von 1992 die Unhaltbarkeit der aristotelischen Unter-

---

[20] Derrida, *Donner le temps: 1. La fausse monnaie* 18.
[21] Derrida, *Donner le temps: 1. La fausse monnaie* 18.
[22] Derrida, *Donner le temps: 1. La fausse monnaie* 18.
[23] Vgl. „la *pression* exercée en tous sens par la vie" bei Bataille, Kapitel 2.

scheidung von Ökonomik und Chrematistik erklärt. Die zirkuläre und auf den äquivalenten Tausch als Mechanik verweisende Ökonomiekonzeption wird zwar von Derrida bereits früh bei Hegel als abschließend kritisiert und ihr Batailles allgemeine Ökonomie, die den Kreis durchbricht, entgegengestellt; diese Kritik an der Figur des Zirkels, der Zirkulation und der Beschränktheit der Ökonomik jedoch greift auf die *différance* und die Zeit als Erklärung für eine notwendige Überschreitung zurück ohne noch das Moment des differantiellen und temporalisierenden Effekts in ökonomischer Hinsicht als das des Geldes zu beschreiben. Erst im Verlauf von *Donner le temps: 1. La fausse monnaie* wird deutlich, daß die *différance* kein ökonomi(k)sches, sondern ein chrematistisches Prinzip ist.

In der Beschreibung der beschränkten Ökonomie als einer des Kalküls, die schon in der ersten Auseinandersetzung mit Hegel im Aufsatz zu Bataille erscheint, wird anfangs von der Zuordnung des Kalküls zur beschränkten und der Verausgabung und Maßlosigkeit zur allgemeinen Ökonomie ausgegangen. In „Economimesis" von 1975 kommt Derrida jedoch zum Ergebnis, daß das Verhältnis zwischen den beiden Ökonomien weder eines der Identität noch des Widerspruchs sein müsse, „but must be other."[24] Ökonomie verlangt immer Kalkulation, aber Kalkulation kann nie vollständig erfolgen und Ökonomie muß offen bleiben. Die Alterität zwischen einer beschränkten und einer allgemeinen Ökonomie, so stellt Derrida hier fest, ist also kein Verhältnis der Opposition, so wie auch das Kalkül zwar statthat, aber nie vollständig und begrenzt sein kann. In *Donner le temps: 1. La fausse monnaie* wird schließlich festgestellt, daß die aristotelische Unterscheidung zwischen Ökonomik und Chrematistik „invivable"[25] ist. Der späten Ökonomiekonzeption Derridas unterliegt kein Naturaltausch, sondern Geldwirtschaft, kein äquivalenter, instantaner Tausch, sondern vertragliche Verpflichtung und Vereinbarung über Werte und Zeit. Zins und Kredit sind Effekte der Konvention, der Zeit, des Geldes. Damit bezieht Derrida zu einer wirtschaftstheoretischen Tradition und in wirtschaftstheoretischen Diskussionen Stellung, die bis weit in das 20. Jahrhundert und noch heute Einfluß haben.

---

[24] Jacques Derrida, „Economimesis," 1975, übers. R. Klein, *Diacritics* 11 (1981): 3: „[W]e are not yet defining economy as an economy of circulation (a restricted economy) or a general economy, for the whole difficulty is narrowed down here as soon as - that is the hypothesis - there is no possible *opposition* between these two economies. Their relation must be one neither of identity nor of contradiction but must be other."

[25] Derrida, *Donner le temps: 1. La fausse monnaie* 203.

Werttheoretischer Exkurs 4:
Ökonomik und Chrematistik -
Natural- und Soforttauschwirtschaft oder
Geld- und Zinswirtschaft

Die früheste überlieferte systematische Erörterung wirtschaftswissen-
schaftlicher Zusammenhänge in der westlichen Tradition steht bei
Aristoteles in *Die Nikomachischen Ethik* und in der *Politik*;[26] die frühesten
Belege für den Terminus *oikonomía* stammen aus Platons *Apologie des
Sokrates* und aus anderen denjenigen des Aristoteles unmittelbar
vorgängigen Schriften aus dem frühen 4. Jahrhundert.[27] Die systematische
Beschäftigung mit der *oikonomía* als Hausverwaltungskunst, wozu auch
die Darstellungen des Aristoteles zählen, beginnt spätestens im 4.
Jahrhundert, in der Folge lehrhafter Darstellungen über die richtige
Haushaltung, die bis in die frühe griechische Literatur zurückreichen.
Oikos - das Haus - ist „bereits in den Epen Homers und Hesiods ein
sozialer Grundbegriff."[28] Unter *oikos* sind dabei nicht nur „konkret Behau-
sungen aller Art, sondern auch . . . das gesamte Hauswesen mit den dazu-
gehörenden Personen und Gütern"[29] zu verstehen. Die Natur gibt nach
Aristoteles eine begrenzte, aber angemessene Menge an Gütern, die in der
menschlichen Gemeinschaft wiederum in einer an eine als natürlich
begriffene Hierarchie gebundenen Ordnung verteilt wird. Ein
angenommener, natürlicher Überfluß sichert jedem Mitglied der daran
angepaßten, begrenzten und geschlossenen menschlichen Gemeinschaft
ein seinem natürlichen Stand angemessenes, gutes und wahres Leben. Ziel
der *oikonomía* ist die Autarkie der Hausgemeinschaft durch die dem Haus
angeschlossene Landwirtschaft.

Zur *oikonomía* gehört Tauschhandel, „damit von den Gütern, die in der
Gemeinschaft . . . des Hauses für das Leben notwendig und nützlich sind,
diejenigen zur Verfügung stehen, die aufgespeichert werden können."[30]
Dieser Tauschhandel „ist weder gegen die Natur, noch ist er eine

---

[26] Vgl. Schumpeter 96 ff., Moses I. Finley, „Aristotle and Economic Analysis," *Past &
Present* 47 (May 1970): 3-25, und Peter Spahn, „Die Anfänge der antiken
Ökonomik," *Chiron* 14 (1984): 301-323 zur Diskussion innerhalb der
Wirtschaftstheoriengeschichtsschreibung, ob Aristoteles trotz seiner normativen
Beschreibung ökonomischer Sachverhalte als Gegenstand der praktischen Philosophie
zum Begründer der westlichen Wirtschaftswissenschaft im Sinne einer
'ökonomischen Analyse' Schumpeters erklärt werden kann.

[27] Vgl. Spahn 304.

[28] Spahn 304.

[29] Spahn 304.

[30] Aristoteles, *Politik*, übers. Olof Gigon (München: dtv, 1973) 58 [1256b].

besondere Form der Erwerbskunst (denn er dient nur der Erfüllung der naturgemäßen Autarkie)."[31] Eine derart nur der Autarkie „eines vollkommenen Lebens" dienende Erwerbskunst ist „wahre[r] Reichtum . . . [, d]enn der Bedarf an solchem Besitz . . . ist nicht unbegrenzt."[32] Die *oikonomia* steht somit immer unter dem ethischen Gesichtspunkt einer „Gemeinschaft des Austausches."[33] Den Tauschhandel als natürliche Form der Erwerbskunst setzt Aristoteles von der Chrematistik[34] - der geldwirtschaftlichen Kaufmannskunst - als verderblicher, „besonderer Form der Erwerbskunst" mit den Argumenten der Künstlichkeit, Konventionalität und Grenzenlosigkeit ab. Diese zweite Art der Erwerbskunst sei aus dem erweiterten Tauschhandel mit der Erschaffung des Geldes hervorgegangen.

> Als nun schon das Geld aus den Bedürfnissen des Tauschverkehrs geschaffen war, entstand . . . die Kaufmannskunst, anfangs wohl nur ganz einfach, später kunstmäßiger auf Grund der Erfahrung, woher und wie man Güter vertauschen müsse, um den größten Gewinn zu erzielen.[35]

Die Güter sind jedoch „in Wahrheit" nicht verrechenbar und es bleibt ein Mißtrauen gegenüber dem repräsentierenden Geld: „[I]n Wahrheit allerdings können Dinge, die so weit voneinander verschieden sind, nicht kommensurabel werden, aber soweit es das Bedürfnis verlangt, ist es möglich."[36] Die beiden Fertigkeiten Ökonomik und Chrematistik seien leicht zu verwechseln, aber für Aristoteles gilt, daß die eine „von Natur" ist, „die andere nicht," denn sie „ergibt sich eher aus einer Art von Erfahrung und Kunst;" sie ist „die Kunst des Gelderwerbs."[37] Indem die Kaufmannskunst durch den geldvermittelten Handel mit den nützlichen Dingen - *chrema* bedeutet 'nützliches Ding' - Gewinn und Zuwachs an Eigentum erzielt, sprengt sie die Grenzen der *oikonomia* und gilt als „Erzeugerin des Reichtums und des Geldes."[38] Sie

> produziert zwar Vermögen, aber . . . nur durch den Umsatz von Gegenständen; und nur sie scheint sich um das Geld zu drehen. Denn das Geld ist das Element

---

[31] Aristoteles, *Politik* 60 [1257a].

[32] Aristoteles, *Politik* 59 [1256b].

[33] Aristoteles, *Die Nikomachische Ethik* 214 [1132b]. Vgl. zur Ethik des Tauschs: "Darum werden auch an sichtbarer Stelle Tempel der Chariten errichtet, damit man dankbar sei. Denn dies ist dem Wohlwollen eigentümlich. Man muß dem, der uns gefällig gewesen ist, Gegendienste erweisen und auch seinerseits mit Freundlichkeit beginnen." Aristoteles, *Die Nikomachische Ethik* 214 [1133a].

[34] Platons Schriften enthalten den Erstbeleg „auch für den anderen Schlüsselbegriff der Ökonomik: *chrematistos*." Spahn 316. Sokrates erklärt in der *Apologie des Sokrates*, daß er sich weder um Händler- oder Geldgeschäft, noch um Haushaltung kümmere.

[35] Aristoteles, *Politik* [1257b].

[36] Aristoteles, *Die Nikomachische Ethik* 216 [1133b].

[37] Aristoteles, *Politik* 59 [1256b, 1257a].

[38] Aristoteles, *Politik* 60 [1257b].

und die Grenze des Umsatzes. Darum ist der Reichtum, der von dieser Erwerbskunst kommt, allerdings unbegrenzt. . . . [A]lle, die sich mit Erwerb befassen, vermehren ihr Geld ins Unbegrenzte.[39]

Das Motiv der Grenze oder der Geschlossenheit, die durch das Maß der Natur bestimmt werden, ist für die aristotelische Systematik entscheidend. Die *oikonomía* besitzt eine natürliche Grenze, die Chrematistik nicht. Die Vermehrung des Geldes durch die Zinswirtschaft komme einer unnatürlichen Selbstvermehrung gleich.

[S]o ist erst recht der Wucher hassenswert, der aus dem Geld selbst den Erwerb zieht und nicht aus dem, wofür das Geld da ist. Denn das Geld ist um des Tausches willen erfunden worden, durch den Zins vermehrt es sich aber durch sich selbst. Daher hat es auch seinen Namen: das Geborene ist gleicher Art wie das Gebärende, und durch den Zins (*tokos*) entsteht Geld aus Geld. Diese Art des Gelderwerbs ist also am meisten gegen die Natur.[40]

Die Chrematistik wird von Aristoteles als nur vom *nomos*, den Gesetzen und der Konvention, bestimmt getadelt, „denn sie hat es nicht mit der Natur zu tun, sondern mit den Menschen untereinander."[41] Die Autonomie einer Wirtschaft, die über das Geld organisiert wird, widerspricht der Forderung nach Naturgemäßheit und -verbundenheit des menschlichen Lebens, seiner Organisation, und seiner gesellschaftlichen Hierarchie. Ein auf menschliche Konvention begründetes, damit künstliches System wie die Geldwirtschaft muß nach Aristoteteles verurteilt werden.

Aristotelische Tradition

Die Bevorzugung der Ökonomik als autark und naturgemäß und die Herabsetzung der Chrematistik als unnatürlich, scheinhaft, künstlich und grenzenlos zieht sich als Topos bis zu Hegels Unterscheidung von substantiellem Stand und Stand des Gewerbes und zur Verurteilung der Scheinhaftigkeit des Warenfetischs bei Marx. Hegels Rede vom Geld als totem Ding[42] und seine frühe Kritik des Kaufmannsstandes geht in der Ablehnung des Geldes und der Geldwirtschaft bis auf die antike, idealistische Festschreibung der feudalen, naturalwirtschaftlichen Ökonomik bei Aristoteles in Reaktion auf die pragmatische Orientierung an den Erfordernissen des städtischen Marktes und der Geldwirtschaft bei den Sophisten im 4. Jahrhundert v. Chr. zurück.[43] Auf die Kapital- und Zins-

---

[39] Aristoteles, *Politik* 61 [1257b].
[40] Aristoteles, *Politik* 63 [1258b].
[41] Aristoteles, *Politik* 63 [1258a-b].
[42] Hegel, *Jenaer Systementwürfe III* 246.
[43] Vgl. Spahn 309 ff..

wirtschaft geht Hegel selten ein; daß der „Wechsel honoriert"[44] werden muß, ist keine Erklärung geldtheoretischer und zinswirtschaftlicher Zusammenhänge. Auch er nennt „Zins von *Geld*" einen „*Wucher*"[45] und fordert dessen Beschränkung. „Gesetze gegen den *Wucher*" seien notwendig, denn das Geld scheine seltener, als es ist, weil „der Einzelne die Gelegenheiten und die Individuen nicht kennt, bei denen Geld zu haben ist."[46] Da aus der „Meinung größerer Seltenheit" des Geldes „höhere Zinsen" resultieren, solle der Staat, der wisse, wieviel Geld es gebe, durch „Taxe der Zinsen"[47] dem vorbeugen. So soll der Fiktionalität der Geldwirtschaft entgegengewirkt werden, denn „jedes Gerücht von Krieg und Frieden, Hagelwetter usf." habe auf die Kornpreise Einfluß und so trete „beim Gelde dasselbe Schwanken"[48] ein. Auch „*Taxen* auf Brot, Fleisch usw."[49] seien daher notwendig. Hegel sieht die Folgen der Geldwirtschaft als Bedrohung durch Fiktionalität, die beherrscht werden könne. Trotz ihrer Differenzierung und der Rezeption Adam Smiths legt Hegels Wirtschaftstheorie hinsichtlich des Geldbegriffs keine „Smithsche Kapitalwirtschaft, sondern ein Schema arbeitsteiliger Tauschwirtschaft aristotelischen Musters"[50] vor.

Die Grenzenlosigkeit der Geldwirtschaft, des Geldhandels und der Zinswirtschaft wird auch von Marx noch unter Verweis auf Aristoteles formuliert: Die „Bewegung des Kapitals" gilt Marx als „maßlos."[51] Seine Beschreibung des Kapitalisten wiederholt die aristotelische Charakterisierung des Erwerbs von unnatürlichem Reichtum im Geldverkehr durch den *chrematistos* in einigen Wendungen fast wörtlich. Der Kapitalist sei nicht für den einzelnen Gewinn, sondern nur „die rastlose Bewegung des Gewinnens" zu interessieren und unterliege einem „absolute[n] Bereicherungstrieb," einer „leidenschaftliche[n] Jagd auf den Wert," dessen „rastlose Vermehrung"[52] sein Ziel sei. Bei Aristoteles stellt die Natur den Horizont der Argumentation und ethische Letztbegründung; bei Hegel stellt der lebendige Geist und bei Marx der Gebrauchswert diese legitimierende Teleologie. Für alle drei Denker ist die abstrahierende Mittelbarkeit, die durch das Geld entsteht, weil sie von einem natürlichen oder authentischen Zustand oder Sollen ablenke, problematisch. Die fehlende Unmittelbarkeit gilt als Künstlichkeit und Dekadenz vom Ideal der Natürlichkeit, das mit Ungetrenntheit, Unvermitteltheit und Ganzheit

---

[44] Hegel, *Jenaer Systementwürfe III* 243.
[45] Hegel, *Grundlinien der Philosophie des Rechts* 168, Anm. zum Tauschvertrag.
[46] Hegel, *Jenaer Schriften* 565.
[47] Hegel, *Jenaer Schriften* 565.
[48] Hegel, *Jenaer Schriften* 565.
[49] Hegel, *Jenaer Schriften* 565.
[50] Priddat 27.
[51] Karl Marx 167, und 167, Anm. 6 zu Aristoteles.
[52] Karl Marx 168.

gekennzeichnet wird. Nostalgie für einen angenommenen unmittelbaren und äquivalenten Naturaltausch orientiert die geld- und werttheoretischen Positionen. Noch Mauss legt eine Definition des Geldes über Entpersönlichung vor.[53] Derrida kritisiert die Nostalgie für die Unmittelbarkeit des Eingeborenenlebens bei Mauss und leitet sie aus dem Wunsch einer Rückkehr zur Natur wie bei Rousseau her. Mauss verwehrt sich gegen Positionen, nach denen „il n'y a eu valeur économique que quand il y a eu monnaie;"[54] er nimmt diese Definition des Wertes nach der Grenznutzenschule zur Kenntnis, lehnt sie aber ab, weil sie als Beschreibung vom Wert „dans le sens étroit"[55] - im wirtschaftswissenschaftlichen, analytischen Sinn - dem axiologischen Wertbegriff, den Mauss als intrinsischen, magisch vollen vorzieht, widerspricht. Mauss rezipiert Meinungen, die mit der von der Grenznutzenschule hinsichtlich des Werts und des Geldes geforderten Konsequenz übereinstimmen; für Mauss ist jedoch diese Konsequenz - wertvoll ist, was einen Preis in Geld hat - nicht nachvollziehbar. Er verbindet mit der Beschreibung des Geldes als vertraglicher Verpflichtung, die zwar vorausweisend auf heutige Geldtheorie ist, noch immer eine Nostalgie für vor-rationale Kulturen, die noch von Gemeinschaflichkeit statt von individuellem Interesse geprägt gewesen seien und wahren Wert gekannt hätten. Er ist Aristoteles und Hegel in seiner Abneigung gegen das Geld verbunden, sei es in der Qualifizierung des Kaufs und Verkaufs als „prosaïque"[56] oder in der Rede von „la froide raison du marchand, du banquier et du capitaliste. "[57]

In der Entwicklung wirtschaftswissenschaftlicher Theorie über die Kirchenväter bis zur Nationalökonomie Adam Smiths hat die Position des Aristoteles normativen Einfluß im Zinsverbot und in der Theorie über *iustum pretium*. Das „Vermächtnis der Griechen" kann „bis zum *The Wealth of Nations* . . . , dessen fünf erste Kapitel nichts anderes sind als eine Fortführung der gleichen Gedankengänge,"[58] verfolgt werden. In der Re-zeption durch die Kirchenväter setzt sich diese Ausrichtung fort. "Aus der Verurteilung der Profitgier wird z.B. die Verurteilung aller Handelsgeschäfte abgeleitet."[59] Wirtschaftstheorie und praktische Philosophie konstruieren bis lange in die Neuzeit Geldwirtschaft als ursprünglich verzichtbar und im Handel wirksame geldwirtschaftliche Effekte wie Zins

---

[53] Mauss 178, Anm. 1: „ . . . quand les choses précieuses, richesses condensées elles-mêmes et signes de richesses, ont été réellement monnayées, c'est-à-dire titrées, impersonnalisées, détachées de toute relation avec toute personne morale, collective ou individuelle."
[54] Mauss 178, Anm. 1.
[55] Mauss 178, Anm. 1.
[56] Mauss 267.
[57] Mauss 270.
[58] Schumpeter 100.
[59] Francesca Schinzinger, „Vorläufer der Nationalökonomie," Issing 20.

und Kredit als überflüssig und verderblich. Die Geschichte der Chrematistik - als der Geldtheorie - ist entsprechend "kümmerlich, weil von ihr, als im Grunde verwerflich, keine Theorie entwickelt wird, weil man sie nur in der Ethik und in der Politik gelegentlich erwähnt, wenn die Grenzen ihrer Erlaubtheit erörtert werden."[60] Zwar gibt es bereits vor dem 18. Jahrhundert Ansätze für Erklärungen von Geld, Zins und Kredit, jedoch endet um 1760 die Geschichte der Wirtschaftstheorie „mit einem Sieg der Realanalyse, der so vollkommen war, daß sie die monetäre Analyse praktisch aus dem Felde schlug, und zwar für mehr als ein Jahrhundert;"[61] im neunzehnten Jahrhundert wird „alles verworfen, was den Beigeschmack der monetären Analyse hatte, und zwar nicht nur als falsch, sondern auch als moralisch nicht ganz einwandfrei."[62] Das geld- und marktwirtschaftliche Verständnis der Ökonomie hat, wie Brunner sich noch genötigt sieht zu betonen, mit einer ganzheitlichen, von familiären und herrschaftlichen Verhältnissen geprägten Haus- oder Fürstenwirtschaft keine Vergleichsgrundlage mehr. Die aristotelische *oikonomía* wird daher angemessen mit Ökonomik, nicht mit Ökonomie, übersetzt, soll die Differenz zur Chrematistik nicht übergangen werden.

Von Realanalyse zu monetärer Analyse: Ende der Werttheorie

Die Wirtschaftstheorie tritt erst mit der Aufwertung der Geldtheorie seit Beginn des 20. Jahrhunderts die endgültige Überwindung der aristotelischen Opposition einer natürlichen und einer künstlichen Erwerbsform an, die über 2000 Jahre als Trennung von Realanalyse und monetärer Analyse oder Werttheorie und Geldtheorie die Wirtschaftstheorie bestimmt. Von den Anfängen in der Antike bis zu Keynes' Kritik an der Dichotomie von Realanalyse und monetärer Analyse geht die Wirtschaftstheorie von einer Trennung der Werttheorie und der Geldtheorie und einer Priorität der Werttheorie aus. In einer „gedankliche[n] Trennung der ökonomischen Vorgänge in einen realen und einen davon unabhängigen

---

[60] Brunner 105.
[61] Schumpeter 360.
[62] Schumpeter 360, Anm. 8, vgl. dort weiter: „Es wurde, und nicht immer grundlos, mit der Befürwortung leichtfertiger und dilettantischer politischer Maßnahmen und, besonders in den Vereinigten Staaten, mit zweifelhaftem Geschäftsgebaren der Banken und den Interessen der Silberproduzenten in Verbindung gebracht." Auch die jüngere Aristoteles-Interpretation löst sich nicht aus den traditionellen Argumenten des guten Lebens und des rechten Maßes gegen das Geld und den Zins, ohne noch das Maß dieses Maßes in der Konventionalität der Geldwirtschaft anzuerkennen: Vgl. Peter Koslowski, *Politik und Ökonomie bei Aristoteles*, 1976, 3. Aufl. (Tübingen: Mohr, 1993).

monetären Wirkungszusammenhang"[63] wird unterstellt, „daß zu den Prinzipien der Werttheorie, die der ökonomischen Theorie zugrundeliegen, Geld nicht gehört;" so ist es der Wirtschaftstheorie „in ihrer zweihundertjährigen Geschichte als Werttheorie . . . nicht gelungen, Geld in die Werttheorie zu integrieren."[64] Während die Realanalyse auf die Beschreibung setzt, daß „die Geldpreise hinter den Austauschrelationen zwischen den Waren zurücktreten, die den eigentlich bedeutsamen Tatbestand 'hinter' den Preisen ausmachen,"[65] wird mit der monetären Analyse argumentiert, daß sich die Position des Geldes im analytischen Apparat auch auf die Theorien der Wertbestimmung auswirkt, und nicht umgekehrt. Diese wirtschaftstheoretische Durchsetzung der Geldtheorie im 20. Jahrhundert geht aus dem Ausbau der Preistheorie in Folge der Ablösung der objektiven Werttheorie durch die subjektive Werttheorie der Grenznutzenschule um 1900 hervor.

Die historischen Werttheorien - Nutzentheorie und Arbeitstheorie des Wertes oder subjektive und objektive Werttheorie - versuchen die Preise aus dem Wert der Güter herzuleiten, während die zeitgenössische Preistheorie durch mathematische Formalisierung auf diese Begründung verzichten kann und unter anderem mit statistischen Methoden die Preise auf dem Markt beschreiben und vorherzusagen sucht. Erst mit der Marginalanalyse wird diese marktwirtschaftliche Orientierung der klassischen Wirtschaftstheorie initiiert; mit der Entwicklung der modernen Marktformentheorie, die mit einzelnen Untersuchungen - zu vollständiger Konkurrenz, Monopol und Oligopol sowie mit Faktorpreistheorien - bereits im 19. Jahrhundert einsetzt, kommt es spätestens seit den 30er-Jahren zu einer wirtschaftstheoretischen Abkehr von der am einzelnen Produkt oder Konsumenten orientierten Werttheorie, für die es keine Anwendung mehr gibt. Die Preise werden als Ergebnis des Zusammentreffens von Nachfrage und Angebot auf Märkten definiert und als maßgebende Einheiten begriffen, deren Zustandekommen vollständig mit allen Komponenten allerdings nicht nachvollzogen werden kann, sondern nur reduziert, akkumuliert und modelltheoretisch, so daß auch von Preisindizes abhängige Finanzkalkulationen mit Unsicherheitsmargen operieren müssen und immer nur Annäherungen an die Komplexität des Wirtschaftssystems darstellen.[66] Entsprechend "bilden sich"[67] Preise auf

---

[63] Dietmar Kath, „Geld und Kredit," *Vahlens Kompendium der Wirtschaftstheorie und Wirtschaftspolitik*, von Dieter Bender et al., Bd. 1, 6. überarb. Aufl. (München: Vahlen, 1995) 177.

[64] Hajo Riese, „Geld - das letzte Rätsel der Nationalökonomie," *Rätsel Geld*, hg. Waltraud Schelkle und Manfred Nitsch (Marburg: Metropolis, 1995) 45, 46.

[65] Schumpeter 355.

[66] Vgl. Dieter Cassel, „Inflation," Bender et al. 272.

[67] Jürgen Siebke, „Preistheorie," Bender et al. 63.

Märkten gleichsam durch sich selbst. Diese Entwicklung zur Preistheorie spiegelt sich heute darin, daß

> neuere Begriffslexika - z.B. das *Handwörterbuch der Wirtschaftswissenschaft* von 1981 . . . - den Wert als eigene Kategorie nicht mehr behandeln und das Geld sowie die Preisbildung ohne Bezug auf den Wert zu erklären versuchen.[68]

Ein Gut oder eine Arbeitsleistung ist soviel wert, wie dafür gezahlt wird; der in Geld gerechnete Preis eines Gutes ist sein Wert. Erst mit der Preistheorie ist daher die Möglichkeit der Überwindung der Trennung von Realanalyse und monetärer Analyse gegeben, wie sie Keynes in den 30er-Jahren fordert.

Erst im 20. Jahrhundert in der Folge der Orientierung von der Werttheorie auf die Preistheorie also beginnt die Wirtschaftswissenschaft, das Geld mit seinen Funktionen als menschliche Technik zu affirmieren und in das theoretische Bemühen zu integrieren, auch wenn „[p]raktisch . . . natürlich niemand geleugnet [hat], daß, da das technische Hilfsmittel versagen kann, das Geld- und Kreditsystem einer Gesellschaft den Wirtschaftsprozeß in jedem Falle ganz erheblich beeinflußt."[69] Die Wirtschaftstheorie dringt zu der Erkenntnis durch, daß dem Geld nicht nur repräsentative und sekundäre Funktionen zugebilligt werden können. Das Geld wird nicht länger als

> technisches Hilfsmittel ..., das man übergehen kann, wann immer grundsätzliche Fragen auf dem Programm stehen, oder [als] Schleier, den man beseitigen muß, um die dahinter liegenden Wesensmerkmale zu erkennen,[70]

betrachtet. Es wird bestritten, daß „das Geld *jemals* in irgendeiner sinnvollen Bedeutung des Wortes ‘neutral’ sein kann."[71] Das Geld und die Preise „erscheinen nicht mehr als Ausdrücke . . . von Austauschrelationen," sondern „erlangen eigenes Leben und eigene Bedeutung, und man muß sich der Tatsache bewußt sein, daß wesentliche Eigenschaften der kapitalistischen Wirtschaft von diesem ‘Schleier’ abhängen können."[72]

Die Preis- und Geldtheorie erklärt den Wert fiktional; eine Preissetzung bestimmt den Wert eines Gutes. Diese Fiktionalität der Werte gilt auch als

---

[68] Winfried Schwarz, „Wert, ökonomischer," *Europäische Enzyklopädie zu Philosophie und Wissenschaften*, hg. H.J. Sandkühler, Bd. 4 (Hamburg: Meiner, 1990) 801.
[69] Schumpeter 719, Anm. 25.
[70] Schumpeter 719.
[71] Schumpeter 355.
[72] Schumpeter 355.

das „Unwirkliche in der Ökonomie,"[73] obwohl die Wirksamkeit der Preissetzung nicht bestritten werden kann und gerade durch sie die Unterscheidung von Realität und Fiktion unhaltbar wird. Derridas Wertbegriff, nach welchem die Werte als differantielle Markierungen der Schrift erst durch die Syntax gesetzt werden, erweist sich als mit der zeitgenössischen Preistheorie kompatibel: Erst die Preise, als Zusammehänge von Angebot und Nachfrage, geben den Dingen einen Wert; es gibt keinen absoluten, intrinsischen Wert. Der Wertbegriff erfährt bei Derrida gegenüber der Schrift wie in der Wirtschaftstheorie gegenüber dem Preisbegriff und Geldbegriff eine Redundanz. Wert fällt unter die Kategorie des Preises oder der Kosten: „la valeur ou le coût."[74]

Die Fiktionalität des Wertes - der Bedeutung - ist folglich nicht nur Kriterium des Textes und der Literatur, sondern auch Charakteristikum der Geldwirtschaft. „[I]nvivable,"[75] wenn auch „rassurante," „naïvement, parfois avec autorité," sind Unterscheidungen wie diejenige zwischen Ökonomik und Chrematistik, „entre le naturel et l'artificiel, l'authentique et l'inauthentique, l'originaire et le dérivé ou l'emprunté."[76] Die Ökonomik versucht sich vor der „illusion, c'est-à-dire . . . spéculation chrématistique qui confond la richesse et l'argent,"[77] zu bewahren. Für Aristoteles handelt es sich bei der Unterscheidung von Ökonomik und Chrematistik - wie für Marx und noch Shell, auf die Derrida in der Fußnote zu Berns 1991 kommentarlos verweist[78] - um „une limite idéale et désirable, . . . une limite entre la limite et l'illimité, entre le bien véritable et fini (l'économique) et le bien illusoire et indéfini (le chrématistique)."[79] Diese Grenze ist nach der Theorie der *différance* und des *mise-en-abyme* der Signifikantenkette und Dissemination nicht zu halten, denn deren Kontamination durch Fiktionalität „affecte *a priori* le bien familial."[80] Sie affiziert „la limite entre la finité supposée du besoin et l'infinité présumée du désir."[81] Nach Aristoteles übersteigt die Chrematistik als geldwirtschaftliche Technik alle Grenzen des guten Lebens, die des Bedürfnisses, des Nützlichen, des Natürlichen, des Vernünftigen, des Kalkulierbaren, und den geregelten Bezug zwischen Produktion und Konsum auf dem Markt. Die von Aristoteles gesetzte Grenze zwischen Bedürfnis und exzessivem Verlangen ist jedoch, so Derrida, schon überschritten, seit es den geringsten Tausch,

---

[73] Vgl. Holger Bonus, *Wertpapiere, Geld und Gold - Über das Unwirkliche in der Ökonomie* (Graz: Böhlau, 1990).

[74] Derrida, *Éperons* 120.

[75] Derrida, *Donner le temps: 1. La fausse monnaie* 203.

[76] Derrida, *Donner le temps: 1. La fausse monnaie* 94.

[77] Derrida, *Donner le temps: 1. La fausse monnaie* 200.

[78] Derrida, *Donner le temps: 1. La fausse monnaie* 200, Anm. 1.

[79] Derrida, *Donner le temps: 1. La fausse monnaie* 200.

[80] Derrida, *Donner le temps: 1. La fausse monnaie* 200.

[81] Derrida, *Donner le temps: 1. La fausse monnaie* 200.

die geringste Spur, das erste Bedürfnis oder Zeichen gebe. „Dès qu'il y a signe monétaire, et d'abord signe, c'est-à-dire différance et crédit, l'*oikos* est ouvert et ne peut dominer sa limite."[82] Dies ist nach Derrida zugleich der ursprüngliche Verfall der Familie und „la chance de toutes les hospitalités."[83] Erst durch chrematistische Offenheit gibt es Ereignisse und Akkumulation; „rien ne peut se passer sans quelque chrématistique. "[84]

Derrida zeigt im Kontext der Auseinandersetzung mit Ökonomik und Chrematistik wie auch zwischen der Fiktionalität von Falschgeld und echtem Geld nicht unterschieden werden kann. Falschgeld „n'est ce qu'elle est, fausse et contrefaite, que dans la mesure où on ne le sait pas, c'est-à-dire où elle circule, apparaît, fonctionne, *comme de la bonne et vraie monnaie.*"[85] Das Falschgeld, als disseminierender *borderline signifier*, erschüttert und kontaminiert die Sicherheit der Natürlichkeit, Echtheit und Wahrheit durch Fiktionalität. Der Unterschied von Wahrheit und Fiktion hat in der Geldwirtschaft wie in der Literatur als Bereichen der Textualität keinen Bestand. Alles, was über das Geld gesagt wird, kann auch über die Literatur gesagt werden: „Tout ce qui se dira, *dans* l'histoire, *de* la fausse monnaie (et dans l'histoire de la fausse monnaie) pourra se dire de l'histoire, du texte fictif."[86] In der Pantextualität, „la <<littérature>> *sort* du livre,"[87] d.h. Fiktionalität, Text, Realität und Natur werden indistinkt. Derrida kommt zu dem Ergebnis,

> [qu'] il n'y a pas de nature, seulement des effets de nature: dénaturation ou naturalisation. La nature, la signification de nature, se reconstitue après coup depuis un simulacre (par exemple la littérature) dont on la croit la cause.[88]

Die Metaphysik einer wieder zu erlangenden Einheit dagegen verbindet sich mit dem Gegensatz von *physis* und *nomos*; „[il] fonctionne partout comme allant de soi, en particulier dans le discours de la linguistique."[89] Dieser Gegensatz wird mit der Textualität beendet; zwischen den Elementen der Natur, Technik, Kunst oder Konvention kann nicht länger unterschieden werden. Natur kann Kunst sein, oder andersherum, die Kunst umwirbt „la *physis* comme *mimesis*, remet la philosophie *en scène* et son livre en jeu."[90] Der Begriff der Mimesis wird wegen seiner metaphysischen Struktur, wie Rodolphe Gasché formuliert, „[since it] subjects

---

[82] Derrida, *Donner le temps: 1. La fausse monnaie* 200.
[83] Derrida, *Donner le temps: 1. La fausse monnaie* 200. Vgl. Jacques Derrida und Anne Dufourmantelle, *De l'hospitalité* (Paris: Calmann-Lévy, 1997).
[84] Derrida, *Donner le temps: 1. La fausse monnaie* 201.
[85] Derrida, *Donner le temps: 1. La fausse monnaie* 82.
[86] Derrida, *Donner le temps: 1. La fausse monnaie* 114.
[87] Derrida, „Hors livre" 63.
[88] Derrida, *Donner le temps: 1. La fausse monnaie* 216.
[89] Derrida, *De la grammatologie* 66.
[90] Derrida, „Hors livre" 61.

literature to a status of metaphoric secondariness,"[91] zur Erklärung der Literatur abgelehnt.

Wenn zwischen Fiktion und Realität kein trennender Unterschied besteht, sei jedoch nicht gemeint, daß „laws, constitutions, the declaration of the rights of man, grammar, or the penal code"[92] das gleiche wie Romane seien. Aber diese Konventionen seien keine naturwüchsigen Tatsachen; „they depend upon the same structural power that allows novelesque fictions or mendacious inventions and the like to take place."[93] So wird von der Pantextualität auch die Logik des *copyright* und der originären Schaffenskraft des Menschen ausgehend von einer genialen Eingabe natürlicher Gesetze wie in Kants Ästhetik aufgelöst. Denn die Konvention des *copyright* belege, daß die Wahrheit als Allgemeingültigkeit und Idealität auch nur eine Konvention sei: Der Widerspruch im Anspruch auf einen im *copyright* als originale Produktion geschützten Text liege im Umstand, daß, wenn ein Autor die Wahrheit sage, wenn er behaupte, sie zu sagen, „the copyright is irrelevant and devoid of interest: everyone will be able, will in advance *have been able*, to reproduce what he says."[94] Ohne den Text also „il y aurait peut-être un inimaginable <<bonheur d'expression>>, mais sans doute plus de littérature,"[95] denn auch diese ist zu allererst Text. Folglich „il n'y a pas de métalangage"[96] und „[i]l n'y a pas de *hors-texte*."[97] Dies impliziert nicht, daß es sich weiterhin handelt um „l'opération idéaliste et théologique qui, à la manière hégelienne, suspend et relève le dehors du discours, du logos, du concept, de l'idée;" vielmehr bejaht der Text in chrematistischer Weise das Draußen, indem er die Grenze der Spekulation öffnet „[et] déconstruit et réduit à des <<effets>> [Effekte der *différance*] tous les prédicats par lesquels la spéculation s'approprie le dehors."[98] Der Gegensatz von *physis* oder Natur und *nomos* oder Gesetz, Technik und Kunst ist unaushaltbar, wie der von Ökonomik und Chrematistik.

---

[91] Rodolphe Gasché, *The Tain of the Mirror: Derrida and the Philosophy of Reflection* (Cambridge: Harvard UP, 1986) 256.

[92] Derrida, „Afterword" 134.

[93] Derrida, „Afterword" 134.

[94] Derrida, „Limited Inc a b c ..." 30.

[95] Derrida, „La double séance" 302.

[96] Derrida, „Positions" 117, Anm. 33.

[97] Derrida, „Positions" 117, Anm. 33. Vgl. Derrida, *De la grammatologie* 227: „*Il n'y a pas de hors-texte.*"

[98] Derrida, „Hors livre" 42.

Naturalisierung und Denaturierung von Geld, Wert und Sinn

Die Beschreibung des Geldes nach der metallistischen Geldtheorie, die ihm nur dann Geltung - Wert und Sinn - zubilligt, wenn es als Edelmetallgeld vorliegt oder auf einen Goldstandard bezogen wird, wird wie die Beschreibung der geisterfüllten Sprache abgelehnt. Denn das Geld funktioniert als Technik, weil es per Konvention institutionalisiert ist - wie es die nominalistische Geldtheorie vertritt. „Si . . . il faut insister sur cette conventionnalité de l'argent . . . , c'est pour résister à une tendance *naturalisatrice* dans l'interprétation de l'histoire de la monnaie ou de la valeur."[99] Gegen die Beschreibung des Übergangs von Metall- zu Papiergeld als einer Denaturierung müsse sich verwehrt werden. Mit der Bestätigung der nominalistischen Geldtheorie in Analogie zur Bestätigung der Arbitrarität des Zeichens bei Saussure wendet sich Derrida auch gegen die Arbeitswertlehre der klassischen Wirtschaftstheorie und Karl Marx', die das Edelmetallgeld als Warengeld affirmiert und es, bei Marx, als Verkörperung der Arbeitskraft und natürlich wirksame Substanz begreift. Derrida gibt auch bezüglich Mallarmé zu bedenken, daß dessen Beschreibung der Goldmünze zumindest noch das Gold „comme signifié principal, comme thème général"[100] zu bewahren scheine und noch einer Motiviertheit des Zeichens verpflichtet sei.[101] Eine Untersuchung der modernen Literatur auf

la transformation des formes monétaires (métallique, fiduciaire: le billet de banque, ou scripturale: le compte en banque), une certaine raréfaction des paiements en espèces numèraires, le recours aux cartes de crédit, la signature, chiffrée, etc., bref une certaine dématérialisation de la monnaie[102]

sei angesagt. Derrida kritisiert jedoch im Sinne der nominalistischen Geldtheorie eine solche Untersuchung bei Goux, weil sie das Edelmetallgeld als Standard idealisiert und Dematerialisierung des Geldes als Bewegung der Dekadenz begreift.[103] Vielmehr markiert die heutige materiell geringwertige Geldform wie der Signifikant der Schrift die Reduktion des Geldes auf seine vertragliche und verzeitlichende Funktion im Text. Die heutige Währung, die nur noch nominalistisch erklärt werden

---

[99] Derrida, „Du 'sans prix', ou le 'juste prix' de la transaction" 388.

[100] Derrida, „La double séance" 295, Anm. 54.

[101] „La double séance" kündigt davon „la demonstration, au titre de khryse [„*khryse*, Gold, homonym mit *crise*;" Gondek 295, Anm. 55.] et de fils d'or" (Derrida, „La double séance" 295, Anm. 54) an; dieser angekündigte Text über Gold wurde von Derrida jedoch meines Wissens bisher nicht veröffentlicht.

[102] Derrida, *Donner le temps: 1. La fausse monnaie* 142.

[103] Vgl. Derrida, *Donner le temps: 1. La fausse monnaie* 141, Anm. 1, und hier Kapitel 5.

kann, entspricht einer Reduktion des Geldes auf seine grundlegende
Funktion, die es auch als Edelmetallgeld immer gehabt hat.

Konventionalität von Sinn und Wert

Wenn trotz ihrer Fiktionalität Werte und Sinn für eine Zeit stabil bleiben
und eine gewisse Permanenz haben, dann wegen Konventionen, die
verhandelt und bestimmt werden. Ebenso wie wegen der Beliebigkeit der
Zeichen schon für Saussure „le fait social peut seul créer un système
linguistique" und die Gesellschaft notwendig ist, „pour établir des valeurs
dont l'unique raison d'être est dans l'usage et le consentement général,"[104]
sind auch das Geld und die Preise Wertsysteme, die auf Konvention
beruhen. Der Wert und der Sinn sind durch Übereinkunft zugewiesen und
darin relativ stabil; ihre Vereinbarung und Setzung ist nach Derrida
möglich wegen der Gegebenheit der differantiellen Markierungen in der
Materialität des Textes: „L'idée même d'institution - donc d'arbitraire du
signe - est impensable avant la possibilité de l'écriture et hors de son
horizon."[105] Eine Instanz muß erst Geltungskonvention und Sinn oder Wert
von gegebenen Markierungen etablieren. Sinn und Wahrheit entsprechen
dem Wert oder Preis, Markierung der Schrift oder Zeichen dem Geld. Wert
und Preis erscheinen wie Sinn oder Wahrheit ohne absolutes Maß. Über
Sinn und Wert muß im Handel, den Verhandlungen und der Kommunikation Konsens gefunden werden, also sowohl über die Phänomene der
Welt wie auch über Produkte, Güter und auch die Arbeit. Wenn Derrida
erklärt, „[que l]a mesure de la mesure nous manque,"[106] faßt er die
Arbitrarität und Konventionalität der Geldwirtschaft, so wie sie auch die
Wirtschaftswissenschaften beschreiben, und des Sinns des Textes.
Schumpeter betont, daß es nach der Grenznutzenmethode „immer frei-
[steht], eine Einheit zu wählen, und . . . unseren Nullpunkt zu wählen."[107]
Es ist kein idealer Maßstab gegeben; unsere Maßstäbe sind willkürlich.
Denn „qui ose arrêter jamais la bonne mesure,"[108] wie es Mauss zu tun
versucht, und wie es Aristoteles mit Bezug auf die Natur festlegen zu
können meint.

---

[104] Saussure 157.
[105] Derrida, *De la grammatologie* 65.
[106] Derrida, *Spectres de Marx* 77.
[107] Schumpeter 1292, Anm. 21.
[108] Derrida, *Donner le temps: 1. La fausse monnaie* 88. In der deutschen Übersetzung
„denn wer wagte es je, das rechte Maß festzulegen." Knop und Wetzel 88.

Glaube, Vertrauen, Kredit

Wahrheit und Wert sind als verhandelbare Konventionen Fragen des individuellen Glaubens und der Entscheidung, welche anhand von gegebenen Markierungen getroffen werden muß. Das Funktionieren der Literatur wie der Geldwirtschaft ist „acte de foi, phénomène de crédit ou de créance, de croyance et d'autorité conventionnelle."[109] Sobald es Kredit und Kapital gibt, verschwindet die Differenz zwischen echtem und falschem Geld. „Tout dépend de l'acte de foi et du crédit."[110] Jeder literarische Text, der gelesen wird, bringt dieselbe Möglichkeit der Lüge oder des Betrugs zum Tragen, als „l'énigme construite de cette crypte qui donne à lire ce qui restera *éternellement* illisible, *absolument* indéchiffrable, se refusant même à aucune promesse de déchiffrement ou d'herméneutique."[111] Da auch Falschgeld durch Spekulation „les intérêts réels d'une vraie richesse" erzeugen kann, wenn „des intérêts sans travail" produziert werden, also vom Geld „en *travaillant tout seul*," fragt Derrida, ob nicht „la vérité du capital . . . dès lors la fausse monnaie"[112] sei. Die Literatur ist wie das Geld an die Glaubwürdigkeit, den Kredit „et donc au capital, à l'économie et donc à la politique"[113] gebunden. „L'autorité est constituée par l'accréditation, à la fois au sens de la légitimation comme effet de croyance ou de crédulité, et du crédit bancaire, de l'intérêt capitalisé."[114] Wird der Kredit für unehrenvoll gehalten, werden mit ihm der Glauben, die Glaubwürdigkeit und das Vertrauen zu einer Ehrlosigkeit erklärt. „Comme si la frontière entre la foi, la croyance et le crédit était sûre."[115]

Kontrakt

Handel, Kredit und Lektüre oder Kommunikation implizieren immer einen Vertrag. Dieser „restera indispensable au moins pour le *crédit* que nous nous faisons, la foi ou la bonne foi que nous nous prêtons."[116] Derrida vollzieht in der Kritik am Identitätsdenken der Metaphysik und der Abkehr

---

[109] Derrida, *Donner le temps: 1. La fausse monnaie* 126.

[110] Derrida, *Donner le temps: 1. La fausse monnaie* 159.

[111] Derrida, *Donner le temps: 1. La fausse monnaie* 193.

[112] Derrida, *Donner le temps: 1. La fausse monnaie* 159.

[113] Derrida, *Donner le temps: 1. La fausse monnaie* 126. Vgl. *Donner le temps: 1. La fausse monnaie* 159: „Ce texte de Baudelaire traite en somme des rapports entre la fiction en général, la fiction littéraire et le capitalisme."

[114] Derrida, *Donner le temps: 1. La fausse monnaie* 126.

[115] Derrida, *Donner le temps: 1. La fausse monnaie* 131, Anm. 1.

[116] Derrida, *Donner le temps: 1. La fausse monnaie* 23-24.

vom essentialistischen, arbeitswerttheoretischen und axiologischen Wertbegriff die Entwicklung der zeitgenössischen Wirtschaftswissenschaft zum
kontraktuellen Geldbegriff nach. Der Kredit kommt vor dem Kapital:
Derridas Logik entspricht damit der Eigentums- und Vertragstheorie des
Geldes, nach der erst durch eine rechtliche Setzung, eine Autorität oder
Akkreditierung, die Möglichkeit von Kapital durch Zins geschaffen wird.
Der Geldbegriff und das Ökonomiekonzept der Dekonstruktion stehen
nicht nur in Einklang mit der subjektiven Werttheorie, sondern auch mit
der keynesianischen Vertragstheorie des Geldes und mit zeitgenössischen
wirtschaftswissenschaftlichen Forschungsergebnissen, wie in der Transaktionskostentheorie.

Werttheoretischer Exkurs 5:
Nominalistische und materialistische Geldtheorie

Indem er die Erklärung der Geltung des Geldes über Konvention
annimmt, bezieht Derrida in einer wirtschaftswissenschaftlichen Dis-
kussion Stellung, die noch bis in die 70er-Jahre des 20. Jahrhunderts
Einfluß hat. Das Ende des Gold-Devisen-Standards wird noch von Ängsten
vor einer galoppierenden Inflation und vor dem Zusammenbruch der
Geldwirtschaft begleitet, auch wenn die Diskussion um die Theorie des
Geldes seit Keynes mit der Erklärung des Geldes als Schuldkontrakt im
Sinne der nominalistischen Geldtheorie entschieden ist. Statt des nominalistischen Geldbegriffs, der die Geltung des Geldes auf Vereinbarung der
Nutzer oder die Verfügung eines institutionalisierten Staates zurückführt
und mit Konvention begründet, gehen viele Jahrhunderte der Geldtheorie
von einem materialistischen Geldbegriff aus, nach dem das Geld seine
Geltung aus einem intrinsischen Edelmetallwert oder durch Bezug auf
einen Edelmetallschatz des Staates erhält, sein Wert also von einer
natürlichen Substanz garantiert werde. Aristoteles beschreibt zwar bereits
die nominalistische Geldtheorie:

> So ist aufgrund einer Abmachung das Geld der Vertreter des Bedürfnisses
> geworden. Darum trägt es auch den Namen Geld (*nomisma*), weil es nicht von
> Natur, sondern durch das Herkommen gilt, und weil es bei uns steht, es zu verän-
> dern und wertlos zu machen.[117]

Da von Aristoteles jedoch Natürlichkeit als Maßstab des Guten gesetzt
wird, „on his fundamental principle that ethics has a natural basis,"[118] muß

---

[117] Aristoteles, *Die Nikomachische Ethik* 215 [1133a].
[118] Finley 16.

das nominalistische Geld nichtsdestotrotz als „ein Unsinn und eine reine gesetzliche Fiktion, in keiner Weise von Natur gegeben"[119] gelten. Aristoteles lehnt das Geld ab, weil es auf Konvention beruht, da etwas Künstliches nicht wahr und damit nicht gut sein kann. Entgegen der nominalistischen Geldtheorie und weil das Edelmetallgeld für viele Jahrhunderte vorherrschendes Geldmittel ist, entwickelt sich vielmehr die materialistische Geldtheorie, nach der das Geld nur dann einen Wert und Geltung haben kann, wenn es einen Stoffwert hat. Die materialistische Geldtheorie „diente als Grundlage, auf der im wesentlichen die gesamte analytische Arbeit auf dem Gebiet der Geldtheorie aufgebaut wurde."[120] Die materialistische - oder metallistische - Geldtheorie kann sich „[t]rotz ihrer unverkennbaren Schwächen . . . in ihren Grundzügen bis gegen Ende des neunzehnten Jahrhunderts und noch darüber hinaus "[121] halten.

Geschichte der Geldformen

Als Vorläufer der Edelmetallmünzen gelten Tiere und handwerkliche Produkte - Ringe, aber auch Kleider, Leder, Speerspitzen oder Äxte; diese Geldarten können bis zurück zu jungsteinzeitlichen und bronzezeitlichen Kulturen des vorderen Orients im fünften Jahrtausend v. Chr. verfolgt werden. Es werden auch die Edelmetalle Silber, Gold, Kupfer und Bronze verwendet. „Edelmetallgeld nach Gewicht, und zwar vorwiegend Silber, diente seit der Mitte des zweiten Jahrtausends v. Chr. in den altorientalischen Hochkulturen"[122] als Geldmittel. Gold wird zum ersten Mal für das 14. Jahrhundert v. Chr. in Babylon als Geldmittel bezeugt. Der Übergang zur Münzprägung folgt im 7. Jahrhundert v. Chr. in Lydien; die Münzen werden in Elektron, einer natürlichen Gold-Silber-Mischung, geprägt. Platons Beschreibung der Münze als „gültige Marke für den Tausch"[123] stammt bereits aus einer Zeit, in der Edelmetallmünzen verbreitet und als Vertrags- und Zahlungsmittel seit Jahrhunderten anerkannt sind. Die Tauschmitteltheorie des Geldes nach Aristoteles begreift die Edelmetallmünze als Warengeld, das seinen „Wert im Tausch gegen Güter . . . allein aufgrund seines Material- oder Gebrauchswertes "[124] erhält:

---

[119] Aristoteles, *Politik* 60 [1257b].
[120] Schumpeter 104.
[121] Schumpeter 104.
[122] "Geldtheorie und Geldpolitik," *Handwörterbuch der Wirtschaftswissenschaften*, hg. Willi Albers et al., Bd. 3 (Stuttgart: Fischer, 1981) 361.
[123] Platon, *Der Staat*, übers. Otto Apelt, 3. Aufl, 1923 (Hamburg: Meiner, 1998) 67 [371b].
[124] Kath 178.

[N]icht alle naturgemäß notwendigen Güter sind leicht zu transportieren. Also kam man überein, beim Tausch gegenseitig eine Sache zu nehmen und zu geben, die selbst nützlich und im täglichen Verkehr handlich war, wie Eisen, Silber usw. Zuerst bestimmte man sie einfach nach Größe und Gewicht, schließlich drückte man ihr ein Zeichen auf, um sich das Abmessen zu ersparen.[125]

Die historische Entwicklung zum Papiergeld wird mit praktischen und sicherheitstechnischen Gründen erklärt, die im 17. Jahrhundert dazu führten, daß Banken Schuldscheine für das Hinterlegen einer bestimmten Goldmenge emittierten und so dem Herumtragen von Warengeld entgangen werden konnte; das heutige Girogeld oder stoffwertlose Buchgeld gilt als Sieg der praktischen Erwägungen über das ursprüngliche, unmittelbar wertvolle und vorzuziehende Edelmetallgeld und das stoffwertarme Zeichengeld in Form von Banknoten, so daß das Warengeld „fast vollständig . . . verdrängt"[126] ist. Die Tauschmitteltheorie des Geldes wird durch diese evolutionäre Geschichte der Edelmetallmünze und Geldformen und die metallistische Geldtheorie abgesichert, die auf den Wert des im Geldstück tatsächlich enthaltenen Metalles oder auf den Wert des vom Geldschein repräsentierten Metalles in der Rücklage bei der Staatsbank rekurriert und vor allem in Zusammenhang mit der Bindung des Geldes an einen Goldstandard herangezogen und verteidigt wird.

Dennoch wird „die historische Realität bis zur Karikatur verzerrt, wenn man sagt: das Gold ist das Geld von einst,"[127] da die konventionellen Geldmittel auch ihre Geschichte haben: Im 16. Jahrhundert regeln die „Kompensationen mittels Buchausgleich . . . auf den Messen häufiger Zahlungen als die mit Gold oder Silber; nur der Saldo wurde mit Gold ausgeglichen."[128] Ebenso kennt das 18. Jahrhundert die Beschreibung „[que] la monnaie est un gage;" das Geld „n'est rien de plus qu'un jeton reçu de consentement commun - pure fiction par conséquent" und „un échange différé."[129] Vor diesem theoretischen Hintergrund wird auch im Westen von John Law zum ersten Mal versucht, Papiergeld einzuführen und auch Fichtes "Landesgeld"[130] soll nominalistisch verfügt werden; es hat seine Geltung nicht wie bei Adam Smith und Kant wegen der in der Schürfung seines Metalles verausgabten Arbeit: „Dies aber habe ich ausdrücklich zu erinnern, daß der Wert dieser Metalle lediglich auf der allgemeinen Übereinstimmung über ihren Wert beruhe."[131] Das Geld soll

---

[125] Aristoteles, *Politik* 60 [1257a].

[126] Kath 178.

[127] Pierre Vilar, *Gold und Geld in der Geschichte*, 1974, übers. Helga Reimann und Manfred Vasold (München: Beck, 1984) 314.

[128] Vilar 315.

[129] Foucault, *Les mots et les choses* 194.

[130] Fichte 47.

[131] Fichte 69.

„aus dem wenigst brauchbaren Materiale verfertigt"[132] werden; seine Gültigkeit und sein Wert beruhen auf Konvention. Der Staat „kann zu Gelde
machen, schlechthin was er will."[133] Papiergeld, seiner Zeit noch ein
Skandalon, ist damit für Fichte nicht ausgeschlossen. Auch Hegel begründet das Geld wie Fichte über Konvention: „Eine Materie ist nicht an
und für sich . . . Geld, sondern man läßt sie nur durch Konvention dafür
gelten."[134] Ist zwar das Edelmetallgeld über Jahrhunderte mit dem Geldbegriff deckungsgleich und wird diese Deckung von der metallistischen
Geldtheorie verallgemeinert, müssen das Edelmetallgeld und der Goldstandard nur als ein Sonderfall der grundsätzlich nominalistisch zu
erklärenden Technik des Geldes verstanden werden.

Demonetisierung des Goldes

Seit der Auflösung des Goldstandards, der die internationale Währungsordnung zwischen 1870 und 1914 dominiert, findet sich nur noch
nominalistisches Geld im Umlauf. Die Wirtschaftsgeschichtsschreibung
faßt zusammen: Mit der internationalen Finanzkrise von 1929 und der
Weltwirtschaftskrise erfolgt 1931 die Aufhebung der Goldkonvertibilität
des Pfund Sterling; die Neufestsetzung der Dollarparität, verbunden mit
einer 45-prozentigen Abwertung des Dollar, führt zum Zusammenbruch
des Goldstandards, der endgültig eintritt, als sich der 1933 gegründete
Goldblock in Europa 1936 auflöst. Trotz des Bretton-Woods-Systems ab
1944 - *International Monetary Fund* und *World Bank* - mit Vereinbarung
über die Dollarparität und Goldpool ab 1961 zur Regulierung und Kontrolle des Goldpreises am freien Markt, kommt es nach zunehmender
Spekulation, Erhöhung des offiziellen Goldpreises und Abwertung des
Pfund Sterling mit nachfolgenden massiven Goldabgaben, am 17. März
1968 zum Beschluß, die Interventionen am freien Markt einzustellen. Mit
diesem Ende des Goldstandards und der Aktivitäten des Goldpools richtet
sich einerseits ein Goldpreis auf dem freien Markt nach Angebot und
Nachfrage, während ein zweiter Goldpreis des offiziellen Goldmarktes,
von den währungspolitischen Instanzen, die Gold untereinander tauschen,
geschaffen wird. In den 70er-Jahren beträgt der freie Goldpreis als
Spitzenwert das 20fache des offiziellen, so daß die offiziellen Transaktionen praktisch zum Erliegen kommen. Der Internationale Währungsfond beschließt daraufhin 1976 Maßnahmen zur Demonetisierung des

---

[132] Fichte 47.
[133] Fichte 47.
[134] G.W.F. Hegel,·„Texte zur Philosophischen Propädeutik," 1808-1813, *Nürnberger und
Heidelberger Schriften 1808-1817* (Frankfurt: Suhrkamp, 1986) 240.

Goldes. Unter Geldwert wird somit heute nur verstanden, welche Menge an Gütern mit einer Geldeinheit erworben werden kann.

Mitte der 70er-Jahre werden die Verzichtbarkeit des Edelmetallstandards und damit die Konventionalität oder Fiktionalität des Geldes noch bezweifelt: Der Goldumlauf höre nicht auf und das Warengeld reguliere weiterhin „die Handelsoperationen zwischen den verschiedenen politischen Blöcken."[135] In einer Hypothese über die geeinte Weltwirtschaft wirft Pierre Vilar allerdings bereits die heute aktuelle Globalisierungsthematik auf: „Das Gold ist als Wirtschaftsfaktor der Welt nicht verschwunden. Nur in einer geeinten und geplanten Weltwirtschaft würde es aufhören, diese Rolle zu spielen - aber diese wird auch morgen nicht entstehen."[136] Die nominalistische Theorie, nach der das Funktionieren und die Geltung des Geldes auf menschlicher Übereinkunft beruhen, beschreibt die Wirklichkeit Ende des 20. Jahrhunderts.

> Nie war das Geld 'papierener' als heute, nie so sehr ein Wert nur dem Namen nach, durch Verpflichtung auf einem Fetzen Papier geschaffen. . . . [Es] wurde . . . nie in so hohem Maß benützt, um Güter zu bewerten, ob im internationalen Vergleich oder im Zeitvergleich oder rückblickend.[137]

Die heutige Währung, die nur noch nominalistisch erklärt werden kann, entspricht einer Reduktion des Geldes auf seine grundlegende Funktion. So sind heute Zahlungen durch Buchgeld, Geldkarten und Kreditkarten bereits im Alltag vorherrschend. Die wirtschaftliche Bedeutung des konventionellen Geldes zeigt sich in der mit der Einführung der Computertechnologie an Banken und Börsen seit den 70er-Jahren rasant angewachsenen und beschleunigten Menge des elektronischen Kapitals und in den Börsengeschäften mit virtuellem Geld.

Definition des Geldes als Tauschmittel im statischen Wirtschaftsmodell

Wenn sich seit Keynes gegen die Realanalyse und die metallistische Geldtheorie „die monetäre Analyse . . . durchgesetzt hat,"[138] äußert sich dies in der Unterordnung der traditionsreichen, auf den äquivalenten, instantanen Naturaltausch und das Warengeld rekurrierenden Definition des Geldes als Tauschmittel unter die vertragstheoretische, auch mit dem Phänomen der Zinswirtschaft kompatible Gelddefinition. Aristoteles erklärt das Geld über seine Funktion als Tauschmittel und führt das

---

[135] Vilar 315.
[136] Vilar 315.
[137] Vilar 16-17.
[138] Schumpeter 356.

Wirtschaften selbst auf einen ursprünglichen Naturaltausch vor Erfindung des Geldes zurück. Die Definition des Geldes als Tauschmittel legitimiert sich durch die Rückführung auf einen hypothetischen, unmittelbaren Tausch; entsprechend beschreibt die aristotelische Tradition das Geld als sekundäre wirtschaftliche Kategorie. Sein Gebrauch gilt als gefährliche Dekadenz von einer unmittelbaren Präsenz von Gütern und Tauschenden in der Gemeinschaft. Die Rückführung marktwirtschaftlicher Phänomene auf einen „universellen Transformationskoeffizienten"[139] durch die Marginalisten Anfang des Jahrhunderts rekurriert in geldtheoretischer Hinsicht noch immer auf die aristotelische Tradition der Sicht der Wirtschaft als eines statischen Tauschsystems. So unterliegt diese Ansicht auch noch Georg Simmels *Philosophie des Geldes* von 1900: Simmel gründet Wirtschaft und Wert, aber auch das Geld, auf den Tausch, den er „als Lebensform und als Bedingung des wirtschaftlichen Wertes, als primäre wirtschaftliche Tatsache"[140] ansieht. Die Definition des Tauschs bei Simmel ist „Wechselwirkung;" dieses Prinzip wird verallgemeinert. Die „Mehrzahl der Beziehungen von Menschen untereinander" könne als Tausch gelten, der die „zugleich reinste und gesteigertste Wechselwirkung"[141] sei. So vollziehe sich all unser Tun „nach dem Schema des Tausches: von der niedrigsten Bedürfnisbefriedigung bis zum Erwerbe der höchsten intellektuellen und religiösen Güter muß immer ein Wert eingesetzt werden, um einen Wert zu gewinnen."[142]

Vertragstheorie des Geldes und dynamische Geldwirtschaft

Diese die Äquivalenz betonende Beschreibung des Geldes und die statische Beschreibung der Wirtschaft anhand eines ursprünglichen Naturaltauschs in der autarken, geldlosen Robinsonwirtschaft haben ihr Gegenbild in der arbeitsteiligen, komplexen Geldwirtschaft. Die Herleitung der Definition des Geldes aus einem ursprünglichen, unmittelbaren und äquivalenten Naturaltausch wird seit Keynes dafür kritisiert, daß sie der Ansicht Vorschub leistet, daß die Vermittlung des Geldes, das zirkuliert und als Wertaufbewahrungsmittel fungiert, „die Determination der Tauschverhältnisse als solche oder andere Dinge, die für das Verständnis des Wirtschaftsprozesses wesentlich sind, nicht beeinflußt."[143] Die Erklärung des Geldes als Tauschmittel impliziert, „daß es zwischen einer Tauschwirtschaft und einer Geldwirtschaft keine

---

[139] Schumpeter 1110.
[140] Georg Simmel, *Philosophie des Geldes*, 1900 (Frankfurt: Suhrkamp, 1989) 15.
[141] Simmel 59.
[142] Simmel 63.
[143] Schumpeter 719.

wesentlichen *theoretischen* Unterschiede gibt."[144] So versuchten
Völkerkunde und Geschichtswissenschaft „verzweifelt . . . , den Glauben
der Wirtschaftstheorie von der Entstehung des Geldes als einem Mittel zur
Tauscherleichterung empirisch zu bestätigen," hätten dabei jedoch „nicht
einmal jenen legendären äquivalenten Tausch selbst gefunden, für den die
Gelderfindung angeblich vorgenommen wurde."[145] Die althistorische
Forschung sehe keinen Anhaltspunkt für den Anfang einer Geldgeschichte
im Übergang vom Naturaltausch zur geldvermittelten Marktwirtschaft, die
folglich keine Vorstufe im reinen Gütertausch habe. Dieser sei

> in Gesellschaften aus Vergangenheit und Gegenwart, über die wir zuverlässige
> Informationen besitzen, niemals ein quantitativ nennenswertes oder gar
> beherrschendes Muster für ökonomische Transaktionen gewesen.[146]

Mit der Relativierung der historischen Annahmen, die der Tauschmitteltheorie des Geldes zugrunde liegen, wird deren Vorherrschaft in der
Wirtschaftstheorie in Frage gestellt, auch wenn sie „diese Befunde damals
und heute entnervt in den Wind" schlage, weil es „um ihr tauschpara-
digmatisches Fundament, um ihr Sein oder Nichtsein"[147] gehe. „Wenn der
Tausch schlichtweg fehlt, dann stürzt die auf ihn bauende Theorie ins
Bodenlose."[148] Wird nach der Tauschmitteltheorie eine Gleichheit von
Tausch- und Geldwirtschaft angenommen, so wird das unbegriffene Geld
zum Störenfried im analytischen Gebäude, denn seine Wirkungen in
Kredit und Zins können vor dem Hintergrund einer idealisierten Naturaltauschwirtschaft nicht erklärt werden. Wird vom Geld als Tauschmittel,
nicht als Vertrag, ausgegangen, kann weder der Vertrag über die Zeit, der
sich in Kredit und Zinseffekten äußert, noch die Konventionalität des
nominalistischen Geldes, das keinen materiellen Wert hat, erfaßt werden.

Als Auslöser des wirtschaftswissenschaftlichen Umdenkens hin auf die
Vertragstheorie des Geldes und die theoretische Durchsetzung der
nominalistischen Geldtheorie gilt eine Untersuchung von Keynes über die
antiken Geldformen, mit der ab den 20er-Jahren die Überzeugung vertreten
wird, „daß für die Erklärung des Geldes nur der in Kontrakten vereinbarte
Geldstandard von Interesse ist."[149] In *A Treatise of Money* bekräftigt
Keynes 1930, daß nur in Bezug auf einen vertraglichen Geldstandard von
einem bestimmten Gegenstand als Geld gesprochen werden kann. Kredit
und Zins lassen sich über diese Vertragstheorie des Geldes erklären: Kredit

---

[144] Schumpeter 719.
[145] Gunnar Heinsohn, „Muß die abendländische Zivilisation auf immer unerklärbar
bleiben? Patriarchat und Geldwirtschaft," Schelkle und Nitsch 236.
[146] George Dalton, „Barter," *Journal of Economic Issues* 14.1 (1982) 185, 188 nach
Heinsohn 237.
[147] Heinsohn 237.
[148] Heinsohn 237.
[149] Heinsohn 238.

ist immer an einen Vertrag gebunden, und Zins ist eine Liquiditätsprämie auf einen Kreditvertrag. Dafür daß der Verleiher von Geld auf die Sicherheit, es zur Verfügung zu haben, verzichtet, erhält er Zins zur Kompensation. Die Vertragstheorie des Geldes erlaubt die Aufgabe der klassischen Erklärung des Zinses durch Konsumverzicht, nach der ein „schmerzhafte[r] Vorgang . . . durch das Zugeständnis einer Möglichkeit nach Fristablauf mehr als zuvor konsumieren zu können, ausgeglichen"[150] werde. Nach Keynes gilt als unübersehbar, daß „jemand, der nur auf den Konsum eines ihm verfügbaren Vermögens oder eines Geldbestandes verzichtet, indem er es in seinem Haushalt hält und keiner Verwendung zuführt, keinen Zins"[151] erhält. „Einen Zins realisiert nur, wer anderen Verfügungsrechte auf sein Vermögen oder ihm bereits verfügbares Geld einräumt."[152] Das Geld ist nach dieser Erklärung nicht länger eine Ware im Tausch, sondern ein Pfand im Rechts- und Vertragswesen.

Dematerialisierung des Geld- und Symbolbegriffs

Die Kritik der Tauschmitteltheorie des Geldes stützt sich auf historische Daten zu vertragsrechtlichen Bräuchen im klassischen Griechenland: Der historische Vorläufer des Geldes wird nicht länger in der Edelmetallmünze und im Warengeld, sondern im griechischen *symbolon*, dem materiell geringwertigen Zeichen für die Rechtsgültigkeit eines Vertrages, verortet. Parallel kommt es zu einer neuen Verwendung des Symbolbegriffs. Die Modifikation der Tauschmitteltheorie des Geldes durch die Vertragstheorie des Geldes korreliert mit einem veränderten Symbolbegriff seit dem Ende des 19. Jahrhunderts. Wie das Geld durch die Revision der Geldtheorie wird auch der Symbolbegriff dematerialisiert.

Das Symbol wird bei Hegel noch abgewertet, weil es, sinnliche Anschauung enthaltend, nicht begrifflich und ungeeignet zum Erfassen der Wahrheit sei.[153] Saussure übernimmt den idealistischen Symbolbegriff:

> On s'est servi du mot *symbole* pour désigner le signe linguistique, ou plus exactement ce que nous appelons le signifiant. Il y a des inconvénients à l'admettre, justement à cause de notre premier principe. Le symbole a pour caractère de n'être jamais tout à fait arbitraire; il n'est pas vide, il y a un rudiment de lien naturel entre le signifiant et le signifié.[154]

---

[150] Hans-Joachim Stadermann, „Tabu, Gewalt und Geld als Steuerungsmittel," Schelke und Nitsch 161.

[151] Stadermann 161.

[152] Stadermann 161.

[153] Vgl. G.W.F. Hegel, *Wissenschaft der Logik I*, 1808-1816 (Frankfurt: Suhrkamp, 1986) 248: „[I]n Symbolen ist die Wahrheit durch das sinnliche Element noch *getrübt* und *verhüllt*."

[154] Saussure 101.

Im Laufe der Ausarbeitung der Theorie der Arbitrarität und des Wertbegriffs lehnt Saussure den idealistischen Begriff des natürlichen oder
materiellen Symbols ab. Bei Georg Simmel kommt es zu gleicher Zeit
bereits zu einer Gleichsetzung von Symbolbegriff und Geldbegriff. Der
Symbolbegriff wird bei Simmel zur Einrichtung dieses Vergleichs vom
idealistischen gelöst und das Symbol dematerialisiert, so daß es mit einem
Geldbegriff korreliert, der zusehends weniger materialistisch wird. Nach
Simmel und verwandt Marx ist das Geld „abstrakte[r] Vermögenswert"
und „der zur Selbständigkeit gelangte Ausdruck" des wirtschaftlichen
Werts der Objekte, der „in dem gegenseitigen Verhältnis besteht, das sie,
als tauschbare, eingehen."[155] Als „Gipfel und reinste[r] Ausdruck" des
wirtschaftlichen Wertes kann das Geld „die „höchste Verwirk-
lichungsstufe" einer „Weltformel"[156] beanspruchen, um „in eben dieser
selbst, das Dasein überhaupt deuten zu helfen."[157] „[A]us dem wirtschaftlichen Verhältnis, d.h. der Tauschbarkeit der Gegenstände" wird „die
Tatsache dieses Verhältnisses herausdifferenziert" und gewinnt im Geld
„an ein sichtbares Symbol geknüpfte . . . Existenz."[158] So ist das Geld für
Simmel auch „dem Wortlaut vergleichbar, der zwar ein akustisch-physio-
logisches Vorkommnis ist, seine ganze Bedeutung für uns aber nur in der
inneren Vorstellung hat, die er trägt oder symbolisiert."[159] Der Symbolbegriff Simmels wird entmaterialisiert, indem nurmehr ein Verhältnis oder
eine Vorstellung als Abstraktionen und kein substantieller oder konkreter
Inhalt symbolisiert werden. Simmels Text von 1900 belegt darüber hinaus,
daß sich im Vergleich von Sprache und Geld zur Zeit Saussures die
Sprach- und Geldtheorie gegenseitig beeinflussen. Von Mallarmé wird das
entmaterialisierte Symbol als Mittel nur noch allusiver Bezugnahme[160] auf
eine Vorstellung eingefordert und als Gegenstand den beiden Disziplinen
Ästhetik und politische Ökonomie zugeordnet: In *Divagations* setzt
Mallarmé unter dem Gesichtspunkt des Nutzens Ästhetik und politische
Ökonomie über das Bedürfnis gleich. Beide Disziplinen sind die zwei
Wege der „recherche mentale;" dieser stehen nur diese beiden Wege offen,
„où bifurque notre besoin, à savoir l'esthétique d'une part et aussi

---

[155] Simmel 122.
[156] Simmel 93.
[157] Simmel 93.
[158] Simmel 122.
[159] Simmel 122.
[160] Vgl. Stéphane Mallarmé, „Interview," nach Johannes Hauck, „Nachwort," *Sämtliche Dichtungen*, von Stéphane Mallarmé, übers. Carl Fischer (München: dtv, 1992) 315: „Ich glaube dagegen, daß nur allusiv gesprochen werden sollte. . . . Einen Gegenstand *benennen* heißt Dreiviertel des Genusses am Gedicht unterschlagen, der darin besteht, zu erraten, nach und nach; ihn *suggerieren*, das ist der Traum. Was ein Symbol aus-macht, ist die vollkommene Handhabung dieses geheimnisvollen Wunders: hervor-rufen ein Ding."

l'économie politique."[161] Die zunehmende Entmaterialisierung des Symbolbegriffs unterstützt die Anpassung der Sprachtheorie an die nominalistische und konventionelle Geldtheorie bzw. an die Arbitrarität des Sinns. Was sich für das Symbol abzeichnet, entspricht in der Wirtschaftstheorie der Aufgabe der Annahme einer ursprünglichen Motivation des Geldes als Edelmetallgeld aus seiner Eigenschaft als Ware und der Begründung des Geldes aus dem Vertragswesen.

Symbolon

Die Neudefinition des Geldes führt zu einer Betonung der etymologischen Wurzel des Symbolbegriffs - dem griechischen *symbolon* als materiell geringwertigen Vertragspfands. Bei Platon wird das Wort *symbolon* zwar mit „gültige Marke für den Tausch"[162] oder einfach „Geld"[163] übersetzt. Es hat seine Bedeutung jedoch nicht in einer repräsentierenden Funktion im Tausch, sondern hinsichtlich vertragsrechtlicher Aspekte; das *symbolon* ist an das Vertragswesen, also die konventionelle oder gesetzliche Sphäre, gebunden. Es ist das Gastzeichen, mit dem ein Gast nach dem Fortgang aus einem gastgebenden Haus bei einer späteren Rückkehr belegen kann, daß er Gast war und so der Hausgemeinschaft verbunden ist, und besteht aus in zwei Hälften geteilten Tonscherben, Knochen, Metallstücken oder auch Münzen, wovon jeweils der Gast und der Gastgeber einen Teil behalten und sich damit bei einem Wiederzusammentreffen ausweisen können. Das *symbolon* - wörtlich: Zusammengeworfenes oder Zusammengefügtes - kann auch auf die nächste Generation übertragen werden. Es bezeichnet schließlich das Pfand im Vertragsabschluß und gilt als Ausdruck einer rechtskräftigen Bindung.[164] Das *symbolon* hat gemeinschaftsbindende, religiöse und rechtliche Funktion. Sein materieller Wert ist unerheblich. Die Vorläuferschaft des *symbolon* vor der Edelmetallmünze begründet erst die Möglichkeit der allgemeinen

---

[161] Stéphane Mallarmé, „Magie," 1893, *Divagations* 331. Vgl. Jacques Derrida, „Transe Partition (1)," *La dissémination* 197.

[162] Platon 67 [371b].

[163] Schumpeter 95.

[164] "The deposit was shown to the depositor only or to his agents, if they expressed this wish, and to nobody else. The agents had to show a *symbolon*, a means of recognition. . . . The most usual *symbolon* was the signet ring which had been used to seal the deposit. However, the depositor could instead take one half of a broken coin or of a clay token with him while the other half was kept in the temple or the bank to prove his identity by joining the two fragments." F. M. Heichelheim, *An Ancient Economic History*, übers. Joyce Stevens (Leyden: 1964) 2:76, nach Shell, *The Economy of Literature* 33.

Anerkennung und des Funktionierens eines konventionellen und arbiträren Zahlungs- und Rechenmittels in der Gemeinschaft.

Auch die Anthropologie des Tausches, der Verpflichtung und des Geldes bei Marcel Mauss, der seine Beobachtungen schließlich unter dem Symbolbegriff faßt, steht im Kontext der etymologischen Wiedergewinnung eines dematerialisierten Symbolbegriffs. Die Schwierigkeit der Definition des Geldes und die Herausarbeitung des Vertragsmoments statt der Tauschmittelfunktion als des entscheidenden Kriteriums für den Geldbegriff in Mauss' Text weist auf die Veränderung der Geldtheorie von der Tauschmitteltheorie auf die Vertragstheorie seit spätestens den 20er-Jahren. Das vertragliche und zinsliche Moment am Gabentausch ist nach Mauss „ce qu'on appelle si mal l'échange, le <<troc>>."[165] Der Umlauf der Talismane, die als Geld fungieren, ist vielmehr „à l'individualité de leurs anciens propriétaires, et à des contrats passés entre des êtres moraux"[166] gebunden. Mauss hebt die Notwendigkeit des vertraglichen Pfandes auch bei allen germanischen Verträgen hervor. Indem jeder Partner einen Teil des in zwei Hälften gebrochenen, möglicherweise verzauberten Pfandes behalte, könnten sie noch aufeinander einwirken. Die gegebene Sache sei „toute chargée de l'individualité du donateur" und daher dränge „le fait qu'elle est entre les mains du donataire" befinde, den Geber „à exécuter le contrat, à se racheter en rachetant la chose,"[167] und so den Gabentausch zu vollziehen. Die Magie fungiert somit als vertragssichernde Rechtsinstanz.[168] Mit dem Symbolbegriff schließlich versucht Mauss die vertragliche Verpflichtung im Gabentausch zu fassen: Sie komme „de façon mythique, imaginaire ou, si l'on veut, symbolique et collective"[169] zum Ausdruck.

---

[165] Mauss 266.

[166] Mauss 178, Anm. 1.

[167] Mauss 254.

[168] Auch stellt die gegebene Sache eine Gefahr dar. Für die germanische Folklore sei, nach Mauss, „[c]e thème du don funeste, du cadeau ou du bien qui se change en poison" (Mauss 255) grundlegend. „Le danger que représente la chose donnée ou transmise . . . explique le sens double du mot *gift* . . . , don d'une part, poison de l'autre." (Mauss 255) Mauss erklärt das Wort Gift als Übersetzung des lateinischen *dosis*, das „lui-même transcription du grec *dosis*, dose, dose de poison" (Mauss 255, Anm. 1) ist. „L'emploi latin et surtout grec du mot *dosis* dans le sens de poison, prouve que, chez les Anciens aussi, il y a eu des associations d'idées et de règles morales du genre de celles," (Mauss 255, Anm. 1) wie sie Mauss für die Germanen beschreibt. Es näherten sich „l'incertitude du sens de *gift* de celle du latin *venenum*, de celle de *philtron* et de *pharmakon*." (Mauss 255, Anm. 1) Derrida erläutert diese Ungewißheit der Gabe und die Schuldigkeit, die durch die Entgegennahme einer Gabe entsteht, unter Bezug auf Mauss in *Donner le temps: 1. La fausse monnaie* als Effekt der *différance*.

[169] Mauss 194.

[C]e symbole de la vie sociale - la permanence d'influence des choses échangées - ne fait que traduire assez directement la manière dont les sous-groupes de ces sociétés segmentées, de type archaïque, sont constamment imbriqués les uns dans les autres, et sentent qu'ils se doivent tout.[170]

Wenn er die von ihm beschriebene vertragliche Wirtschaftsform als symbolisch bezeichnet, verwendet Mauss, ohne darauf einzugehen, mit dem Symbolbegriff das griechische Wort, das wie im germanischen Pfand dem Vertragsmoment entspricht. Dieses symbolische Prinzip, wie es in der Etymologie des *symbolon* abgelesen wird, entspricht der Verpflichtung und der Vertraglichkeit der Gegengabe bei den von Mauss beschriebenen Kulturen. Mauss entwickelt von seiner Beschreibung des Geldes ausgehend jedoch keine neue Theorie des Geldes, auch wenn dies von der beschriebenen Vertraglichkeit und Konvention über die Zeit nahegelegt wird. Er verstrickt sich im Problem der Gelddefinition, da er von einer vorgefaßten Meinung über Wert und Geld ausgeht: Das Geld seiner Zeit, so wie er es noch begreift, wird von ihm abgelehnt: Die Edelmetallmünzen seien „impersonnalisées" und „détachées de toute relation avec toute personne morale, collective ou individuelle autre que l'autorité de l'État qui les frappe."[171] Mauss hält damit an der Meinung fest, daß es eine Form des Geldes gegeben habe, „qui a précédé les nôtres,"[172] und fällt wieder auf die Tauschmitteltheorie zurück.

Im *symbolon* des antiken Vertragswesens sieht die zeitgenössische Geldtheorie dagegen die Begründung der nominalistischen Geldtheorie und der Eigentumstheorie des Geldes. Im Kontext einer Diskussion des Vertrags beschreibt auch Derrida das *symbolon* als Vertragspfand. „Pour commémorer l'engagement mutuel, . . . chacun garde un morceau du *symbolon*. Et le même morceau, ou plutôt le morceau ressemblant et différent du même tout, le morceau complémentaire."[173] Auch von Derrida wird jedoch der Terminus *symbolon* wie bei Mauss nicht auf das Geld bezogen, sondern er gelangt über die Erklärung der Arbitrarität zur notwendigen Konventionalität des Wertes und Sinns des Geldes und der Schrift.

Das Geld ist wie jede differantielle Markierung des Textes Ursache und Mittel des ökonomischen Kalküls, das sich über die Zeit erstreckt; es ist wie die Schrift durch die Wirkung der *différance* Verzeitlichung und Zeittechnologie. In Derridas frühen Schriften - und bis zu den Gedanken

---

[170] Mauss 194.
[171] Mauss 178, Anm. 1.
[172] Mauss 179, Anm. 1.
[173] Jacques Derrida, *La vérité en peinture* (Paris: Flammarion, 1978) 323.

im 1991 erst veröffentlichten *Donner le temps: 1. La fausse monnaie*, zuerst 1977/78 vorgetragen - wird das Geld jedoch noch nicht in Zusammenhang mit der Zeit gedacht. Auch die Kapitalakkumulation wird noch nicht als Geld-, Vertrags- und Zeiteffekt gedacht, sondern noch als klassischer Aufschub von Konsum. „ [O]n doive toujours, à la manière symptomatologique de Nietzsche, diagnostiquer l'*économie*, l'investissement et le bénéfice différé sous le signe du pur renoncement."[174] Derridas Beschreibung der Ökonomie bewegt sich in frühen Texten zunächst auf eine Geldtheorie zu, die den Zins als Konsumverzicht, als Aufschub des Genusses oder der Lust, interpretiert; er betont durch die Ausrichtung auf die *différance* bereits den Zeitaspekt am Verzicht, den Aufschub. Alle diese frühen, zur Definition der *différance* verwendeten Begriffe - Aufschub, Vorrat, Spur - verweisen schon auf Kredit und Zins als Elemente der Ökonomie, wenn sie als Geldwirtschaft verstanden wird. Die Materialität der Spur entspräche dem Geld als Schuldvertrag.

Derrida übernimmt jedoch zunächst im frühen Essay zu Bataille noch eine Lektüre Hegels, welche die Dialektik auf Arbeit und Tod zurückführt. Die Begierde, als Bedürfnis und Bedingung für Genuß, wird nicht einbezogen, sondern aus dem hegelschen Denken ausgeschlossen, was einer marxistischen Lesart gleichkommt, die den Gebrauchswert weitgehend ignoriert. Entsprechend liefert Derrida in seiner Hegel-Lektüre noch einen Bezug zur Arbeit „qui, à différer la jouissance, confère sens;"[175] ein solcher Begriff der Arbeit entspricht der klassischen Zinstheorie, ohne daß Derrida zu dieser Zeit, genausowenig wie noch Bataille, das Geld bedenkt und ohne daß die Wirtschaft an einen Gebrauchswert zurückgebunden gedacht wird wie in der subjektiven Werttheorie. Hegels Begriff der Arbeit als Potenz oder Begierde des Geistes wird von Derrida als Perversion des Gebrauchswerts und der Begierde, die bei Hegel eine Arbeit sei, nicht die Arbeit eine Begierde, gelesen: „Le désir humain est travail. En lui-même."[176] Die Beschreibung des Effekts der *différance* als „le supplément de marque produit par le travail textuel, tombant hors du texte, comme un objet indépendant, sans autre origine que lui-même, trace redevenue présence (ou signe),"[177] begreift das Supplement als Arbeitsüberschuß; die Argumentation Derridas kann hier im Sinne der marxistischen Mehrwerttheorie und der *superadequacy of human labour power*[178] auf den Text

---

[174] Derrida, „La pharmacie de Platon" 137.

[175] Derrida, „De l'économie restreinte à l'économie générale" 377.

[176] Derrida, *Glas* 171.

[177] Derrida, „La double séance" 290-291. Vgl. dort auch: „[La trace] est inséparable du désir (de réappropriation ou de représentation). Ou plutôt, elle le fait naître et l'entretien en s'en séparant." Die Begierde als Kraft folgt, anders als bei Hegel, erst reaktiv auf die Arbeit als Spur.

[178] Vgl. Kapitel 1, Anm. 105.

übertragen verstanden werden. Die Arbeit, nicht das Kapital, wird als Investition gedacht, und es ist ein arbeitswerttheoretischer Begriff des Geldes als Verkörperung von Arbeit impliziert. Die Wirtschafts- und Geldtheorie in Derridas Schriften erstreckt sich 1967 nicht weiter als bis zu einzelnen Aspekten der klassischen Theorie und des Marxismus. Nach den Essays bis in die späten 70er-Jahre und noch nach *Donner le temps: 1. La fausse monnaie* erzeugt „travail producteur . . . des richesses,"[179] welche Formulierung an Michel Foucaults Analysen der physiokratischen Theorie des natürlichen Reichtums in *Les mots et les choses* erinnert,[180] jedoch nicht an eine Beschreibung komplexer ökonomischer Verhältnisse im späten 20. Jahrhundert. Ebenso bezieht sich Derrida auf eine zeitgenössische Rede von „le cycle du travail producteur,"[181] die auch an physiokratischen Zirkulationstheorien eher denn an zeitgenössischer Wirtschaftstheorie orientiert scheint. Anders als in den Schlußabschnitten von *Donner le temps: 1. La fausse monnaie* und im Vortrag „Du 'sans prix', ou le 'juste prix' de la transaction" von 1992 zieht Derrida 1967 im Essay zu Bataille auch die aristotelische Unterscheidung von geschlossener Ökonomik und entgrenzender Chrematistik noch nicht heran, auch wenn mit der Ablehnung des äquivalenten Tauschprinzips und der Kritik an Hegel für seine angebliche Konzentration auf den Arbeitsbegriff, welche Kritik Derrida zugleich auf Distanz zum Marxismus bringt, bereits die geld- und zeittechnische statt produktive Akkumulation nahegelegt wird. Die Beschreibung der allgemeinen Ökonomie und der Batailleschen Souveränität als Überwindung der Dialektik verweist bereits auf die entgrenzende Chrematistik, auch wenn Zinseffekt ebensowenig wie von Bataille auch von Derrida nicht erwogen wird: Die souveräne Tätigkeit

> n'est-elle pas une simple neutralisation d'effacement. Elle multiplie les mots, les précipite les uns contre les autres, les engouffre aussi dans une substitution sans fin et sans fond dont la seule règle est l'affirmation souveraine du jeu hors-sens.[182]

Derridas späterer Ökonomiebegriff, nachdem das Geld thematisiert wird, bedient sich bei aller Betonung der Kraft nicht länger der Arbeit als Produktivitätsquelle; der Wert, der Mehrwert und das Kapital entstehen nach Derrida nicht aus einer physiologischen *superadequacy of human labour power*, sondern aus der Zeit(differenz) und sind ein Effekt des Geldes als differantielle Markierung. Die *différance* ermöglicht das Werten und den Mehrwert. Die Öffnung, die Dynamik und die Zunahme der

---

[179] Derrida, *Donner le temps: 1. La fausse monnaie* 171.
[180] Vgl. Foucault, *Les mots et les choses* 177-224: Kapitel 6, „Échanger."
[181] Derrida, *Donner le temps: 1. La fausse monnaie* 172, Anm. 1. Dort auch explizit der Bezug auf Michel Foucault, in diesem Fall auf seine *Histoire de la folie à l'âge classique*.
[182] Derrida, „De l'économie restreinte à l'économie générale" 403.

Elemente des Systems der Werte stellen sich geldtheoretisch als
Akkumulation des Kapitals. Die Akkumulation wird nicht mehr als Ergebnis menschlicher Arbeit begriffen, sondern als Effekt der Temporalisierung. Das Geld sei, so Derrida, der „excès moteur"[183] der Ökonomie,
und es habe diese motivierende Kraft nicht, weil die Zeit Geld sei - „[t]ime
is money"[184] -, sondern weil das Geld die Zeit sei: „l'argent, c'est du
temps."[185] Die Zeit messe keine Arbeits- oder Produktionskapazität, denn
dies bedeutete, daß die Arbeit zwischen Zeit und Geld vermittelt: Derrida
widerspricht der arbeitswerttheoretischen Interpretation der Dynamik der
Geldwirtschaft. Vielmehr sei das Geld die Zeit, weil es als Substitut oder
allgemeines Äquivalent wie die Schrift die Zeit des Gütertauschs bewirtschaftet, die Zirkulation ins Unendliche beschleunigt, und zwar nicht nur
dadurch, daß es Substitute bereitstellt, sondern indem es sein Prinzip dem
Tauschhandel substituiert und die Quantifizierung erlaubt.

> En ouvrant le règne de la répétition, de la substitution, c'est-à-dire de la
> neutralisation qui efface les caractéristiques individuelles des choses échangées et
> des sujets de l'échange, [l'argent] fournit un élément de quantification ou de
> mathématisation . . . qui est d'abord une extraordinaire neutralisation du temps.[186]

So ist auch die Beschleunigung, welche die Kommunikationstechnologie
dem Markt und der Börse erlaubt, kein zufälliger Nebeneffekt, sondern der
Effekt des Geldes (und der Schrift) als Quantifizierung und Technik der
„économie du temps."[187] „L'argent est du temps gagné, du temps
économisé."[188] Derridas Beschreibung des Geldes deckt sich mit der
Beschreibung des differantiellen Effekts in der Schrift als Temporalisierung. Wie die sprachlichen Markierungen des Textes wirkt das Geld
zugleich disseminierend und kalkulierend, oder verzeitlichend und verge-
genwärtigend, in verschiedenen Zeitrichtungen oder Dimensionen der Zeit:
„temporalisation du temps (mémoire, présent, anticipation; rétention,
protention, imminence du futur; extases, etc.). "[189]
    Derrida schreibt, indem er den Bezug zum äquivalenten Naturaltausch
ablegt, die in Saussures Rezeption der Wirtschaftstheorie angelegte
Angleichung des Sprachbegriffs auf den Geldbegriff der zeitgenössischen
Wirtschaftstheorie fort: Das Geld wird als Zeittechnologie begriffen. So
fließt nach Keynes die „Wichtigkeit des Geldes . . . im wesentlichen aus
der Tatsache, daß es eine Verbindung zwischen Gegenwart und Zukunft

---

[183] Derrida, „Du 'sans prix', ou le 'juste prix' de la transaction" 387.
[184] Derrida, „Du 'sans prix', ou le 'juste prix' de la transaction" 394. Benjamin Franklins
    Satz zitiert von Derrida, vgl. Kapitel 1.
[185] Derrida, „Du 'sans prix', ou le 'juste prix' de la transaction" 395.
[186] Derrida, „Du 'sans prix', ou le 'juste prix' de la transaction" 395.
[187] Derrida, „Du 'sans prix', ou le 'juste prix' de la transaction" 395.
[188] Derrida, „Du 'sans prix', ou le 'juste prix' de la transaction" 395.
[189] Derrida, *Donner le temps: 1. La fausse monnaie* 27.

herstellt."[190] Zeitgenössische Theorien[191] erklären das Geld aus dem Vertrag über Eigentum und als Technologie der Zeit. Zur Überwindung der Trennung von Realanalyse und monetärer Analyse wird das Geld zunächst „vom Schuldkontrakt her gedacht;"[192] mit der Erklärung des Geldes als Vertrag ist sodann auch die Verzeitlichung in Zins und Kredit greifbar. Die Argumentation der Vertreter der auf einen unmittelbaren, unversiegbaren Naturaltausch rekurrierenden Tauschmitteltheorie des Geldes wird nicht nur wegen der Naturalisierung und der mangelnden Berücksichtigung der das Geld erst etablierenden Konventionalität, sondern auch wegen der Vernachlässigung des Zeitmoments im Wirtschaftsgeschehen und einer nostalgischen Sicht vorgeldwirtschaftlichen Lebens, das kein Verhältnis zur Zeit gehabt habe, kritisiert. Die auf dem unmittelbaren Tauschprinzip beruhende Geldtheorie geht aus von einer „Soforttauschwirtschaft . . . in deren Haupttransaktion die Zeit stillstehe und deshalb ein Bedürfnis nach Geld nicht verspürt werde."[193] Wirtschaft wird inzwischen stattdessen darüber definiert, daß Zeit gegeben ist; durch das Geld ist die Wirtschaft dynamisch, indem Geld, als Kredit und Zins, die Zeit in die Wirtschaftsprozesse einbringt. Die Verzeitlichung und der Aufschub in der Zeit, die das Geld ermöglicht, werden zu seinen wichtigsten Definitionskriterien. Der aristotelische und realanalytische Aufruf, daß das Geld zu kontrollieren oder in letzter Konsequenz abzuschaffen sei, weil es durch Zinsgeschäfte unbegrenzten Reichtum und unbegrenzte Selbstvermehrung ermögliche, entsteht aus der Sorge um die Ungreifbarkeit der Effekte der Zeit. Heute werden diese als ausschlaggebend für das Funktionieren der Weltwirtschaft, als ihr Motor, begriffen. „[S]i certaines personnes ou certaines classes sociales ont plus de temps que d'autres, et c'est au fond le plus grave enjeu de l'économie politique, ce n'est certainement pas *le temps lui-même* qu'elles possèdent," sondern wenn die Rede davon ist, Zeit zu geben, ist etwas anderes als die Zeit gemeint, „autre chose qui se mesure au temps comme à son élément."[194] Hierunter versteht Marx die Arbeit und die zeitgenössische Wirtschaftstheorie das Geld. Das Geld ist die Zeit als Maßstab, aber diese hat selbst keinen Maßstab und kann nicht endgültig kalkuliert werden: Mit dem

---

[190] John Maynard Keynes, *The General Theory of Employment, Interest, and Money*, 1936, Bd. 7 von *The Collected Writings of John Maynard Keynes* (London: Macmillan, 1973) 293, nach Heinsohn 241.

[191] Die Trennung von Soziologie und Wirtschaftswissenschaften, die sich seit der Wende zum 20. Jahrhundert etabliert hat, lasse sich zum Zweck der Weiterbildung der Geldtheorie nicht länger aufrecht erhalten, sondern interdisziplinäre Ansätze seien nötig: „[D]urch die Einführung des Zeitproblems" würden Fragen angeschnitten, „die nur komplementär zwischen den beiden Disziplinen zu bearbeiten sind." Dirk Baecker, „Die Unruhe des Geldes, der Einbruch der Frist," Schelkle und Nitsch 108.

[192] Heinsohn 238.

[193] Heinsohn 241.

[194] Derrida, *Donner le temps: 1. La fausse monnaie* 44.

posthumanistischen „[l]a mesure de la mesure nous manque" interpretiert Derrida Shakespeares „*[t]he time is out of joint*"[195] als Beschreibung der Nicht-Formalisierbarkeit der Effekte der Zeit als *différance*. Ohne „un temps disjoint ou désajusté" und ohne die von der *différance* gegebene Unmöglichkeit, die Verzeitlichung zu kontrollieren, gäbe es „ni événement ni histoire ni promesse de justice"[196] als diejenigen Momente, die der Kalkulation entgehen.

Der Kredit und die Spekulation sind wegen der Fälligkeit kalkulierte Zeit: Der Fälligkeitstermin „implique . . . le temps, l'intervalle qui sépare la réception de la restitution."[197] Dies gilt auch, wenn die Rückgabe nicht unmittelbar erfolgt, sondern wenn „elle se programme dans le calcul complexe d'une différance à long terme."[198] Dabei ist nicht zwischen Gütern, Dingen, Symbolen oder Zeichen zu unterscheiden, die alle gleichermaßen 'bewirtschaftet' werden. Auch im Symbol entdeckt Derrida den Termin. „Simplement le *syn*- . . . , c'est la différance temporelle, ou plus précisément temporisatrice, le délai du terme ou le terme du délai qui disloque tout <<en même temps>>."[199] Das Prinzip der *différance* in der Schrift gilt auch für die Geldwirtschaft und das Preissystem.[200] Das geldwirtschaftliche Kalkül ist eine unendliche Bewegung: „L'équivalence générale rapporte chaque phrase, chaque mot, chaque moignon d'écriture . . . à chaque autre, dans chaque colonne et d'une colonne à l'autre de *ce qui est resté* infiniment calculable."[201] Die Konsequenzen der Spekulation sind pinzipiell „sans limite assignable," so daß sich hier nach Derrida

---

[195] Derrida, *Spectres de Marx* 129.

[196] Derrida, *Spectres de Marx* 270.

[197] Derrida, *Donner le temps: 1. La fausse monnaie* 58.

[198] Derrida, *Donner le temps: 1. La fausse monnaie* 24. In der deutschen Übersetzung „vorprogrammiert ist im komplexen Kalkül eines lang befristeten Aufschubs [différance]." Knop und Wetzel 23. Wegen des Effekts der *différance* in der Befristung, die mit den Zeichen, Dingen oder Markierungen einhergeht, kommt es zur Schuld, wie Derrida mit Verweis auf die Etymologie von *gift* bei Mauss anführt: „[N]ous anticipons ici une autre dimension du problème, à savoir que si donner est spontanément évalué comme *bon* (il est *bon* et *bien* de donner et ce qu'on donne, le présent, le cadeau, le *gift*, est un bien), il reste que ce <<bon>> peut aisément se renverser: comme nous le savons, en tant que bon, il peut aussi être mauvais, empoisonnant (*Gift, gift*), et cela dès le moment où le don endette l'autre, si bien que donner revienne à faire mal, à faire du mal." Derrida, *Donner le temps: 1. La fausse monnaie* 25.

[199] Derrida, *Donner le temps: 1. La fausse monnaie* 58.

[200] Wird die Zeit als entscheidendes Kriterium von Ökonomie als Geldwirtschaft aufgefaßt, bedeutet die Pluralität der Währungen auch eine Pluralität von Zeit, also verschiedene Zeiten. Vgl. Martin Heidegger, „Der Satz der Identität," 1957, *Identität und Differenz* (Stuttgart: Neske, 1957) 30: „[D]ie Zeit des Denkens, die eine andere ist als diejenige des Rechnens."

[201] Derrida, *Glas* 1. Die 'équivalence générale' zitiert das Geld in seiner Funktion als allgemeines Äquivalent in Marx' Werttheorie. Vgl. Kapitel 5.

„l'infinité ou plutôt l'indéfinité de <<mauvais infini>>" ankündigt, welche
- wie die Schrift -

> caractérise la chose monétaire (vraie ou fausse monnaie) et tout ce à quoi elle
> touche, tout ce qu'elle contamine (c'est-à-dire, par définition, tout). Ici s'annonce
> la quasi-automaticité de son accumulation et donc du désir qu'elle appelle ou
> engendre.[202]

Wie das echte oder falsche Geldstück, ist die *différance* der Markierung
„la chance du don lui-même. La chance de l'événement,"[203] des von der
Kalkulation nicht Erfaßten, nicht Berechneten, Überschüssigen, das der
Wahrnehmung und Kalkulation des Menschen als Differenz gegeben wird
und erst bewertet werden muß.

> [L]a structure de cet impossible *don* est aussi celle de l'être - qui se donne à
> penser à la condition de n'être rien (aucun étant-présent) - et du temps qui ... est
> toujours défini dans la paradoxie ou plutôt dans l'aporie de ce qui est sans être, de
> ce qui n'est jamais présent ou n'est qu'à peine et faiblement.[204]

Der Wunsch, aus der Kalkulation auszubrechen, also nach der Gabe,
steht in Bezug zum Wunsch, der Zeit zu entkommen. „En tout cas le
temps, le <<présent>> du don n'est plus pensable comme un maintenant, à
savoir comme un présent enchaîné dans la synthèse temporelle."[205] Die
différance bedeutet als Gabe zeitlosen Rest und das Überborden des
Systems der Markierungen, des Geldes, der gesetzten Werte, der Preise,
der Schrift oder Sprache, des Sinns und der Zeit. „Ainsi le reste, qui *n'est*
rien mais qu'*il y a* néanmoins."[206] Daß es Zeit gibt wird so zum differantiellen, nicht dialektischen Moment und entspricht nach Derrida in dieser
Form erst dem Begriff der Gabe bei Heidegger.[207] Außerhalb oder jenseits

---

[202] Derrida, *Donner le temps: 1. La fausse monnaie* 200.

[203] Derrida, *Donner le temps: 1. La fausse monnaie* 200.

[204] Derrida, *Donner le temps: 1. La fausse monnaie* 43.

[205] Derrida, *Donner le temps: 1. La fausse monnaie* 21.

[206] Derrida, *Donner le temps: 1. La fausse monnaie* 14. In der deutschen Übersetzung:
„Der Rest also, der nichts *ist*, den *es* aber gleichwohl *gibt*." Knop und Wetzel 13.

[207] Derrida, *Donner le temps: 1. La fausse monnaie* 33-34: „Heidegger dit parfois que
l'être ... est l'*Ereignis*. Et c'est au cours de ce mouvement que l'être (*Sein*), qui n'est
pas, qui n'existe pas comme étant présent, s'annonce à partir du don.
Cela se joue autour de l'expression allemande *es gibt* qui d'ailleurs, dès *Sein und
Zeit* (1927), avait fait une apparition discrète qui obéissait déjà à la même nécessité.
La locution idiomatique <<*es gibt Sein*>> et <<*es gibt Zeit*>>, nous la traduisons par
<<il y a l'être>> (l'être n'est pas mais il y a l'être), <<il y a le temps>> (le temps
n'est pas mais il y a le temps). Heidegger tente de nous donner à y entendre le <<il
donne>>, ou plutôt, de façon neutre mais non négative: <<ça donne>>, un <<ça
donne>> qui ne formerait pas un énoncé dans la structure propositionnelle de la
grammaire gréco-latine, c'est-à-dire portant sur l'étant et dans la relation sujet-
prédicat (S/P). L'énigme se concentre à la fois dans le <<il>> ou plutôt le <<*es*>>, le

der Dialektik und des absoluten Wissens bleibt die Gabe als *différance* und Verzeitlichung: „Il faut se donner le temps. Le reste du temps."[208] Die Erzählung, auch die Literatur, und die Geschichte sind das Kalkulierte und Berechnete, das vom Ereignis ausgelöst wird. „Il faut qu'il y ait événement - donc appel de récit et événement de récit - pour qu'il y ait don et il faut qu'il y ait don *ou phénomène de don* pour qu'il y ait récit et histoire."[209]

Unentscheidbarkeit und Verantwortung

Angesichts der Momente der Unentscheidbarkeit über den sich zeitlich verschiebenden Sinn der Markierungen oder Ereignisse ist es im Schreiben, in der Lektüre, im Sprechen und im Handeln immer unvermeidbar, einen Kontext zu bestimmen und damit Sinn zu stabilisieren, „in a manner that is not only theoretical, but practical and performative."[210] Eine Entscheidung bezieht politische Position, „because it implies, insofar as it involves determination, a certain type of non-'natural' relationship to others."[211] Neutralität ist für den Handelnden nicht möglich; auch wissenschaftliche Objektivität ist nur „within a context which is extremely vast, old, powerfully established, stabilized or rooted in a network of conventions (for instance, those of language) and yet which still remains a context"[212] möglich. Skepsis gegenüber der Sicherheit der Unterscheidung von Natur und Konvention oder Wahrheit und Fiktion ist daher mit ein Grund, so Derrida, „why . . . 'literary audiences' are far less naive and often much better prepared to analyze these problems than . . . professional philosophers . . . appear to realize."[213] Nur wegen der Möglichkeit und Notwendigkeit, auf Ereignisse mit Entscheidungen und Wertungen zu reagieren, gibt es Verantwortung. Literatur, als fiktionaler oder poetischer Text - supplementärer Kontext -, der feststehende Unterscheidungen differantiell unterläuft und in Frage stellt, erlaubt als „une machine à provoquer

---

<<ça>> de <<ça donne>> qui n'est pas une chose, et dans ce don qui donne mais sans rien donner et sans que personne ne donne rien - rien que l'être et le temps (qui ne sont rien). Dans *Zeit und Sein* (1952), l'attention de Heidegger se porte sur le donner (*Geben*) ou le don (*Gabe*) impliqués dans le *es gibt*. Dès le début de la méditation, Heidegger rappelle, si on peut dire, que le temps n'est en lui-même rien de temporel, puisqu'il n'est rien, puisqu'il n'est pas une chose (*kein Ding*). La temporalité du temps n'est pas temporelle, pas plus que la proximité ne serait proche ou l'arboréité, ligneuse."

[208] Derrida, *Glas* 315.
[209] Derrida, *Donner le temps: 1. La fausse monnaie* 156.
[210] Derrida, „Afterword" 136.
[211] Derrida, „Afterword" 136.
[212] Derrida, „Afterword" 136.
[213] Derrida, „Afterword" 134.

des événements,"[214] das Verstehen und Einüben der Wertungs- und Verantwortungsprozesse. Im Umgang mit Ereignissen und den Effekten der *différance* liegt die Möglichkeit von und Forderung an die Entscheidung und Verantwortung der Handelnden. Die Notwendigkeit des Umgangs mit der Verunsicherung von vereinbarten Konventionen und konventioneller Wahrheit deutet insbesondere auf das Recht als den politisch relevantesten Bereich der Anwendung der Dekonstruktion. „[L]iterature and the study of literature have much to teach us about right and law."[215] Derrida betont die Anwendung der Dekonstruktion in den Rechtswissenschaften: „The work currently being done in certain law schools around deconstruction and literary theory seems . . . doubtless among the most promising and most interesting being undertaken today."[216]

Erst durch „une méditation de l'écriture," deren Programm *De la grammatologie* vorlegt, ist es möglich, „cette opposition de la nature et de l'institution, de *physis* et de *nomos* (qui veut dire aussi, ne l'oublions pas, distribution et partage réglé, précisément par la *loi)*"[217] zu erschüttern, welche Erschütterung wiederum notwendig ist, um zur Erkenntnis von Formalisierung und Konventionalität als Chance auf Ethik und Veränderung zum Besseren oder Gerechteren zu gelangen, statt Technik und Fiktion aufgrund des Ideals der Natürlichkeit zu verurteilen. „Une pensée déconstructrice . . . a toujours rappelé à l'irréductibilité de l'affirmation et donc de la promesse, comme à l'indéconstructibilité d'une certaine idée de la justice (ici dissociée du droit)."[218] Ein Denken der Schrift und der Geldwirtschaft, die beide auf Konvention und Gesetzlichkeit beruhen, soll dazu führen, metaphysische Festschreibungen und Naturalisierungen zugunsten des Verstehens von und lernenden und verantworteten Umgangs mit eben der Gesetzlichkeit des Daseins zu überwinden.

Die Möglichkeit von Verantwortung ist an die Grenze der Kalkulation in der Unentscheidbarkeit geknüpft. „A decision can only come into being in a space that exceeds the calculable program that would destroy all responsibility by transforming it into a programmable effect of determinate causes."[219] Ohne den Durchgang durch die Unentscheidbarkeit gibt es keine ethische oder politische Verantwortung. „Even if a decision seems to

---

[214] Derrida, *Donner le temps: 1. La fausse monnaie* 125.

[215] Derrida, „Afterword" 134.

[216] Derrida, „Afterword" 134. Vgl. Jacques Derrida, „Force de loi. Le 'fondement mystique de l'autorité'/"Force of Law: The 'Mystical Foundation of Authority'," 1989/1990, zweisprachig, *Deconstruction and the Possibility of Justice, Cardozo Law Review* 11.5 und 11.6 (Juli/August 1990).

[217] Derrida, *De la grammatologie* 66. In der deutschen Übersetzung „diesen Gegensatz zwischen Natur und Institution (Vereinbarung) . . . ." Rheinberger und Zischler 78.

[218] Derrida, *Spectres de Marx* 147.

[219] Derrida, „Afterword" 116.

take only a second and not to be preceded by any deliberation, it is
structured by this *experience and experiment of the undecidable.*"[220]
Unentscheidbarkeit verunmöglicht Vollständigkeit, Ganzheit, Erfüllung
und Totalisierung, auch im politischen Sinne. Derrida erklärt strikt, daß er
nie die Notwendigkeit der Unentscheidbarkeit bedauert habe, da erst die
Unentscheidbarkeit Verantwortung und Wertung ermöglicht. „The pathos
of an indecision or an undecidability . . . was never mine."[221] Die Entscheidung geschieht „through a decision of writing (in the broad sense
[given] to this word, which also includes political action and experience in
general)."[222]

Der Begriff der Unentscheidbarkeit ist dem der Unbestimmtheit vorzuziehen, da sich die Kraftverhältnisse und -unterschiede, die in gegebenen
Situationen Bestimmungen festzulegen erlauben, nie in einer allgemeinen
Unbestimmtheit oder Freiheit von gegebenen Kontexten abspielen. Es
gäbe gar keine Entscheidungsschwierigkeiten, wenn nicht zwischen
jeweils vorläufig stabilisierten, „*determined* (semantic, ethical, political)
poles."[223] Folglich kann Dekonstruktion „from the point of view of
semantics, but also of ethics and politics" nie zu ethischem „relativism or
to any sort of indeterminism"[224] führen. Zwar muß es „a certain play,
différance, nonidentity" geben, dies jedoch nicht als Unbestimmtheit,
sondern „*différance* or . . . nonidentity . . . in the very process of
determination."[225] Derrida reagiert mit dieser Abgrenzung von Unbestimmtheit auf Kritik an der Dekonstruktion und den Vorwurf des
Wertrelativismus. Auch wenn nie ein teleologisch kalkulierbarer, absolut
stabiler Wert bestimmt werden kann, ist die *différance* keine Unbe-
stimmbarkeit, sondern läßt Bestimmtheit sowohl möglich als auch
notwendig sein.

> Someone might say: but if it renders determinacy possible, it is because it itself is
> 'indeterminacy'. Precisely not, since first of all it 'is' in *itself* nothing outside of
> different determinations; second, and consequently, it never comes to a full stop
> anywhere, absolutely ..., and is neither negativity nor nothingness (as
> indeterminacy would be). Insofar as it is always determined, undecidability is also
> not negative in itself.[226]

Auch die Dekonstruktion selbst ist politisch nicht endgültig deter-
minierbar. Die politische Bewertung jeder dekonstruktionistischen Geste
hängt, so Derrida, von minutiösen Analysen 'vor Ort' ab. Diese Abwe-

---

[220] Derrida, „Afterword" 116.
[221] Derrida, „Afterword" 116.
[222] Derrida, „Afterword" 148.
[223] Derrida, „Afterword" 148.
[224] Derrida, „Afterword" 148.
[225] Derrida, „Afterword" 149.
[226] Derrida, „Afterword" 149.

senheit von eindeutigen Definitionen sei nicht obskurantisch, sondern
entspreche dem Geist der Aufklärung. „[I]t respectfully pays homage to a
new, very new *Aufklärung.*"[227] Das „strukturell notwendige Moment" der
Suspension der die Werte fixierenden Struktur durch das dekonstruktive
Denken, „[w]ann immer die Dekonstruktion einem Axiom den Kredit
entzieht oder ihn aufkündigt,"[228] bedeutet wegen eines Grads an Gewaltsamkeit, der dem Zwang zur Entscheidung aus der Unsicherheit heraus
eignet, auch den Durchgang durch eine Angst. „Dieses Moment der Auf-
kündigung, der Suspension, . . . ohne [das] in der Tat keine Dekonstruktion
möglich ist, [ist] beängstigend, doch wer wird behaupten, daß er gerecht
ist, wenn er die Angst ausspart?"[229] Nur in dem beängstigenden Moment
der Suspension kann die

> Forderung nach einem Zuwachs an Gerechtigkeit, nach einem Gerechtigkeits-
> Supplement (also einzig in der Erfahrung einer Unangemessenheit, eines Sich-
> nicht-Anpassens, einer unberechenbaren Disproportion) seinen Grund haben und
> . . . die ihm eigene Stoßkraft finden.[230]

Der bereits von Aristoteles für die Ökonomie gesetzte Kontext der Gerechtigkeit gilt auch für die Dekonstruktion. Mittels des Konzepts der
différance können Neues, Bewegung, Offenheit, Angst, aber auch
Stabilität, Gerechtigkeit, Sicherheit erklärt werden.

Dekonstruktive Ethik - „Ethik der Gabe"[231]

Der von der Schrift und der Signifikantenkette erreichte Aufschub bzw.
das Ende des Drucks zur Identität von Körper und Repräsentation oder
Name ermöglichen eine freiheitliche Ethik, nach der der Körper, weil nicht
gegenüber einem Signifikanten privilegierbar, vom Ersatz durch das
Zeichen und die Substitution geschützt werden kann, statt der körperlichen
Gewalt ausgeliefert zu sein. „Il n'y a pas d'éthique sans présence *de l'autre*
mais aussi et par conséquent sans absence, dissimulation, détour,
différance, écriture."[232] Die mit der Ablehnung des Geldes und der Schrift
verbundene Präsenznostalgie Rousseaus und anderer Autoren behandelt
Derrida entsprechend mit Skepsis ob eines Denkens, das Verant-

---

[227] Derrida, „Afterword" 141.
[228] Jacques Derrida, *Gesetzeskraft: Der >>mystische Grund der Autorität<<,*
1989/1990, übers. Alexander García Düttmann (Frankfurt: Suhrkamp, 1991) 42.
[229] Derrida, *Gesetzeskraft: Der >>mystische Grund der Autorität<<* 42.
[230] Derrida, *Gesetzeskraft: Der >>mystische Grund der Autorität<<* 42.
[231] Vgl. Michael Wetzel und Jean-Michel Rabaté, Hg., *Ethik der Gabe: Denken nach
Jacques Derrida* (Berlin: Akademie 1993).
[232] Derrida, *De la grammatologie* 202.

wortlichkeit hinsichtlich des Bösen ablegt, indem es das Böse als extern einem Bereich, der von ihm absolut rein gehalten werden könne, verortet. Die allgemeine Schrift, wie das Geld als eine ihrer Markierungen, ist

> un supplément dont on ne veut connaître que la face *additive* . . . et l'influence *nocive* (il est *mal-venu, en plus*, de l'extérieur . . .). N'attribuer aucune nécessité à son apparition historique, c'est à la fois ignorer l'appel de suppléance et penser le mal comme une addition surprenante, extérieure, irrationnelle, accidentelle: donc éffaçable.[233]

Um dieser Gefahr vorzubeugen, soll mit der Dekonstruktion „l'intériorité de l'extériorité" aufgezeigt und die Gefahr der Annullierung der „qualification éthique" und eines Denkens der Schrift und des Geldes „au-delà du bien et du mal"[234] beachtet werden. Der dekonstruktive Umgang mit der Sprache kann die ver-messenen Identitätssetzungen zumindest aufdecken und damit das Geld und die Schrift rehabilitieren: „On ne peut plus voir le mal dans la substitution dès lors qu'on sait que le substitut est substitué à un substitut."[235] Rousseau dagegen „*rêvait* de l'extériorité simple de la mort à la vie, du mal au bien, de la représentation à la présence, du signifiant au signifié, du représentant au représenté, du masque au visage, de l'écriture à la parole."[236] Die irrationale, ambivalente Schrift steht in Allianz mit dem Recht und der Demokratisierung und werde gerade darum bekämpft; die Schrift erst ermögliche Öffentlichkeit und den allgemeinen Zugang zu einem schriftlichen Corpus von Gesetzen. Die Schrift steht allen zur Verfügung: „Disponible pour tous et pour chacun . . . , l'écriture n'est-elle pas essentiellement démocratique?"[237] Die Ablehnung der Schrift durch Platon, im Interesse der idealistischen Philosophie, des korporatistischen Staatsideals und gegen die sophistische Rhetorik und die Demokratie entspricht der Ablehnung des Geldes bei Aristoteles zugunsten der naturalisierten Hierarchie und Autarkie des *oikos*.

Wie die Substitution des Menschen durch einen Namen oder die Beschreibung, bewirkt auch die Substitution durch das Geld eine Indifferenz gegen das Einzelne, weswegen beispielsweise Kant mit der Opposition von Würde und Preis, oder absolutem und konventionellem Wert, in einem von vielen ähnlichen Diskursen, so Derrida, die Moral dem Markt entgegensetzt.

> Was sich auf die allgemeinen menschlichen Neigungen und Bedürfnisse bezieht, hat einen *Marktpreis*; das, was, auch ohne ein Bedürfnis vorauszusetzen, einem

---

[233] Derrida, *De la grammatologie* 416.
[234] Derrida, *De la grammatologie* 442.
[235] Derrida, *De la grammatologie* 443.
[236] Derrida, *De la grammatologie* 444.
[237] Derrida, „La pharmacie de Platon" 166.

gewissen Geschmacke, d.i. einem Wohlgefallen am bloßen zwecklosen Spiel unserer Gemütskräfte, gemäß ist, einen *Affektionspreis*; das aber, was die Bedingung ausmacht, unter der allein etwas Zweck an sich selbst sein kann, hat nicht bloß einen relativen Wert, d.i. einen Preis, sondern einen innern Wert, d.i. *Würde*.[238]

Die Würde bei Kant nennt Derrida die Kategorie dessen, was man „*sans-prix*"[239] nenne und was absolut wertvoll sei. Wenn die Kalkulation des Preises die Würde bedroht, ist sie allerdings auch das, was als Prinzip der Äquivalenz die Gleichheit unter den Einzelnen sichert, und damit die Unmöglichkeit, zwischen zwei absoluten Zwecken, wie zwei Menschen, zu wählen. Dies ist nach Derrida das Problem des kantischen Imperativ. Der Raum dieser Möglichkeit von Verantwortung wird erst vom Geld, vom Preis und von der Schrift wegen des Prinzips der Äquivalenz eröffnet.

L'accès à la dignité de l'autre est l'accès à la singularité de sa différence absolue, certes, mais cela n'est possible qu'à travers *une certaine indifférence*, à travers la neutralisation des différences (sociale, économique, ethnique, sexuelle, etc.).[240]

Nur die Neutralisierung erlaubt einen Zugang zur Würde, d.h. dazu, daß jeder so viel Wert sei, wie der andere, jenseits des Werts, „*sans-prix*." Wenn Derrida zwei Arten von Philosophen unterscheidet, „ceux qui parlent d'argent et ceux qui affectent de ne pas s'y intéresser,"[241] stellt er sich zu ersteren und verteidigt das Geld und den Preis als Voraussetzung für die Würde aus Gründen der Ethik und der Demokratie: „Le rejet de l'argent ou de son principe d'indifférence abstraite, le mépris du calcul peut être de connivence avec la destruction de la morale, du droit - et, par example, de la démocratie électorale, qui compte avec les 'voix'. "[242]

Pazifizierung und Demokratisierung durch Geldwirtschaft

Die Beschreibung der Wirkung der Schrift oder des Geldes nach der Theorie der Dekonstruktion stimmt mit wirtschaftswissenschaftlichen und soziologischen Erklärungen der Demokratisierung und Überwindung der Gewaltherrschaft durch die Geldwirtschaft überein. Zwar hat sich die vertragstheoretische Erklärung des Geldes noch nicht durchgesetzt, sondern es gilt als „gängige Praxis der *scientific community* seit altersher, daß

---

[238] Immanuel Kant, *Grundlegung zur Metaphysik der Sitten*, 1785, *Schriften zur Ethik und Religionsphilosophie*, 1. Teil, *Werke in zehn Bänden*, hg. Wilhelm Weischedel, Bd. 6 (Darmstadt: WBG, 1983) 68.

[239] Derrida, „Du 'sans prix', ou le 'juste prix' de la transaction" 399.

[240] Derrida, „Du 'sans prix', ou le 'juste prix' de la transaction" 399.

[241] Derrida, „Du 'sans prix', ou le 'juste prix' de la transaction" 397.

[242] Derrida, „Du 'sans prix', ou le 'juste prix' de la transaction" 399.

sie irgendetwas als Geld definiert, das dann ihren wissenschaftlichen
Überlegungen den jeweils angemessenen Rahmen liefert"[243] und wird nach
wie vor versucht, der Beliebigkeit des Geldbegriffs entgegenzutreten, um
das „letzte Rätsel der Nationalökonomie"[244] zu lösen, doch werden im
Anschluß an Keynes und den Ausbau der Geldtheorie mit der Definition
des Geldes als eines vertragsmächtigen Eigentumsderivates die rechtlichen
Aspekte und damit auch die politischen Zusammenhänge der Geldwirt-
schaft in den Vordergrund des Interesses gerückt. Im Verlauf wird die
Ökonomie wieder der praktischen Philosophie in Form der Rechts-
philosophie untergeordnet. Heutige Definitionen von Wirtschaften und
Ökonomie gehen - in Übereinstimmung mit Belangen der Ökologie - nicht
länger von natürlichem Überfluß und der Natur als nie versiegendem
Füllhorn, sondern von Knappheit aus. „Wirtschaften heißt somit immer,
Entscheidungen über die Verwendung knapper Produktionsmittel . . . und
Güter zu treffen."[245] Die Knappheit wiederum wird aus einer rechtlichen
Setzung über Eigentum erklärt, deren Sinn wiederum vor allem im
pazifizierenden Effekt gesehen wird. In der imaginierten Überfluß-
ökonomie herrscht Freiheit zum Tausch; in der vertraglich bewirkten
Knappheit der Eigentumsgesellschaft herrscht der Zwang zum Wirt-
schaften und zum Kalkulieren, doch wirkt das Geld als Knappheits-
generator zugleich pazifizierend:

> Weil der Erwerber zahlt, unterlassen andere einen gewaltsamen Zugriff auf das
> erworbene Gut. Geld wendet für den Bereich, den es ordnen kann, Gewalt ab -
> und insofern dient eine funktionierende Wirtschaft immer auch der Entlastung von
> Politik.[246]

Die Wirtschaft stellt sich derart nicht als „Unternehmen zur Produktion
knapper Güter für die Befriedigung von Bedürfnissen dar, sondern vorab
als soziale Durchsetzung der sozialen Fiktion, daß Güter knapp sind und
Knappheitszugriffe bezahlt werden müssen."[247] Der Markt wird zum „friedliche[n] Verfahren zur Allokation der Güter,"[248] und das Geld ist der
„Triumph der Knappheit über die Gewalt."[249] Bereits Max Weber
formuliert, daß „das Pragma der Gewaltsamkeit . . . dem Geist der Wirtschaft . . . sehr stark entgegengesetzt"[250] ist. Mit diesen Definitionen setzt
sich die Auffassung vom Geld als demokratischer und gewaltloser Technik

---

[243] Riese 45.
[244] Riese 45.
[245] H. Jörg Thieme, „Wirtschaftssysteme," Bender et al. 3.
[246] Niklas Luhmann, *Die Wirtschaft der Gesellschaft* (Frankfurt: Suhrkamp, 1988) 253.
[247] Baecker 117
[248] "Tausch," Dichtl und Issing 2065.
[249] Luhmann 253.
[250] Max Weber, *Wirtschaft und Gesellschaft* (Köln: 1964) 44, nach Heiner Ganßmann,
„Geld, Arbeit und Herrschaft," Schelkle und Nitsch 133.

des Menschen gegenüber der zweiten, prominenteren Position durch, die das Geld als verderblich und unnatürlich ablehnt. „Das Geld galt und gilt als Störenfried einer Gemeinschaft."[251] Gerade die Tatsache, daß die Anfänge der Wirtschaftstheorie bei Aristoteles der Erörterung der Gerechtigkeit in der Ethik zugeordnet sind und sich diese Tradition durch den Einfluß der idealistischen Philosophie und durch die Wirkung des Christentums durchsetzt, scheint mit der Tauschtheorie und dem Zinsverbot die Erkenntnis der wirtschaftlichen Kraft des Geldes und der kapitalbildenden Zinswirtschaft verhindert zu haben, die heute in der Theorie von der pazifizierenden Wirkung des Geldes als determinierend für das friedliche Zusammenleben der Völker angesehen wird.

Wie geht das Geld aus der rechtlichen Setzung über Eigentum als gewaltreduzierende Fiktion hervor? Entscheidend für die Vertragstheorie des Geldes und Zinses ist die gesetzliche Transaktion zur Belastung von Eigentum. „Eigentümer trennen sich, um Schuldnern Geld - also *Forderungen* gegen ihr Vermögen - verfügbar zu machen, . . . nicht von ihrem Vermögen, sondern sie belasten es."[252] Diese Vermögensbelastung wird dokumentiert: *„Diese Noten und nicht das Vermögen des Eigentümers oder das Schulddokument des Dritten, sind Geld."*[253] Die Vertragstheorie des Geldes beruht folglich auf der rechtlichen Setzung und Sicherung von Privateigentum: „Geld ist erfunden, sobald ein Eigentümer Ansprüche gegen sein Eigentum an einen anderen Eigentümer verleiht, wofür dieser Zins und Tilgung verspricht sowie einen Teil seines Eigentums verpfändet."[254] Eine Liquiditätsprämie auf Eigentum ermöglicht die Geldwirtschaft, so daß folglich „Geld ein Eigentumsderivat darstellt, seine Sicherheitserträge bzw. seine Liquiditätsprämie also vom Eigentum her hat und sie nicht aus sich selbst hervortreibt."[255] Grundlage oder Inauguration des Geldes ist die Vertragsvereinbarung über Eigentum, die Besitzgemeinschaft auflöst und vom Gesetz geschützt wird. Erst der „rechtlich ausgeschlossene Zugriff auf . . . Eigentum durch andere sorgt dafür, daß alle Eigentümer nur über die Bewirtschaftung ihres Eigentums zu Einkommen gelangen können."[256] So ist „in der Geldwirtschaft die Realisierung einer nach bestimmten Kriterien als erfolgreich durchführbar zu erwartenden Produktionsmöglichkeit grundsätzlich an keine Standesbedingungen gebunden."[257] Diese gleichmachende, demokratisierende Qualität des Geldes, die von der zeitgenössischen Geldtheorie wie von Derrida affirmiert wird, erkennt auch Aristoteles, verurteilt sie aber. Der

---

[251] Baecker 108.
[252] Stadermann 162.
[253] Stadermann 162.
[254] Heinsohn 246.
[255] Heinsohn 232.
[256] Heinsohn 231.
[257] Stadermann 155.

Terminus *oikonomía* bezieht sich ursprünglich auf den feudalen *oikos*, in
dem kein Eigentums-, sondern ein Verteilungprinzip gilt, in dem also alle
Gruppenangehörigen von den Ressourcen je nach ihrer Position im
Haushalt vom Hausherrn zugeteilt bekommen, und es kein Eigentum des
Einzelnen gibt. „Übereinstimmung besteht in der Forschung . . . darüber,
daß Stammesgesellschaft und Feudalismus das Eigentum nicht kennen."[258]
Im Unterschied zur gebräuchlichen Übersetzung von *oikonomía*, der
Wortverbindung aus *oikos* und *nomos*, als „Gesetz des Hauses," verweist
Spahn daher auf die Notwendigkeit der Berücksichtigung des in *nomos*
aufgegangenen Verbalstammes *nem*. Es dürfe „nicht einfach: Sitte, Brauch
oder gar Gesetz"[259] übersetzt werden, sondern *nemein* mit den Bedeutungen „ver- und zuteilen, dann auch: weiden, nutzen, genießen, und
schließlich (spätestens seit dem 5. Jahrhundert auch auf die *polis* bezogen):
ordnen, (ver)walten"[260] müsse bedacht werden. Die Natur gibt nach
Aristoteles eine begrenzte, aber angemessene Menge an Gütern, die in der
menschlichen Gemeinschaft wiederum in einer an eine als natürlich begriffene Hierarchie gebundenen Ordnung verteilt wird. Dieser Zustand des
eigentumslosen Zusammenlebens bei geteiltem Besitz gilt jedoch bereits
Aristoteles als historisch: „In der ursprünglichen Gemeinschaft nun (diese
ist das Haus) . . . hatten alle Anteil an einem und demselben Besitze, in der
ausgebreiteten Gemeinschaft dagegen besaß der eine für sich dieses, der
andere anderes."[261] Sobald die Besitzgemeinschaft nicht mehr existiert, so
die Herleitung des Geldes über den Tausch bei Aristoteles, „mußte also je
nach dem Bedürfnis ausgetauscht werden,"[262] und es entsteht die Tausch-
gemeinschaft; das Geld wiederum ermöglicht den Tausch durch die
Quantifizierung. Diese gleichmachende Qualität des Geldes - "[d]as Geld
macht . . . wie ein Maß die Dinge meßbar und stellt eine Gleichheit her.
Denn ohne Tausch wäre keine Gemeinschaft möglich, und kein Tausch
ohne Gleichheit und keine Gleichheit ohne Kommensurabilität"[263] - wird
für Aristoteles problematisch, sobald sie die Auflösung für natürlich erach-
teter gesellschaftlicher Hierarchie bewirkt, wenn Reichtum aus Zinseffekten entsteht.

Die Notwendigkeit der Quantifizierung und Kalkulation mittels des
Geldes für die freiheitliche statt herrschaftliche Staatsverfassung
beschreibt Hegel in seinen späteren Schriften, in denen das Geld aufge-
wertet wird, entgegen Aristoteles: Anders als in feudalen Verhältnissen
kommt es nach Hegel durch die gesetzliche Besteuerung der Bürger im

---

[258] Heinsohn 219.
[259] Spahn 304. So noch bei Schumpeter 92, wie Spahn 304, Anm. 18 vermerkt.
[260] Spahn 305.
[261] Aristoteles, *Politik* 59-60 [1257a].
[262] Aristoteles, *Politik* 60 [1257a].
[263] Aristoteles, *Die Nikomachische Ethik* 216 [1133b].

Staat zu einem Verhältnis von Kauf und Verkauf - es "*kauft* der Staat "[264] - auf Basis von Geld, statt des Naturaltauschs individueller „konkrete[r] Fähigkeiten."[265] Dieser Kaufhandel ist nach Hegel gerechter, weil abstrakter, als die Abgabe von Frondiensten und entspricht dem Prinzip der subjektiven Freiheit, das den Individuen ihren eigenen Willen läßt. „Durch Geld kann aber die Gerechtigkeit der Gleichheit weit besser durchgeführt werden. Der Talentvolle würde sonst mehr besteuert sein als der Talentlose, wenn es auf die konkrete Fähigkeit ankäme."[266] Durch das Geld wird „Respekt vor der subjektiven Freiheit an den Tag gelegt, daß man jemandem nur an dem ergreift, an welchem er ergriffen werden kann."[267] Um Gerechtigkeit und Gleichheit zu erreichen, ist es nötig, Qualitäten in Quantitäten umlegen und dann verrechnen zu können, die abstrahierende Quantifizierbarkeit ist also nach dem Sinn des freien Willens der Individuen. Nur indem die Abgaben „auf *Geld,* als den existierenden allgemeinen *Wert* der Dinge und der Leistungen, reduziert"[268] werden, können sie gerecht bestimmt werden. Zudem erlaubt das Geld, daß „die *besonderen* Arbeiten und Dienste, die der Einzelne leisten kann, durch seine Willkür vermittelt werden."[269] Das Geld erlaubt somit größere Freiheit. Es ist zwar im Verhältnis zum Innen des Geistes und zum lebendigen, qualitativen Begriff ein „tote[s] Ding"[270] und eine „äußerlichste Spitze;" an dieser ist allerdings die „*quantitative* Bestimmtheit und damit die Gerechtigkeit und die Gleichheit der Leistungen möglich."[271] Das Gesetztsein des Rechts im Staat tritt so „in die Sphäre des durch den Begriff unbestimmten *Quantitativen* (des Quantitativen für sich oder als Bestimmung des Werts bei Tausch eines Qualitativen gegen ein anderes Qualitatives)."[272] Marx kehrt auch diese Argumentation, daß Quantifizierung und Geld erlauben, Gleichheit zu erklären, um, indem er die Gleichheit als Voraussetzung der Möglichkeit der Erklärung der Geldwirtschaft und Akkumulation über den Arbeitswertbegriff ansieht: Dieser könne als allgemeiner und abstrakter nur erfaßt werden, wenn „der Begriff der menschlichen Gleichheit bereits die Festigkeit eines Volksvorurteils besitzt."[273] Geld und Quantifizierung werden bei Hegel 1820 affirmiert; seine Haltung zum Geld geht von Ablehnung im Sinne Aristoteles' zu Affirmation über. Im Sinne dieser

---

[264] Hegel, *Grundlinien der Philosophie des Rechts* 468.
[265] Hegel, *Grundlinien der Philosophie des Rechts* 468.
[266] Hegel, *Grundlinien der Philosophie des Rechts* 468.
[267] Hegel, *Grundlinien der Philosophie des Rechts* 468.
[268] Hegel, *Grundlinien der Philosophie des Rechts* 466.
[269] Hegel, *Grundlinien der Philosophie des Rechts* 466.
[270] Hegel, *Jenaer Systementwürfe III* 246.
[271] Hegel, *Grundlinien der Philosophie des Rechts* 467.
[272] Hegel, *Grundlinien der Philosophie des Rechts* 366.
[273] Karl Marx 74.

Affirmation spricht Hegel vom Geld auch schon in frühen Schriften als einer „große[n] Erfindung,"[274] so daß ein früher ablehnender Aphorismus Hegels zum Geld als beiläufig oder ironisch gelesen werden kann.[275] Das Problem der ursprünglichen Akkumulation - der chrematistische Reichtum - als Beginn der Dynamik der Geldwirtschaft wird in der Eigentumstheorie des Geldes über gesteigerte Produktivität der Schuldner erklärt. „Die Erbringung der in der Zinsforderung an den Schuldner gestellten zusätzlichen Eigentumsforderung erzwingt die Produktion von *mehr* Eigentum als durch den Kreditvertrag zeitweilig in seinen Besitz gelangt ist."[276] Der Rechtsakt, der Besitz zu Eigentum aufteilt, bringt die Akkumulationskraft der Wirtschaft hervor. „Die Revolution zum Eigentum fügt der alten Ordnung gütermäßig nichts hinzu, bringt mit seiner Schöpfung *ex nihilo* aber umgehend die das Wirtschaften konstituierenden Elemente der Verkauf-, Verleih- und Verpfändbarkeit hervor."[277] Aus der „permanenten Umwandlung der Liquiditätsprämie in vom Schuldner zu schaffendes Zusatzeigentum"[278] gewinnt die Eigentumsgesellschaft dann ihre Dynamik. Nicht also die Arbeit, sondern das Gesetz bringt Eigentum hervor; aus Eigentum entsteht Geld; Ungleichheit ist zunächst ein Verteilungs-, kein Leistungseffekt. „Keineswegs ist es aufgehäufte Arbeit, die dem Geld vorausgeht, sondern ohne jede Arbeit per revolutionärer Rechtssetzung geschaffenes Eigentum, über das dann Kontrakte geschlossen werden."[279] In dieser Weise wird auch die Ausbeutungstheorie der Arbeit als Begründung der Akkumulation bei Marx revidiert. Die Beschreibung einer ursprünglichen Akkumulation durch Geld als Kontrakt auf Eigentum muß darübers hinaus nicht wie die arbeitstheoretische und marxistische Theorie auf Raub zur Erklärung der ursprünglichen Akkumulation als Beginn der wirtschaftlichen Dynamik zurückgreifen. „Es können Resourcen von Nichteigentümern durch Kauf, statt durch Raub erworben werden."[280] Als die bestimmende wirtschaftswissenschaftliche Kategorie relegiert das Geld folglich sogar in der zeitgenössischen wirtschaftswissenschaftlichen Theorie, nicht nur in spät-

---

[274] Hegel, *Jenaer Systementwürfe III* 246.

[275] Hegel, *Jenaer Schriften* 548: „Es ist ein schöner Zug, welche Verachtung man in Deutschland gegen das *Geld* hat und zeigt. Die Deutschen dichten ihm einen Ursprung an, der nicht verächtlicher und niedriger sein kann. Man stellt ihn fürs Auge in Figuren dar, die Geldsch-r genannt werden. Es soll eine mythologische Beziehung zugrunde liegen. Eine Bratwurst oder was es sei mag man nicht mit einer so niedrigen Entstehungsart zusammendenken."

[276] Heinsohn 233.

[277] Heinsohn 233.

[278] Heinsohn 233.

[279] Heinsohn 243-44.

[280] Stadermann 160. Vgl. Stadermann 162: „Auch er [Karl Marx] vermag sich, weil er eine korrekte Vorstellung vom Gelde nicht entwickelt hatte, diesen Vorgang nur auf der Grundlage des Raubes zu erklären."

marxistischen Theorien der Postmoderne oder der Posthistoire, die Produktion auf den zweiten Rang: Jüngste Thesen zum Ende der Arbeit[281] dürfen abgesehen von ihrem Bezug zum zeitgenössischen Phänomen der Arbeitslosigkeit Ende des 20. Jahrhunderts auch im Kontext der Entwicklung der Geldtheorie gelesen werden. Die Abkehr von der produktionistischen Theorie der Akkumulation betont mit dem Eigentum und der rechtlichen Setzung die konventionelle Verteilung und Zuteilung als wichtigste wirtschaftliche Kategorie und damit die Gerechtigkeit. Indem die Geldtheorie, wichtigste Komponente einer wirtschaftlichen Prognose und der Wirtschaftspolitik, über die Vertragstheorie und Eigentumstheorie des Geldes an das Recht und die Rechtsphilosophie verwiesen ist, findet eine Rückbindung der Ökonomie an die praktische Philosophie statt. Eher als die Tauschmitteltheorie, die die Auffassung von Geld als Dekadenz vom Naturaltausch begünstigt, steht die Vertragstheorie dem Geld als rechtlichem Element aufgeschlossen gegenüber und integriert es in eine Darstellung der Anfänge der Geldwirtschaft, die das Eigentum als Grundlage demokratischer Freiheitsrechte affirmiert. Wegen seiner Gesetzlichkeit ist das Eigentum ebenso eine Konvention wie Wahrheit oder Sinn und kann dekonstruiert werden; im Begriff der „*exappropriation*"[282] plädiert Derrida in einer „geste de fidélité à un certain esprit du marxisme"[283] für die Hinterfragung von Eigentumsverhältnissen und die Ent-Aneignung, welche die Dekonstruktion permanent praktiziere. „L'asservissement (se) lie à l'appropriation."[284] Da die Dekonstruktion wegen der Unentscheidbarkeit immer nur ein Durchgang ist, so auch durch Eigentum, Aneignung oder Enteignung. Eigentum und Hierarchie werden nicht ausgeschlossen, aber als absolute, permanente Ordnung in Frage gestellt; in ihrer Bewegung, Konstitution und Dekonstitution, kann jeweils temporär Gerechtigkeit etabliert werden.

Derrida identifiziert das Geld mit dem Fortschritt und der Demokratie und verteidigt die amerikanische Demokratie, auch wenn er an anderer Stelle eine Modifikation der amerikanischen Politik verlangt: 1993 äußert Derrida Kritik am gegenwärtigen internationalen Recht; das angeblich universelle internationale Recht bleibe von einzelnen Nationalstaaten, die sich mittels europäischer philosophischer Begriffe legitimierten, dominiert. Die Dominanz dieser Staaten resultiere aus ihrer technologischen und militärischen Macht und manifestiere sich in ihrer privilegierten Position bei den Vereinten Nationen, welche Organisation aber dennoch zu begrüßen sei: „Le super-État que pourrait être une institution

---

[281] Vgl. Jeremy Rifkin, *The End of Work: The Decline of the Global Labor Force and the Dawn of the Post-Market Era* (New York: Putnam's Sons, 1995), und Viviane Forrester, *L'horreur économique* (Paris: Fayard, 1996).

[282] Derrida, *Spectres de Marx* 148.

[283] Derrida, *Spectres de Marx* 148.

[284] Derrida, *Spectres de Marx* 148.

internationale,"[285] könne unter bestimmten Bedingungen immer die Aneignung und die Gewalt privater sozio-ökonomischer Kräfte begrenzen. 1993 müsse jedoch nach wie vor „l'incohérence, la discontinuité, l'inégalité des États devant la loi, l'hégémonie de certains États sur la puissance militaire au service du droit international"[286] beobachtet werden. Derrida kritisiert diejenigen größten Staaten, die bei den Vereinten Nationen ihre Schulden nicht zahlen; der Bezug auf die USA ist in der Situation 1993 klar. Gelöst werden solle die Krise des internationalen Rechts durch eine

> campagne pour attirer le soutien de capitaux privés, constitution de <<councils>> (associations des grands capitaines de l'industrie, du commerce et de la finance) destinés à soutenir, à certaines conditions, . . . une politique de l'ONU qui peut aller . . . dans le sens des intérêts du marché.[287]

Man müsse bedenken, daß die Prinzipien, die heute die internationalen Institutionen leiten, häufig mit diesen Interessen im Einklang stünden. Derrida legt diejenigen Fragen nahe, mit denen sich die Bewertung von Ökonomie und Politik heute auseinandersetzen muß: Was bedeutet die Orientierung am Markt als Motor der Ökonomie und Politik? Ist der Markt begrenzt, und damit auch die Orientierung der Politik an der Ökonomie, oder ist der Markt unbegrenzt, und damit die Ökonomie alles bestimmend? Wenn es Grenzen für Markt und Ökonomie gibt, was liegt jenseits dieser Grenzen? Gelten dort andere Werte? Derrida stellt auch hier der diagnostizierten Kraft des Marktes den Appell an die Verantwortung für Gerechtigkeit entgegen. Wie bei Aristoteles und Hegel geht es um die Frage der Über- oder Unterordnung der Ökonomie unter die Politik und den Staat. Die Problematisierung der Marktwirtschaft in dieser kritischen, aber den kritischen Standpunkt nicht von ihr ausnehmenden Weise entspricht der Aufhebung der Trennung von Ökonomie und Philosophie oder auch Philologie, wie sie sich in der Übernahme der Position Derridas einschließlich ihrer Konsequenzen für das individuelle Handeln als Sicht der Postmoderne durchgesetzt hat, so bei Boris Groys.

> Jede Beschreibung der Ökonomie ist vor allem eine kulturelle Handlung, ein kulturelles Produkt. Als solche ist sie auch Teil der ökonomischen Aktivität und selbst der Logik der Ökonomie unterworfen: . . . Es ist nicht möglich, sich der Ökonomie zu entziehen und sie von außen als ein geschlossenes System zu beschreiben oder zu beherrschen.[288]

Das aufklärerische Prinzip der permanenten Kritik und Selbstkritik der Dekonstruktion entspricht dem ökonomischen Moment der Innovation.

---

[285] Derrida, *Spectres de Marx* 140.
[286] Derrida, *Spectres de Marx* 139.
[287] Derrida, *Spectres de Marx* 139, Anm. 1.
[288] Groys 14-15.

> Die einzige Möglichkeit, die Ökonomie zu verstehen, besteht darin, aktiv an ihr teilzunehmen. Nur indem wir innovativ im Sinne der ökonomischen Forderungen agieren, erfahren wir, worin diese Forderungen bestehen. . . . Und in dieser Hinsicht ist die kulturelle Innovation vielleicht das beste Mittel zur Erforschung der ökonomischen Logik.[289]

Mit der Rückbindung an eine Ethik, die auch als Wirtschaftsethik aufrechterhalten werden kann, führt Derrida die Analogie von Sprach- und Geldtheorie und Kunst und Wirtschaft noch einen Schritt weiter als Groys: Im verhandelnden Dialog über und in der Verantwortung von Wertsetzung und Konvention, wie von der Theorie der *différance* betont, findet sich auch die neueste Wirtschaftstheorie angelegt: Der Verhandlungsansatz als neueste Entwicklung in der Preis- und Kostentheorie behandelt „die Probleme der unvollständigen Information, der Informationsasymmetrien, der Ausgestaltung dauerhafter Vertragsbeziehungen in Kooperationen und innerhalb von Unternehmungen" wie auch „die Bestimmungsgründe von Kosten und Preisen für Güter und Faktoren"[290] beim Aushandeln, Abschluß und bei der Ausführung und Kontrolle von Verträgen. Die Transaktionskostentheorie gilt als „die aussichtsreichste Entwicklungsrichtung"[291] in der zeitgenössischen Wirtschaftstheorie. Vermutlich wird das Bemühen der Dekonstruktion und der Wirtschaftsethik um den Wertbegriff und die Re-Integration des Werts in die unternehmerische Theorie und den unternehmerischen Ablauf mit der einhergehenden Betonung der Kommunikation, Konventionserstellung und Kreativität auch zur Geldtheorie beitragen. Stichworte sind Geld als Information und Informationskosten, Distribution und Vertrag, sowie Geld, Kredit und Vertrauen.

---

[289] Groys 15.
[290] Schumann 189.
[291] Schumann 189.

5.

Poststrukturalistische Zeichenökonomien versus Dekonstruktion: Jean Baudrillard und Jean-Joseph Goux

Derridas Theorie der *différance*, seine Kritik an der metaphysischen Logik und der Dialektik und seine Radikalisierung der Theorie des arbiträren Zeichens bei Saussure zur materialen Textualität werden von Jean-Joseph Goux, der wie Derrida der *Tel Quel*-Gruppe angehört, wie auch von Jean Baudrillard in den 70er-Jahren in zwei unterschiedlichen Entwürfen zu einer Ökonomie der Zeichen aufgenommen und in verschiedener Richtung weiterentwickelt. Beide Ansätze gehen im Unterschied zu Derrida von marxscher Wirtschaftstheorie aus; unter dem Einfluß der Theorie der *différance* und der 'posthumanistischen' Kritik Derridas wird das marxistische Modell bei Baudrillard schließlich verworfen. Baudrillard beschränkt die *différance* allerdings auf das Differieren; der temporalisierende Aspekt bleibt unberücksichtigt. In Konsequenz führt Baudrillards Entwurf in einem Stufenmodell, unter dem Einfluß von Kojèves Geschichtsdenken, zu einer Konzeption der Posthistoire als geldloser Soforttauschwirtschaft, repressiv und undemokratisch. Goux̣ Auseinandersetzung mit der *différance* reduziert die Verzeitlichung und die Geschichte ebenfalls auf ein Stufenmodell, nach dem sich Epochen bestimmter Strukturen der Repräsentation ablösen; diese Strukturen jedoch sind jeweils statisch vorgestellt, der Übergang von einer zur anderen bleibt unerklärt und die historische Entwicklung wird noch im marxistischen Sinne als Teleologie hin auf ein nicht-entfremdetes Dasein konzipiert. Bei Goux wird also ebenfalls das fortlaufend dekonstruktionistische Potential der differierenden und temporalisierenden *différance* nicht eingelöst. Auch die Substanzlosigkeit und Relationalität der differentiellen Werte wird wegen eines Festhaltens am marxistischen Arbeitswertbegriff nicht nachvollzogen. In ihren Unterschieden zur Ökonomie der *différance* und divergierenden ethischen Argumentation verdeutlichen die poststrukturalistischen Zeichenökonomien von Baudrillard und Goux Konturen der Theorie der Dekonstruktion im Vergleich.

Baudrillards Posthistoire:
Rückkehr zur autarken Ökonomik und
zum sprachlosen Naturaltausch ohne Geldverkehr

Baudrillards frühe Schriften setzen ausgehend von der Werttheorie, wie sie Karl Marx in *Das Kapital* entwickelt, zu einer Zusammenführung von Marxismus und differantieller Zeichenökonomie an, um schließlich jedoch in *L'échange symbolique et la mort* von 1976 dem Marxismus eine Absage zu erteilen. Durch Rezeption der Schriften Batailles, Derridas, Lacans, Mauss', Nietzsches und Saussures gelangt Baudrillard zu einer Kritik sowohl der subjektiven wie der objektiven Werttheorie. Ausgehend von der Arbeitswerttheorie, führt ihn die Einsicht, daß diese nicht länger gehalten werden kann, zu einer Diagnose der 70er-Jahre als beherrscht von einer nach der „RÉVOLUTION STRUCTURALE DE LA VALEUR"[1] entstandenen „*alternance systématique*:"[2] Die arbiträren Werte haben keine Repräsentationsfunktion mehr, auch nicht für die Arbeit, und sind nicht länger aus distinktiver Opposition dialektisch aufzuheben, sondern nur noch austauschbare Alternativen; sie haben als Signifikanten eine „hyperréalité"[3] ausgebildet, die Realität nur noch simuliert. Was *L'échange symbolique et la mort* als Hyperrealität beschreibt, gibt sich als das Preissystem des Marktes zu erkennen, wie es nach „l'anéantissement de toute finalité des contenus de production "[4] mittels des Geldes als Code und Notationsinstrument die Wirtschaft reguliert. Die Überwindung der Hyperrealität im symbolischen Tausch, die Baudrillard fordert, liest sich als Rückkehr in eine geldfreie Gesellschaftsform und Naturaltausch-wirtschaft, in der das Geld als Vertragszeugnis nicht benötigt wird, weil Verträge über Zeit nicht vorkommen und Vertrauensbrüche per Zwang der Magie nicht möglich sind. Der Strukturalismus wird angesichts seiner diagnostizierten Auflösung im Poststrukturalismus in eine Posthistoire überführt.

Eine geschlossene Ökonomik der Zeichen ist nach Baudrillard gefordert, um den sozialen Veränderungen durch die zunehmende Medialisierung der Wirklichkeit und Wahrnehmung entgegenzusteuern. Indem die Zeichen als Objekte dem ökonomischen Handeln zur Verfügung stehen[5] und mit Wert

---

[1] Baudrillard, *L'échange symbolique et la mort* 17.

[2] Baudrillard, *L'échange symbolique et la mort* 57.

[3] Baudrillard, *L'échange symbolique et la mort* 115.

[4] Baudrillard, *L'échange symbolique et la mort* 18.

[5] Baudrillard begreift die Materialität des Zeichens ausgehend von der Verding-lichungstheorie Georg Lukács', so vor allem in *Système des objets* von 1968. Vgl. Levin, Übers., *For a Critique of the Political Economy of the Sign* 5: „[H]e [Baudrillard] took literally and developed at length Lukács' observation, at the

versehen auch zu Waren und Konsumgütern werden, stellen sie wie die
Warenwerte nach der marxistischen Warentheorie scheinhafte Einheiten
dar, die in einem eigenständigen System, der Warenwelt, organisiert sind
und den Zeichenverwender von ihrem ökonomischen Code in die private
Vereinsamung ausschließen bzw. ihn beherrschen. Reale, reziproke
Beziehungen unter den Mitgliedern der Gesellschaft seien vom ökonomisch determinierten Zeichencode ersetzt, so daß die Menschen nicht
länger authentisch leben könnten. Von dieser Entfremdungstheorie aus
entwickelt Baudrillard seine Zeichentheorie. In einem ersten Stadium der
Korrelation von marxistischer politischer Ökonomie und Zeichentheorie
beschreibt er „l'objet-signe"[6] als Verkörperung von „la valeur d'échange
symbolique, de prestation sociale, de concurrence, et, à la limite, de
discriminants de classe."[7] Symbolische Tauschwerte sind in Anlehnung an
Mauss' Gabentauschtheorie Baudrillards Objektivierungen der in
Thorstein B. Veblens *Theory of the Leisure Class: An Economic Study in
the Evolution of Institutions* von 1899 dargelegten bezeichnenden oder
auszeichnenden Funktion des Konsums in Statushierarchien. Die
konsumierten Objekte haben keinen Gebrauchswert, keine „relation aux
besoins,"[8] sondern symbolischen Tauschwert, der ihre Konsumenten
einem sozialen Rang zuordnet. In „Fonction-Signe et logique de classe"
von 1969 ist der symbolische Tausch entsprechend noch als Beschreibung
realer ökonomischer Beziehungen in der Konsumgesellschaft vorgestellt.
Wenn allerdings auch das psychoanalytisch gefaßte Begehren in die
Werttheorie integriert werden soll, wie in „Au-delà de la valeur d'usage"
von 1972, wird auch der Gebrauchswert für Baudrillard relevant. Es wird
jetzt die Hypothese aufgestellt, daß Nützlichkeit in der Bedürfnisbefriedigung und der Wert nach der subjektiven Werttheorie allgemeines
Äquivalent der menschlichen Triebe und symbolischen Beziehungen sei,
so wie die Arbeitskraft nach Marx allgemeines Äquivalent der Waren als
Tauschwerte sei. Nicht der Tauschwert wird wie in der Grenznutzenschule
auf den Gebrauchswert zurückgeführt, sondern die subjektive Werttheorie
soll objektiviert werden. Die Bedürfnisse seien nicht nach der Begierde des
Subjekts organisiert, sondern einem System der Gebrauchswerte unterworfen, so wie die Arbeit dem System der Tauschwerte; das Begehren
wird wie die Arbeit im Tauschwert als im Gebrauchswert verkörpert
gedacht. Auf dieselbe kristallisierte Weise, wie der Tauschwert nach Marx
die Arbeitskraft enthält, gilt Baudrillard ein substantieller Gebrauchswert
aus dem Bedürfnis geworden. Die Verdinglichung und Abstraktion des

---

beginning of his famous essay on reification, that the 'problem of commodities . . .
[is] the central, structural problem of capitalist society in all its aspects.'"

[6] Jean Baudrillard, „Fonction-signe et logique de classe," 1969, *Pour une critique de
l'économie politique du signe* 7.

[7] Baudrillard, „Fonction-signe et logique de classe" 9.

[8] Baudrillard, „Fonction-signe et logique de classe" 9.

Begehrens deckt sich mit dem Begriff der Begierde als objektivierten Werts in Kojèves Interpretation der Allegorie von Herr und Knecht, jedoch weder mit der Nutzentheorie des Wertes als Grenznutzenanalyse, nach der Wert relativ, nicht essentiell ist, noch mit der Konzeption der *différance*. Mit der Übertragung der Vorstellung von der Kristallisation und der Verkörperung von Arbeit im Tauschwert auf den Nutzen im Gebrauchswert ist es „Au-delà de la valeur d'usage" allerdings möglich, die irritierende Nutzentheorie mit in den Bereich der marxschen politischen Ökonomie und ihres arbeitswerttheoretischen Instrumentariums zu integrieren und damit das Projekt einer vollständigen Verallgemeinerung der politischen Ökonomie als einer Theorie der Verdinglichung durchzuführen: „Et dire que le système des besoins est un système d'équivalence générale n'est pas du tout une métaphore: cela veut dire que nous sommes en plein dans l'économie politique. "[9]

In „Vers une critique de l'économie politique du signe" von 1972 erscheint schließlich in Bezug auf Saussures Theorie des sprachlichen Werts auf der Basis der in „Au-delà de la valeur d'usage" vorgelegten Definition des Gebrauchswertes die Gleichsetzung von jeweils zwei Systemen von Werten: einerseits den Systemen des Gebrauchwerts und des Tauschwerts und andererseits den Systemen des Signifikats und des Signifikanten nach Saussure. Baudrillard wendet sich Saussures Zeichentheorie nach der Rezeption der Schriften Derridas zu: Es finden sich allgemeine Verweise auf „l'analyse de Derrida, de *Tel Quel*,"[10] mit denen Baudrillard seinen Entwurf methodisch zu legitimieren sucht. Grundlage der Analyse soll sein „la critique faite par Derrida et *Tel Quel* du primat du Sé [signifié] dans le procès occidental du sens."[11] Wegen einer homologen Strukturierung der Werte im Bereich der Ökonomie und der Signifikation entfällt nach Baudrillard die Ideologie, wenn diese als Verhältnis zwischen einer materiellen Produktion und einer Zeichenproduktion, die die Widersprüche der materiellen Produktion verdecke, begriffen werde. Stattdessen gehörten von nun an alle diese Fragen und Werte, *„avec le même degré d'objectivité,"*[12] der Wissenschaft einer allgemeinen politischen Ökonomie an, die für beide Bereiche, Ökonomie und Signifikation, dieselben Formen und dieselbe Logik analysiere. Ideologie oder auch Entfremdung, als Verhältnisse in einer Metaphysik des Subjekts, entfallen im allgemeinen Modell der politischen Ökonomie, das demjenigen Zustand entspricht, *„où la marchandise est immédiatement produite comme signe, comme*

---

[9] Jean Baudrillard, „Au-delà de la valeur d'usage," *Pour une critique de l'économie politique du signe* 162.

[10] Jean Baudrillard, „Vers une critique de l'économie politique du signe," *Pour une critique de l'économie politique du signe* 190.

[11] Baudrillard, „Vers une critique de l'économie politique du signe" 195. „Sé" steht für *signifié*, also das Signifikat.

[12] Baudrillard, „Vers une critique de l'économie politique du signe" 173.

valeur/signe, et les signes (la culture) comme marchandise."[13] Im radikalisierenden Anschluß an die Argumentation von Derridas *De la grammatologie* und den Arbeiten der *Tel Quel*-Gruppe, daß in der Philosophie des Westens der Bedeutung des Zeichens fälschlicherweise ein ethischer oder metaphysischer Status zugeordnet worden wäre, „un <<idéalisme du référent>>,"[14] wird die bekannteste Baudrillardsche These entwickelt: „[Le] procès de signification . . . n'est au fond qu'un gigantesque *modèle de simulation du sens*."[15]

Symbolbegriff bei Baudrillard nach Jacques Lacan

Baudrillard beschreibt den arbiträren Signifikanten nicht als vollständig unmotiviert, sondern als weiterhin vom Symbolischen, im Sinne eines Vertragspfands für ursprüngliche Authentizität, heimgesucht: „[C]'est le symbolique qui continue de hanter le signe, de démanteler la corrélation formelle du Sa [signifiant] et du Sé."[16] Das Symbolische hört nie auf, die entfremdete, arbiträre und Bedeutung nur formal installierende Sprache zu beeinflussen. Die Unsicherheit der Konventionalität der Bedeutung wäre nach Baudrillard nur durch die Wiedergewinnung des Symbolischen zu beheben. Doch das Symbolische, womit Baudrillard Mallarmé rezipiert, „ne peut être nommé que par allusion."[17] Seinen Begriff des Symbolischen als Pfand einer authentischen Bedeutung bezieht Baudrillard aus Jacques Lacans psychoanalytischer Sprachtheorie. Während auch diese die Trennung von Signifikant und Signifikat nach Saussure und Arbitrarität voraussetzt, wird mittels des Verweises auf das *symbolon* motivierende, gesetzliche Vertraglichkeit für die Verbindung von Signifikant und Signifikat angenommen. Der Vertrag allerdings wird nicht von den Verwendern der Signifikanten, sondern durch die Signifikate begründet. Lacan erklärt das Symbol unter Rückgriff auf den Gabentausch bei Mauss: „Car ces dons sont déjà symboles, en ceci que symbole veut dire pacte, et qu'ils sont d'abord signifiants du pacte qu'ils constituent comme

---

[13] Baudrillard, „Vers une critique de l'économie politique du signe" 178. *Valeur/signe* in der englischen Übersetzung *sign value* (Vgl. Levin 143 ff.), deutsch also 'Zeichenwert' wie auch 'Wertzeichen.'

[14] Baudrillard, „Vers une critique de l'économie politique du signe" 195.

[15] Baudrillard, „Vers une critique de l'économie politique du signe" 196.

[16] Baudrillard, „Vers une critique de l'économie politique du signe" 196. Vgl. in dieser Beschreibung Baudrillards den Einfluß von Marx' Verwendung des Wortfeldes Geist und Gespenst in den werttheoretischen Beschreibungen des *Kapital*, wie sie von Derrida in *Specters of Marx* untersucht und ihre unkritische Übernahme als *hantologie* kritisiert wird.

[17] Baudrillard, „Vers une critique de l'économie politique du signe" 196.

signifié."[18] Mit dem Symbol als Ding im Gabentausch „commence le langage avec la loi,"[19] indem getauschte Dinge repräsentiert und begrifflich erfaßt werden: „[L]e symbole trouve la permanence du concept"[20] und wird signifikante Sprache. Die Hieroglyphen und ikonographischen chinesischen Schriftzeichen, als älteste Beispiele für Sprache,[21] verweisen nach Lacan noch auf den Übergang des magischen Dings als Vertragspfand in eine abbildende, sprachliche Form und auf die Herkunft der Sprache aus dem vertraglichen und verschuldenden Handeln mit Objekten in der Gemeinschaft. „La parole en effet est un don de langage, et le langage n'est pas immatériel."[22] Lacan versucht eine Materialisierung der Sprache, hält jedoch im Unterschied zum Textualitätsbegriff Derridas an einem von der Materialität der Sprache geschiedenen Objektbereich fest, wenn er Heideggers *Brief über den Humanismus* und den Satz von der Sprache als Haus des Seins rezipiert:[23] „Car l'être du langage est le non-être des objets."[24] Der Mensch müsse auf die symbolische Sprache als seines Seins bezogen werden; diese Notwendigkeit begreift Lacan als Revolution.

> [T]out ce qui intéresse non pas seulement les sciences humaines, mais le destin de l'homme, la politique, la métaphysique, la littérature, les arts, la publicité, la propagande, par là, je n'en doute pas, l'économie, en a été affecté.[25]

Lacan beachtet weder den relativen Wertbegriff bei Saussure und dessen Bezug auf das Geld noch den Bezug des *symbolon* zum Geldbegriff; der ökonomische Kontext des Sprachdenkens bei Saussure und Mauss, der auch die Rezeption Heideggers problematisieren würde, wird nicht weiter nachvollzogen, sondern neben andere Kontexte eingereiht. In der Orientierung am Begehren als Begehren des Anderen in Kojèves Interpretation des Begehrens in der Passage von Herr und Knecht übernimmt Lacan Kojèves Objektivierung des Werts, die der Saussureschen Relativität des Werts entgegensteht. Der Wert ist nicht differantiell und wandelbar, sondern im Symbol ursprünglich fixiert und abhanden gekommen. In der Sprache als Signifikantenkette sind die vertraglichen Beziehungen

---

[18] Jacques Lacan, „Fonction et champ de la parole et du langage en psychanalyse," 1953, *Écrits* (Paris: Seuil, 1966) 272.

[19] Lacan, „Fonction et champ de la parole et du langage en psychanalyse" 272.

[20] Lacan, „Fonction et champ de la parole et du langage en psychanalyse" 276.

[21] Genauer, und mit Derrida: Schrift. Lacan unterscheidet nicht zwischen Schrift und Sprache.

[22] Lacan, „Fonction et champ de la parole et du langage en psychanalyse" 301.

[23] Vgl. Jacques Lacan, „L'instance de la lettre dans l'inconscient ou la raison depuis Freud," 1957, *Écrits* 528.

[24] Jacques Lacan, „La direction de la cure et les principes de son pouvoir," 1958, *Écrits* 627.

[25] Lacan, „L'instance de la lettre dans l'inconscient ou la raison depuis Freud" 527.

zwischen den Menschen, deren Muster im Gabentausch gesehen wird, symbolisiert. Das Begehren entsteht, wenn zwischen einem und einem anderen Signifikanten Signifikanten ausgelassen sind und daher ein 'Seinsmangel' entsteht: Dieser Mangel bedingt das Begehren. Im Sprechen artikuliert das Subjekt die signifikante Kette und bringt so das Seinsverfehlen an den Tag mit dem Appell an den anderen, das Komplement zu geben. In Abwandlung von Kojèves Interpretation der Allegorie von Herr und Knecht postuliert Lacan, daß das Subjekt, im Sein der Sprache, nie sein eigenes Objekt sein kann, denn das Objekt ist Nicht-Sein; nur im Sprechen des Anderen ist das Subjekt daher sein eigenes Objekt. „[J]e pense où je ne suis pas, donc je suis où je ne pense pas.“[26] Der Eine und der Andere sind so verpflichtet und gezwungen, sich gegenseitig zu artikulieren und anzuerkennen, im symbolischen, vertraglichen Tausch. Das Signifikat und das Imaginäre resultieren aus der Nichterfüllung des Vertrags und fehlender Antwort auf den Appell und werden als Symptom Gegenstand der Psychoanalyse. Die Sprache, wie sie auch Saussure darstellt, beruht auf Konvention in einer Gemeinschaft, allerdings geht Lacan von einer ursprünglichen Motivation des arbiträren Zeichens aus, die verloren ist und in Effekten in der Sprache noch merklich; anders als bei Saussure wird auch der Symbolbegriff nicht als motivierter abgelehnt, sondern in seinem nur geringfügigen Motiviertsein gerade verwendet, um eine verdrängte ursprüngliche Bedeutung zu benennen. Derrida distanziert sich wegen seines Festhaltens an der Motiviertheit des Zeichens von Lacan: 1972 erklärt er, daß in seinen Schriften die Psychoanalyse Lacans wegen „une référence allègre à l'autorité de la phonologie et plus précisément de la linguistique saussurienne “[27] nicht herangezogen werde.

Lacans Beschreibung einer Dekadenz der ursprünglich motivierten Sprache wird von Baudrillard übernommen. Seine Theorie des Symbolischen richtet sich auf die permanente Wiedereinrichtung einer unmittelbaren Gegenwart von Sinn oder Objekt, auf eine Überwindung der Verdinglichung. Im Symbolischen, das um Ergänzung durch einen anderen Sprecher appelliert, sei ein Typus des Tauschs verankert, der sich als originärer und unmittelbarer radikal vom Tausch der abstrahierten Werte, „valeurs d'échange ou valeurs/signes,“[28] unterscheide; dieser symbolische Tausch sei vom Zeichen verhindert und abgeschafft. Die Motivation des Zeichens sei nichts anderes als die radikale Reduktion aller symbolischen Ambivalenz, durch seine zweifache Abstraktion. „La motivation du signe, c'est donc purement et simplement sa stratégie: cristallisation structurale,

---

[26] Lacan, „L'instance de la lettre dans l'inconscient ou la raison depuis Freud“ 517.

[27] Derrida, „Positions“ 114, Anm. 33.

[28] Baudrillard, „Vers une critique de l'économie politique du signe“ 196-197.

liquidation de l'ambivalence par <<solidification>> de la valeur."[29] Ein Universum von Objekten, Waren und reifizierten Zeichen, das der entgrenzten Textualität Derridas in ihrer Expansion ähnelt, wird von Baudrillard als Terrorismus der Zeichen interpretiert. „Organisation fonctionnelle, et terroriste, de contrôle du sens sous le signe de la positivité et de la valeur, la signification a ainsi quelque chose de la réification."[30] Lacansche, psychoanalytische „éxigence . . . du manque"[31] als Ursprung des Appells und des Sozialen wird durch die Zunahme an Objekten und Werten verdrängt; der Mangel, als dasjenige, „par quoi on manque aux autres, et par quoi les autres vous manquent,"[32] entfällt. Im reifizierenden Wertbildungsprozess vermisse keiner keinen und nichts sei etwas, weil alles irgendetwas anderem äquivalent sei, und jeder versichert sei, zumindest sich selbst äquivalent zu sein. „Seule s'échange, c'est-à-dire se change en elle-même, la valeur, et les individus et les choses comme termes de la valeur, selon la loi d'équivalence."[33] Im Rückgriff auf die Psychoanalyse wird der Mangel von Baudrillard als grundlegend für das Wohlbefinden des Subjekts konstatiert, während die Wirtschaftswissenschaft gerade davon ausgeht, daß er behoben werden soll. Im Moment, in dem die Wirtschaft in der Konsumgesellschaft die Bedürfnisse der Subjekte scheinbar vollständig erfüllen kann, wie er mit Kojève voraussetzt, wird für Baudrillard deutlich, daß gerade die Erfüllung nicht konstitutiv für das Wohlbefinden des Subjekts ist:

> L'exigence de toujours plus d'utilité et de satisfaction, une fois affrontée à sa possibilité de réalisation immédiate, se défait étrangement. Tout ce paquet de motivations, ce faisceau de besoins et de rationalité dont on veut que ce soit l'homme se désunit.[34]

Das Universum der Konsumobjekte verselbständigt sich unter dem Gesetz des Tauschwerts und beherrscht den Menschen in einem unvollständigen, nicht ganzheitlichen Tauschprozess, in dem Begehren nur mittels der Objekte erfüllt wird. Der Preis regelt diesen Prozess und wird als inauthentisch abgelehnt.

> Le *prix* des choses devient alors essentiel, non plus seulement quantitativement comme valeur d'échange, ni seulement différentiellement comme dans l'effet Veblen, mais comme loi, comme forme fétichisée - point crucial de l'économie

---

[29] Baudrillard, „Vers une critique de l'économie politique du signe" 198. *Cristallisation* und *solidification* übernehmen wieder Marxsche Diktion.

[30] Baudrillard, „Vers une critique de l'économie politique du signe" 199.

[31] Jean Baudrillard, „De l'accomplissement de désir dans la valeur d'échange," *Pour une critique de l'économie politique du signe* 261.

[32] Baudrillard, „De l'accomplissement de désir dans la valeur d'échange" 263.

[33] Baudrillard, „De l'accomplissement de désir dans la valeur d'échange" 263.

[34] Baudrillard, „De l'accomplissement de désir dans la valeur d'échange" 257.

marchande et de l'économie psychique de la valeur. Le prix des choses devient alors garant de l'économie psychique de la valeur.[35]

Baudrillard bezieht sich auf die Preistheorie und die marktwirtschaftliche Theorie der Wirtschaftswissenschaften, lehnt sie jedoch als formal und mathematisch in Analogie zu einer von fehlender Motiviertheit bedrohten Sprache ab, da der Wert nicht mehr wie in der marxistischen Ökonomie über die Arbeit, noch, wie in der subjektiven Werttheorie, über den Nutzen definiert werde, sondern nur noch über den Preis auf dem Markt.

Dieses Gesetz des Preises, das dem Menschen nach Baudrillard keine Entscheidung zubilligt, soll erschüttert werden, indem der 'authentische' Tausch, „la relation d'échange elle-même, . . . la réciprocité d'une parole que partout aujourd'hui le terrorisme de la valeur écrase,"[36] wiederhergestellt werden. Gebrauchs- und Tauschwert müssen als verfestigte Objektivierungen zurückgeführt werden auf die unvermittelte Beziehungshaftigkeit und Bewegung des Austauschs, auf „une relation non médiée par la logique systématique de la valeur,"[37] den symbolischen Tausch. In diesem werde der Wert oder das Zeichenobjekt zu nichts, indem es in Gabe und Gegengabe annulliert werde.

> Ainsi n'échappe à la valeur d'échange que ce qui prend son sens dans l'échange réciproque continuel, dans le don et le contre-don, dans une relation ouverte d'ambivalence, *et jamais dans une relation finale de valeur.*[38]

Im symbolischen Tausch nach Baudrillard ist das Objekt kein Objekt. Es ist untrennbar vom konkreten Verhältnis, in dem es getauscht wird, dem „pacte transférentiel qu'il scelle entre deux personnes."[39] So ist es nicht unabhängig oder abstrahiert; es ist kein Wert. Erst „à partir du moment . . . où l'échange n'est plus purement transitif, où l'objet (le matériel d'échange) s'immédiatise en tant que tel, . . . il se réifie en tant que signe."[40] Der Moment, in dem das Objekt zum reifizierten Zeichen wird, entspricht bei Lacan dem symbolischen Übergang vom magischen Ding zur Sprache. Mit der Ablehnung des Werts und des Zeichens ignoriert die Rückkehr zum symbolischen Tausch bei Baudrillard die Geldtheorie; das Geld, nach der klassischen und marxistischen Wirtschafts- und Werttheorie als nur repräsentativ und sekundär begriffen, wird von Baudrillard bis 1972 nicht thematisiert, und er unterscheidet auch nicht zwischen Geld und Tauschwert oder Preis.

---

[35] Baudrillard, „De l'accomplissement de désir dans la valeur d'échange" 264-265.

[36] Baudrillard, „De l'accomplissement de désir dans la valeur d'échange" 268.

[37] Baudrillard, „De l'accomplissement de désir dans la valeur d'échange" 261.

[38] Baudrillard, „De l'accomplissement de désir dans la valeur d'échange" 267-268.

[39] Jean Baudrillard, „La genèse idéologique des besoins," 1969, *Pour une critique de l'économie politique du signe* 61.

[40] Baudrillard, „La genèse idéologique des besoins" 62.

Mit *L'échange symbolique et la mort* von 1976 legt Baudrillard das Programm der geforderten Revolution des Wertes mit dem Ziel seiner Abschaffung und der Rückkehr zum Symbolischen vor. *L'échange symbolique et la mort* verbindet die bisherigen Analysen bis zum Jahr 1972 mit der Thematisierung des Geldes anläßlich der Krise des Gold-Devisen-Standards seit 1968, die 1976 in die offizielle Demonetisierung des Goldes mündet.[41] Die Entwicklung und neue Präsenz der Medientechnologie und ihre als Informationsflut erlebten Folgen werden mit einer befürchteten wirtschaftlichen Inflation analogisiert; der Überfluß an Zeichen wird zum Katalysator der Revolution zum symbolischen Tausch erklärt. Kojèves Vorstellung vom produktiven Überfluß wird auf Sprache und Zeichensysteme übertragen, die als „économie de profusion et de gaspillage"[42] beschrieben werden:

Cette <<consommation>> discursive, sur laquelle ne plane jamais le spectre de la pénurie, cette manipulation gaspilleuse, soutenue par l'imaginaire de la profusion, résulte en une inflation prodigieuse laissant, à l'image de nos sociétés de croissance incontrôlée, un résidu tout aussi prodigieux, un déchet non dégradable de signifiants consommés, mais jamais consumés. Car les mots qui ont servi ne se volatilisent pas, ils s'accumulent comme du déchet - pollution par les signes aussi fantastique que la pollution industrielle, et contemporaine de celle-ci .[43]

Die Zunahme der Zeichen als Effekt der Entwicklung der Informationstechnologie und der vermehrten Zeichenproduktion und Reproduktion virtueller Welten in den Medien in den 70er-Jahren wird als Beweis für die Kritik an der Realität des Signifikats gelesen: Die Realität geht für Baudrillard in der Zeichenflut unter. Die Simulation wird zum Begriff der „hyperréalité"[44] weiterentwickelt, unter Ablehnung der strukturalistischen Linguistik, solange diese weiterhin eine ideelle Verweisfunktion des Signifikanten annimmt, also nicht radikal mit dem „principe de réalité"[45] der Sprache bricht. Die Eigenständigkeit der Signifikanten bewirkt, daß der Mensch von den Informationen, die er erhält und mit der Realität identisch setzt, irregeführt und getäuscht wird: Tatsächlich erlebt er nur eine Simulation der Wirklichkeit, die als solche nicht länger greifbar ist. Entsprechend der Anwendung der Prinzipien der politischen Ökonomie auf die Zeichen gilt für sie dieselbe Loslösung von einem sie in der Realität verankernden Bezug wie für die Loslösung des Geldwertes vom Goldschatz mit der Aufhebung der Goldkonvertibilität des Dollar 1973 und dem Übergang zu frei flottierenden Währungen (- die durch Währungsabkommen vertraglich stabilisiert werden, was Baudrillard

---

[41] Vgl. Kapitel 4.
[42] Baudrillard, *L'échange symbolique et la mort* 294.
[43] Baudrillard, *L'échange symbolique et la mort* 295.
[44] Baudrillard, *L'échange symbolique et la mort* 115.
[45] Baudrillard, *L'échange symbolique et la mort* 115, Anm. 1.

jedoch nicht erwägt). Baudrillards Vision entsteht zur Zeit des drastischen Dollarverfalls, der Auflösung des Weltwährungssystems von Bretton Woods, der Ölkrise und des Beginns der rasanten Entwicklung der Informationstechnologie in den 70er-Jahren; diese Veränderungen werden nicht nur als Risiko einer galoppierende Inflation gelesen, sondern auch als Inflation der Zeichen. Der apokalyptischen Zeitdiagnose stellt Baudrillard seine Vision des symbolischen Tausches entgegen, der das magische Prinzip der Verpflichtung des Gabentauschs bei Mauss übernimmt. Die Vorstellung vom Vertrag, wie sie in der Etymologie des Wortes Symbol im Griechischen enthalten ist, spielt bei Baudrillard jedoch keine Rolle; nicht Verträge, sondern terroristische oder magische Zwänge und Repressionen bestimmen den gesellschaftlichen Verkehr. Auch das Geld wird nicht in seinem vertraglichen Moment begriffen, sondern als objektivierende und quantifizierende Repräsentation.

Mit Bezug auf Saussure erklärt Baudrillard: „[L]'économie politique est une langue, et la même mutation qui affecte les signes de la langue, lorsqu'ils perdent leur statut référentiel, affecte aussi les catégories de l'économie politique."[46] Baudrillard bezieht sich auf eine „homologie posée par Saussure entre travail et signifié d'une part, salaire et signifiant d'autre part" als „une sorte de matrice d'où on peut rayonner sur toute l'économie politique."[47] (Dieser Vergleich, der mit der Arbeit auf marxistische, zumindest klassische Kategorien verweist und Saussures Orientierung an der Grenznutzenschule ausblendet, stammt jedoch nicht von Saussure, sondern von den Kommentatoren des *Cours de linguistique générale*.[48]) Der Geldvergleich im *Cours de linguistique générale* wird von Baudrillard mit dem marxschen Wertgesetz der Ware identifiziert. Die synchrone Wertachse entspricht der strukturalen Dimension der Sprache, die diachrone ihrer funktionalen Dimension. Die zwei Dimensionen sind voneinander unterschieden, aber aufeinander bezogen. Dieser Zusammenhang kennzeichne die klassische Gestalt, im Sinne der klassischen Wirtschaftstheorie, des linguistischen Zeichens, die dem Wertgesetz der Ware unterstellt sei und nach der das Signifikat als Endzweck der strukturalen Sprachoperation erscheine.

> Le parallèle est total, à ce stade <<classique>> de la signification, avec le mécanisme de la valeur dans la production matérielle, telle que Marx l'analyse: la valeur d'usage joue comme horizon et finalité du système de la valeur d'échange.[49]

---

[46] Baudrillard, *L'échange symbolique et la mort* 39.
[47] Baudrillard, *L'échange symbolique et la mort* 39.
[48] Vgl. 228.
[49] Baudrillard, *L'échange symbolique et la mort* 17.

Entlang einer Abfolge von Codes und Zeichenordnungen oder Stufen von Dispositiven,[50] die jeweils weiter von der Natur entfernt sind, geht das erste Dispositiv des natürlichen Wertgesetzes mit dem Referential der Natur - das Dispositiv des Mystischen - in die zweite Stufe des Dispositivs des Wertgesetzes der Ware ein, indem es auftritt als „la valeur d'usage, qui mène une existence fantôme au cœur de la valeur d'échange."[51] Die Revolutionsidee seit Marx, „[qui] a tenté de se frayer une voie à travers cette loi de la valeur, elle est dès longtemps redevenue une Révolution selon la Loi"[52] und gehorcht nur dem Wertgesetz zweiter Stufe. Baudrillard erklärt die marxistische Teleologie und Geschichtstheorie wie Kojève für überholt, denn auf der dritten und letzten Stufe stehen das strukturale Wertgesetz und das Simulationsprinzip selbst. Das wirtschaftliche und zugleich sprachliche System unter dem klassischen Wertgesetz der Ware wird durch „[c]ette révolution structurale de la loi de la valeur"[53] mit Saussure überwunden, die von der Privilegierung des Signifikanten, also nach Baudrillard des Tauschwerts, ausgeht. Dieses System nach der Revolution des Werts ist mit den 70er-Jahren bereits gegeben. Die Revolution habe den Wert „au-delà de sa forme marchande, . . . à sa forme radicale"[54] geführt. Die zwei Aspekte des Werts, deren Verbindung für natürlich und unauflösbar galt, seien auseinandergerissen worden. „[L]a valeur référentielle est anéantie au profit du seul jeu structural de la valeur."[55] Baudrillard beschreibt die Struktur ohne Strukturalität, also ohne Verzeitlichung; mit der strukturalen Revolution endet wie die Realität auch die Geschichte.

> Finis les référentiels de production, de signification, d'affect, de substance, d'histoire, toute cette équivalence à des contenus <<réels>> qui lestaient encore le signe d'une sorte de charge utile, de gravité - sa forme d'équivalent représentatif.[56]

Der relative Aspekt des Werts, „celui de la relativité totale, de la commutation générale, combinatoire et simulation,"[57] setzt sich durch. Die Zeichen verbleiben „sans s'échanger du tout contre du réel;" „ils . . . s'échangent parfaitement entre eux."[58]

---

[50] Vgl. Baudrillard, *L'échange symbolique et la mort* 9. Mit „le dispositif" teilt Baudrillard einen Terminus der Diskurstheorie Michel Foucaults, wie in *L'archéologie du savoir* (Paris: Gallimard, 1969) vorgestellt.

[51] Baudrillard, *L'échange symbolique et la mort* 9.

[52] Baudrillard, *L'échange symbolique et la mort* 7.

[53] Baudrillard, *L'échange symbolique et la mort* 19.

[54] Baudrillard, *L'échange symbolique et la mort* 18.

[55] Baudrillard, *L'échange symbolique et la mort* 18.

[56] Baudrillard, *L'échange symbolique et la mort* 18.

[57] Baudrillard, *L'échange symbolique et la mort* 18.

[58] Baudrillard, *L'échange symbolique et la mort* 18.

Woher die Zeichen ihre Motivation zum Tausch beziehen, statt stillzustehen, wird von Baudrillard nicht weiter erläutert; eine solche Beschreibung impliziert den zeichentauschenden Menschen. An anderer Stelle jedoch, so Baudrillard, sind es „les modèles qui nous génèrent."[59] Die Modelle sind auf die Reaktion und Partizipation des Menschen hin berechnet, der einem „test incessant d'adaptation"[60] unterworfen ist. Die Modelle simulieren Realität; sie entsprechen der Hyperrealität als „la réduplication minutieuse du réel."[61] Die Modelle scheinen in keinem Bezug zur Zeit zu stehen. Oppositionen sind aufgelöst, aber Differenzen werden nicht beschrieben, sondern Baudrillard postuliert „une indifférence et une indétermination totale,"[62] die auf der Stelle zu treten scheint. Dies sei die Emanzipation des Zeichens, die es von der „obligation <<archaïque>> qu'il avait de désigner quelque chose" entbinde und frei mache „pour un jeu structurale, ou combinatoire."[63] Statt von Zeichen, geht Baudrillard von Simulakren aus; dieser Schritt ähnelt Derridas Ersatz des Zeichenbegriffs durch den der Markierung. Die Simulakren sind die Elemente der Simulation, da der Begriff des Zeichens unter dem strukturalen Wertgesetz keine Vorrangigkeit mehr behaupten kann.

Der Verlust der Referenz gilt wie für die Zeichen so auch für die Kategorien der politischen Ökonomie. Wie das Geld mit dem Goldstandard und das Zeichen mit dem Bedeuteten seinen Referenten verloren habe, so auch die Arbeitskraft und die Produktionsprozesse. Die Abschaffung des Zwecks der Produktionsinhalte ermögliche es der Produktion als Code zu funktionieren, und dem Geldzeichen, „de s'évader dans une spéculation indéfinie, hors de toute référence à un réel de production ou même à un étalon-or."[64] Die Währungen und die Zeichen, die Bedürfnisse, die Produktionsziele und die Arbeit selbst flottieren. Von den Zwecksetzungen der Produktion entbunden, wird das Geld Spekulationsgeld. Indem der Signifikant nicht mehr auf ein Signifikat bezogen ist, „il s'est débarrassé de tout signifié . . . comme d'un frein à sa prolifération et à son jeu illimité;"[65] das Geld als Signifikant „peut ainsi se reproduire elle-même selon un simple jeu de transferts et d'écritures, selon un dédoublement et redoublement incessant de sa propre substance abstraite;"[66] das Geld wird autopoietisch, allerdings ohne Bezug auf Zins als Zeiteffekt und Vertragsergebnis. Baudrillard nimmt die Tradition der aristotelischen Beschreibung der Grenzenlosigkeit der Geldwirtschaft auf, aktualisiert ihre Begründung

---

[59] Baudrillard, *L'échange symbolique et la mort* 9.
[60] Baudrillard, *L'échange symbolique et la mort* 111.
[61] Baudrillard, *L'échange symbolique et la mort* 112.
[62] Baudrillard, *L'échange symbolique et la mort* 18.
[63] Baudrillard, *L'échange symbolique et la mort* 18.
[64] Baudrillard, *L'échange symbolique et la mort* 18.
[65] Baudrillard, *L'échange symbolique et la mort* 40.
[66] Baudrillard, *L'échange symbolique et la mort* 40-41.

und erklärt sie wie Aristoteles als Dekadenz. Man befinde sich in einem Zustand „dans la *liberté totale*," den Baudrillard gleichsetzt mit „désaffection, désobligation, désenchantement général," während die Verknüpfung von Zeichen mit dem Realen noch durch „une magie, une sorte d'obligation magique,"[67] bestimmt gewesen sei. Weder Saussure noch Marx hätten dies vorausgeahnt:

> ils sont encore dans l'âge d'or d'une dialectique du signe et du réel, qui est en même temps la période <<classique>> du capital et de la valeur. Leur dialectique s'est écartelée et le réel est mort sous le coup de cette autonomisation fantastique de la valeur.[68]

Die vorherigen Stufen der Dispositive und Wertgesetze sind in der dritten Ordnung aufgegangen. Auf der dritten Stufe liegt kein Wertgesetz mehr vor: Stattdessen gibt es „la manipulation généralisée," „des processus aléatoires de contrôle" und eine „hyperréalité des valeurs flottantes."[69] Das Kapital handelt; die Arbeit ist keine Kraft mehr, sondern Zeichen unter Zeichen. Baudrillard begreift die dritte Stufe des Wertgesetzes als gegen den Menschen gerichtet, als anti-humanistisch, nicht posthumanistisch. Der Mensch hat keinerlei Einfluß mehr auf die Gesetze, von denen er gewaltsam beherrscht und gefährdet wird. Der Code handelt als selbstläufige Maschine. Auch wirtschaftliche Verantwortung des Menschen kommt nicht mehr vor oder ist nie möglich gewesen.

Absage an den Marxismus

Das System ist „le maître: il peut, comme Dieu, lier et délier les énergies, ce qu'il ne peut pas faire (et ce à quoi non plus il ne peut échapper), c'est être réversible."[70] Durch Vernichtung der Güter, der Zeichen und der Werte soll nun die Situation des Mangels wiederhergestellt werden, so daß der Tausch wieder seine Bedeutung im Symbolischen erlangen kann. Der unvermittelte, direkte Tausch wird in sentimentaler und zugleich repressiver Weise affirmiert. „[L]a violence théorique"[71] soll die dritte Stufe nochmals weiterführen, denn „[u]ne réversibilité minutieuse, telle est l'obligation symbolique."[72] Wieso diese Gewalt auf die Wiederherstellung des Wohlergehens des Menschen verpflichtet sei, und wer sie ausübt oder woher sie kommt, wird nicht erklärt.

---

[67] Baudrillard, *L'échange symbolique et la mort* 18.
[68] Baudrillard, *L'échange symbolique et la mort* 18-19.
[69] Baudrillard, *L'échange symbolique et la mort* 10.
[70] Baudrillard, *L'échange symbolique et la mort* 12, Anm. 2.
[71] Baudrillard, *L'échange symbolique et la mort* 8.
[72] Baudrillard, *L'échange symbolique et la mort* 12.

Gegen die Aleatorik der dritten Ordnung und ihre kybernetische, perfekte
Operationalität kann nur der Tod als „l'abîme de détournement" eingesetzt
werden, als einziger Möglichkeit, noch aleatorischer zu sein, als das
System und „[p]arce que c'est au comble de la valeur qu'on est le plus près
de l'ambivalence."[73] Die Unentscheidbarkeit, bei Derrida menschlicher
Erfahrung und Wahrnehmung notwendig zugehörig, muß bei Baudrillard
erst hergestellt werden. *„Défier le système par un don auquel il ne puisse
pas répondre, sinon par sa propre mort et son propre effondrement,"*[74] ist
die einzige Lösung und Revolutionsmöglichkeit, weil das System ansonsten das Monopol der Gabe ohne Gegengabe innehat, woraus seine
Herrschaft entspringt. Während also die Möglichkeit der (marxistischen
oder sozialistischen) Revolution aus der Produktion heraus nicht mehr
gegeben ist, denn auch die Dialektik der Produktivkräfte ist in der
Alternanz des strukturalen Codes aufgelöst, besteht doch die Herrschaft
des Codes und ist es Baudrillards Anliegen, diese zu überwinden. Die
Strategie zur Auflösung des Systems ist also *„catastrophique, et non pas
du tout dialectique."*[75] Indem die Logik des Systems gegen es selbst
ausgespielt werde, gebe es die Möglichkeit, der Hyperrealität des Systems
„<<une science des solutions imaginaires>>, c'est-à-dire une science-
fiction du retournement du système contre lui-même, à l'extrême limite de
la simulation"[76] entgegenzusetzen. Als eine Umkehrung aller Werte
verweist die „généalogie de la loi de la valeur et des simulacres"[77] auf
Nietzsche. Die Umkehrung des Werts setzt den äquivalenten Tausch
wieder ein: Es geht um die Vernichtung des Werts, genauer die Sicherung
der Äquivalenz, durch ein Prinzip der Gegengabe. Auf diese Weise sollen
die linguistischen und anthropologischen Theorien von Saussure und
Mauss, „hypothèses plus radicales à long terme que celles de Freud et de
Marx,"[78] vollendet werden. Der symbolische Tausch, nicht die prole-
tarische Revolution soll die Logik des Kapitals zerstören, da auch Marx'
Analysen nur „une apparence au second degré du capital, celles de son
apparence *critique*"[79] seien. Dem Marxismus erteilt Baudrillard somit eine
Absage. „[D]essinant . . . un au-delà de la valeur, un au-delà de la loi, un
au-delà du refoulement, un au-delà de l'inconscient,"[80] stellt der
Gabentausch nach Mauss das Modell für die notwendige Umkehrung der
Werte.

---

[73] Baudrillard, *L'échange symbolique et la mort* 11-12.
[74] Baudrillard, *L'échange symbolique et la mort* 64.
[75] Baudrillard, *L'échange symbolique et la mort* 11.
[76] Baudrillard, *L'échange symbolique et la mort* 12.
[77] Baudrillard, *L'échange symbolique et la mort* 9.
[78] Baudrillard, *L'échange symbolique et la mort* 7.
[79] Baudrillard, *L'échange symbolique et la mort* 26.
[80] Baudrillard, *L'échange symbolique et la mort* 8.

L'échange symbolique et la mort verfolgt die Vision einer neuen Gesellschaft, in der das Symbolische wiedereingesetzt ist, und die nicht mehr modern ist, denn „[i]l n'y a plus d'échange symbolique au niveau des formations sociales modernes."[81] Den Terminus Postmoderne bringt Baudrillard zwar nicht ein, dennoch deckt sich sein Entwurf in Bezug auf Kojève und Bataille und hinsichtlich der Beschreibung der 'neuen Primitiven'[82] bei Fiedler mit der Theorie der frühen Postmoderne: Mittels des symbolischen Tauschs kann

> le schéma d'un rapport social fondé sur l'extermination de la valeur, dont pour nous le modèle renvoie aux formations primitives, mais dont l'utopie radicale commence d'exploser lentement à tous les niveaux de notre société,[83]

vorgestellt werden. Die Ökonomie, als Produktionsökonomie, kommt wie die Geschichte zu ihrem Ende, denn auch sie ist in die Genealogie der Wertgesetze überführt: „[L]'économie politique . . . apparaît alors comme un simulacre de 2ᵉ ordre, au même titre que ceux qui ne mettent en jeu que le réel - réel de production, réel de signification."[84] Der politischen Ökonomie wird zwar mit dem Wertbegriff das Ordnungsprinzip entnommen, das sich auf allen Stufen der Dispositive, also auch der jüngsten und aktuellen Stufe des symbolischen Dispositivs, erhält, es soll aber andererseits die politische Ökonomie mit dem strukturalen Wertgesetz enden, so daß auf der Stufe des Codes, des Symbolischen und der Umkehrbarkeit in einer wörtlichen Dialektik „chaque *terme* soit *ex-terminé*, . . . la valeur soit abolie dans cette révolution du terme sur lui-même."[85] Baudrillards Entwurf liesse sich mit dem Übergang von der Werttheorie in die Geldtheorie in der Wirtschaftstheorie zusammenbringen, wenn er das Geld nicht repräsentationistisch und metallistisch begriffe und aus der Analyse ausklammerte. Die Vorstellung von der Überwindung der dritten Stufe hin auf die Wiedereinsetzung des symbolischen Tausches verweist wie in der Forderung nach der neuen Religiosität bei Kojève und auch bei Fiedler auf moderne avantgardistische, eschatologische Programme zur Etablierung neuer Gesellschaftsformen und zur Schaffung des neuen Menschen. Ziel ist die Auffindung des neuen „rapport social"[86] in einer konservativen Rückkehr zum symbolischen Tausch. Das Neue bei Baudrillard ist 'retro'.

---

[81] Baudrillard, *L'échange symbolique et la mort* 7.
[82] Vgl. Kapitel 2.
[83] Baudrillard, *L'échange symbolique et la mort* 7.
[84] Baudrillard, *L'échange symbolique et la mort* 9.
[85] Baudrillard, *L'échange symbolique et la mort* 12.
[86] Baudrillard, *L'échange symbolique et la mort* 26.

Literatur und symbolischer Tausch

Als Beispiel für einen symbolischen Tausch, der dialektische Aufhebung des Werts in Gabe und Gegengabe durchführt, beschreibt Baudrillard
die Dichtung.

> Le poétique recrée en matière de langage cette situation des sociétés primitives: un
> corpus restreint d'objets dont la circulation ininterrompue dans l'échange/don
> suscite une richesse inépuisable, une fête de l'échange.[87]

Mit dem Rekurs auf „un corpus restreint d'objects" möchte Baudrillard die
chrematistische Geldwirtschaft zugunsten der autarken und begrenzten
Ökonomik überwinden: Seine Denkrichtung ist nostalgisch, Sehnsucht
nach der Heimkehr zur geschlossenen Hausgemeinschaft. In der utopischen Gesellschaft, die Baudrillard vorstellt, „[l]es mots y ont le même
statut que les objects et les biens."[88] Die Wörter, entgegen einer demokratischen Auffassung von der Schrift wie bei Derrida, „n'y sont pas
disponibles à tout moment pour tout le monde;" „il n'y a pas
<<affluence>> du langage."[89] Nur in „les formules magiques, rituelles,
règne cette restriction qui seule préserve l'efficacité symbolique des
signes."[90] Entgegen Derridas Begriff des Rests als eines differierenden
Supplements, das Ereignis, Bewegung, Zeit, Werte und Verantwortung erst
zuläßt, lehnt Baudrillard den Rest als generatives Potential ab und fordert
im Gabentausch eine dialektische, totalisierende, vor-ökonomische Aufhebung:

> Il est clair pour tous - c'est l'évidence de la jouissance - que *le bon poème est celui
> où il ne reste rien*, où tout le matériel phonique mis en jeu est consumé. . . . *Le
> reste, c'est la valeur*. . . . Tout ce qui n'a pas été ressaisi par l'opération
> symbolique du langage, par l'extermination symbolique, c'est sur cela que repose
> l'*économie* de la signification et de la communication. . . . C'est ce reste qu'on
> accumule, c'est sur ce reste qu'on spécule, c'est là que prend naissance
> l'économique.[91]

Beschreibt Derridas Theorie eine Offenheit des Textes und jeden Kontextes, so auch eines literarischen, auf den Leser, der miteinbezogen ist in
die Sinnkonstitution und den Prozeß des Kalküls und des Wertens, bleibt
der Leser bei Baudrillard außen vor. Sein Leser liest nicht, sondern urteilt.

---

[87] Baudrillard, *L'échange symbolique et la mort* 296.
[88] Baudrillard, *L'échange symbolique et la mort* 296.
[89] Baudrillard, *L'échange symbolique et la mort* 296.
[90] Baudrillard, *L'échange symbolique et la mort* 296.
[91] Baudrillard, *L'échange symbolique et la mort* 291-292.

Wertsetzungen sind bei Derrida dagegen Verträge, keine Urteile, wie in Baudrillards Beschreibung der Rezeption:

> [À] l'inverse le mauvais poème (ou le pas-de poésie du tout), c'est celui où il y a du résidu, . . . où tous les termes ne se sont pas volatilisés ni consumés dans une réciprocité (ou un antagonisme) rigoureux, comme dans l'échange/don primitif, - où nous sentons peser ce qui reste, qui n'a pas trouvé son répondant, . . . qui n'a pas trouvé à s'échanger dans l'opération même du texte: c'est à proportion de ce résidu que nous savons qu'un poème est mauvais, qu'il est scorie de discours, quelque chose qui n'a pas flambé, qui ne s'est pas perdu ni consumé dans la fête d'une parole réversible.[92]

Baudrillards sprachmagische Theorie vom restlosen, begrenzten Gedicht entspricht literaturtheoretischen Auffassungen von der Einheit und Geschlossenheit des sprachlichen Kunstwerks im Sinne des *new criticism* oder der textimmanenten Interpretationstheorie, die von einer autonomen Struktur literarischer Werke ausgeht, welche jeweils einen einzigartigen, stabilen und überzeitlich gültigen Kontext aus der Sprache abtrennten.

> Le poétique, comme l'échange symbolique, met en œuvre un corpus strictement limité et contingenté, mais il se charge d'en venir à bout, alors que notre économie du discours met en jeu un corpus illimité, sans souci de résolution.[93]

Baudrillard begibt sich der Analogie von Sprache und Geld in der Konventionalität und bleibt auf der Beschreibung des Tausches stehen, nach der auch das Geld nur als Repräsentation, als Verdoppelung des Gütertauschs, fungiert. Die vertragliche Eigenschaft des Geldes und der Sprache kehrt jedoch in der Zwanghaftigkeit des Tauschs und der Utopie einer permanenten Beziehung wieder, die unmittelbar, reziprok, nie von Differenzen oder Entscheidungen irritiert und intakt sei, also Sicherheit gewährend wie ein Vertrag. Die Vorstellung von der Aufhebung des Werts entspricht zwar einer Absage an die Werttheorie, die in der Wirtschaftstheorie zur Zeit der Abfassung von *L'échange symbolique et la mort* eingelöst wird; Baudrillard nimmt von diesem Punkt aus jedoch einen regressiven Weg. Der unvermittelte, direkte Tausch ohne Geld wird angestrebt und stellt sich gleichermaßen als sprachlos wie geldlos dar. *L'échange symbolique et la mort* imaginiert die Abschaffung des Geldes und des verzeitlichenden, akkumulierenden Moments der *différance* und steht in der Tradition der wirtschaftstheoretischen und vor allem moralphilosophischen Dämonisierungen des Geldes, wie sie bei Aristoteles mit dem Motiv des geldwirtschaftlichen Exzesses beginnt. Das Geld, gefährlich und unberechenbar in seinem spekulativen Potential, das der Mensch geschaffen habe und nun nicht wieder los werde, müsse

---

[92] Baudrillard, *L'échange symbolique et la mort* 292.
[93] Baudrillard, *L'échange symbolique et la mort* 294.

beherrscht, in seinen Effekten eingegrenzt und abgeschafft werden, soll ein
moralischer Zustand der sozialen Beziehungen wiederhergestellt werden.
Der Goldstandard oder der Gold-Devisen-Standard bieten nach Baudrillard
die letzte Sicherheit, daß das Geld noch unter Kontrolle sei; mit ihrem
Wegfall verselbständigt sich das Geld und beginnen sich seine sämtlichen
- bösen - Kräfte auszuwirken. Wird ins Gedächtnis gerufen, daß das Geld
ebenso wie die Sprache konventionell ist, stellt die von Baudrillard
diagnostizierte Krise weniger eine der moralischen Werte dar, sondern eine
der Konventionsfähigkeit und Vertragsmächtigkeit der Menschen, wie sie
in Geld und Sprache zur Wirkung kommen. Spekulationsbewegung des
Geldes und Informationsflut der Sprache exzedieren immer, wie Derrida
zeigt, die vom Menschen geschlossenen Verträge, so daß diese trügerisch
werden können und immer wieder dekonstruiert und an die Zeit angepaßt
werden müssen. Die Vermutung von Falschheit und das Mißtrauen
gegenüber der Fiktion ist das eigentliche Problem, das sich *L'échange
symbolique et la mort* stellt, also das Problem der *différance* wie es von
Derrida als Problem des Falschgeldes beschrieben wird. Mit der Fest-
setzung der Grenze einer Ökonomik und der Beherrrschung ihres Raums
versucht Baudrillard diesem Problem zu entgehen.

L'échange symbolique et la mort beschreibt die zeitgenössische
Gesellschaft als nach der strukturalen Revolution des Wertes in einer
ahistorischen, geschlossenen Struktur befangen, die von der utopischen
Gesellschaft des symbolischen Tausches abgelöst werden soll. Die Utopie
des geldlosen, symbolischen Tausches stellt jedoch ebenfalls eine statische
Gemeinschaft unter einer synchronen und ahistorischen Struktur vor. Die
Zeit wird im symbolischen Tausch nicht bedacht; vielmehr soll mit der
Abschaffung des Geldes auch die Zeit abgeschafft werden. Das von
Baudrillard später erklärte „Ende der Geschichte"[94] wird sowohl für die
Ebene der Alternanz wie auch für die des symbolischen Tausches beschrieben. Auf beiden Ebenen treten die Elemente gewissermaßen jeweils
auf der Stelle, weil zwar Bewegung im Tausch postuliert, aber Differenz
und Verzeitlichung nicht konnotiert oder gedacht werden und somit auch
keine Neuheit, Andersheit oder Veränderung. In dem Sinne, daß
Baudrillards Theorie die strukturale Ordnung im symbolischen Tausch
überwinden möchte, kann sie poststrukturalistisch genannt werden; indem
die utopische Struktur jedoch auch statisch gedacht wird, handelt es sich

---

[94] Vgl. Jean Baudrillard, *Die Illusion des Endes oder Der Streik der Ereignisse*, 1992,
übers. Ronald Voullié (Berlin: Merve, 1994) 41-42: „[D]ieser *Streik der Ereignisse*
stellt eine echte geschichtliche Manifestation dar, nämlich die Weigerung, auch nur
irgend etwas zu bedeuten, beziehungsweise die Fähigkeit, alles Mögliche zu bezeichnen. Das ist das wirkliche Ende der Geschichte, das Ende der geschichtlichen
Vernunft. Aber es wäre allzu schön, wenn wir dadurch mit der Geschichte Schluß
gemacht hätten. Denn es ist möglich, daß die Geschichte nicht nur verschwunden ist
. . ., sondern daß wir auch noch *ihr Ende nähren* müssen."

nicht um ein verzeitlichendes Denken wie in der Dekonstruktion, sondern um einen Strukturpluralismus.

Frühe Postmoderne bei Baudrillard

So kritisiert Wolfgang Welsch Baudrillards Position der Posthistoire angemessen als spätmodern, eher denn postmodern. Mit der zweiten und dritten Phase der Postmoderne, die mit Pluralität, Affirmation, Emanzipation und demokratischer Veränderung, in Eintracht mit der Ethik Derridas, zusammengebracht werden,[95] ist Baudrillards Theorie nicht vereinbar; nur mit der frühen Postmoderne bei Fiedler stimmen die antiproduktionistischen und nachgeschichtlichen Aspekte in Baudrillards Theorie überein. Baudrillard, wenn auch mit einem „Blick auf gegenwärtigste Verhältnisse," fügt nach Welsch einer zynischen Version der Posthistoire bei Arnold Gehlen und einer optimistischen bei Daniel Bell eine „graue Diagnose"[96] hinzu. Utopie verbindet sich mit Repression und Statik, statt mit Pluralität und Dynamik. Baudrillard kann als moderner Poststrukturalist gelten, der das moderne Anliegen einer totalen Weltveränderung verfolgt; seine Theorie kann als postmoderner Poststrukturalismus gelten, wenn seine Interpretation der Postmoderne mit derjenigen Fiedlers auf eine frühe Phase der Postmoderne bezogen wird, die sich gegen die Moderne richtet und den Produktionismus der klassischen Wirtschaftstheorie in Frage stellt. Grundlegend für Baudrillards Forderung nach symbolischem Tausch ist die Argumentation, daß Knappheit nicht länger existiert. Diese Position, die er mit Kojève teilt, ignoriert das Geld, das immer die Fiktion der Knappheit durchsetzt, und ist auf reiche Länder oder solche, die funktionierende Verteilungs- und institutionalisierte demokratische Rechtsformen haben, beschränkt.

Goux: Allgemeine Äquivalente, symbolische Praxis und materialistische Umkehr zur Authentizität

Jean-Joseph Goux beschreibt Analogien zwischen Formen der Repräsentation in Literaturgeschichte und Wirtschaftsgeschichte anhand der

---

[95] Vgl. Kapitel 2.

[96] Wolfgang Welsch, Hg., *Wege aus der Moderne*, (Weinheim: VCH, 1988) 28: „Baudrillard zufolge befinden wir uns jetzt schon jenseits aller Optionen in der Stabilität der Unterschiedslosigkeit. Ein Perennierungsproblem ist die Posthistoire auch hier geblieben, aber mit gänzlich schalem Geschmack, bis eines Tages auch dieser noch ob seiner endlosen Reproduktion unwahrnehmbar geworden sein wird." Welsch nimmt vom Einfluß der Posthistoire Kojèves auf Baudrillard keine Notiz.

Geldtheorie und geht damit wirtschaftstheoriengeschichtlich über
Baudrillard hinaus; er hält jedoch an der marxistischen Arbeitswerttheorie
und einem repräsentationistischen Geldbegriff fest, so daß Mathematisierung der Werttheorie, Quantifizierung und Zeiteffekte trotz der Auf-
merksamkeit für das Geld nicht reflektiert werden. Goux vergleicht die
Sprache als Repräsentation der Wirklichkeit mit dem Geld als Repräsentation des Wertes entlang der saussureschen These einer Identität von
Sprach- und Wirtschaftswissenschaft als den Wissenschaften von Werten.
Seine Thesen aus den 70er-Jahren führt Goux 1988 auf die politische
Bewegung von 1968 zurück und sieht sich durch diese beeinflußt. Seine
frühen Analysen seien aus der Überzeugung erwachsen, daß theoretische
Verbindungen zwischen Semiotik, Psychoanalyse und Ökonomie etabliert
werden könnten.

> The remarkable structural parallel between money and language which Saussure
> himself sketches on the basis of the notion of value - a much closer and more
> complex parallel than the simple analogy so often alluded to - struck me as a
> decisive juncture, rich in ramifications.[97]

Eine Integration von Psychoanalyse und historischem Materialismus sei
gefordert, um den Strukturalismus zu dynamisieren. Zu denjenigen, die
diesen Poststrukturalismus angestoßen hätten, zählt Goux neben Lévy-
Strauss und Lacan auch Derrida.[98] Dynamisierung wird vom Übergang von
einem ahistorischen strukturalistischen zu einem historischen dialektischen
Denken erwartet, nicht also von der Beschreibung der *différance*. Goux
kritisiert zwar wie Derrida die Ahistorizität des Strukturalismus, aber sein
Programm der Wiedereinsetzung der Dialektik widerspricht der differantiellen Erklärung der Bewegung in der Zeit; Dynamisierung des Strukturalismus erfolgt bei Goux nicht über das Denken der 'Strukturalität der
Struktur' und die *différance*, sondern über eine Stufentheorie der Abfolge
von Strukturen, ohne daß der Übergang von einer zur nächsten erhellt. In
diesem Sinne ist Gouxs Poststrukturalismus wie der Baudrillards ein
Strukturpluralismus.

Der Vergleich zwischen den Disziplinen der Sprachwissenschaft und
Ökonomie erfolgt wie bei Baudrillard über den Symbolbegriff und eine

---

[97] Jean-Joseph Goux, „Introduction," 1988, *Symbolic Economies: After Marx and Freud*
2. Goux kann mit seinem von Fredric Jameson als „monument to [the] collective
efforts" der *Tel Quel*-Gruppe (vgl. Kapitel 1) ausgezeichneten Essay
„Numismatiques: L'or, le père, le phallus, le monarque et la langue (essai de
numismatique théorique)" von 1968-1969 (Goux, *Freud, Marx: Économie et
symbolique* 53-113), das eine seiner frühesten Veröffentlichungen ist, schon auf
Derridas *De la grammatologie* von 1967 zurückgreifen, in der die Analogie von
Sprache und Geld entlang Saussures *Cours de linguistique générale* formuliert wird,
vgl. Kapitel 3.
[98] Vgl. Kapitel 1 zu Goux als frühestem Verwender des Terminus Poststrukturalismus.

Verallgemeinerung des Tauschprinzips. „The structural homology among the various registers of exchange could aptly guide an analysis of the historical correlations between particular symbolic institutions."[99] Die Ablösung des Geldes vom Goldstandard und die Konventionalität der Geltung des Geldes hat nach Goux in der Abkehr von der Mimesis und der Durchsetzung der Abstraktion in der modernen Literatur und Kunst eine Analogie. Er geht dabei von einer historischen Entwicklung vom metallistischen zum nominalistischen Geld aus; eine nominalistische Geldtheorie wie schon bei Aristoteles und andernorts vor der Etablierung der klassischen Wirtschaftstheorie und des Goldstandards im 19. Jahrhundert wird nicht berücksichtigt. Die Beschreibung des sprachlichen Werts durch Vergleich mit dem Fünffrankenstück im *Cours de linguistique générale* wird von Goux anhand der wirtschaftswissenschaftlichen Beschreibung der Geldfunktionen Tauschmittel, Wertmaßstab und Wertaufbewahrungsmittel - nach Marx Weltgeld, Zahlungsmittel und Schatzbildung - erweitert.

In seinen frühen Arbeiten stellt Goux „[the] genesis of the money form"[100] in Marx' *Zur Kritik der politischen Ökonomie* und in *Das Kapital* als Muster für seine Theorie des allgemeine Äquivalents vor. Nach der Marxschen Wert- und Geldtheorie ist das Gold als Geld eine besondere Ware und allgemeines Äquivalent:

> Die allgemeine Äquivalentform ist eine Form des Werts überhaupt. Sie kann also jeder Ware zukommen. . . . Die spezifische Warenart nun, mit deren Naturalform die Äquivalentform gesellschaftlich verwächst, wird zur Geldware oder funktioniert als Geld. Es wird ihr spezifisch gesellschaftliches Monopol, innerhalb der Warenwelt die Rolle des allgemeinen Äquivalents zu spielen. Diesen bevorzugten Platz hat unter den Waren . . . eine bestimmte Ware historisch erobert, das Gold.[101]

Für Goux gibt es nach dem Muster des marxschen allgemeinen Äquivalents vier „équivalents généraux dans le triple registre de la mesure, de l'échange et de la réserve;" diese sind „[l]'*or*, le *père*, la *langue*, le *phallus*."[102] Die strukturalistische Gleichsetzung der Ordnungen von Ökonomie, Soziologie, Linguistik und Psychoanalyse, die von jeweils einem allgemeinen Äquivalent beherrscht werden, wird auch darüber beschrieben, daß sich die allgemeinen Äquivalente gegenseitig als Metaphern dienen können, „qui se métaphorisent constamment l'un par l'autre (trahissant leur solidarité structurale);"[103] eine Metapherntheorie allerdings, die fragt, aufgrund welcher Äquivalenz eine solche Übertragung zwischen

---

[99] Goux, „Introduction" 4.
[100] Goux, „Introduction" 3.
[101] Karl Marx 83-84.
[102] Goux, *Les monnayeurs du langage* 10.
[103] Goux, *Les monnayeurs du langage* 10.

Äquivalenten wiederum möglich sei, und welchen Status dieses - noch allgemeinere - Äquivalent hätte, fehlt bei Goux. An die Übertragung des Konzepts des allgemeinen Äquivalents aus der Wirtschaftstheorie auf andere kulturelle Bereiche knüpft Goux große Hoffnungen. Der Aufstieg des Vaters zum privilegierten Subjekt, das den psychischen Identifi-kationskonflikt kontrolliere, die Erhebung des Phallus zum Standard der Triebobjekte in der Freudschen und Lacanschen Lehre und die privile-gierte Position der lautlichen Sprache unter anderen signifikativen Prakti-ken seien alle drei „promotions of a general equivalent."[104] Es bestehe jeweils eine hierarchische Struktur zwischen einem ausgeschlossenen, idealisierten Element und anderen Elementen, die ihren Wert in ihm messen. Der Vater sei das allgemeine Äquivalent der Subjekte, Sprache das allgemeine Äquivalent der Zeichen und der Phallus das allgemeine Äquivalent der Objekte, „in a way that is structurally and genetically homologous to the accession of a unique element (let us say *Gold*, for the sake of simplicity) to the rank of the general equivalent of products."[105] Die Kritik am Phallozentrismus bei Freud und Lacan, Derridas Kritik am Logozentrismus und die Kritik der Geldform bei Marx seien als ein Prozess zu begreifen.

Die semiotischen Prämissen seines interdisziplinären Ansatzes schreibt Goux aufgrund einer Theorie des Geldes als Tauschmittel zu einer allge-meinen Symboltheorie fort: „[W]hat the generalized concept of exchange made possible was the definition of major social formations as *a mode of symbolizing* that is both economic and significant."[106] Edelmetall, oder die Geldware, sei nach Marx in seiner Rolle als allgemeines Äquivalent mit drei Funktionen ausgestattet. Die drei verschiedenen Funktionen der Geldsache, „de la chose monétaire,"[107] müßten differenziert werden. Als „[e]*talon des mesures*" fungiere das Geld als Archetyp „auquel se réfère idéalement tout objet pour s'y évaluer;" als „[i]*nstrument d'échange*" fungiere es als abstraktes Zirkulationsmittel; als „[m]*oyen de paiement ou de réserve*"[108] sei es echter Wohlstand, ein Ding von intrinsischem und natürlichem Wert. Diese drei Funktionen des Geldes - „[l]'archétype, le jeton, le trésor"[109] - können nach Goux als „registres ontologiques"[110] weder getrennt noch verquickt werden, sondern nur jeweils unterschiedlich arrangiert und verknüpft in dem, was wir fälschlicherweise unter der einzigen Rubrik des Geldes zusammenfaßten. Die Sprache sei nach denselben Registern strukturiert: „L'être du langage répond à la même

---

[104] Goux, „Introduction" 4.
[105] Goux, „Introduction" 4.
[106] Goux, „Introduction" 4.
[107] Goux, *Les monnayeurs du langage* 127.
[108] Goux, *Les monnayeurs du langage* 127.
[109] Goux, *Les monnayeurs du langage* 125.
[110] Goux, *Les monnayeurs du langage* 127.

disposition. Les logiques de la valeur et celles du sens sont congruentes."[111] Außerdem korrespondieren nach Goux die drei Lacanschen psychoanalytischen Bereiche des Imaginären, des Symbolischen und des Realen den drei Funktionen des (metallistischen) Geldes. In seiner Funktion als Wertmaßstab sei Geld imaginär, als Tauschmittel sei es symbolisch und als Geldschatz sei es real. Es sei bemerkenswert, daß die politische Ökonomie, „even without a recognition of what was behind this necessity,"[112] diese Unterscheidungen habe ausarbeiten müssen, um die Geldsache zu begreifen.

> Such a precise coincidence between monetary logic and the logic of the signifier and of the subject (as articulated by Lacan) can be understood only if we posit these categories as belonging to a *general* logic of the exchange relation.[113]

Goux bedenkt nicht, daß die Wirtschaftstheorie die nach Marx postulierten Unterscheidungen der Geldtheorie seit spätestens Keynes hinsichtlich der Vorherrschaft des Tauschprinzips und der metallistischen Geldtheorie modifiziert; die gesamte Analyse bei Goux beruht auf der klassischen Tauschmitteltheorie des repräsentationistischen Geldes. Andere Geldtheorien, die mit Keynes vertragliche, zeittechnologische und nominalistische Aspekte betonen, werden nicht herangezogen, so daß eine Fiktions- und Konventionstheorie sowie eine Theorie der Temporalisierung und auch der Zinswirtschaft, fehlt. Goux differenziert nicht zwischen Geld und Gold, so daß entgeht, daß der Goldstandard der Währungen nur einer unter vielen und gerade so arbiträr ist wie eine Zuordnung von Signifikant und Signifikat. Nicht das Gold gibt dem Geld seinen Wert, sondern die Geldfunktion dem Gold. Der evolutionäre Gedanke, der in Gouxs Analysen ein Fortschreiten von Realismus und realistischer Repräsentation im Vergleich zum Goldstandard zu abstrakter Kunst im Vergleich zu frei flottierenden Währungen mit dem Ende des Goldstandards beschreibt, kann nur dann aufrecht erhalten werden, wenn davon ausgegangen wird, daß während der Zeit des Goldstandards keine nominalistische Geldtheorie gegolten habe: Vor dem Hintergrund einer nominalistischen Gelddefinition, wie sie bereits Aristoteles anführt, muß jedoch der evolutionäre Gedanke einer Fortentwicklung von realistischer zu abstrakter Kunst und von allgemeiner Konvertibilität zu arbiträrer Konvertibilität der Zeichen auf andere Weise als mit Dematerialisierung

---

[111] Goux, *Les monnayeurs du langage* 128.

[112] Jennifer Curtiss Gage, Übers., „Numismatics," *Symbolic Economies: After Marx and Freud* 52. Diese Formulierungen, mit denen Goux seine Argumentation 1990 für die amerikanische Ausgabe ausgewählter Essays aus *Freud, Marx: Économie et symbolique* von 1973 um damalige marxistische Komponenten verkürzt, nur in der englischen Übersetzung. Vgl. Goux, „Numismatiques" 101-102.

[113] Gage, „Numismatics" 52-53.

begründet werden. Die geldtheoretische und -praktische Allgemeingültigkeit, die Goux voraussetzt, hat es nie gegeben; seine Ausgrenzung
der nominalistischen Geldtheorie wiederholt die Ausgrenzung dieser
Gelderklärung durch die wirtschaftswissenschaftlichen Tradition unter
Vorherrschaft des Tauschprinzips. So meldet auch Derrida in *Donner le
temps: 1. La fausse monnaie* gegen eben die Beschreibung des
Goldstandards bei Goux Vorbehalte an. Goux beschreibe die Abstraktion
in der Kunst als Degradierung, da wie das konventionelle Geld ohne
Edelmetallgehalt die Fiktion keine „langage plein" sei, denn nur „[u]n
langage qui serait comparable à la *monnaie-or* serait un langage plein."[114]
Derrida unterstützt zwar Gouxs Analogisierung von Geld und Sprache und
den Versuch historischer Differenzierung, gibt jedoch zu bedenken, daß
Gouxs Hypothese die Goldwährung naturalisiere und entfiktionalisiere und
damit nur „une vieille et stable convention"[115] bekräftige. Der von Goux
mit dem Übergang zum nominalistischen Geld konnotierte Einschnitt als
„la crise fondamentale" der Sprache und der Literatur in ihrem „rapport à
l''être"[116] wird von Derrida nicht mitgetragen. Insbesondere auch lasse
Gouxs historisches Schema keinen Ort für Falschgeld, so daß seine
Beschreibung der Komplexität des Problems der Fiktionalität nicht gerecht
wird.

Gouxs Interpretation rezipiert, wie Derrida vermerkt,[117] die über 80
Jahre alte Position des Wirtschaftstheorienhistorikers Charles Gide, daß es
sich bei einem auf Konvention, nicht auf metallischem Gehalt beruhenden
nominalistischen Geldbegriff um eine gefährliche Unterwerfung unter den
Gesetzgeber, den Garanten für das gesetzliche Zahlungsmittel, handele;[118]
das nominalistische Geld wird aus Sorge um Verluste durch Inflation und
aus Mißtrauen gegenüber dem Staat zurückgewiesen. „Si la loi démonétise
le papier monnaie, le propriétaire de billets n'a plus en sa possession que
des chiffons de papier car la perte de la valeur légale est aussi la perte de
toute valeur."[119] Dieser Verlust könne im Fall von Besitz in Metallgeld
nicht auftreten, denn neben seinem gesetzlichen Wert habe es auch einen
natürlichen Wert. Vor allem sei dieser natürliche oder intrinsische Wert die

---

[114] Goux, *Les monnayeurs du langage* 29.

[115] Derrida, *Donner le temps: 1. La fausse monnaie* 141, Anm. 1.

[116] Goux, *Les monnayeurs du langage* 179-180.

[117] Derrida, *Donner le temps: 1. La fausse monnaie* 141, Anm. 1: „Cette lecture
historique s'organise en particulier autour d'une distinction dont J.-J. Goux crédite
l'oncle de Gide, l'économiste Charles Gide (1. monnaie-or ou monnaie-argent <<à
pleine valeur intrinsèque>>; 2. papier-monnaie représentatif, à convertibilité assurée
par l'État; 3. papier-monnaie fiduciaire, à garantie non assurée; 4. papier-monnaie
conventionnel ou <<monnaie fictive>>, inconvertible et à cours forcé.)"

[118] Ähnlich auch bei Mauss 178, Anm. 1: „. . . quand les choses précieuses . . . ont été
réellement monnayées, c'est-à-dire titrées, impersonnalisées, détachées, de toute
relation avec toute personne . . . autre que l'autorité de l'État qui les frappe."

[119] Goux, *Les monnayeurs du langage* 181.

Stütze seines gesetzlichen Werts: „Ainsi dans la monnaie-or y a-t-il comme un accord entre la loi et la nature: un réglage de la valeur nominale (*nomos*; *loi*) sur la valeur naturelle."[120] Es findet sich für Goux wie für Aristoteles in der Natur das Gesetz des Gesetzes und die Verurteilung der Quantifizierung als unwahrer Gleichheit. „Ce n'est vraiment qu'avec le despotisme universel du jeton, simple <<signe de valeur>> sans valeur intrinsèque, que se trouve réalisé pratiquement la domination complète de la valeur d'échange."[121] Die Vorstellung des Zeichens wird bei Goux immer an ein ursprüngliches Bezeichnetes zurückgebunden und die Abstraktion der Bezeichnung als historische Entwicklung begriffen, so daß ein geschichtlicher Zustand, der keine Abstraktion gekannt habe, nostalgisch unterstellt wird. Das Zeichen als losgelöst von natürlichem oder intrinsischem Wert zu betrachten und die Fiktionalität des Werts anzuerkennen, kommt für Goux einer Lüge gleich: „Le règne du jeton induit l'illusion d'*une autonomie du symbolique pur*, mais cette apparence d'autonomie n'est que le mensonge achevé de l'abstraction échangiste."[122] Hinsichtlich der Unterscheidung von Ökonomik und Chrematistik bzw. Naturaltausch und Geldwirtschaft nimmt Goux eine Teleologie auf die Soforttauschwirtschaft ohne Geldverkehr an. Eine Reduktion des Zeichens auf das Bezeichnete wiederum bringt Sprachlosigkeit, so daß die von Goux vorgestellte Ursprünglichkeit im *retour à la nature* sprachlos und geldlos wird wie diejenige Baudrillards und, wie Derrida in *De la grammatologie* gezeigt hat, diejenige Rousseaus. Wie Philipp Wolf formuliert,

> [g]äbe es zwischen Arbeit und Werten, Löhnen und anderen Werten tatsächlich und von vornherein reale Äquivalenzen, bestünde zwischen Signifikat und Signi-fikant tatsächlich eine vorgegebene Adäquanz, dann herrschte hier wie da ein Schweigen.[123]

Verlust der symbolischen Dimension und Inauthentizität

Papiergeld, von Goux an Johann Wolfgang von Goethes *Faust II* expliziert,[124] sei eine Täuschung durch den kalkulierenden Intellekt, der Kontakt mit dem tief vergrabenen Schatz des Edelmetalls in der Erzmine

---

[120] Goux, *Les monnayeurs du langage* 181.

[121] Goux, *Les monnayeurs du langage* 198.

[122] Goux, *Les monnayeurs du langage* 198.

[123] Philipp Wolf, *Einheit, Abstraktion und literarisches Bewußtsein: Studien zur Ästhetisierung der Dichtung, zur Semantik des Geldes und anderen symbolischen Medien der frühen Neuzeit Englands* (Tübingen: Narr, 1998).

[124] Goux, *Les monnayeurs du langage* 203 ff.: „Le mythe du papier monnaie." Vgl. im Anhang II zur Papiergeldszene in *Faust II*.

verloren habe: Es sei der Verlust der symbolischen Dimension. Instrumen-
telle Vernunft manipuliere konventionelle Spielmarken, die keine Bindung
mehr an das Unbewußte hätten. Wenn dieser Kontakt einmal abgebrochen
sei, könne sich der berechnende Verstand für mächtig halten, Sinn zu
schaffen, durch eine einfache schriftliche Operation, die Kombination und
Manipulation der Zeichen. Die relativ stabile Funktionstüchtigkeit einer
solchen Konvention angesichts ihrer sozialen und institutionellen Komplexität und die Möglichkeit einer schützenden Funktion von Deplazierung
und Delegation werden von Goux nicht erwogen, sondern mit aristotelischer Diktion als inauthentische Chrematistik begriffen. „La puissance
de délégation (renvoi, report) qui est celle du signe est devenu proprement
démesurée."[125] Wie Baudrillard, und schon Aristoteles, zielt Goux auf eine
radikale Veränderung der Sprache und der Geldwirtschaft, die er als vom
Naturaltausch und der unmittelbaren Präsenz der Dinge und Körper gelöste
Technik und Illusion beschreibt; Fiktionalität wird als schädlich abgelehnt.
Wahrheit und Unmittelbarkeit sollen wiedergewonnen werden, indem das
konventionelle, nominalistische Geld abgeschafft wird - wie und wohin,
das erklärt Goux, im Unterschied zu Baudrillard, der den symbolischen
Tausch entwirft, nicht, sondern er beschränkt sich auf Andeutungen der
Absicht, „de se risquer vers le probable."[126] Goux gibt keine Erklärung,
warum die Abstraktion ethisch unvertretbar sei, abgesehen von Hinweisen
auf „l'*idéalité régulatrice*" und „la *profondeur <<poétique>>*," die in „la
moderne société technocratique"[127] abgingen. Der Konventionalität und
dem Vertrag werden keine ethisch zu affirmierenden Qualitäten zuge-
sprochen, sondern Vertraglichkeit wird nur als Unsicherheitszustand vor
dem idealen Standard einer absoluten Sicherheit angesehen. „Ainsi tout
échange se fait par substitut interposé, ou substitut de substitut, report
indéfini, de sorte que plus rien n'entre <<en personne>> sur le marché."[128]
Die Substitution des Körpers durch das Zeichen gilt Goux als bedrohlich;
Schutz vor Gewalt und Herrschaft durch Substitution von Name und Geld,
und Quantifizierung und Formalisierung werden nicht in ihren bei Derrida
beschriebenen emanzipativen Aspekten wahrgenommen. Stattdessen wird
vitalistisch der Verlust einer unmittelbaren Sprachpraxis beklagt.

> L'ordinateur, l'opération bancaire mécanographique, le formalisme structural,
> l'insistance (en logique ou en psychanalyse) mise sur le signifiant autonome et
> inconvertible, tout cela appartient au règne d'un échange devenu entièrement
> médiatisé par le jeton. Cette domination correspond à la perte de toute dimension
> *dialectale* du langage. Ce n'est plus par l'échange vivant dans l'argumentation, ou
> dans l'espace réversible du marchandage, des significations (rationalité

---

[125] Goux, *Les monnayeurs du langage* 210.
[126] Goux, *Les monnayeurs du langage* 10.
[127] Goux, *Les monnayeurs du langage* 199.
[128] Goux, *Les monnayeurs du langage* 198-199.

parlementaire) que se fixe le sens, comme se fixe le prix, point d'équilibre (d'entente, d'accord) des parties *en présence*. Le langage n'est plus un moyen de dialogue vivant.[129]

Daß die Systeme, wie schon Saussure betont, nur wegen kommunikativer und kontraktueller Institutionalisierung und der Rechtsetzung funktionieren, diskutiert Goux nicht. Wegen der Beschränkung auf das Tauschprinzip entfällt auch das differantielle, zeitliche Moment an seinem Modell; das „règne d'une échange devenu entièrement médiatisé" ist statisch, geschlossen und strukturalistisch. Die Autonomisierung des Signifikanten wird nicht als Aufforderung zum Dialog begriffen, sondern als dessen Verhinderung. Der Gedanke der Lösung des Signifikanten von einer natürlichen Essenz dagegen erst ermöglicht, wie auch Derrida zeigt, in der Arbitrarität die Verhandlung von Bedeutung, die Vereinbarung und die verantwortete Entscheidung. Während Derrida eine Ethik und die Entscheidungskraft als Grundlage für den verantwortlichen Umgang mit Signifikanten, Schrift und Geld sieht, und damit auf praktische Philosophie und Recht verweist, zieht Goux das Unbewußte und die Psychoanalyse für den Umgang mit dem Signifikanten heran. Das Unbewußte, das er dezidiert gegen seine Definition bei Lacan absetzt, die eine „conception *machinique* du symbolique," eine Unterwerfung des Unbewußten unter die Struktur der Sprache vertrete, „*résiste* au signifiant machinique."[130] Das Unbewußte sei keinesfalls in der Unbewußtheit der affektlosen, depersonalisierten, entimaginierten Operationen zu verorten, die die sprachlichen Spielmarken produzierten, sondern vielmehr ein unübersetzbarer Protest gegen die moderne Reduktion des Sinns. Das Unbewußte sei als das konstituiert, was verdrängt sei, was nicht in die formalisierte Vernunft übersetzt sei. Seine Wahrheit könne daher nicht in dieser formalisierten Vernunft und ihren affektlosen Spielmarken gefunden werden.

Motiviertes Symbol

Goux setzt zwei Begriffe des Symbolischen gegeneinander, zum einen die Vorstellung vom Symbol als des vom Unbewußten motivierten Elements der wahren menschlichen Bedürfnisse und zum anderen den Begriff des Symbols als einer arbiträren, formalen Einheit des Systems. In diesem Sinn sei die Beförderung des arbiträren Symbolischen, „la glorification presque théologique du jeton (sous la forme de la lettre et du pur signifiant) . . . la dernière posture possible, pour prévenir l'irruption d'un rapport nouveau à la dimension de la Mesure,"[131] wenn das wahre

---

[129] Goux, *Les monnayeurs du langage* 199.
[130] Goux, *Les monnayeurs du langage* 201.
[131] Goux, *Les monnayeurs du langage* 201.

Symbolische als Unbewußtes wiedereingesetzt werde. Goux beschreibt
wie Baudrillard eine katastrophische Bewegung der Revolution zu
Authentizität und Identität, die der Rede von Endzeitlichkeit bei Kojève
entspricht und trotz Verwendung verschiedener theoretischer Motive der
Dekonstruktion diese mit anderer Denkrichtung als bei Derrida versieht.
Goux versteht den Vergleich von ökonomischen Prinzipien des Tauschs
mit denen der Subjektivität und der Sprache als „economism,"[132] den es
abzuschaffen gelte, indem die Geldwirtschaft zugunsten einer symbolischen Naturaltauschwirtschaft überwunden wird: Auch Saussures Arbi-
trarititätskonzeption sei „une conception purement *financière* de
l'économie."[133] Durch Hinwendung zum Symbolischen werde die Abstraktion der Kalkulation und formale Substitution überwunden. Goux hält
somit an einem die Arbitrarität des Zeichens einschränkenden Begriff des
motivierten Symbols fest, das die Form der verdinglichten sozialen Beziehungen sei und daher durch seinen intrinsischen Wert wahrer als der
Signifikant; er kritisiert die Konzeption des Symbols bei Lévy-Strauss und
Lacan, weil sie nicht ausreichend zwischen Signifikant und Symbol
trennten, so daß die Motiviertheit des Symbols nicht weitgehend genug
gewürdigt werde. Hinsichtlich der Reduktion des Zeichens auf Arbitrarität
und der Dematerialisierung in der Theorie des Symbols seit Anfang des
20. Jahrhunderts greift Goux also auf ältere Positionen der Symboltheorie,
die es noch mit einer natürlichen Substanz verknüpft sehen, zurück.

Symbole gehörten mit zum ökonomischen Austausch, da Reales und
Symbolisches nicht unterschieden werden könnten. „*Employer un symbole
est cette capacité de retenir d'un objet sa structure caractéristique et de
l'identifier dans des ensembles différentes.*"[134] Die intrinsische,
strukturierende Kraft, die Goux dem Symbol zuschreibt, gilt allgemein für
die „faculté symbolisante."[135] Die Sprache sei nur eine der möglichen
symbolischen Aktivitäten. Goux überträgt die marxsche Warentheorie,
nach der die Ware als Verkörperung einer sozialen Beziehung gilt, auf
Symbole, die Beziehungen und Strukturen verkörperten; Waren, Zeichen,
Dinge sind alle Symbole. „Tout *commerce pratique* entre les sujets
humains inclut la symbolisation, comme sa condition de possibilité."[136]
Die Geschichte sei wie Saussures Hinwendung zum synchronen System
gekennzeichnet von einer Progression hin auf die Abstraktion und
Konvention. An Stelle von Produkten mit materiellem Wert, würden
graduierlich zunehmend abstrakte Geldzeichen substituiert. In der
Geldevolution sei eine beispielhafte Verschiebung vom Werkzeug zum

---

[132] Goux, „Introduction" 7.
[133] Jean-Joseph Goux, „La réduction du matériel," 1971, *Freud, Marx: Économie et
symbolique* 119.
[134] Goux, „Dialectique et histoire" 21.
[135] Goux, „Dialectique et histoire" 21.
[136] Goux, „Dialectique et histoire" 26.

Fetisch, vom Fetisch zum Symbol und vom Symbol zum einfachen Zeichen zu bemerken. Dies sei eine idealisierende Bewegung, eine Verschiebung vom materiellen Halt zum Verhältnis und von Substantialität zu Relativität, die überwunden werden müsse.

> On peut affirmer que c'est dans le même mouvement diachronique et dans les mêmes conditions synchroniques que le roi (fétichisé) devient monarque (détenteur de <<la couronne>>) puis simple chef (de l'État) - tandis que la parole se fait simple signe d'un Logos qui la déborde.[137]

Im Durchgang vom Fetisch zum Symbol und vom Symbol zum Zeichen werde die energetische Investition des Wertes als Arbeit und Libido vom materiellen Träger abgezogen, um auf eine abstrakte Transzendenz verwiesen oder verschoben zu werden, die in einer diesseitigen Welt nur von einem einfachen diakritischen Zeichen repräsentiert werde, weit entfernt von dem Schatz, der wie entfernt auch immer, die einzige Garantie der Repräsentation bleibe. „Le point culminant de ce mouvement historique d'abstraction, de cette <<réduction du matériel>>, est marqué par la conception saussurienne ou axiomatique de la langue."[138] Ausgangspunkt des Programms der Wiedereinführung des Symbols ist die Ware bei Marx, in der er „l'embryon de toutes les contradictions de la société contemporaine"[139] enthüllt habe. Ausgehend von der Ware, liessen sich die sozialen Beziehungen in der bürgerlichen Gesellschaft bestimmen, die nach dem Muster des Warentausches verliefen. Marx' Gleichsetzung von menschlichen Beziehungen und Warentausch wird zum Anlaß genommen, auch seine Werttheorie auf menschliche Beziehungen auszuweiten, indem die Hierarchie der Äquivalenzen der Werttheorie, die im Geld als dem allgemeinen Äquivalent der Waren und der Arbeitswerte gipfelt, auf eine Theorie der allgemeinen symbolischen Repräsentation umgelegt wird. Es sei möglich, die dialektische Logik der ökonomischen Praxis in allen sozialen Praktiken wiederzufinden. Bedingung dafür sei, daß dem Tausch und dem Tauschwert

> un contenu élargi, assoupli, multilatéral, suivant une extension . . . dans toutes les pratiques sociales; qu'elles soient matérielles ou signifiantes et qu'il s'agisse des aspects économiques, juridiques, politiques, moraux, religieux, philosophiques, esthétiques, sexuels et intersubjectifs[140]

zuerkannt werde. Man könne heute eine politische Ökonomie für alle Bereiche fordern, in denen es sozialen Austausch gebe.

---

[137] Goux, „Numismatiques" 97.
[138] Goux, „Numismatiques" 112.
[139] Goux, „Dialectique et histoire" 12-13.
[140] Goux, „Dialectique et histoire" 19.

Non seulement échange des 'biens', des 'phonèmes' et des 'femmes', selon l'extension qu'a donnée Lévi-Strauss, mais science de tout procès manifeste ou invisible de *mise en équivalence*, de *substitution*, de *remplacement*, de *suppléance*, de *transposition*, de *représentation*.[141]

Goux universalisiert den Tausch wie Simmel und die Marginalisten, ohne jedoch das relative Wertverständnis zu übernehmen oder die Verallgemeinerung der Werttheorie durch Rückführung des Tauschwerts auf den Gebrauchswert nachzuvollziehen, wie die Marginalisten vorlegen. Die Setzung von Äquivalenz im Tausch ist daher bei Goux keine Einrichtung eines 'universellen Transformationskoeffizienten' im Sinne der Grenznutzenschule, der eine Formalisierung bedeutete, keine „équation algébrique, ni la simple substitution d'objets réputés semblables, égaux entre eux," sondern „avant tout un *rapport social* entre des sujets échangistes, rapport social qui prend à leurs yeux la forme 'fantasmagorique' d'un rapport entre objets."[142] Gouxs Vorstellung vom Tausch versucht genauso wie diejenige Baudrillards, die Formalisierung und Quantifizierung, die mit Substitution und Repetition durch Zeichen verbunden ist, aus der Ökonomie auszuweisen und den Naturaltausch einzurichten.

André Gide:
Krise der Repräsentation und des realistischen Romans

In *Les monnayeurs du langage* von 1984 beschränkt Goux die Gleichsetzung von auf dem Goldstandard beruhender Währung und sprachlicher Repräsentation auf die Epoche des realistischen Romans. Im 20. Jahrhundert sei zwar weiterhin eine mit der monetären Ordnung vergleichbare Ordnung der Zeichen und der Bedeutung gegeben, aber mit einem veränderten Verhältnis zwischen den drei Kategorien des Imaginären, Symbolischen und Realen und zwischen den Funktionen des allgemeinen Äquivalents als Wertmaßstab, Tauschmittel und Schatzbildung. Am Anfang des 20. Jahrhunderts sei zu beobachten, wie sich die drei Funktionen des allgemeinen Äquivalents auseinanderentwickelten. Saussures Werk weise Zeichen auf „[de] ce qui perturbe déjà le régime du <<langage-or>> qu'un Hugo ou un Zola par contre, au plus fort d'un XIXe siècle triomphant, avaient illustré pleinement."[143] Im Gutschein- oder Spielmarkensystem, dem *"devenir-jeton* de l'équivalent général,"[144] als dem fortgeschrittenen Stadium der Herrschaft der allgemeinen Äquivalenz, wie Goux die Konventionalität beschreibt, werde die Dimension des

---

[141] Goux, „Dialectique et histoire" 20.
[142] Goux, „Dialectique et histoire" 23.
[143] Goux, *Les monnayeurs du langage* 10.
[144] Goux, *Les monnayeurs du langage* 93.

archetypischen Maßes bald die am meisten vernachlässigte Dimension. „Le *numen* est devenue l'idée, l'idée est devenue concept, et le concept n'est plus lui-même signification, mais simple valeur pure, dans le système <<arbitraire et différentiel>> du jeu des signifiants."[145] Goux beschreibt im Zusammenhang mit Saussures Privilegierung der synchronen Achse des Zeichens „la signification *bancaire* de sa théorie linguiste:"[146] Ohne Bezug auf bedeutete Dinge verhalte es sich mit den Zeichen wie mit dem Geld im reinen Bankgeschäft, das nur noch monetäre Einheiten, Geld oder Aktien, tausche, ohne Bezug auf Waren.

Das Problem der Referenz habe sich in der Kunst und der Literatur wie in der Geldzirkulation gestellt. Die Krise des realistischen Romans sei gleichzeitig mit der beginnenden Auflösung des Goldstandards um die Jahrhundertwende zu bemerken und werde von André Gides Roman *Les faux-monnayeurs* belegt; der Roman veranstaltet *mise en abyme* durch eine selbstreferentielle Komposition, die das Leben eines Schriftstellers als Prozeß des Romans selbst beschreibt, so daß zwischen Realität und Fiktion oder echtem und falschem Geld nicht länger unterschieden wird. Die allgemeinen Äquivalente erlebten bei Gide „une crise fondamentale - qui est aussi celle du genre romanesque."[147] Gide fiktionalisiere die Verschiebung von einer Gesellschaft, die auf Legitimation durch Repräsentation gegründet sei, zu einer Gesellschaft, die von „la non-convertibilité de signifiants" beherrscht werde; die Signifikanten bezögen sich aufeinander wie Gutscheine „dans une dérive indéfinie où aucun étalon ni trésor ne vient apporter la garantie d'un signifié transcendantal ou d'un référent."[148] So erlaube eine strukturelle Homologie von Geld und Sprache einen historischen Wendepunkt zu lokalisieren.

> À l'époque révolue du <<langage-or>> qui fondait le dispositif réaliste et expressif de la représentation classique, a succédé l'époque présente du <<langage-jeton>>, avec la disparition des référentiels et la dérive des signifiants qui l'accompagne.[149]

Die Logik der Substitution affiziere Geldzeichen und linguistische Zeichen, ökonomischen und literarischen Bereich gleichermaßen. Auch in der Malerei und der Literatur werde der Weg frei für die Abstraktion und die zunehmende Reflexion auf das Medium selbst. „Tout se passe comme si un certain moment privilégié du tressage entre l'archétype, le jeton et le

---

[145] Goux, *Les monnayeurs du langage* 94.
[146] Goux, *Les monnayeurs du langage* 194.
[147] Goux, *Les monnayeurs du langage* 10.
[148] Goux, *Les monnayeurs du langage* 10.
[149] Goux, *Les monnayeurs du langage* 10. In der englischen Übersetzung „floating signifiers" für „la dérive des signifiants." Jennifer Curtiss Gage, Übers., *The Coiners of Language*, von Jean-Joseph Goux, 1984 (Norman/London: U of Oklahoma P, 1994) 4.

trésor, qui permettait l'<<effet de réalité>>, disparaissait devant un nouveau jeu entre les trois registres."[150] Die Dimensionen des Schatzes und des Archetyps neu bedenkend, möchte Goux einem Bedürfnis nach sinnlicher Authentizität und Unmittelbarkeit nachkommen. Es sei nötig „de dépasser l'unilatéralité du <<symbole insensé>> qui régit nos échanges;"[151] eine authentische und identitäre Praxis soll wiederhergestellt werden. Gouxs Denken ähnelt hier dem Baudrillards, wenn er den symbolischen Tausch anstrebt; nach Derrida dagegen beruht jeder theoretische Versuch der Wiedergewinnung von angeblich verlorener Authentizität auf unhaltbaren metaphysischen Voraussetzungen.

Materialistische Umkehr

Goux nennt den angestrebten revolutionären Schritt schon 1968-1969 „le *renversement matérialiste.*"[152]

> Le *renversement matérialiste* . . . remet dialectiquement le sens et la valeur dans le prolongement matériel direct de l'activité vitale socialisée. C'est le sens profond, généralisé, d'une triple critique: philosophique - de l'*idéalisme*; économique - du *fétichisme*; politique - du *capitalisme.*[153]

Die materialistische Umkehr oder Umwertung kommt Baudrillards Beschreibung der Umkehr zum symbolischen Tausch gleich, und belegt als Vordenker Marx, Nietzsche und Freud in „[l]a lutte contre le résultat d'une histoire, qui en établissant dans leur rôle à présent abstrait, idéalisé, les valeurs, fut l'effacement même de sa base matérielle."[154] Ein Prozeß, der derselben allgemeinen Logik gehorche, entfalte sich im Fall der Kommunikation, „dans le cas de l'échange signifiant."[155] Die materialistische Umkehr bestehe in der Erkenntnis einer signifikativen Produktivität, die der Bedeutung und dem Tausch vorläufig sei und auf die biologischen Wurzeln des Subjekts als der irreduziblen Quelle signifikativer Innovationen verweise. Goux sucht nun also nach einem generativen, verzeitlichenden Moment. Er skizziert die Produktivität gewissermaßen als *superadequacy of human signifying power*;[156] seine Orientierung auf ein generatives Moment vor den Zeichen, Werten und dem Tausch scheint

---

[150] Goux, *Les monnayeurs du langage* 137.
[151] Goux, *Les monnayeurs du langage* 128.
[152] Goux, „Numismatiques" 112.
[153] Goux, „Numismatiques" 112-113.
[154] Goux, „Numismatiques" 111.
[155] Goux, „Numismatiques" 112.
[156] Vgl. Kapitel 1, Anm. 105.

sich mehr denn je auf Derrida und die *différance* zu orientieren,[157] auch wenn er deren Beschränkung auf materielle Textualität nicht nachvollzieht und damit immer von metaphyischen und dialektischen Oppositionen (statt Differenzen) ausgeht, die erst in einer Revolution überwunden werden müßten. So reduziere die Abstraktion im System des monetären Werts die sozio-ökonomische Aktivität auf ihre finanzielle Oberfläche, gerade so wie die Abstraktion des Systems der linguistischen Zeichen zur idealistischen oder strukturalistischen Verdeckung der historischen und biologischen Verwurzelung führe. Die Entfremdung oder der Verlust des Ursprungs bestimme alle Manifestationen vitaler Aktivitäten. Dasselbe Muster werde sowohl im Politischen wie im Sexuellen angetroffen. Welcher Bereich des Tauschs auch immer, welcher Symbolisierungprozeß auch immer, es gebe auf der einen Seite vitale Aktivitäten und lebendige produktive Bemühungen und auf der anderen Seite ihren Austausch, der einem Maß unterworfen sei, das die Werte, abstrakte und universelle Form dieser Bemühungen und Aktivitäten, hervorbringe. Nur die Entfremdung der individuellen Arbeitskraft oder vitalen Aktivität, so Goux mit Marx, ermögliche die Errichtung eines allgemeinen Wertmaßstabs und die Regulierung des Austauschs.

> La détermination de la quantité de valeur par le temps de travail social nécessaire à la production des marchandises est la *loi régulatrice* qui préside à leurs échanges. Loi antérieure en droit à tout échange, et qui en détermine a priori la possibilité.[158]

Goux verwendet Marx' Werttheorie zur Erklärung der Abstraktion und Konventionalität der Werte und des Maßstabs; die Opposition von natürlichem Ursprung und entfremdeter Dekadenz wird nicht aufgegeben.

Saussure habe die Bestimmung „de la mesure du sens, de l'étalon des prix, de l'origine de la valeur"[159] unterlassen. Für Goux ist der Maßstab nicht willkürlich wählbar und gesetzt, sondern absolut als derjenige der marxistischen Arbeitswerttheorie: Bei einer solchen Erwägung, so Goux, „il aurait fallu rencontrer le travail du côté de l'économie politique, et sans doute des *archaï* transcendantes du côté du langage."[160] Saussure habe stattdessen eine sprachliche Algebra im Sinn, in der weder die Natur noch die Ideen für Bedeutung oder Wert des Zeichens garantierten. Der Systembegriff der Sprache bei Saussure schließe sowohl Objekte als auch

---

[157] 1988 erst erklärt Goux im Rückblick, daß Saussure die Theorie des differentiellen Zeichens eingeführt habe, die nicht nur die Basis für den „constructive structuralism" in den Sozialwissenschaften bilde, sondern auch dessen philosophische Ausarbeitung in der Dekonstruktion herbeigeführt habe. „Signs refer to other signs; meaning is determined by their relations." Goux, „Introduction" 1.

[158] Goux, „Numismatiques" 103.

[159] Goux, *Les monnayeurs du langage* 194.

[160] Goux, *Les monnayeurs du langage* 194.

Ideen vor oder jenseits des Sprachsystems aus. Goux nähert sich dem entgrenzten Textbegriff Derridas, wie er bei Saussure angelegt ist, immer mit abwehrender Geste. Er erkennt in der Verallgemeinerung zur Textualität den Ausschluß der „deux dimensions de la mesure transcendante (archétype) et de la présence <<en personne>> (réalité)," also den Ausschluß zweier der drei Geldfunktionen, die er als ontologische Kategorien begreift; diese beiden Funktionen seien von Saussure ausgeschlossen worden, „pour privilégier presqu'exclusivement la fonction échangiste (ou même *changiste*) dans l'ordre du symbolique pur."[161] Diese gewählte Beschränkung stellt für Goux eine Reduktion dar, die die Dominanz des Bankwesens in einem von technologischer Kalkulation und mechanistischen Tauschprozessen bewegten Dasein nachbilde, nachdem der als einziger intrinsischen Wert und ganzheitliche Erfahrung garantierende Goldstandard verloren sei. Unter dem Regime des Metallgeldes oder des Goldstandards dagegen sei die entfremdende Autonomie des Substituts noch nicht entwickelt. Unter der Herrschaft des Goldstandards stimmten „le *mot* et la *chose*, le nom et la matière" noch überein: „Là encore la solidarité structurale qui peut exister entre ce type de monnaie et un langage qui se donne comme représentatif . . . saute aux yeux."[162]

Werttheoretische Differenz und Ablehnung der Grenznutzenschule bei Goux

In einer kurzen Auseinandersetzung mit der Grenznutzentheorie des Werts begreift Goux Hegels Allegorie von Herr und Knecht als Inszenierung der axiologischen Differenz von Nutzenwert und Arbeitswert. Entsprechend seiner marxistischen Ausrichtung, die anders als bei Baudrillard nie in Frage gestellt wird, wendet sich Goux gegen die Nutzentheorie, indem er die Arbeitstheorie als Arbeitsleidtheorie des Werts zu einer psychoanalytischen Theorie der Verdrängung der Begierde in Beziehung setzt und verallgemeinert. Als Variante auf Kojèves Hegel-Lektüre wird Hegel von Goux eine Ablehnung der Nutzentheorie im Sinne einer Bevorzugung des Knechts, als des Arbeiters, zugeschrieben. Die subjektive Werttheorie ist für Goux nicht schlüssig, wie er am Beispiel Roland Barthes' vorstellt. Roland Barthes vertritt 1973 in *Le plaisir du texte* das Gegenteil einer arbeitswerttheoretischen Textbetrachtung, indem er eine rezeptionstheoretische „Typologie der Lektürelust" - der *jouissance* - oder der „Lustleser" beschreibt und feststellt, daß die Lust „weder ein

---

[161] Goux, *Les monnayeurs du langage* 195.
[162] Goux, *Les monnayeurs du langage* 197.

Attribut des Produkts noch der Produktion"[163] sei. Zugleich mit seiner Zuwendung zum Nutzenprinzip im Textkonsum und der subjektiven Werttheorie rezipiert Barthes in der Beschreibung der Textualität und Semiose das wirtschaftstheoretische Bild vom Geldschleier, mit dem die Sekundarität des Geldes behauptet wird. In der Reduktion auf Textualität wird das Geld implizit affirmiert.

> *Text* heißt *Gewebe*; aber während man dieses Gewebe bisher immer als ein Produkt, einen fertigen Schleier aufgefaßt hat, hinter dem sich, mehr oder weniger verborgen, der Sinn (die Wahrheit) aufhält, betonen wir jetzt bei dem Gewebe die generative Vorstellung, daß der Text durch ein ständiges Flechten entsteht und sich selbst bearbeitet.[164]

In Auseinandersetzung mit Barthes' Konzept der *jouissance* erwägt Goux als Alternative zur Arbeitswerttheorie die marginalistische Werttheorie. Er verweist auf die Marginalisten als wirtschaftstheoretische Bewegung; sie stehe „[a]ux antipodes de l'économie politique classique anglaise, représentée par [Adam] Smith et Ricardo, qui mesurent la valeur par le coût (le travail)."[165] Für die Marginalisten hänge aller wirtschaftlicher Wert von „l'intensité de la satisfaction escomptée " ab;

> [a]u lieu de se placer dans la perspective de la production laborieuse, du côté de la négativité servile qui mesure le sens et les valeurs à l'étalon des peines, le marginaliste se situe du côté du consommateur désirant et jouissant, et il apprécie tout <<bien>> à l'étalon . . . de la satisfaction attendue.[166]

Die mit den Marginalisten assoziierte Position von Barthes in ihrer Konsequenz eines nicht über die Arbeit oder das Arbeitsleid begründeten Wertbegriffs wird von Goux nicht akzeptiert, wie er im Rückgriff auf Hegel zu begründen versucht.

> Hegel formule, avec une gravité qui est bien au centre de gravité de tout le système hégélien (et qui est une critique anticipée du marginalisme): *le plaisir ne peut servir d'étalon ou de règle pour juger et ordonner quoi que ce soit.*[167]

Goux schließt, „[que s]eule la douleur (la peine) a valeur de mesure objective et universelle."[168] Die Marginaltheorie wird zugunsten eines „réalisme sombre de la valeur-travail"[169] abgelehnt.

---

[163] Roland Barthes, *Die Lust am Text*, 1973, übers. Traugott König, 8. Aufl. (Frankfurt: Suhrkamp, 1996) 93.

[164] Barthes 94.

[165] Goux, „Calcul des jouissances" 171.

[166] Goux, „Calcul des jouissances" 171.

[167] Goux, „Calcul des jouissances" 187.

[168] Goux, „Calcul.des jouissances" 188.

[169] Goux, „Calcul des jouissances" 176.

Gouxs Hegel-Lektüre erstreckt sich nicht auf wirtschaftswissenschaftliche Positionen in Hegels Rechtsphilosophie; die hegelsche Nutzentheorie des Werts, die auch die Arbeit als Bedürfnis definiert und die Marginaltheorie vorbereitet, wie Priddat aufzeigt,[170] entgeht Goux. Auch betrifft die von Goux ausgewählte Passage aus Hegels *Propädeutik*, mit der Hegels angebliche Arbeitswerttheorie belegt werden soll, keinen wirtschaftlichen Sachverhalt.

> Das Vergnügen ist etwas Subjektives und bezieht sich bloß auf mich als einen Besonderen. Es ist nicht das Objektive, Allgemeine, Verständige daran. Es ist deswegen kein Maßstab oder keine Regel, womit eine Sache beurteilt oder gerichtet wird.[171]

Die Sätze aus Hegels *Propädeutik*, die Goux zur Kritik der Nutzentheorie heranzieht, sprechen vom Vergnügen, nicht von Bedürfniserfüllung im wirtschaftswissenschaftlichen Sinne; nicht das Vergnügen, sondern das Bedürfnis aber bildet Hegels Grundlage für die ökonomische Theorie des „System[s] der . . . physischen Bedürfnisse."[172] Goux ignoriert, daß Hegel in seinen Texten, die sich auf Wirtschaft beziehen, von der Bedürfnisbefriedigung ausgeht, eben diese den Bezug für die Ökonomie stellt und auf ihr die subjektive Werttheorie der Marginalisten im Gebrauchswert beruht. Abgesehen davon wird der Wert, wie das Geld, bei Hegel formal und quantitativ begriffen, nicht qualitativ. Die Festlegung einer allgemeinen Wertessenz, ob als *jouissance* oder Arbeit, wird von der Marginaltheorie wie von Hegel als absoluter Maßstab, den Goux wiederum etablieren möchte, für unmöglich erklärt, ohne daß deswegen auf Wertbestimmung verzichtet werden muß, da die mathematische Grenznutzenanalyse und Gleichgewichtstheorie mit der statistischen Marktanalyse auch aus dem individuellen Nutzen pragmatisch die Preise bestimmen kann. Goux rezipiert weder Hegel noch die Marginalanalyse vollständig. Er unterscheidet zwischen Nutzenwert, als *jouissance*, und Gebrauchswert, während die Marginaltheorie als entscheidenden theoretischen Fortschritt und als Verallgemeinerung alle Werte auf den Gebrauchswert zurückführt. Der Gebrauchswert der Marginaltheorie ist bereits der Nutzenwert Gouxs, auch wenn dieser behauptet, daß die Marginaltheorie im Nutzenwert den Gebrauchs- und den Tauschwert, „l'échange et l'usage," zugunsten eines einzigen „valeur-désir"[173] zusammenfasse. Für Goux steht hinsichtlich der Marginaltheorie fest, „[qu']elle se trompe dangereusement," weil die gesamte Libido als Nutzenwert zum Material des Marktwerts werde. Es

---

[170] Vgl. Kapitel 2.

[171] G.W.F. Hegel, „Texte zur Philosophischen Propädeutik," 1808-1813, *Nürnberger und Heidelberger Schriften 1808-1817* (Frankfurt: Suhrkamp, 1986) 254.

[172] Hegel, *Jenaer Schriften* 482.

[173] Goux, „Calcul des jouissances" 174.

werde „le désir et la jouissance à *donner du prix*," auf Preisindikatoren reduziert und Werte „à la valeur solvable sur un marché."[174] Diese Argumentation übersieht die Relativität und Differantialität des Werts. Goux nimmt die Preistheorie zur Kenntnis, um sich von ihr abzusetzen, weil er Lust als intrinsische Essenz eines Werts betrachtet, die nicht entfremdend in eine formale Notation wie den Preis überführt werden könne und dürfe. Markt und Lust müssen getrennte Sphären bleiben; Entfremdung wird für Goux notwendig. Die Wertsubstanz, nach der die Wirtschaft rechnet, kann und darf nicht die Lust sein. „La substance énigmatique de la valeur économique n'est *pas* libidinale."[175] Goux bezieht hier auch gegen Lyotard und dessen *Économie libidinale* von 1974 Stellung; die Poststrukturalisten sind in Arbeitswerttheoretiker und Nutzenwerttheoretiker gespalten. Das Arbeitsleid, der Schmerz oder die Angst vielmehr seien, so Goux nach Marx, notwendig die Substanz des ökonomischen Werts und im psychoanalytischen Sinn die Steuer, die vom Realitätsprinzip auferlegt werde. Goux verteidigt mittels der psychoanalytischen Vorstellung vom unterdrückten Unbewußten und der Trennung in Realitätsprinzip und symbolisches Prinzip die Arbeitswerttheorie. Er führt zur Erklärung der entfremdeten Realität die Allegorie von Herr und Knecht als Opposition von Arbeitswerttheorie und Nutzenwerttheorie an; für den Knecht entstehe der Wert aus der Arbeit, für den Herrn aus dem Genuß. Der Herr wird bei Goux zum Bild des Unbewußten und der Knecht des Bewußtseins; da das Bewußtsein unumgänglich sei, sind der Knecht, wiewohl er die Lust unterdrücke, und die Arbeitswerttheorie vorzuziehen. Im Vorziehen des Knechts äußert sich der Einfluß von Kojèves marxistischer Hegel-Lektüre. Vom Einfluß Paretos und der mathematischen Formalisierung der Werttheorie zur Preistheorie durch die Grenznutzenschule auf Saussure nimmt Goux trotz seiner Anmerkungen zur Grenznutzenschule, wobei er sogar den von Pareto geprägten Fachbegriff der *ophélimité* anführt,[176] keine Kenntnis.

Cours de linguistique générale und marxistische Werttheorie

Wenn Goux und Baudrillard Saussure im Kontext der marxistischen Werttheorie rezipieren, zeigen doch die Ergebnisse aus der Lektüre Saussures und Paretos, daß gerade eine solche Zusammenführung der Argumentation des *Cours de linguistique générale* und ihrem Kontext widerspricht; die Argumentation Saussures wird verzerrt, indem die im *Cours de linguistique générale* mit dem Geldbegriff angelegte Tendenz auf

---

[174] Goux, „Calcul des jouissances" 176.
[175] Goux, „Calcul des jouissances" 189.
[176] Goux, „Calcul des jouissances" 174.

die *différance*, als Radikalisierung der Relativität und Arbitrarität des Werts, übergangen wird.[177] Dies wird dadurch bestätigt, daß Baudrillard und Goux ihre Assoziation des *Cours de linguistique générale* mit der marxistischen Werttheorie jeweils auf eine einzige Stelle im *Cours de linguistique générale* stützen, nach der die Gleichsetzung von Wirtschaftswissenschaft und Sprachwissenschaft anhand der Gleichsetzung von Arbeit mit dem Signifikat und Lohn mit den Signifikanten beschrieben wird:

> [C]omme en économie politique, on est en face de la notion de *valeur*; dans les deux sciences, il s'agit d'un *système d'équivalence entre des choses d'ordres différents*: dans l'une un travail et un salaire, dans l'autre un signifié et un signifiant.[178]

Aus Anlaß dieser einzigen Stelle im *Cours de linguistique générale*, an der in Bezug auf die Wirtschaftswissenschaften von Arbeit die Rede ist, wird die Zeichentheorie Saussures mit der Arbeitswertlehre nach Marx gleichgesetzt. Dahingestellt, daß die Arbeit bei Pareto ebenfalls eines unter anderen Elementen des Wirtschaftssystems darstellt, also mit derselben Berechtigung eine nicht-marxistische Wirtschafts- und Werttheorie aus Anlaß des Vergleichs mit der Arbeit herangezogen werden könnte, stammen die zitierten Zeilen nach den Ergebnissen von Mauros Forschung am Manuskript Saussures nicht von ihm, sondern von den ersten Herausgebern des *Cours de linguistique générale*: „La seconde partie de la phrase ('dans les deux sciences . . . signifiant') est un ajout des éditeurs, assez arbitraire étant donné la comparaison qu'elle contient. "[179]

Varianten des Ökonomiebegriffs: Dekonstruktion versus Poststrukturalismus

Derridas Theorie der Dekonstruktion vollzieht in ihrem Ökonomiebegriff eine umfassende Konvergenz von Sprach- und Wirtschaftstheorie, insbesondere durch Hervorhebung der Geldtheorie. Sowohl die Theorie der frühen, anti-modernistischen Postmoderne bei Fiedler, die Theorie der ethischen und emanzipatorischen Postmoderne, die poststrukturalistischen Theorien bei Baudrillard und Goux und die Ansätze von *new historicism, new pragmatism, new economic criticism* und der Axiologie implizieren oder rezipieren die Dekonstruktion zu unterschied-

---

[177] Vgl. Kapitel 3.
[178] Saussure 115.
[179] Mauro in Saussure 451, Anm. 166.

lichen Graden. Alle diese Theorien und Schulen lassen sich mittels der Theorie der Dekonstruktion in ihrem jeweiligen Ökonomieverständnis und in ihrer Verwendung ökonomischer Motive und Modelle in der Sprach- und Kulturtheorie beschreiben und anhand der von Derrida entwickelten Begriffe *différance*, Schrift, Markierung, Supplement, Dissemination, Kontext, Aufschub, Dekonstruktion und Iterabilität explizieren. Keiner dieser Ansätze erreicht die Komplexität der Theorie der Dekonstruktion, insbesondere wegen anachronistischer Geld- oder Werttheorien, die mit der posthumanistischen Theorie der *différance*, also der Verzeitlichung und Materialisierung, und der Theorie der Fiktionalität und der Konventionalität von Werten und Sinn nicht kompatibel sind. So wie sich die einzelnen Theorien hinsichtlich der Beschreibung und Bewertung der konventionellen Geldwirtschaft unterscheiden, so legen sie auch jeweils unterschiedliche ethische Entwürfe vor; die Effekte von Verzeitlichung, Fiktionalität und Konventionalität von Sprache und Geldwirtschaft werden ignoriert, bekämpft oder als Chance genutzt.

Der hohe Abstraktionsgrad der Dekonstruktion im Vergleich zu den anderen Ansätzen liegt in ihrem Begriff der Zeit begründet, so wie er auch den dekonstruktionistischen Ökonomiebegriff als einen der Geldwirtschaft und des Geldes als Zeittechnologie bestimmt. Die dekonstruktionistische Theorie der Sprachökonomie nimmt ihren Ausgang vom Prinzip der *différance* zur Erklärung von Differenz und Polysemie als Effekten der Temporalisierung. Auch Sinn und Wert sind in der Zeit. Ahistorische, statische oder strukturalistische Konzeptionen, die den Übergang zwischen Strukturen nicht weiter nachzuvollziehen suchen, sondern nur als absoluten Bruch, revolutionäre Umkehrung oder einen Strukturpluralismus begreifen, können anhand der Theorie der *différance* dekonstruiert werden.

Die Semiotiken von Baudrillard und Goux legen Varianten der Assimilation des Geldbegriffes im Poststrukturalismus vor. Bei Jean Baudrillard endet der Konflikt von marxistischer Werttheorie und saussurescher Zeichentheorie in einer Theorie der Inflation der Zeichen mit der nostalgischen Utopie einer geldfreien Wirtschaftsform und im semiotischen Sinn einer sprachlosen Gesellschaft, wie Derrida schon für Rousseau diagnostiziert und welches Motiv bis auf Aristoteles' Ablehnung des Geldes zurückgeht. Baudrillards Verwendung des Ökonomiebegriffs wird regressiv und entspricht seiner Version der Postmoderne als Posthistoire, deren apokalyptische Stasis auch als spätmodern oder sogar prämodern eher denn postmodern kritisiert wird. Bei Goux wird die entfremdend empfundene Dematerialisierung des Geldes ausgehend von einem materialistischen Geldbegriff einer Genese von realistischer zu abstrakter Kunst parallelisiert und endet wie bei Baudrillard in einer geldtheoretischen Aporie. Die Werke von Baudrillard und Goux lassen sich im Vergleich mit dem Derridas auf einer Skala von Einstellungen, die zum Ökonomiebegriff, zum Geld und zur Fiktionalität und Konventionalität bezogen werden, ansiedeln: Forderung nach Beherrschung der Ökonomie sowie Rückkehr zur Soforttauschwirtschaft und Ablehnung der Geldwirtschaft bei Baudrillard, Warnung vor der Fiktionalität des Werts und der Konventionalität des Geldes verbunden mit der Suche nach einem angeblich authentischen, überzeitlichen Maßstab bei Goux und Anerkennung der Ökonomie als Bereich der auch monetär-spekulativen Innovation und der Gelegenheit zu sozialer Verantwortung im Rechts- und Vertragswesen und in der Kommunikation bei Derrida.

Bei allen drei Autoren konvergiert die Sprachtheorie unter Bezug auf Saussures Strukturalismus und Theorie der Arbitrarität auf die Geldtheorie. Indem jedoch bei Baudrillard und Goux eine arbeitswerttheoretische und materialistische Geldtheorie bevorzugt wird, die nach einer dekadenten Entwicklung wieder Gültigkeit erlangen müsse, soll die Arbitrarität ausgesetzt werden. Die Entwürfe der 'materialistischen Umkehr' bei beiden Autoren sind regressiv. Mit dem wegen einer angeblichen Dekadenz zur Fiktionalität seines Werts als unzuverlässig begriffenen Geld werden auch die Sprache und die Literatur abgelehnt. Die von der zeitgenössischen Geldtheorie in Vertrags- und Zinstheorie gegebene Möglichkeit der differantiellen - verzeitlichten und verzeitlichenden - Beschreibung der Geldwirtschaft wird von Baudrillard und Goux nicht aufgenommen, sondern Historisierung soll über ein strukturalistisches Stufenmodell erreicht werden. Baudrillards und Gouxs Versuch, die Arbitrarität des Werts in der systematischen Struktur nach Saussure zu einer neuen Zeichenökonomie auszubauen, kann als poststrukturalistisch gelten; es handelt sich jedoch bei ihren Beschreibungen nicht um eine differantielle Strukturalität der Struktur und nicht um Dekonstruktion, sondern um einen quasi-dynamischen Strukturpluralismus.

Baudrillards Schriften sind besonders aussagekräftig, weil ihn seine Heranziehung der marxschen Wirtschaftstheorie in der Zeichentheorie zu einer Kritik grundlegender marxistischer Prämissen der Werttheorie führt und damit der Schritt in die differantielle Theorie des konventionellen Maßstabs möglich wird. Baudrillard legt die Arbeitswerttheorie und die Vorstellung vom intrinsischen, substantiellen Wert bei Marx ab und entwickelt die Prinzipien der Differenz, der Relativität und der Fiktionalität des Werts. Die Opposition von Nutzen- und Arbeitswerttheorie, die Dialektik auch für den Wertbegriff festschreibt und als solche für Derrida nach dem Prinzip der *différance* dekonstruiert werden kann, läßt auch Baudrillard hinter sich, so daß er wie Derrida zu Formalisierung, Mathematisierung und Preistheorie gelangt. Baudrillards Simulakren entsprechen Derridas Markierungen als den Elementen der Textualität. Mit seiner Forderung nach Errichtung einer geschlossenen Ökonomie des symbolischen Tausches zieht Baudrillard allerdings ein dem Derridas entgegengesetztes Fazit, um die Frage nach einem ethischen Maßstab, die mit dem Wegfall der objektiven Werttheorie auftritt, mit einer Utopie und einem teleologischen Geschichtsentwurf zu beantworten. Auch Baudrillards Vorstellung vom geschlossenen Kunstwerk ist mit Derridas Konzeption des immer offenen Kontexts in der universellen, ebenfalls nicht endgültig abgrenzbaren Textualität nicht vereinbar. Baudrillard möchte die *différance* arretieren und im symbolischen Tausch Wahrheit und Eindeutigkeit endgültig zuweisen, statt Fiktionalität und Konventionalität theoretisch zu integrieren. Das generative, differantielle, ökonomische Moment am Geld und am Signifikanten wird nur negativ beurteilt. Fiktion, Simulation und Akkumulation werden mit alten Argumenten gegen die Chrematistik dämonisiert. Auch wenn Derrida hinsichtlich der Medientheorie offensichtlich Baudrillards Termini teilt, so in der Rede von Simulakren in *Spectres de Marx*, bleibt die Dekonstruktion doch einer optimistischen Zeitdiagnose verpflichtet, die Fiktion als Chance begreift. Wegen der abschließenden Tendenz ist Baudrillards Entwurf bei gleicher Diagnose wie Derrida regressiv, sogar mit repressiven Tendenzen.

Die wirtschaftswissenschaftliche Komplexität der Theorie Derridas oder die Aktualität derjenigen Baudrillards wird von Goux nicht erreicht, obwohl er als einziger explizit auf die wirtschaftstheoretische Grenznutzenschule verweist. Dennoch eröffnet er mit diesem Zitat keinen neuen Kontext, weil jegliche Infragestellung der klassischen und marxistischen Arbeitswerttheorie dogmatisch abgewehrt wird. Goux wendet sich gegen die Arbitrarität des Zeichens und damit gegen Fiktionalität und Konventionalität von Wert und Sinn mit dem Argument, daß sonst keine Kommunikation möglich wäre. Derrida zeigt dagegen, daß Kommunikation erst unter Arbitrarität gedacht werden kann, denn wären alle Werte und aller Sinn intrinsisch und natürlich und alle Bedeutungen transparent gegeben, wäre Kommunikation und Suche nach Konvention und Übereinstimmung unmöglich und unnötig. Auseinandersetzung mit Fiktionalität wird von allen drei Autoren gesucht, doch Fiktion wird von Baudrillard und Goux mit Bedrohung einer ursprünglichen oder natürlichen Sicherheit konnotiert, von Derrida dagegen als Chance zur Einrichtung zumindest temporärer Sicherheiten affirmiert. Einzig Derridas Dekonstruktion bietet damit eine Verteidigung der Literatur. Ein ethischer Werterelativismus wird bei Derrida in einem Grad von Permanenz von Sinn, Konvention und damit auch von Rechtsetzung vermieden, während bei Baudrillard und Goux eine radikale Umkehr gefordert wird, um ein stabiles, endgültiges Wertesystem zu oktroyieren. In der Vorstellung dieser Umkehr verbleiben Baudrillard und Goux in der Dialektik oder in der Posthistoire, während Derrida die *différance* als andauernde posthumanistische Fortbewegung ohne massive Brüche zwischen Systemen, sondern mit gleitenden Verschiebungen begreift. Brüche erscheinen nach Derrida wegen der Beschränktheit der Wahrnehmung und der Unvollständigkeit des Wissens, das Kontexte formalisieren und stabilisieren muß, um Sinn zu errichten, und sind nie absolut.

Mit der Abkehr vom Produktionismus und dem Arbeitsethos und der Affirmation von Fiktionalität und Kunst teilt Fiedlers Theorie der frühen Postmoderne zwei Prämissen des Ökonomiebegriffs der Dekonstruktion, bleibt jedoch mit einer an der Posthistoire orientierten Vision einer statischen Welt, deren technischer und semiotischer Apparat zur Sicherheit um die 'neuen Primitiven' aufgebaut ist, von der posthumanistischen Konzeption der Dekonstruktion entfernt, die Sprache und Zeit als Gegebenheiten reflektiert. Fiedlers Ansatz fehlt mit der Reflexion auf das sprachliche Zeichen auch die Reflexion auf das Geldzeichen, so daß Verzeitlichung, Akkumulation, Quantifikation und Ethik nicht problematisch werden, sondern ein theoretisches Vakuum fortbesteht. Unter dem Einfluß der Theorie der Dekonstruktion werden in der zweiten Phase der Postmoderne ethische Aspekte ergänzt; die Theorie der ethischen Postmoderne nach dem *moral turn of postmodernism* korreliert mit der Dekonstruktion, die den Bezug auf die aktuelle Geld- und Marktwirtschaft und damit auch pragmatisch auf Fiktionalität von Werten und Zeiteffekte gewährleistet. Die Affirmation der Wirtschaft und die Orientierung auf eine demokratische und emanzipatorische Ethik, die nicht nur mit der ethischen Postmoderne und Dekonstruktion, sondern traditionell mit dem amerikanischen Pragmatismus identifiziert werden, lassen deutlich werden, daß es sich bei der großen Wirkung der Dekonstruktion in der amerikanischen Literaturwissenschaft eher um eine Affirmation bereits im Umfeld etablierter Werte als um eine grundlegende Revolution, wie von amerikanischer Seite in den 80er-Jahren beschrieben, gehandelt hat: Es scheint, daß die Dekonstruktion nötig war, um auch an den literaturwissenschaftlichen Fachbereichen der Universitäten in den USA Demokratisierung und Pluralisierung zu bewirken. Diese äußern sich in der Erweiterung des Kanons und den *cultural studies*. Daß der Pragmatismus in der Literaturtheorie nach Rorty Sprache und theoretische Texte als Werkzeuge betrachtet und bei Veränderungen im Wortgebrauch keine Zeiteffekte wirksam sieht, sondern sie als allein vom Menschen bewirkt erachtet, widerspricht allerdings dem posthumanistischen differantiellen Ansatz in der Semiotik. Der Pragmatismus hält sich an eine produktionistische, strukturpluralistische Konzeption, so daß die Konventionalität auch der Demokratie oder der Natur- und Menschenrechte und ihrer Kontexte in Gefahr gerät, vergessen zu werden.

Für die Schulen des *new historicism*, des *new economic criticism*, der marxistischen Literaturtheorie und der axiologischen Textauslegung geht der Effekt der *différance* in Verzeitlichung, Polysemie und disseminierender Akkumulation verloren, wenn die Analogie von sprachlicher

Sinnerstellung und ökonomischer Wertbildung auf das (dialektische) Tauschprinzip gegründet wird. Indem das Tauschprinzip auf die Beschreibung einer Natural- und Soforttauschwirtschaft rekurriert, werden die geldtheoretischen Aspekte und differantiellen Effekte wie Fiktion, Konvention und Zeit theoretisch ausgeschlossen. Die Schulen des *new historicism* und des *new economic criticism* gehen von der Gültigkeit ökonomischer Regeln auch für Sprache und Literatur aus, fallen aber in dem Moment hinter den dekonstruktionistischen Ansatz zurück, in dem die herangezogene wirtschaftswissenschaftliche Theorie dekontextualisiert und enthistorisiert wird, so daß Anachronismen zwischen dem Text der ökonomischen Theorie und dem literarischen Text entstehen. Ein annähernd dekonstruktionistischer *new historicism* wie bei Michaels bedeutete die Kenntnis jeweiliger historischer Wirtschaftstheorien in der Analyse historischer literarischer Texte und Aufmerksamkeit für die Behandlung der differantiellen Effekte der Zeit durch sowohl Wirtschaftstheorie wie auch literarischen Text als Möglichkeit des Rückschlusses auf die Geldtheorie. Vom *new economic criticism* darf hier weiteres erwartet werden. Der Verzicht auf Epochalisierung und Begrenzung des Ansatzes auf den Realismus oder Naturalismus in der Literatur liesse deutlich werden, daß die Gleichsetzung von Geldtheorie mit materialistischer Gelderklärung und Arbeitswerttheorie unhaltbar ist. Mit einer Verabsolutierung repräsentationistischer Geldtheorie und der Arbeitswerttheorie der klassischen Wirtschaftstheorie wie in marxistisch orientierten Analysen von *cultural products* wird nicht nur an einer Substanz des Wertes, sondern auch an einer authentischen Produktivität des Menschen festgehalten, die verloren oder verdrängt sei und die es wiederzuerlangen gelte. Differantielle, daher zeitliche und selbstläufige, polysemische textuelle Effekte können unter dieser Prämisse nicht erklärt werden und werden als kapitalisierender Effekt abgelehnt. Auch die kommunikative und konventionelle Konstitution von Sinn durch vorübergehende Festlegung kann entlang eines absoluten Maßstabs nicht in die Textanalyse integriert werden, so daß Aufmerksamkeit für rezeptionstheoretische Prämissen der Lektüre entfällt; es wird angenommen, daß aus dem Text wie aus dem Warenwert ohnehin stets dieselbe Wahrheit spreche. Ein solcher Ansatz schließt alternative Interpretationen als Effekte der Polysemie aus, leugnet also die Konventionalität und Kontextualität von Sinn im Fluß.

Ökonomistisches Apriori in der amerikanischen Rezeption

Der axiologische Ansatz in der Hermeneutik, wenn er sich wie bei B.H. Smith auf die klassische Wirtschafstheorie beschränkt, also das Tauschprinzip, einen repräsentationistischen Geldbegriff und die Möglichkeit eines objektiven Wertmaßstabs vertritt, zieht ebenfalls aus der Konventionalität und Vorläufigkeit von Wert und Sinn die Konsequenz, durch Einrichtung eines absoluten Maßstabs, wie eines abstrakten Guten, eine permanente Festlegung anzustreben. Die Dekonstruktion dagegen verfolgt die Fragilität der konventionellen Wertmaßstäbe unter dem Druck der Zeit, um Verschiebungen frühzeitig zu bemerken und die Verantwortung des Einzelnen für die fortdauernde Stabilisierung von Werten und Konventionen einzufordern, statt durch Appelle an die Unterordnung unter einen vorgegebenen Maßstab den Einzelnen zu entbinden. Der gesetzte Maßstab, wenn nicht korrigiert, veraltet und schreibt Ungerechtigkeit in der Verteilung fest. Der Ökonomiebegriff der Axiologie bleibt ökonomistisch, wenn er wie bei B.H. Smith das differantielle Geld, das die Fehlbarkeit ökonomischen Kalküls impliziert, als ethischen Maßstab verwendet. Im Unterschied zur Dekonstruktion, die den geldwirtschaftlichen Ökonomiebegriff als Zeittechnologie und Wertsetzungsinstanz in den Blick holt, um ihn kritisch reflektieren zu können, wirkt der Ökonomiebegriff in der amerikanischen Rezeption aprioristisch und auf seine postulierten Mechanismen reduziert, weil die kritische Hinterfragung und aktualisierende Differenzierung der klassischen Wirtschaftstheorie weitgehend ausbleibt. Während das poststrukturalistische und dekonstruktionistische Ökonomiekonzept das wirtschaftstheoretisch noch ungeklärte Phänomen des Geldes wie das philosophisch noch ungeklärte Phänomen der Sprache zu formulieren sucht und eine von der Unschärfe des Wissens und der Unmöglichkeit der endgültigen Formalisierung aufgenötigte Distanz zum Ökonomiebegriff als Denkmodell bewahrt, durch die eine Ethik gefordert wird, übernimmt die amerikanische Fortschreibung zwar die Privilegierung des Ökonomiebegriffs als Erklärungsmodell, nicht jedoch die Zweifel am Geoffenbartsein der ökonomischen Prinzipien. Ökonomie wird dann als eine ethisch unfehlbare und dennoch zugleich dem Menschen in seinem materiellen wie geistigen Handeln eigene Kategorie vorgestellt.

Die Verwendung von Ökonomiebegriff und von Geld- und Wertheorie zum Modell für Beschreibung von Sprache in Poststrukturalismus, Dekonstruktion und der amerikanischen Rezeption des Ökonomiebegriffs wie auch die Analogie von Kultur und Markt in der Postmoderne fordern anhand eines kritischen Instrumentariums ökonomischer Motive und Begriffe eine differenzierte Analyse der kulturtheoretischen und semiotischen Positionen von kulturellen Texten und literarischen Werken, aber auch von theoretischen und philosophischen Texten selbst: Mittels der Lektüre entlang ökonomischer Kategorien können Unterschiede erfaßt werden, die bei einer bloßen Einordnung theoretischer Werke unter

Dekonstruktion, Poststrukturalismus oder Postmoderne übergangen werden.

Anhang I:
Abriß der Geschichte des Wortes Ökonomie

Anhang 1 bietet ergänzend einen Abriß zur Geschichte des Wortes Ökonomie, der einen Eindruck von der Häufigkeit, der Verbreitung, der Geschichte und den Varianten des Wortes Ökonomie und seines Gebrauchs als Metapher vermittelt.

Die ersten Belege für den Terminus *oikonomía* stammen aus Platons *Apologie des Sokrates* und aus anderen griechischen Schriften aus dem frühen 4. Jahrhundert; für die westliche Tradition ist die erste systematische Erörterung der *oikonomía* als Haushaltungskunst oder Hauswirtschaft in *Die Nikomachischen Ethik* und in der *Politik* bei Aristoteles überliefert.[1] Der *oikos*, das Haus als Begriff für die gesamte Hausgemeinschaft, ist „bereits in den Epen Homers und Hesiods ein sozialer Grundbegriff."[2] Das Wort *oikonomía* wird einhergehend mit seiner Neubildung auch als Metapher verwendet. Aristoteles verwendet *oikonomía* metaphorisch zum Ausdruck einer komplexen Ordnung, wenn er in der *Politik* das Konzept des Staatshaushalts analog zum Familienhaushalt entwirft und die *oikonomía* auf die Gestaltung einer komplexen sozialen Einheit im allgemeinen, nicht nur der des Hauses mit seiner Wohn- und Wirtschaftsgemeinschaft bezieht.

Ökonomiemetapher in Theologie, Rhetorik und Philosophie

Die Theologie verwendet die Metaphern des *oikos* und der *oikonomía* in der Beschreibung der göttlichen Ordnung der Gemeinde, dem Haus Gottes. Die jüdische Überlieferung schreibt vom „Haus der Thora,"[3] worunter eine bereits dem *Alten Testament* zuzuordnende „Selbstbezeichnung der Gemeinde"[4] verstanden wird. Frühe griechische Schriften, die auf hebräische Quellen zurückgreifen, verwenden entsprechend den Ausdruck *oikos theou* als „eine feste Formel für das *Heiligtum*;"[5] aus dieser Verwendung wird das „neutestamentliche Verständnis der Gemeinde als 'Haus Gottes'"[6]

---

[1] Vgl. Kapitel 4.
[2] Spahn 304.
[3] Gerhard Friedrich, Hg., *Theologisches Wörterbuch zum Neuen Testament,* Bd. 5 (Stuttgart: Kohlhammer, 1954) 123.
[4] Friedrich 124.
[5] Friedrich 123.
[6] Friedrich 124.

hergeleitet. Der Vergleich der Gemeinde mit dem Haus Gottes stellt für das *Neue Testament* „urchristliches Allgemeingut und feste[n] Traditionsstoff der Verkündigung"[7] dar. Der Hebräerbrief beschreibt Jesus als „größerer Ehre wert als Mose, weil größere Ehre als das Haus der hat, der es erbaute. Denn ein jedes Haus wird von jemand erbaut; Gott aber ist's der alles erbaut hat."[8] Jesus wird als Sohn in Gottes Haus dem Mose als Knecht des Hauses in einer familiären Hierarchie, die sich in gleicher Weise in der aristotelischen, praktischen Beschreibung der *oikonomía* als der Kunst der Hausverwaltung in der *Politik* findet, übergeordnet.

Zur Metapher des *oikos* treten in der christlichen theologischen Tradition die metaphorischen Verwendungen von *oikonomos*, *oikonomía* und *oikodomein*, für 'bauen', hinzu. Die paulinischen Schriften insbesondere verwenden *oikodomein* in Bildern vom „Grundlegen und Weiterbauen" als Metapher für eine geistige Tätigkeit, wobei damit an einen „allgemeinen Sprachgebrauch an[ge]knüpft"[9] worden sei. Noch Kant formuliert unter Verwendung der ökonomischen Metapher Kritik am Denken: „Es ist aber ein gewöhnliches Schicksal der menschlichen Vernunft in der Spekulation, ihr Gebäude so früh, als möglich, fertig zu machen, und hintennach allererst zu untersuchen, ob auch der Grund dazu gut gelegt sei."[10] Der Epheserbrief verwendet *oikonomía* zur Bezeichnung der „Hinordnung des einzelnen *kairós*, der einzelnen zu erfüllenden Zeitphase, auf das disponible Ganze, das sich in Christus geoffenbart hat;"[11] diese Verwendung der Ökonomiemetapher zur Beschreibung einer regelgeleiteten Ordnung stimmt nicht nur mit aristotelischen Definitionen des Wortes überein, sondern auch mit der Verwendung in der hellenistischen Tradition der stoischen Schicksalslehre im 3. Jahrhundert. Als „dreistellige Relation - Einfügung eines Teilgeschehens in den Gesamtzusammenhang nach einem Gesetz"[12] - steht *oikonomía* bei den Stoikern in einem „Sprachgebrauch, der von Teil und Ganzem redet,"[13] und in Bezug auf den „stoischen Gedanken des den ganzen Kosmos durchherrschenden Logos."[14] *Oikonomía* bezeichnet für die hellenistische Stoa die „Einordnung des Einzelgeschehens im vorgreifenden Überblick in das Gesamtgefüge der allgemeinen Natur . . . nach Maßgabe eines bestimmten

---

[7] Friedrich 124.

[8] *Lutherbibel Erklärt* (Stuttgart: Deutsche Bibelgesellschaft, 1974) 468 [Heb. 3, 3-4].

[9] Friedrich 142.

[10] Immanuel Kant, *Kritik der reinen Vernunft*, 1781, Bd. 1, *Werke in zehn Bänden*, hg. Wilhelm Weischedel, Bd. 3 (Darmstadt: WBG, 1983) 51.

[11] Hans-Jürgen Horn, „*Oikonomía*. Zur Adaption eines griechischen Gedankens durch das spätantike Christentum," *Ökonomie: Sprachliche und literarische Aspekte eines 2000 Jahre alten Begriffs*, hg. Theo Stemmler (Tübingen: Narr, 1985) 54.

[12] Horn 57.

[13] Horn 56.

[14] Horn 56.

Gesetzes."[15] In ähnlicher Verwendung tritt *oikonomía* zur Beschreibung des Heilsplans oder der Heilsordnung Gottes neben *oikonomía* zur Beschreibung der Dreieinigkeit bei den Kirchenvätern, für die das Wort eine wichtige Position in der Erörterung der „Beziehung zwischen der Unitas und der Trinitas Gottes, also als eine formale Vermittlung zwischen der Dreifalt der Personen und der Einheit der Natur,"[16] einnimmt. *Oikonomía* wird „wie eine Formel, die Gott und Welt umspannt,"[17] gebraucht. Anders als die christliche theologische Verwendung versucht die stoische Lehre jedoch niemand außerhalb der allgemeinen Natur zu benennen, „der die *oikonomía* als ihr Urheber bewirkt."[18] „Wenn die Stoiker von Zeus sprechen," ist er „nicht der Herr" der *oikonomía*, „sondern diese selbst;" die *oikonomía* ist also „sich selbst verwirklichendes Wirken des Schicksals . . . , das seinen Ursprung in sich selbst nimmt und nicht in einem anderen, etwa einem Gott."[19] Auch in der Gnosis nimmt „*oikonomía* einen nicht geringen Platz ein."[20]

In der Philosophie und Philologie hält sich die Ökonomie als Systemmetapher, als Metapher für das Denken und für die Ordnung der Fiktion. Bereits in der Antike findet *oikonomía* metaphorische Verwendung in der Dichtungstheorie und der Rhetorik. In der griechischen Rhetorik beschreibt *oikonomía* die argumentative Aufteilung der Rede, die spätere lateinische *dispositio*.[21] Die lateinische Dichtungstheorie übernimmt das Wort Ökonomie als Ausdruck für die Angemessenheit von sprachlichen Darstellungsmitteln und dargestellter Wirklichkeit - je ökonomischer der Text, desto besser der Autor. Bereits Aristoteles verwendet in der *Poetik* die Ökonomievokabel in metaphorischer Weise. Er lobt Euripides als den „tragischste[n] unter den Dichtern,"[22] auch wenn er verschiedene der Kriterien für eine Tragödie nicht erfülle: Letzteres formuliert Aristoteles mit den Worten, Euripides habe „die anderen Dinge nicht richtig [ge]handhabt,"[23] wobei Manfred Fuhrmann mit 'handhaben' *oikonomeî* übersetzt. In der *Poetik* wie in der *Rhetorik*[24] legt Aristoteles den

---

[15] Horn 57.

[16] Horn 52.

[17] Horn 53.

[18] Horn 57.

[19] Horn 57.

[20] Horn 54. Vgl. Friedrich 125, Anm. 15, zur gnostischen Verwendung des ökonomischen Wortfeldes: „Der Aufenthalt in der Welt ist ein 'Wohnen,' - womit außer dem Umzirkten auch das Vertauschbare bezeichnet ist, - die Welt selber 'Wohnung' oder 'Haus'."

[21] Vgl. Burkhard Cardauns, „Zum Begriff der *oeconomia* in der lateinischen Rhetorik und Dichtungskritik," Stemmler 10-11.

[22] Aristoteles, *Poetik*, übers. Manfred Fuhrmann (Stuttgart: Reclam, 1982) 41 [1453a].

[23] Aristoteles, *Poetik* 41 [1453a].

[24] Vgl. Aristoteles, *Rhetorik*, übers. Franz G. Sieveke (München: Fink, 1980) 175 [1406a]: der Dichter als „*Verwalter der Lust der Zuhörer*."

der *oikonomía* in der *Politik* und in *Die Nikomachische Ethik* gegebenen Rahmen der Angemessenheit an ein natürliches Ideal auch für den Umgang mit der Sprache an. Nach Quintilian beginnt die Übernahme von *oikonomía* als rhetorischen Fachausdrucks im 2. Jahrhundert vor Christus, wenn die *taxis* oder *dispositio* und *lexis* oder *elocutio*, Gliederung des Stoffes und sprachliche Darstellung oder Formulierung, als zwei der fünf Aufgaben des Redners zuerst als *oikonomía* bezeichnet werden.[25] Quintilian nimmt von dieser Verwendung Kenntnis und erklärt dazu: „Oeconomia . . . Graece appellata ex cura rerum domesticarum et hic per abusionem posita nomine Latino caret.“[26] Cicero und andere verwenden *oikonomía* als Fremdwort im Lateinischen und als Synonym für *ordo* und *taxis*.

Im vierten Jahrhundert kommt es in der Rhetorik zu einer begrifflichen Unterscheidung von *ordo* und *oikonomía* bei Sulpicius Victor. „Letztere unterscheidet sich vom ersteren dadurch, daß jene (*ordo*) eine vorgegebene Folge ist, diese eine künstlich geschaffene, eine *ordo artificiosus*.“[27] Dem Begriff der *ordo artificiosus* wird derjenige der *ordo naturalis* entgegengestellt:

> *Ordo naturalis* ist die . . . selbstverständliche Abfolge z.B. der von der Rhetorik vorgegebenen Gliederung der Rede, *ordo artificiosus* oder *oikonomía* ist die dem jeweiligen Gegenstand oder der Situation angepaßte, bewußt modifizierte Abfolge, die auch auf Teile des üblichen Schemas verzichten kann.[28]

Die Unterscheidung in *ordo naturalis* und *ordo artificiosus* geht schließlich auch in die mittelalterliche Poetik ein.

Eine Parallele zur Unterscheidung von *ordo naturalis* und *ordo artificiosus* in der Rhetorik sieht Burkhard Cardauns für die Dichtungstheorie in der Unterscheidung des Ablaufs des historischen oder mythischen Geschehens, der überliefert vorgegeben ist, und der auswählenden Anordnung des Dichters. „Der natürliche Ablauf . . . wird also vom Dichter gerade nicht genau nachgebildet, und darin zeigt sich seine *oikonomía*.“[29] Auch „wenn die Quellen nicht ausreichen, um Zeit und Autor einer Übernahme aus der Rhetorik in die Dichterkritik genauer zu bestimmen,“[30] steht fest, daß in der lateinischen Dichtererklärung der Gebrauch von *oikonomía* geläufig ist. Es ist zwar keine Poetik überliefert, die eine theoretische Erklärung für die Bedeutung der ökonomischen Metapher in der Dichtererklärung gibt, aus den Verwendungen von

---

[25] Vgl. Cardauns 9-10.
[26] Quintilian, *Rhetorik* 33.6, nach Cardauns 9.
[27] Cardauns 10.
[28] Cardauns 10-11.
[29] Cardauns 18.
[30] Cardauns 18.

oeconomia schließt Cardauns jedoch, daß sich die Metapher auf die „rechte Einordnung"[31] von Motiven im Handlungsgefüge bezieht, so daß der Handlungsstrang bündig bleibe: *Oeconomia* beschreibt „planvolle, überlegte Gliederung, geschickte[n] Einsatz von darstellerischen Mitteln."[32] Die Verwendung in der Dichtungstheorie ähnelt also dem Gebrauch der *oikonomía* zur Beschreibung eines zeitlichen Ordnungsgefüges bei den Stoikern: vorausweisende Anordnung von Handlungs- und Wissenselementen durch den Dichter, so daß dem Leser für das spätere Verständnis notwendige Hinweise gegeben werden. Ziel der *oeconomia* ist die Wahrscheinlichkeit der Darstellung und die Glaubwürdigkeit der Fiktion. Die dichterische Ökonomie dient der *„areté poiéseos*, der *virtus poetica* . . . , der Erreichung des Wahrscheinlichen (*veri simile*)."[33]

Cardauns' Beispiele belegen, wie der antike Gebrauch von Ökonomie zur Beschreibung des maßvollen Wirtschaftens mit gegebenen Mitteln zum Ziel eines guten Lebens - wie bei Aristoteles - durch die Dichtungstheorie auf die Dichtung und Schriftauslegung ausgeweitet wird, zu welcher textkritischen Verwendung der Metapher der Ökonomie auch deren hermeneutische Verwendung in der Theologie zählen kann. Die textkritische Verwendung der Metapher der Ökonomie geht darüber hinaus in die mittelalterliche, barocke und klassische Poetik ein. So kommen die theologische Verwendung der Metapher und die rhetorisch-poetische im 18. Jahrhundert zu einer ironischen Einheit in Voltaires Beschreibung der „économie de paroles."[34] Darunter versteht Voltaire die rhetorische Ökonomie als pragmatische Geschicklichkeit geistlicher Schriftausleger: „C'est une expression consacré aux pères de l'Église et même aux premiers instituteurs de notre sainte religion; elle signifie *parler selon les temps et selon les lieux*."[35] Noch im 19. Jahrhundert ist die Ökonomiemetapher gebräuchlicher dichtungskritischer Ausdruck, so beispielsweise in Novalis' Kritik an Goethes *Wilhelm Meisters Lehrjahre*: „Sehr viel Oeconomie - mit prosaïschem, wohlfeilen Stoff ein poëtischer Effect erreicht."[36]

---

[31] Cardauns 14.

[32] Cardauns 9.

[33] Cardauns 18.

[34] Voltaire, *Dictionnaire philosophique*, 1764, Bd. 3, *Œuvres complètes* , Bd. 35 (Paris: Antoine-Augustin Renouard, 1819) 278.

[35] Voltaire 278.

[36] Novalis, *Schriften: Die Werke Friedrich von Hardenbergs*, Bd. 3, hg. Richard Samuel et al. (Stuttgart: Kohlhammer, 1960) 639.

Statistische Daten zum Wort Ökonomie

Der *Trésor de la langue française: Dictionnaire de la langue du XIXe et du XXe siècle (1789-1960)* bietet Statistiken zur Häufigkeit von Wörtern im Druck. Berechnungsgrundlage sind mehrere Hundert Bände Literatur und Fachliteratur des 19. und 20. Jahrhunderts. Bei insgesamt 70,3 Millionen Daten, die den Vorkommnissen aller untersuchten Wörter in den Texten entsprechen, wird eine absolute Frequenz des jeweiligen Wortes errechnet und auf 100 Millionen hochgerechnete Vorkommnisse für je eine Jahrhunderthälfte, also 50 Jahre, eine relative Frequenz gegeben. Für das Wort *économie* ergeben die statistischen Daten „Fréq. abs. littér.: 3447. Fréq. rel. littér.: s.: XIXe a) 4 410, b) 2 929; XXe s.: a) 2 586, b) 7 772."[37] Für die Wortform *économique* lauten die Haufigkeiten „Fréq. abs. littér.: 2 235. Fréq. rel. littér.: XIXe s.: a) 573, b) 587; XXe s.: a) 2 035, b) 7479." Die Daten für die zweite Hälfte des 20. Jahrhunderts beziehen sich auf nur neun Jahre, da 1960 die Zählung abgeschlossen wurde, so daß auf die Vergleichsbasis von 50 Jahren hochgerechnet werden muß, um die Veränderung proportional zu fassen. Die Statistik des *Trésor* weist danach einen frappanten Anstieg der Vorkommnisse der Worte *économie* und *économique* von mehreren Hundert Prozent in der zweiten Hälfte des 20. Jahrhunderts aus. Für das Englische und Deutsche kann durchaus ein gleicher Anstieg angenommen werden, unter Einbeziehung des Wortfeldes Wirtschaft im Deutschen.

Geschichte des Wortes Ökonomie

Die nachstehende Tabelle gibt einen chronologischen Überblick über die frühesten Belege für das Wort Ökonomie und daraus abgeleitete Adjektive und Substantive im Griechischen, Lateinischen, Französischen, Englischen und Deutschen. Herangezogen wurden 15 allgemeine und etymologische Wörterbücher zu diesen Sprachen sowie eine Aufstellung von Gisela Harras über „'Ökonomie' in deutschen Wörterbüchern" (GH), die meines Wissens die bisher einzige Zusammenstellung dieser Art in den genannten fünf Sprachen bietet. Außerdem wurden Peter Spahns Artikel über „Die Anfänge der antiken Ökonomik" (PS) wegen seines zusammenfassenden wortgeschichtlichen Abschnitts sowie die Untersuchungen von

---

[37] Imbs, Paul, Hg.,*Trésor de la langue française: Dictionnaire de la langue due XIXe et du XXe siècle (1789-1960)*, Bd. 7 (Paris: Éditions du centre national de la recherche scientifique, 1979) 681. 19. Jahrhundert: a) bezeichnet den Zeitraum von 1789 bis 1850, b) von 1851 bis 1900; 20. Jahrhundert: a) bezeichnet den Zeitraum von 1901 bis 1950, b) von 1951 bis 1960.

Rupprecht Rohr (RR) zum Begriff Ökonomie in der französischen Literatur des Mittelalters, von Hans-Jürgen Horn (HJH) zum Begriff Ökonomie im spätantiken christlichen Gedankengut und von Gerhard Stavenhagen (GS) zur Geschichte der Wirtschaftstheorie konsultiert. Bei den herangezogenen Wörterbüchern handelt es sich des weiteren um ein griechisches etymologisches Wörterbuch (GEW), das lateinische Standardwerk (TLL), ein französisches historisches (TRES) und ein französisches zeitgenössisches (GRLF) Großwörterbuch, das englische Standardwerk (OED), zwei deutsche historische Großwörterbücher (DW und das Wörterbuch von Adelung nach GH), ein deutsches etymologisches (EWD) und zwei deutsche zeitgenössische Wörterbücher (BW und Duden nach GH) sowie um zwei deutsche zeitgenössische Wörterbücher aus der ehemaligen DDR (WS und WDG). Des weiteren sind verschiedene Fachwörterbücher aufgenommen: ein theologisches Großwörterbuch (TWNT), ein philosophisches Großwörterbuch (HWP), der Kuriosität halber das philosophische Wörterbuch von Voltaire, ein Wörterbuch zur Psychoanalyse, ein linguistisches Fachbuch und ein Wirtschaftslexikon (VGW). Diese Quellen sind im einzelnen:

Akademischer Autorenbund, Hg. *Thesaurus Linguae Latinae.* Bd. 9:2. Leipzig: Teubner, 1981. **TLL**

Autorenkollektiv des Zentralinstituts für Sprachwissenschaft unter der Leitung von Wolfgang Pfeifer, Hg. *Etymologisches Wörterbuch des Deutschen.* Bd. 2. Berlin: Akademie, 1989. **EWD**

Dichtl, Erwin und Otmar Issing, Hg. *Vahlens Großes Wirtschaftslexikon.* 2. Aufl. Bd. 2. München: Beck/Vahlen, 1993. **VGW**

Dückert, Joachim und Günter Kempcke, Hg. *Wörterbuch der Sprachschwierigkeiten: Zweifelsfälle, Normen und Varianten im gegenwärtigen deutschen Sprachgebrauch.* Leipzig: VEB Bibliographisches Institut, 1984. **WS**

Friedrich, Gerhard, Hg. *Theologisches Wörterbuch zum Neuen Testament.* Bd. 5. Stuttgart: Kohlhammer, 1954. **TWNT**

Frisk, Hjalmar, Hg. *Griechisches etymologisches Wörterbuch.* 2. Aufl. Bd. 2. Heidelberg: Carl Winter/Universitätsverlag, 1973. **GEW**

Grimm, Jacob und Wilhelm Grimm. *Deutsches Wörterbuch.* Bd. 7. Hg. Matthias von Lexer. Leipzig: Hirzel, 1889. **DW**

Harras, Gisela. „'Ökonomie' in deutschen Wörterbüchern." *Ökonomie: Sprachliche und literarische Aspekte eines 2000 Jahre alten Begriffs.* Hg. Theo Stemmler. Tübingen: Narr, 1985. 37-50. **GH**

Horn, Hans-Jürgen. „Oikonomía. Zur Adaptation eines griechischen Gedankens durch das spätantike Christentum." *Ökonomie: Sprachliche und literarische Aspekte eines 2000 Jahre alten Begriffs.* Hg. Theo Stemmler. Tübingen: Narr, 1985. 51-58. **HJH**

Imbs, Paul, Hg. *Trésor de la langue française: Dictionnaire de la langue du XIXe et du XXe siècle (1789-1960)*. Bd. 7. Paris: Éditions du Centre Nationale de la Recherche Scientifique, 1979. **TLF**

Klappenbach, Ruth und Wolfgang Steinitz, Hg. *Wörterbuch der deutschen Gegenwartssprache*. Bd. 6. Berlin: Akademie, 1977. **WDG**

Laplanche, Jean und J.-B. Pontalis, Hg. *Vocabulaire de la psychanalyse*. Paris: Presses Universitaires de la France, 1967. **LP**

Martinet, André. *Économie de changements phonétiques*. Bern: Francke, 1955. **AM**

Rey, Alain, Hg. *Le Grand Robert de la langue francaise*. Bd. 3. 2. Aufl. Paris: Robert, 1985. **GRLF**

Ritter, Joachim und Karlfried Gründer, Hg. *Historisches Wörterbuch der Philosophie*. Bd. 6. Basel: Schwabe & Co, 1984. **HWP**

Rohr, Rupprecht. „Der Begriff 'Ökonomie' in der französischen Literatur des Mittelalters." *Ökonomie: Sprachliche und literarische Aspekte eines 2000 Jahre alten Begriffs*. Hg. Theo Stemmler. Tübingen: Narr, 1985. 59-68. **RR**

Simpson, J.A. und E.S.C. Weiner, Hg. *The Oxford English Dictionary*. 2. Aufl. Bd. 5. Oxford: Clarendon, 1989. **OED**

Spahn, Peter. „Die Anfänge der antiken Ökonomik." *Chiron* 14 (1984): 301-323. **PS**

Voltaire. *Dictionnaire Philosophique*. 1764. *Œuvres Complètes*. Bd. 35. Paris: Antoine-Augustin Renouard, 1819. **DP**

Wahrig, Gerhard, Hildegard Krämer und Harald Zimmermann, Hg. *Brockhaus Wahrig: Deutsches Wörterbuch*. Bd. 4. Wiesbaden: Brockhaus, 1982. **BW**

frühester Beleg	Griechisch	Lateinisch	Französisch	Englisch	Deutsch
Homer	*oikos* Haus, Wohnung jeder Art, Zimmer, Hausstand, Haus und Hof, Heimat *GEW* 360				
	nomos Brauch, Sitte, Satzung, Gesetz, Tonart, Sangweise *GEW* 302				
	-nem als Wurzel zu *nomos* ver- und zuteilen, weiden, nutzen, genießen *PS* 305				
5. Jh. vor Christus	ordnen, verwalten *PS* 305				

frühester Beleg	Griechisch	Latei-nisch	Franzö-sisch	Englisch	Deutsch
Altes und Neues Testament	*oikos* Tempel, Familie, Gemeinde *TWNT* 122-33				
Xenophon und Platon	*oikonomía* Hausverwaltung als *techne*, Haushalt, Anweisung, Verwaltung, Fürsorge *TWNT* 154-55				
Aristoteles	*oikonomía/chrematistike* Unterscheidung von Haus- verwaltungskunst und Er- werbskunst				
Neues Testament	*oikonomía* Heilsplan, Heilsordnung				
Cicero und Vitruv	*oikonomía* als griechisches Fremdwort, in der Bedeutung *dispositio, ordinatio, dispensatio* *TLL* 476-478				

	Grie-chisch	Lateinisch	Franzö-sisch	Englisch	Deutsch
Quintilian		*oeconomia* *dispositio, ordinatio, dispensatio, de ordine in arte rhetorica et poetica iuxtaposita ad notionem illustrandum apta* *TLL* 476-478			
Sulpicius Victor		*oeconomia* *de ordine aritficioso* *TLL* 476-478			
Kirchen-väter		*oeconomia* *de ordine in rebus christianis pertinet a) ad naturam trinitatis divinae et Christi b) ad ordinem vel dispensationem agendi die et hominum* *TLL* 476-478			
Thomas von Aquin		*oeconomica* *scientia oeconomica, ars oeconomica, iustitia oeconomica* jeweils in der Bedeutung von häuslich *RR* 62			

frühester Beleg	Griechisch	Lateinisch	Französisch	Englisch	Deutsch
ca. 1100			*économie* dem Verfasser des *Chanson de Roland* wohl bereits bekannt als Leitung eines Hausstands, einer Familie, einer Sippe *RR* 61		
ca. 1265			*économique* *partie de la philosophie qui regarde le gouvernement d'une famille* *TLF* 681		
1337			*économe* *religieux chargé de la dépense d'un couvent* *TLF* 679		
1370-72			*économie/économique* *gestion intérieure de la maison, juste économique* *TLF* 680		
		Französisch		**Englisch**	**Deutsch**
1393				*economique* *that other point, which to practice belongeth,* als Fremdwort aus dem Französischen *OED* 58	
ca. 1500	*économie* *ordre par lequel les choses sont administrés* *TLF* 680				
1530				*economy* *household keeping* *OED* 60	
1500-1550					*Oeconomey* Hauswirtschaft, Verwaltung *EWD* 1198
1579				*economical* *pertaining to a household* *OED* 59	
1586				*economist* *governor, father of a family* *OED* 59	

frühester Beleg	Französisch	Englisch	Deutsch
1592		*economic* *pertaining to a house-* *hold* OED 58 *economy* *organization, internal* *constitution, apport-* *ionment of functions of* *any complex unity,* zunächst theologisch: *trinity* OED 60	
ca. 1600			***Ökonom*** Hauswirt, Verwalter DW 1268
1600–1650		*economy* *ecclesiastical use:* *method of divine* *government, judicious* *handling of doctrine,* aus solcher französi- schen Bedeutung ins Englische übernom- men OED 60	
1615	***économie politique*** bei Henri de Mont- chrestien *TLF* 680		
1651		*economy* in Verbindung mit Nationalökonomie in Hobbes' *Leviathan* OED 60	
1663	***économie*** *épargne dans la* *dépense* *TLF* 680		
1670		*economy* *saving, thrift* OED 60	
1671		*economy* *structure in a product* *of human design* OED 60	
ca. 1700			***Ökonomie*** Wirtschaftlichkeit, Sparsamkeit EWD 1198 sachgemäße Eintei- lung, zweckmäßige Einrichtung *DW* 1269

frühester Beleg	Französisch	Englisch	Deutsch
1755		*economic* *saving* OED 58	
1764	*économie de paroles* negative Konnotation, Voltaire ironisiert die theologische Verwen- dung von *économie* DP 278		
1776		*economists* Schule von Wirt- schaftstheoretikern OED 59	
1777			*Ökonomie* Bereich der Beschäfti- gung zum Vermögens- erwerb, Haushaltung, Haushaltungskunst, verhältnismäßige Ver- teilung und Einrich- tung der Zwecke und Mittel, Landwirtschaft Adelung nach *GH* 38
1780		*economical* *saving* OED 59	
1796		*economy* *ridiculing use,* *falsification of truth,* nach Voltaires Kritik an der „*economy of* *truth,*" des „*economic* *style*" in kirchlichen Schriften OED 60	
1800-1850			*Ökonomie* wirtschaftswissen- schaftliche Disziplin, Nationalökonomie *EWD* 1198 *Ökonom* Wirtschaftswissen- schaftler *EWD* 1198

frühester Beleg	Französisch	Englisch	Deutsch
1805			***Nationalökonomie*** bei Soden im neunbändigen Lehrbuch *Die Nationalökonomie*, wahrscheinlich nach Adam Smiths *The Wealth of Nations*, 1776　　*GS* 9
1860			***Ökonomist*** für *économiste*　　　　　　*DW* 1269
1915			***Triebökonomie*** Freud　　　　*LP* 125
1919		***economism*** *primacy of economic causes*　　*OED* 59	
ca. 1920			***Ökonomismus*** Verwendung in Sozialwissenschaften und marxistischer Theorie, nach Lenin　　　　　　*BW* 903
1955	***économie de changements phonétiques*** linguistischer Fachterminus　　*AM*		
1968	***économisme*** *tendance à donner à l'économique la priorité sur le politique*　*GRLF* 765		
1969			***Ökonomik*** Produktionsweise statt Wirtschaft allgemein, DDR-Sprachgebrauch　　　　　　*BW* 902, *WDG* 2699, *WS* 357

frühester Beleg	Französisch	Englisch	Deutsch
1993			*ökonomische Aktivität* Tätigkeit, die direkt oder indirekt darauf abzielt, eine Befriedigung der Bedürfnisse durch Güter zu ermöglichen *VGW* 1557
			ökonomisches Prinzip auch Wirtschaftlichkeitsprinzip, angesichts allgemein bestehender Knappheitsrelationen sollen zur optimalen Erfüllung ökonomischer Ziele Mittel wirtschaftlich eingesetzt werden *VGW* 2366

Das Wort Ökonomie geht aus dem Griechischen als Fremdwort ins Lateinische über und gelangt von dort ins Französische, weiter ins Englische und letztlich ins Deutsche. Ökonomie als einer der drei Bereiche der praktischen Philosophie stellt die am frühesten belegte Verwendung von Ökonomie in der nachantiken Zeit. Der frühe Gebrauch der ökonomischen Metapher in der Theologie, zur Bezeichnung des Heilsplans oder der Heilsordnung, in der stoischen Philosophie, für das Ganze der Natur, und in der Rhetorik, für das Ganze des Textes, wird zur Metapher für Ordnung oder System erweitert. So kann *economy* 1671 auch *structure in a product of human design* beschreiben. Parallel entwickelt sich die Verwendung im wirtschaftlichen Sinn weiter mit der Entstehung der modernen Wirtschaftswissenschaften seit dem 17. Jahrhundert: Bis in das 17. Jahrhundert bezeichnet Ökonomie im wirtschaftlichen Sinn den Haus- und Familienbereich und eine Tätigkeit, die die „sinnvolle, gerechte und gewinnbringende Leitung einer Familie im privaten, geistlichen und staatlichen Bereich"[38] umfaßt. Die Übertragung der Vorstellung der häuslichen Ökonomik oder der Ökonomik eines fürstlichen Gutes oder Handwerksbetriebs auf den Staat, wie bereits bei Aristoteles, wird von Montchrestien in Frankreich zuerst als *économie politique* gefaßt. Diese

---

[38] Rupprecht Rohr, „Der Begriff ‚Ökonomie' in der französischen Literatur des Mittelalters," Stemmler 67.

Metapher gelangt über die Rezeption in englischen Schriften als National-ökonomie bei Soden auch ins Deutsche. Hervorzuheben ist, daß sich die Bedeutung von ökonomisch als sparsam und wirtschaftlich, wie sie heute im Deutschen am häufigsten konnotiert wird, erst im 17. Jahrhundert findet, wieder zunächst im Französischen.

Wohl wegen der deutschen parallelen Verwendung von Ökonomie und Wirtschaft wird Ökonomie im Deutschen im Unterschied zum Englischen und auch zum Französischen, trotz der *ménage*, eher als akademische Fachvokabel gängig. Im 20. Jahrhundert bilden sich gehäuft Fachaus-drücke in Zusammensetzung mit dem Wort Ökonomie, so in der Psycho-analyse (Triebökonomie) und in der Linguistik (*économie de changements phonétiques*). Im Sprachgebrauch der DDR wird als Alternative zu Ökonomie zur Bezeichnung einer abstrakten Wirtschaftsordnung die Verwendung von Ökonomik zur Bezeichnung einer historischen Produk-tionsweise wiedereingeführt. Heutiger Sprachgebrauch in den Wirtschafts-wissenschaften verwendet Ökonomie zur Beschreibung eines Systems zur Befriedigung menschlicher Bedürfnisse durch Güter. In den fünf verzeich-neten Sprachen hat Ökonomie in übertragener Bedeutung also vielfältige Konnotationen entwickelt: Haushalt, Hausverwaltung, Heilsplan, ange-messene Verteilung rhetorischer Mittel im Text, die Dreieinigkeit, Leitung einer Gemeinschaft, Teil der praktischen Philosophie, Ordnung einer komplexen Einheit, staatliche Ordnung, Sparsamkeit, Struktur eines menschlichen Produkts, Zweckmäßigkeit, Wahrheitsverdreherei, Beschäf-tigung zum Zweck des Vermögenserwerbs, Landwirtschaft, wissen-schaftliche Disziplin, Fachterminus in verschiedenen Wissenschaften zur Benennung eines Systems, zweckmäßige Nutzung von Ressourcen.

Anhang II:
Beispiele aus der Geschichte
des Vergleichs von Sprache und Geld

Anhang 2 illustriert die Geschichte des Vergleichs von Sprache und Geld mit einigen Beispielen. Eine große Zahl weiterer Beispiele enthalten insbesondere Marc Shells materialreiche Bücher sowie *The Economics of the Imagination* von Kurt Heinzelmann, der von Roy R. Male herausgegebene Band und viele weitere in der vorliegenden Arbeit herangezogene Titel. Der Leser sei bitte auf die Bibliographie verwiesen.

Die Tradition des Vergleichs von Sprache mit Ökonomie und Geld führt bis zu Platon zurück. Seit der Antike dient das Geld als Metapher für Falschheit und Künstlichkeit, Fiktionalität, Repräsentativität und sprachlichen Schein. Als Kontext für die frühe Verwendung der Metapher des Geldes ist die Gegnerschaft von Sophisten und Platonikern und von Rhetorik und Philosophie überliefert. Die Münze dient in der idealistischen Philosophie als negativer Vergleich für den Wahrheitsgehalt der Lehre der Sophisten und der rhetorischen Sprache. Die frühesten Zeugnisse der Geldmetapher etablieren sich in einer Tradition der Beschreibung der Wahrheit; erst mit dem verstärkten Aufkommen eines philosophischen Interesses an der Sprache und an der Sprachgebundenheit der Wahrheit in der Philosophie entwickelt sich ab dem 17. Jahrhundert in der rationalistischen Philosophie ein Vergleich von Geld mit Sprache. Im 19. Jahrhundert treten Vergleiche von Sprache, Wissen und Kunst mit Geld als Kapital gehäuft auf. Ende des 20. Jahrhunderts schließlich wird Geld als Information begriffen. Mit dem „linguistic turn"[1] seit Anfang des 20. Jahrhunderts geht auch der linguistische Vergleich von sprachlichem Zeichen mit dem Geld wie bei Saussure einher. Im Laufe der Jahrhunderte und mit dem wachsenden philosophischen Interesse an der Sprache als Instanz der Wahrheit wandelt sich der Vergleich von Wahrheit und Falschheit mit Geld zu einer Gleichsetzung von Sprache und Geld.

Der Vergleich von Sprache mit Geld liegt in drei unterscheidbaren Formen oder textuellen Ausdehnungsgraden vor: 1) als punktuelle ökonomische Metapher, 2) als in der metaphorischen Verwendung ökonomischer Termini vorausgesetzte oder auch explizite Annahme einer ausgedehnten Gleichheit von Sprache und Geld hinsichtlich ihrer Funktion im menschlichen Austausch und ihrer Repräsentationsfunktion, 3) als Beweis in der Argumentation eines theoretischen Ansatzes, der verschiedene Zeichen-

---

[1] Vgl. Rorty, *The Linguistic Turn*.

systeme oder die Gesamtheit des Denkens von ökonomischen Prinzipien geregelt sieht. Während die erste, punktuelle Form vereinzelt eine ökonomische Metapher in einem nicht-ökonomischen Kontext verwendet, weitet die zweite Form des Vergleichs von Sprache und Geld den Grad der angenommenen Gleichheit zwischen den beiden Begriffen bis hin zu einer Identität der beiden Vergleichsbereiche Sprache und Ökonomie aus, so daß die Ökonomie- oder Geldmetapher ihre Metaphorizität verliert. Die dritte Form des Vergleichs von Sprache und Geld kehrt die erste Form gewissermaßen um: Statt eines vereinzelten Beschreibens sprachlicher Phänomene anhand ökonomischer Metaphern setzt die dritte Form eine allgemeine Gültigkeit ökonomischer Prinzipien voraus. Der Ökonomiebegriff wird entgrenzt und die Sprache erscheint als nur eine mögliche Form ökonomischer Prozesse. Indem das Wort Ökonomie bereits seit seiner Prägung als wirtschaftstheoretischer Terminus zu Zeiten des Aristoteles auch als Metapher für eine abgrenzbare Einheit unter bestimmten Regeln, also als Systembegriff, Verwendung findet, wird die dritte Form bestätigt.

Die Metapher des Siegelringes, mit dem in Wachs ein Abdruck geprägt wird, stellt bei Platon eine Verbindung zwischen Geldwirtschaft und Erkenntnis der Wahrheit her: Sie beschreibt die Erinnerung mit einem frühen antiken Verfahren zur Prägung von Münzen. Eine weitere Variation des Vergleichs von rechter Rede, im Sinne richtiger Klassifikation der Erscheinungen, und Münzprägung liegt in Platons Formulierung „daß wir alles, was gespalten und in Arten zerlegt ist, nach Kräften zusammenfügen und als eine natürliche Gattung bezeichnen müßten."[2] Otto Apelt übersetzt mit 'als eine natürliche Gattung bezeichnen' die Beschreibung im griechischen Original, daß etwas gestempelt werde, einen Stempelaufdruck oder Charakter erhalte; Charakter beschreibt griechisch zunächst die Prägung und den Stempel oder das Stempelgerät und von dort erst Eigenschaft oder Kennzeichen. Bei Zenon von Kition nach der Überlieferung durch Diogenes Laertius erfolgt die Gleichsetzung des Denkens mit Münzprägung im Kontext der Diskussion um das Verhältnis von dialektischer Wahrheitsfindung und geübter Rede:

> Die wohlgesetzten Vorträge der fehlerlos Redenden verglich er mit dem Alexandrinischen Silbergeld: sie fielen schön ins Auge und seien wohlabgerundet wie jene Münzen, seien aber darum um nichts besser. Die anders gearteten Reden dagegen verglich er mit den attischen Vierdrachmenstücken, die nachlässig

---

[2] Platon, *Philebos*, übers. Otto Apelt, 1922, *Sämtliche Dialoge*, Bd. 4 (Hamburg: Meiner, 1998) [25]. Eine englische Übersetzung, die das Gemeinte deutlicher werden läßt, zitiert Shell, *The Economy of Literature* 62, Anm. 146: „[that] we ought to do our best to collect all such kinds as are torn and split apart, and stamp a single *charakter* on them."

geprägt und unregelmäßig seien; an Gewicht seien diese letzteren Reden oft schwerer als jene Erzeugnisse schön stilisierter Redeweise.[3]

Die fehlerlose Rede und ihre Worte sind nur Schein der Wahrheit, wenn nicht mittels der Dialektik, als der Lehre „des Bezeichneten und des Ausdrucks oder Wortes"[4] die im Geist geprägten „anschaulichen Vorstellungen"[5] auf wahre Weise mit den Worten zur Identität gebracht werden, also der Edelmetallwert der Münzen hoch ist. Eine gute Rede muß wie eine schön anzusehende Münze, die wenig Metallwert hat, keine Wahrheit enthalten; eine schlechte Rede dagegen kann der Wahrheit näher sein, so wie eine nach außen häßliche Münze aus reinem Metall bestehen kann und wertvoll ist. Zwischen Platon und Zenon wird der Vergleich von Vorstellung, Sprache und Münze bereits um das Moment der Metallhaltigkeit der Münze kompliziert; eine Differenzierung des Geldes, als entweder gutes oder minderwertiges geprägtes Metall, erlaubt eine Abstufung des Vergleichs. Wie bei Zenon von Kition finden sich die frühesten Vergleiche von Sprache oder Wahrheit mit Geld in Kontexten, die auf die sophistische Rhetorik verweisen. Seit dem 4. Jahrhundert treten sich Sophisten und Platoniker nicht nur als Rhetoriker und Philosophen gegenüber, sondern auch als Vertreter verschiedener Ansätze in der Auseinandersetzung mit neuen Wirtschaftsstrukturen wie dem Aufkommen des städtischen Marktes und der Verbreitung der einhergehenden Geldwirtschaft und ihren Folgen in der Demokratisierung. Die pragmatische Anpassung der Sophisten an die neuen Gegebenheiten steht in Konflikt mit der idealistischen Version von Staat und Wirtschaft bei Platon und Aristoteles. Schon in seinen Anfängen tritt der Vergleich von Sprache und Wahrheit mit Geld also im Kontext eines Konflikts von idealistischer und pragmatischer Geisteshaltung auf, der konkrete wirtschaftliche Zusammenhänge und Veränderungen betrifft.

Der Vergleich von Rede mit dem Edelmetallgehalt von Münzen und mit Münzinschriften nach Zenon und Platon geht in die Philosophie- und Literaturgeschichte ein und wird erweitert und modifiziert. Im 17. Jahrhundert erlebt der Vergleich von Sprache und Geld im Zusammenhang mit der Suche nach einem universalen Zeichensystem besondere Verbreitung.

---

[3] Diogenes Laertius, *Leben und Meinungen berühmter Philosophen* (Hamburg: Meiner, 1990) VII, 18. Shells Erklärung, „[that] Zeno's comparison between words and coins is the first of many similar descriptions of language" (Shell, *The Economy of Literature* 38, Anm. 85) gilt es zu überprüfen, denn bei Diogenes Laertius wird nicht, wie Shell annimmt, der Sophist Zenon von Elea (5. Jahrhundert v. Chr.), sondern der Stoiker Zenon von Kition (340-260 v. Chr.) zitiert. Damit ist Platons Siegelringmetapher, wird sie als ein Vergleich von Denken und Geld gelesen, ein früheres Beispiel als das Zenons von Kition.

[4] Diogenes Laertius VII, 43.

[5] Diogenes Laertius VII, 43.

Er avanciert zum „philosophische[n] Modethema,"[6] wie Marcelo Dascals Untersuchung des Vergleichs bei Francis Bacon, Thomas Hobbes und G.W. Leibniz belegt.[7] Ein Programm für die Analyse des Vergleichs von Sprache und Geld findet sich bei Johann Georg Hamann 1761:

> Das Geld und die Sprache sind zween Gegenstände, deren Untersuchung so tiefsinnig und abstract als ihr Gebrauch allgemein ist. Beyde stehen in einer näheren Verwandtschaft, als man muthmaßen sollte. Die Theorie des einen erklärt die Theorie des andern; sie scheinen daher aus gemeinschaftlichen Gründen zu fließen. . . . Man darf sich also nicht wundern, daß die Beredsamkeit in den Staatsunternehmungen der ältesten Zeiten ein ebenso stark Gewicht gehabt, als das Finanzwesen in der Klugheit und im Glück der unsrigen. Im gegenwärtigen Jahrhundert würde es dem Julius Cäsar vielleicht so nützlich geschienen haben, ein außerordentlicher Münzmeister zu werden, als es ihm damals rühmlich dauchte ein feiner Grammaticker zu seyn.[8]

G.E. Lessing in *Nathan der Weise* verwendet im 18. Jahrhundert beide Begründungen des Geldwerts: Edelmetallwert und nominalistischer Prägewert stehen gegeneinander, wobei für den Edelmetallwert und für die idealistische Vorstellung vom intrinsischen Wert Position bezogen wird.

> Was will der Sultan? was? - Ich bin
> Auf Geld gefaßt; und er will - Wahrheit. Wahrheit!
> Und will sie so, - so bar, so blank, - als ob
> Die Wahrheit Münze wäre! - Ja, wenn noch
> Uralte Münze, die gewogen ward! -
> Das ginge noch! Allein so neue Münze,
> Die nur der Stempel macht, die man aufs Brett
> Nur zählen darf, das ist sie doch nun nicht!
> Wie Geld im Sack, so striche man in Kopf
> Auch Wahrheit ein?[9]

Lessings Verwendung des Vergleichs legt wegen des Motivs der metallisch schlechtwertigen Münzen, statt nur des schlechten Inschriftabdrucks wie bei Platon, eine Herkunft von Diogenes Laertius' Zitat Zenons nahe. Das bereits bei Zenon gegebenen Motiv einer Dekadenz von Münzen älterer Prägung zu jüngeren Münzen, die schlechtere Metallwerte haben und deren Wert rein nominalistisch festgesetzt ist, ist verstärkt. Der Metallwert der älteren Münzen entspricht noch ihrem Gewicht; der Wert

---

[6] Hörisch 174, Anm. 3.

[7] Marcelo Dascal, „Language and Money - A Simile and Its Meaning in 17th Century Philosophy of Language," *studia leibnitiana* 8.1 (1976): 188.

[8] Johann Georg Hamann, „Vermischte Anmerkungen über die Wortfügung in der französischen Sprache," 1761, *Sämtliche Werke*, hg. J. Nadler, Bd. 2 (Wien: 1950) 129, nach Hörisch 173.

[9] Gotthold Ephraim Lessing, *Nathan der Weise*, 1779 (München: Hanser, 1971) 274 [III, 6].

der Münze kann also über das Wiegen des Geldstücks festgestellt werden. Die jüngeren, minderwertigen Münzen tragen nur noch die Prägung ihres Wertes, der in ihrem Metallwert nicht mehr gegeben ist, so daß ein Wiegen unnütz wird und man die Münzen, wie Rechenpfennige, nur noch abzählen kann. Bei Zenon ist die Überzeugung von einer historischen Entwicklung zum Schlechteren noch nicht deutlich wie bei Lessing, sondern die gute und schlechte Währung bestehen gleichzeitig.

Auch Hegel zieht in der *Phänomenologie des Geistes* den Vergleich von Wahrheit und Geld heran, um die Wahrheit dahingehend zu beschreiben, daß sie mittels Begriff erst gewonnen werden müsse; Hegels Vergleich ähnelt Lessings Formulierung im *Nathan*.

> Das *Wahre* und *Falsche* gehört zu den bestimmten Gedanken, die bewegungslos für eigene Wesen gelten, deren eines drüben, das andere hüben ohne Gemeinschaft mit dem andern isoliert und fest steht. Dagegen muß behauptet werden, daß die Wahrheit nicht eine ausgeprägte Münze ist, die fertig gegeben und so eingestrichen werden kann.[10]

Die Wahrheit hat „an dem *Begriffe* allein das Element ihrer Existenz."[11] Da das Geld nach Hegel quantitativ bestimmt ist, der Begriff aber qualitativ, kann das Geld nicht zur Wahrheit gehören. Die Wahrheit ist reflektierte Tätigkeit, bewegt und prozessual; sie ist mit der von Hegel als Ding und gleichsam als *ready made* konzipierten Münze nicht vergleichbar. Karl Marx beschreibt einen entfremdenden, weil reifizierenden, Effekt des Geldes, das für ihn ein Arbeitsprodukt ist und Arbeitswert 'kristallisiert', auch für die Sprache:

> Der Wert verwandelt vielmehr jedes Arbeitsprodukt in eine gesellschaftliche Hieroglyphe. Später suchen die Menschen den Sinn der Hieroglyphe zu entziffern, hinter das Geheimnis ihres eignen gesellschaftlichen Produkts zu kommen, denn die Bestimmung der Gebrauchsgegenstände als Werte ist ihr gesellschaftliches Produkt so gut wie die Sprache.[12]

Sprache und Geld fehlt es an Unmittelbarkeit; beide sind als Produkte und Arbeitswerte nur „gegenständliche[r] Schein."[13] Friedrich Nietzsch' wiederholt die idealistische, platonische Metapher von der falsch' Äußerlichkeit als der schlecht lesbaren Inschrift auf der Münze, und k' die Metapher mittels der nominalistischen Geldtheorie um: Durch nutzung der Prägung, d.h. des Zeichens der Konvention über den erscheint ein konventioneller Wert wie reines Edelmetall und Wahrh'

---

[10] Hegel, *Phänomenologie des Geistes* 40.
[11] Hegel, *Phänomenologie des Geistes* 15.
[12] Karl Marx 88.
[13] Karl Marx 88.

Was also ist Wahrheit? Ein bewegliches Heer von Metaphern, Metonymien, Anthropomorphismen kurz eine Summe von menschlichen Relationen, die, poetisch und rhetorisch gesteigert, übertragen, geschmückt wurden, und die nach langem Gebrauche einem Volke fest, canonisch und verbindlich dünken: die Wahrheiten sind Illusionen, von denen man vergessen hat, dass sie welche sind, Metaphern, die abgenutzt und sinnlich kraftlos geworden sind, Münzen, die ihr Bild verloren haben und nun als Metall, nicht mehr als Münzen in Betracht kommen.[14]

Neben einem negativen Vergleich von Wahrheit und Geld, wie in den Beispielen aus Lessing, Hegel, Marx und Nietzsche wird ab dem 18. Jahrhundert das Geld im Vergleich weiter wie in der rationalistischen Tradition affirmiert. Sprache und Geld, als zweckgerichtete Zeichensysteme, werden als Mittel zu menschlicher Gemeinschaft gefaßt. Entsprechend beschreibt Kant das Geld und das Buch in der Rechtslehre der *Metaphysik der Sitten* als Werkzeuge, die mit vergleichbarer Funktion dem Verkehr unter den Menschen dienen. Das Geld ist „Begriff des größten und brauchbarsten aller Mittel des Verkehrs der Menschen mit Sachen, Kauf und Verkauf (Handel) genannt," und wird von Kant dem Buch gleichgesetzt, als des Mittels „des größten Verkehrs der Gedanken."[15] Lichtenbergs Sudelbücher führen einen Vergleich von Sprache und Ökonomie an, der die Bedeutung von Ökonomik als Haushaltung, wie sie den antiken Verwendungen unterliegt, noch voll rezipiert und mit der Bemühung um Klassifikation verbindet.

Kurz in einem Kopf, wo die Wörter nicht recht liegen, da ist eine ganz andere Denkungs-Art, ein anderes Jus naturae, andere Belleslettres, die ganze Haushaltung muß sich ändern, man wird Fremdling in seinem eigenen Vaterland und in der Welt. Also wollte ich allen jungen Leuten raten, alle neue Wörter fein zu ordnen und so wie die Mineralien in ihre Klassen zu bringen, damit man sie finden kann, wenn man darnach fragt oder sie selbst gebrauchen will. Dieses heißt Wörter-Ökonomie, und ist dem Verstand eben so einträglich, als die Geld-Ökonomie dem Beutel.[16]

Der Verweis auf die Einteilung und Ordnung der Mineralien nach Klassen im Zusammenhang mit Haushaltung und Geld zitiert die metaphorische Analogie von Klassifikation und Münzprägung bei Platon.

Im *Faust II* stellt Goethe die Entstehung des Papiergelds aus Schuldscheinen dar, die auf eine Goldreserve verweisen und damit gedeckt sind.

---

[14] Friedrich Nietzsche, „Ueber Wahrheit und Lüge im aussermoralischen Sinne," 1873, *Nachgelassene Schriften 1870-1873*, *Kritische Studienausgabe*, Bd. 1, hg. Giorgio Colli und Mazzino Montinari (München: dtv/de Gruyter, 1988) 880-81.

[15] Immanuel Kant, *Metaphysik der Sitten* 400.

[16] Georg Christoph Lichtenberg, *Sudelbücher*, 1800/1806, *Schriften und Briefe*, Bd. 1 (München: Hanser, 1968) 86. Für den Hinweis auf dieses Beispiel für den Vergleich bei Lichtenberg danke ich Ronald Dietrich.

Zwar entspringt das Papiergeld der Macht Mephistopheles', doch werden seine Auswirkungen im Dienst des menschlichen Wohlergehens nicht nur negativ konnotiert. Anders als verbreitete Interpretationen der Papiergeldszene, die in den dämonisierenden Tenor enden, daß das Papiergeld eine diabolische, böse Erfindung sei, wird vielmehr in der Beschreibung der burlesken Wirkungen des Papiergeldes im Volk, die durchgehend positiv konnotiert sind, eine mögliche positive Seite am Papiergeld und damit am nominalistischen Geld aufgezeigt. Seit dem ausgehenden 18. Jahrhundert wird die Konventionalität des Geldes, als Vertrauen des Volks in die Regierung und in die Mitbürger, die dem Wert des Papiergeldes zugrunde liegt und schon von Hobbes, wie Dascal beschreibt, angeführt wird, auch als Vorteil gesehen, trotz der Ernüchterung über das Scheitern der Einführung von Papiergeld durch John Law in Frankreich und den Wertverlust der Assignaten. Schon der Kontinentalkongress in den USA verteidigt mit patriotischer Argumentation die Gültigkeit des Papiergeldes gegen die Zweifel der Bevölkerung:

> [A]ny person who shall hereafter be so lost to all virtue and regard for his country, as to refuse to receive said bills in payment . . . shall be deemed, published and treated as an enemy in this country and precluded from all trade or intercourse with the inhabitants of these colonies.[17]

Auch Franklin unterstützt das Papiergeld mit einer Flugschrift anläßlich der Widerstände gegen den Erlaß des Gesetzes, daß der Legislative von Pennsylvania erlauben soll, Papiergeld auszugeben. Er beschreibt den Prozeß der Annahme des Gesetzes, wobei sowohl der demokratisierende Effekt der Konventionalität des Geldes als auch die Dringlichkeit der Geldmengenpolitik deutlich werden:

> About this time there was a Cry among the People for more Paper-Money, only 15,000 Pounds being extant in the Province and that soon to be sunk. The wealthy Inhabitants oppos'd any Addition, being against all Paper Currency, from an Apprehension that it would depreciate as it had done in New England to the Prejudice of all Creditors. . . . Our debates possess'd me so fully of the Subject, that I wrote and printed an anonymous Pamphlet on it, entitled, *The Nature and Necessity of a Paper Currency.* It was well receiv'd by the common People in general; but the Rich Men dislik'd it; for it increas'd and strengthen'd the Clamor for more Money; and they happening to have no Writers among them that were able to answer it, their Opposition slackn'd and the Point was carried by a Majority in the House. . . . The Utility of this Currency became by Time and Experience so evident, as never afterwards to be much disputed, so that it grew soon to 55,000 Pounds, and in 1739 to 80,000 Pounds . . . . Tho' I now think there are Limits beyond which the Quantity may be hurtful.[18]

---

[17] Beschluß des Kontinentalkongresses, 1776, nach Barry 15.

[18] Benjamin Franklin, „Part One," 1771, *Benjamin Franklin's Autobiography* 53-54.

Die Anhänger des Papiergeldes verteidigen es mit der gemeinschafts-
bildenden Kraft der konventionellen Geltung von Werten, die also auch
per Konvention geändert werden können; nominalistisches Papiergeld, im
Unterschied zum Edelmetallgeld,

> offers the Government a most indestructible support because it makes the daily
> bread of every individual depend substantially on the safety of government,
> whereas money, which can be hoarded, separates the individual from the public
> safety.[19]

Nicht nur wegen seines Interesses an Amerika verfolgt Goethe diese
Diskussion. Enrik Lauer bescheinigt Goethe, wie viele andere auch, „ökonomische Kompetenz," die sich nicht nur in der „Übernahme der
herzoglich-weimarischen Finanzverwaltung"[20] bestätigte, sondern auch in
Goethes Geldverständnis. Seine Vorstellung vom Geld erinnert an
Franklins Satz von der Zeit als Geld: „Für den Dichter leidet es keinen
Zweifel, daß der, der >>sich auf's Geld versteht<< sich wohl auch >>auf
die Zeit, sehr auf die Zeit<< verstehen müsse."[21] Auch Fausts Verse stehen
im Kontext der Diskussion um die Konventionalität des Papiergeldes und
das Vertrauen der Bevölkerung in den Staat.

> Das Übermaß der Schätze, das, erstarrt,
> In deinen Landen tief im Boden harrt,
> Liegt ungenutzt. Der weiteste Gedanke
> Ist solchen Reichtums kümmerlichste Schranke;
> Die Phantasie, in ihrem höchsten Flug,
> Sie strengt sich an und tut sich nie genug.
> Doch fassen Geister, würdig, tief zu schauen,
> Zum Grenzenlosen grenzenlos Vertrauen.[22]

Grenzenlosigkeit markiert das chrematistische Moment des Geldes; Fausts
Worte legen dennoch Vertrauen in konventionelles Papiergeld als von der
Gemeinschaft abgesichert nahe.

Auch Edgar Allan Poe verwendet den Vergleich in Bestätigung der
chrematistischen Akkumulationskraft des Geldes: „[K]owledge breeds
knowledge, as gold gold; for he who reads really much, finds his capacity

---

[19] *Morning Post* 14 Sept. 1810, nach Barry 15. Vgl. dort auch: „Virtue could now be
defined not as dependence upon property and independence from the power of the
State, but as interdependence among citizens, or between citizens and government
through the public credit of the nation. The emission and acceptance of paper money
brings into being an imagined community, internally dependent upon itself."

[20] Enrik Lauer, *Literarischer Monetarismus: Studien zur Homologie von Sinn und Geld
bei Goethe, Goux, Sohn-Retgel, Simmel und Luhmann* (St. Ingbert: Röhrig, 1994) 41.

[21] Lauer 41.

[22] J.W. von Goethe, *Faust. Der Tragödie zweiter Teil*, 1832 (Stuttgart: Reclam, 1986)
43-44 [6111-6118].

to read increase in geometrical ratio."[23] Der Gemeinplatz vom Geld, das Geld gebiert, stammt aus der Chrematistik des Aristoteles. Für Henry James ist die Kunst, wie bei Poe das Wissen, kapitalisierend:

> [L]ife has no direct sense whatever for the subject and is capable, luckily for us, of nothing but splendid waste. Hence the opportunity for the sublime economy of art, which rescues, which saves, and hoards and 'banks', investing and reinvesting these fruits of toil in wondrous useful 'works' and thus making up for us, desperate spendthrifts that we all naturally are, the most princely of incomes.[24]

Ezra Pounds ökonomisches Denken verweist dagegen auf das Ideal einer geldlosen Gesellschaft. Die Potentialität des Geldes wird im Gefolge der aristotelischen Tradition disqualifiziert und dem repräsentationistisch begriffenen Geld wird wie der Sprache mißtraut:

> Pound's political, economic, and racist views are in large measure governed by what could be called 'sign anxiety,' a suspicion that human representations are grounded - not in 'nature' or 'vision' - but by the force of a rhetoric deploying empty words.[25]

Der Wunsch nach einer nicht arbiträren, intrinsisch motivierten, heiligen oder magischen Bedeutung der Wörter entspricht der Ablehnung der Eigenschaften des Geldes als „CONTRA NATURAM," wie Pound in „Canto XLV" von 1937 schreibt. „Usury" wird „the emblem of an economic system dedicated to the reproduction of an ungrounded currency and the making of profits on demand rather than value."[26] Das Geldzeichen dient zur Beschreibung des Sprachzeichens als totes Zeichen. „This central calculus exchanges the poetic sign for the patent monetary sign that explains *decline* in general as loss of reference and the increase in parasitic mediators."[27] Das Projekt Pounds ist die Wiederherstellung der lebendigen Schrift, stimuliert „[by] the desire for a transcendent and multivalent Renaissance wherein the dead signs return to life."[28] Die Bewahrung der Tradition - *make it new* - soll die Wörter an ihre ursprüngliche Wertsubstanz zurückbinden. Kuberski hebt hervor, daß Pound „[c]learly unsure of his authority in . . . [the] critique of currency"[29] gewesen sei, was ihn

---

[23] Edgar Allan Poe, *Essays and Reviews*, hg. G.R. Thompson (New York, 1984) 1318, nach Terence Whalen, „Edgar Allan Poe and the Horrid Laws of Political Economy," *American Quarterly* 44.3 (September 1992) 394.

[24] Henry James, „The Spoils of Poynton, A London Life, The Caperon," 1908, *The Prefaces to the New York Edition*, 1907-1909, *Literary Criticsm*, hg. Leon Edel (New York: Literary Classics of the United States, 1984) 1139.

[25] Philip Kuberski, *A Calculus of Ezra Pound* (Gainesville: UP of Florida, 1992) x.

[26] Kuberski 93.

[27] Kuberski 89.

[28] Kuberski 65.

[29] Kuberski 93.

jedoch nicht abgehalten habe, Papiergeld als Quelle des Übels zu betrachten und seine „economic critique, like his literary critique, in the late Middle Ages"[30] zu verankern, als Zinswirtschaft verbreitet abgelehnt wird. Angemessen erscheint Pounds Feststellung, „[that] the history of money is yet to be written."[31]

Der Vergleich von Wissen und Kapital seit dem 19. Jahrhundert geht auch in poststrukturalistische Zeichenökonomien ein, so repräsentativ bei Jean-François Lyotard, der Wissen und Geld gleichgesetzt:

> Man kann sich vorstellen, daß die Erkenntnisse nicht Kraft ihres 'formgebenden' Wertes oder ihrer politischen (administrativen, diplomatischen, militärischen) Wichtigkeit, sondern wie Geld in Umlauf gebracht werden und daß die diesbezügliche pertinente Unterscheidung aufhört, Wissen/Nichtwissen zu sein, um wie für das Geld 'Zahlungserkenntnisse/Investitionserkenntnisse' zu lauten, das heißt Erkenntnisse, die im Rahmen der Erhaltung des täglichen Lebens (Wiedergewinnung der Kraft für die tägliche Arbeit, 'Überleben') ausgetauscht werden, *versus* Erkenntniskredite hinsichtlich der Leistungsoptimierung eines Programms.[32]

In der Vorstellung vom Geld als quantifizierbarer Information setzt sich Ende des 20. Jahrhunderts die Mathematisierung der Wirtschaftswissenschaft durch:

> Wir wenden uns für einen Augenblick dem Begriff der *Wirtschaft* zu. Dieser fällt aus allen anderen sozialen Bereichen dadurch heraus, daß von ihm allein eine quantitative, nach dem Muster der Naturwissenschaft theoriefähige Wissenschaft hat entwickelt werden können. Das zentrale Problem der Möglichkeit einer solchen Wissenschaft steckt in dem Maß, das sie quantifizierbar macht, also in der Frage: *Was ist Geld?* Ich neige dazu, den Begriff des Geldes mit dem der Information zusammenzubringen.[33]

In der postmodernen Literatur erfährt die modernistische Zeichentheorie Pounds und ihre Ablehnung der Geldwirtschaft eine Wendung. Die mit der Differenz von Natur und Kultur oder Kunst seit Aristoteles begründete Ablehnung des Geldes wegen seiner verzeitlichenden und akkumulierenden Eigenschaften wird überwunden. Diese veränderte Haltung und die Hinterfragung einer bei Pound exemplarisch vorliegenden 'modernen Antiquierung' der Geldtheorie kann auch als Merkmal zur Unterscheidung von moderner und postmoderner Theorie dienen. Für die postmoderne

---

[30] Kuberski 93.

[31] Ezra Pound, *Selected Prose*, hg. William Cookson (New York: New Directions, 1973) 272, nach Kuberski 96.

[32] Jean-François Lyotard, *Das postmoderne Wissen: Ein Bericht*, 1979, übers. Otto Pfersmann (Wien: Passagen, 1994) 29.

[33] Carl Friedrich von Weizsäcker, *Zeit und Wissen* (München: dtv, 1995) 387.

Zeichentheorie und ihren Vergleich mit dem Geld gilt, was Steven Weisenburger über William Gaddis' Roman *JR* feststellt:

> Edward Bast, the artist-figure in *JR*, finds himself struggling to be free of the institutional usury that wastes his creative vitality, but his crucial discovery is that usury itself is the state of Nature. Usury is not *contra naturam*, as we may have thought from reading *The Merchant of Venice* or Ezra Pound's *Cantos*. No, it partakes of Nature's vast commerce, for even molecules exchange particles and yield up energy (interest) during the transaction.[34]

---

[34] Steven Weisenburger, „Contra Naturam?: Usury in William Gaddis's *JR*," Male 95.

Bibliographie

Zu den Werken Derridas und ihren Übersetzungen ins Englische bis 1992 sei auf die ausgezeichnete Bibliographie von Albert Leventure und Thomas Keenan, „A Bibliography of the Works of Jacques Derrida," *Derrida: A Critical Reader*, hg. David Wood (Oxford/Cambridge: Blackwell, 1992) 247-289 verwiesen. Weniger geordnet und vollständig bietet Geoffrey Bennington, „Bibliographie," in *Jacques Derrida*, von Geoffrey Bennington und Jacques Derrida (Paris: Seuil, 1991) 327-376, zusätzlich eine umfangreiche Liste internationaler Sekundärliteratur zu Derrida. Man vergleiche auch Peggy Kamufs „Bibliography of Works by Jacques Derrida" und „Selected Works on Jacques Derrida and Deconstruction" in *A Derrida Reader: Between the Blinds*, hg. und eingef. Peggy Kamuf (New York: Harvester Wheatsheaf, 1991) 601-615. Übersetzungen der Werke und einzelner Artikel Derridas ins Deutsche bis 1992 werden in „Bibliographie der Schriften Jacques Derridas," *Ethik der Gabe: Denken nach Jacques Derrida*, hg. Michael Wetzel und Jean-Michel Rabaté (Berlin: Akademie, 1993) 353-363, angeführt.

Akademischer Autorenbund, Hg. *Thesaurus Linguae Latinae*. Bd. 9:2. Leipzig: Teubner, 1981.

Allison, David B., Übers. „Differance." 1968. Von Jacques Derrida. *Speech and Phenomena: And Other Essays on Husserl's Theory of Signs*. Evanston: Northwestern UP, 1973.

Arac, Jonathan, Wlad Godzich und Wallace Martin, Hg. *The Yale Critics: Deconstruction in America*. Minneapolis: U of Minnesota P, 1983.

Arens, Hans. *Sprachwissenschaft*. 2. Aufl. Freiburg: Karl Alber, 1969.

Aristoteles. *Die Nikomachische Ethik*. Übers. Olof Gigon. München: dtv, 1991.

---. *Poetik*. Übers. Manfred Fuhrmann. Stuttgart: Reclam, 1982.

---. *Politik*. Übers. Olof Gigon. München: dtv, 1973.

---. *Rhetorik*. Übers. Franz G. Sieveke. München: Fink, 1980.

Assmann, Aleida. „Schriftspekulation und Sprachutopien in Antike und früher Neuzeit." *Kabbala und Romantik*. Hg. Eveline Goodman-Thau, Gerd Mattenklott und Christoph Schulte. Tübingen: Niemeyer, 1994. 23-41.

Autorenkollektiv des Zentralinstituts für Sprachwissenschaft unter der Leitung von Wolfgang Pfeifer, Hg. *Etymologisches Wörterbuch des Deutschen*. Bd. 2. Berlin: Akademie, 1989.

Baecker, Dirk. „Die Unruhe des Geldes, der Einbruch der Frist." *Rätsel Geld*. Schelkle und Nitsch 107-124.

Barry, Kevin. „Paper Money and English Romanticism: Literary Side-Effects of the Last Invasion of Britain." *Times Literary Supplement* 21. Februar 1997: 14-16.

Barth, John. „The Literature of Exhaustion." 1967. *The Friday Book: Essays and Other Nonfiction*. New York: Perigee, 1984. 62-76.

---. „The Literature of Replenishment: Postmodernist Fiction." 1979. *The Friday Book*. NY: Perigee, 1984. 193-206.

Barthes, Roland. *Die Lust am Text*. 1973. Übers. Traugott König. Frankfurt: Suhrkamp, 1996.

Bass, Alan, Übers. „Positions." 1971. *Positions*. Von Jacques Derrida. Chicago: U of Chicago P, 1981. 37-96.

Bataille, Georges. „La notion de dépense." 1933. *Œuvres complètes*. Bd. 1. Paris: Gallimard, 1970. 302-320.

---. „La part maudite." 1949. *Œuvres complètes*. Bd. 7. Paris: Gallimard, 1976. 17-179.

---. „La souveraineté." 1956. *Œuvres complètes*. Bd. 8. Paris: Gallimard, 1976. 243-456.

---. „La structure psychologique du fascisme." 1933-34. *Œuvres complètes*. Bd. 1. Paris: Gallimard, 1970. 339-371.

---. „L'économie à la mesure de l'univers." 1946. *Œuvres complètes*. Bd. 7. Paris: Gallimard, 1976. 7-16.

---. „Méthode de méditation." 1946. *Œuvres complètes*. Bd. 5. Paris: Gallimard, 1973. 191-228.

Baudrillard, Jean. „Au-delà de la valeur d'usage." *Pour une critique de l'économie politique du signe* 154-171.

---. „De l'accomplissement de désir dans la valeur d'échange." *Pour une critique de l'économie politique du signe* 256-268.

---. „Fonction-signe et logique de classe." 1969. *Pour une critique de l'économie politique du signe* 7-58.

---. „La genèse idéologique des besoins." 1969. *Pour une critique de l'économie politique du signe* 59-94.

---. „Vers une critique de l'économie politique du signe." *Pour une critique de l'économie politique du signe* 172-199.

---. *Die Illusion des Endes, oder, Der Streik der Ereignisse*. 1992. Übers. Ronald Voullié. Berlin: Merve, 1994.

---. *L'échange symbolique et la mort*. Paris: Gallimard, 1976.

---. *Le miroir de la production ou l'illusion critique du matérialisme historique*. 1973. Paris: Galilée, 1985.

---. *Pour une critique de l'économie politique du signe.* Paris: Gallimard, 1972.

Bender, Dieter et al. *Vahlens Kompendium der Wirtschaftstheorie und Wirtschaftspolitik.* 6. überarb. Aufl. 2 Bde. München: Vahlen, 1995.

Benton, Raymond Jr. „A Hermeneutic Approach to Economics: If Economics Is Not Science, and If It Is Not Merely Mathematics, Then What Could It Be?" *Economics as Discourse: An Analysis of the Language of Economists.* Hg. Warren J. Samuels. Boston: Kluwer Academic, 1990. 65-89.

Bercovitch, Sacvan, „Introduction." *The American Puritan Imagination.* Hg. Sacvan Bercovitch. Cambridge: Cambridge UP, 1974. 1-16.

Bergfleth, Gerd, Hg. *Die Aufhebung der Ökonomie.* Von Georges Bataille. 1933-53. Übers. Heinz Abosch, Gerd Bergfleth und Traugott König. 2. erw. Aufl. München: Matthes & Seitz, 1985.

Berman, Russell A. „Konsumgesellschaft. Das Erbe der Avantgarde und die falsche Aufhebung der ästhetischen Autonomie." Übers. Birgit Diefenbach. *Postmodern: Alltag, Allegorie und Avantgarde.* Hg. Christa Bürger und Peter Bürger. Frankfurt: Suhrkamp, 1987. 56-71.

Bertens, Hans. *The Idea of the Postmodern.* London: Routledge, 1995.

Bloom, Harold, Jacques Derrida, Paul de Man, Geoffrey H. Hartman und J.Hillis Miller. *Deconstruction and Criticism.* London: Routledge & Kegan Paul, 1979.

Bonus, Holger. *Wertpapiere, Geld und Gold - Über das Unwirkliche in der Ökonomie.* Graz: Böhlau, 1990.

Bonus, Holger und Dieter Ronte. *Die Wa(h)re Kunst: Markt, Kultur, Illusion.* 1990. 2. Aufl. Stuttgart: Schäffer-Poeschel, 1997.

Bowman, Steven. „Anti-Semitism." *Dictionary of Literary Themes and Motifs.* Hg. Jean-Charles Seigneuret. Bd. 1. New York: Greenwood Press, 1988. 73-84.

Brennan, H. Geoffrey und A.M.C. Waterman, Hg. *Economics and Religion: Are They Distinct?* Boston: Kluwer Academic, 1994.

Brunner, Otto. „Das 'ganze Haus' und die alteuropäische 'Ökonomik'." 1956. *Neue Wege der Verfassungs- und Sozialgeschichte.* 3. Aufl. Göttingen: Vandenhoeck & Ruprecht, 1980. 103-127.

Caputo, John D. „The Economy of Signs in Husserl and Derrida." *Deconstruction and Philosophy.* Hg. John Sallis. Chicago: U of Chicago P, 1987. 99-113.

Cardauns, Burkhard. „Zum Begriff der *oeconomia* in der lateinischen Rhetorik und Dichtungskritik." Stemmler 9-18.

Cassel, Dieter. „Inflation." Bender et al. Bd. 1. 265-323.

Cassirer, Ernst. *Philosophie der symbolischen Formen.* Bd. 2. *Das Mythische Denken.* 1924. Darmstadt: WBG, 1994.

Chaney, David. *The Cultural Turn: Scene-Setting Essays on Contemporary Cultural History*. London: Routledge, 1994.

Coltharp, Duane. „Landscapes of Commodity: Nature as Economy in Emerson's Poems." *ESQ: A Journal of the American Renaissance* 38.4 (1992): 265-291.

Connor, Steven. *Theory and Cultural Value*. Oxford: Blackwell, 1992.

Cope, Kevin L. „Rational Hope, Rational Benevolence, and Ethical Accounting." *The Age of Johnson*. Hg. Paul J. Korshin. New York: AMS Press, 1987. 181-213.

Dascal, Marcelo. „Language and Money - A Simile and Its Meaning in 17th Century Philosophy of Language." *studia leibnitiana* 8.1 (1976): 187-218.

Davis, Robert Con und Ronald Schleifer, Hg. *Rhetoric and Form: Deconstruction at Yale*. Norman: Oklahoma UP, 1985.

Deleuze, Gilles. *Nietzsche et la philosophie*. Paris: Presses Universitaires de France, 1962.

Derrida, Jacques. „Afterword: Toward an Ethic of Discussion." 1988. Übers. Samuel Weber. *Limited Inc*. 1971/1977/1988. Übers. Samuel Weber und Jeffrey Mehlman. Evanston: Northwestern UP, 1988. 111-160.

---. „Cogito et histoire de la folie." 1963. *L'écriture et la différence* 51-97.

---. „De l'économie restreinte à l'économie générale - Un hegelianisme sans réserve." 1967. *L'écriture et la différence* 369-407.

---. „Du 'sans prix', ou le 'juste prix' de la transaction." *Comment penser l'argent?* Hg. Roger-Pol Droit. Paris: Le Monde Éditions, 1992. 386-401.

---. „Economimesis." 1975. Übers. R. Klein. *Diacritics* 11 (1981): 3-25.

---. „Edmond Jabès et la question du livre." 1964. *L'écriture et la différence* 99-116.

---. „Ellipse." *L'écriture et la différence* 429-436.

---. „Force et signification." 1963. *L'écriture et la différence* 9-49.

---. „Freud et la scène de l'écriture." 1966. *L'écriture et la différence* 293-340.

---. „Hors livre: Préfaces." *La dissémination* 7-67.

---. „Implications: entretien avec Henri Ronse." 1967. *Positions* 11-24.

---. „La différance." *Bulletin de la société francaise de philosophie* 62.3 (1968): 73-101, *Théorie d'ensemble*. Paris: Seuil, 1968. 41-66, und *Marges de la philosophie* 1-29.

---. „La double séance." *Tel Quel* 41 (Frühjahr 1970): 3-43 und 42 (Sommer 1970): 3-45, und *La dissémination* 199-317.

---. „La mythologie blanche (la métaphore dans le texte philosophique)." *Poétique* 5 (1971): 1-51, und *Marges de la philosophie* 247-324.

---. „La pharmacie de Platon." *Tel Quel* 32 (Winter 1968): 3-48 und 33 (Frühjahr 1969): 18-59, und *La dissémination* 68-198.

---. „La structure, le signe et le jeu dans le discours des sciences humaines." 1966. *L'écriture et la différence* 409-428.

---. „Le puits et la pyramide: introduction à la sémiologie de Hegel." 1968. *Marges de la philosophie* 79-128.

---. „Le retrait de la métaphore." 1978. *Psyché: Inventions de l'autre*. Paris: Galilée, 1987.

---. „Les fins de l'homme." 1968. *Marges de la philosophie* 129-164.

---. „Limited Inc abc ... ." 1977. Übers. Samuel Weber. *Limited Inc* 29-110.

---. „Living On - Border Lines." 1979. Übers. James Hulbert. Bloom et al. 75-176.

---. „Ousia et grammè: Note sur une note de *Sein und Zeit*." 1968. *Marges de la philosophie* 31-78.

---. „Point de folie - maintenant l'architecture." 1986. *Psyché: Inventions de l'autre*. Paris: Galilée, 1987. 477-493.

---. „Positions: entretien avec Jean-Louis Houdebine et Guy Scarpetta." 1971. *Positions* 51-133.

---. „Sémiologie et grammatologie: entretien avec Julia Kristeva." 1968. *Positions* 25-50.

---. „Signature événement contexte." 1971. *Marges de la philosophie* 365-393.

---. „Some Statements and Truisms about Neo-Logisms, Newisms, Postisms, Parasitisms, and Other Small Seismisms." 1986. *The States of 'Theory': History, Art, and Critical Discourse*. Hg. David Carroll. New York: Columbia UP, 1990. 63-95.

---. „Transe Partition (1)." *La dissémination* 197.

---. *De la grammatologie*. Paris: Minuit, 1967.

---. *Donner le temps: 1. La fausse monnaie*. Paris: Galilée, 1991.

---. *Einige Statements und Binsenweisheiten über Neologismen, New-Ismen, Post-Ismen, Parasitismen und andere kleine Seismen*. 1986. Übers. Susanne Lüdemann. Berlin: Merve, 1997.

---. *Éperons: les styles de Nietzsche/Spurs: Nietzsche's Styles*. 1973. Übers. Barbara Harlow. Chicago: U of Chicago P, 1979. Zweisprachige Ausgabe von „La question du style." *Nietzsche aujourd'hui? I: Intensités*. Paris: Union Générale d'Éditions, 1973.

---. *Gesetzeskraft: Der >>mystische Grund der Autorität<<*. 1989/1990. Übers. Alexander García Düttmann. Frankfurt: Suhrkamp, 1991. original: „Force de loi. Le 'fondement mystique de l'autorité'/"Force of Law: The 'Mystical Foundation of Authority'." 1989/1990. Zweisprachig. *Deconstruction and the Possibility of Justice, Cardozo Law Review* 11.5 und 11.6 (Juli/August 1990).

---. *Glas*. 1974. Paris: Denoël/Gonthier, 1981.

---. *Husserls Weg in die Geschichte am Leitfaden der Geometrie.* 1962. Übers. Rüdiger Hentschel und Andreas Knop. München: Fink, 1987.

---. *L'archéologie du frivole: lire Condillac.* 1973. Paris: Denoël/Gonthier, 1976.

---. *L'écriture et la différence.* Paris: Seuil, 1967.

---. *La dissémination.* Paris: Seuil, 1972.

---. *La vérité en peinture.* Paris: Flammarion, 1978.

---. *Limited Inc.* 1971/1977/1988. Übers. Samuel Weber und Jeffrey Mehlman. Evanston: Northwestern UP, 1988.

---. *Marges de la philosophie.* Paris: Minuit, 1972.

---. *Positions: Entretiens avec Henri Ronse, Julia Kristeva, Jean-Louis Houdebine, Guy Scarpetta.* Paris: Minuit, 1972.

---. *Spectres de Marx: L'État de la dette, le travail du deuil et la nouvelle Internationale.* Paris: Galilée, 1993.

--- und Anne Dufourmantelle. *De l'hospitalité.* Paris: Calmann-Lévy, 1997.

Dichtl, Erwin und Otmar Issing, Hg. *Vahlens Großes Wirtschaftslexikon.* 2. Aufl. 2 Bde. München: Beck/Vahlen, 1993.

Dietrichson, Jan W. *The Image of Money in the American Novel of the Gilded Age.* New York: Humanities Press, 1969.

Dimock, Wai-Chee. „The Economy of Pain: Capitalism, Humanitarianism, and the Realistic Novel." *New Essays on Silas Lapham.* Hg. Donald E. Pease. Cambridge: Cambridge UP, 1991. 67-90.

Diogenes Laertius. *Leben und Meinungen berühmter Philosophen.* Übers. Otto Apelt. 1921. Hamburg: Meiner, 1990.

Dobias, Peter. „Sozialismus - Marxismus." Issing 107-126.

Dolis, John. „Thoreau's *Walden:* Intimate Space and the Economy of Being." *Consumable Goods.* Hg. David K. Vaughan. Orono: National Poetry Foundation, 1987. 185-193.

Donato, Eugenio und Richard Macksey, Hg. *The Structuralist Controversy: The Languages of Criticism and the Sciences of Man.* 1970. Baltimore: Johns Hopkins UP, 1972.

Drury, Shadia B. *Alexandre Kojève: The Roots of Postmodern Politics.* London: Macmillan, 1994.

Dückert, Joachim und Günter Kempcke, Hg. *Wörterbuch der Sprachschwierigkeiten.* Leipzig: VEB Bibliographisches Institut, 1984.

Eagleton, Terry. *The Function of Criticism.* London: Verso, 1984.

Eisermann, Gottfried, Hg. *Vilfredo Paretos System der allgemeinen Soziologie.* 1915. Stuttgart: Ferdinand Enke, 1962.

Fetscher, Iring und Gerhard Lehmbruch, Übers. *Hegel: Eine Vergegenwärtigung seines Denkens.* Von Alexandre Kojève. 1947. Hg. Iring Fetscher. Stuttgart: Kohlhammer, 1958.

Fichte, Johann G. *Der geschlossne Handelsstaat.* 1800. Leipzig: Meiner, 1943.

Fiedler, Leslie. „Cross the Border - Close the Gap." *Playboy* (Dezember 1969): 151, 230, 252-158, und *The Collected Essays of Leslie Fiedler.* Bd. 2. New York: Stein and Day, 1971. 461-485.

Finley, M.I. „Aristotle and Economic Analysis." *Past & Present* 47 (Mai 1970): 3-25.

Fischer, Mathilde und Karin Karabaczek-Schreiner, Übers. „Die weiße Mythologie: Die Metapher im philosophischen Text." Von Jacques Derrida. 1971. *Randgänge der Philosophie.* Von Jacques Derrida. 1972. Hg. Peter Engelmann. Übers. Gerhard Ahrens et al. Wien: Passagen, 1988. 205-258.

Forrester, Viviane. *L'horreur économique.* Paris: Arthème Fayard, 1996.

Foucault, Michel. „Hommage à Georges Bataille." *Critique* 195-196 (1963): 751-770.

---. *Histoire de la folie à l'âge classique. Suivi de „Mon corps, ce papier, ce feu" et „La folie, l'absence d'œuvre."* 1961/1972. Paris: Gallimard, 1972.

---. *L'archéologie du savoir.* Paris: Gallimard, 1969.

---. *Les mots et les choses: une archéologie des sciences humaines.* Paris: Gallimard, 1966.

Frank, Manfred. *Was ist Neostrukturalismus?* Frankfurt: Suhrkamp, 1983.

Franklin, Benjamin. „Advice to a Young Tradesman, Written by an Old One." 1748. *The Papers of Benjamin Franklin.* Hg. Leonard W. Labaree. Bd. 3. New Haven: Yale UP, 1961. 304-308.

---. *Benjamin Franklin's Autobiography.* 1771-1790. Hg. J.A. Leo Lemay und P.M. Zall. New York: Norton & Company, 1986.

Friedrich, Gerhard, Hg. *Theologisches Wörterbuch zum Neuen Testament.* Bd. 5. Stuttgart: Kohlhammer, 1954.

Frisk, Hjalmar, Hg. *Griechisches etymologisches Wörterbuch.* 2. Aufl. Bd. 2. Heidelberg: Carl Winter/Universitätsverlag, 1973.

Fukuyama, Francis. *The End of History and the Last Man.* NY: Free Press, 1992.

Gage, Jennifer Curtiss, Übers. „Numismatics." *Symbolic Economies: After Marx and Freud* 9-63.

---. *Symbolic Economies: After Marx and Freud.* Von Jean-Joseph Goux. 1973/1978. Ithaca: Cornell UP, 1990.

---. *The Coiners of Language.* Von Jean-Joseph Goux. 1984. Norman: U of Oklahoma P, 1994.

Ganßmann, Heiner. „Geld, Arbeit und Herrschaft." Schelkle und Nitsch 125-144.

Gasché, Rodolphe. *The Tain of the Mirror: Derrida and the Philosophy of Reflection.* Cambridge: Harvard UP, 1986.

Gasché, Rodolphe, Übers. „Kraft und Bedeutung." 1963. *Die Schrift und die Differenz*. Von Jacques Derrida. 1967. Frankfurt: Suhrkamp, 1976. 9-52.

Gasdner, Frieda et al., Übers. „The *Retrait* of Metaphor." 1978. Von Jacques Derrida. *Enclitic* 2.2 (1978) 5-33.

„Geldtheorie und Geldpolitik." *Handwörterbuch der Wirtschaftswissenschaften*. Hg. Willi Albers et al. Bd. 3. Stuttgart: Fischer, 1981. 355-486.

Gide, Charles und Charles Rist. *Histoire des doctrines économiques*. Bd. 1, *Des physiocrates à J. Stuart Mill*. Bd. 2, *De l'école historique à John Maynard Keynes*. 1909. 7. erw. Aufl.. Paris: Recueil Sirey, 1947.

Goethe, Johann Wolfgang von. *Faust. Der Tragödie zweiter Teil*. 1832. Stuttgart: Reclam, 1986.

Gondek, Hans-Dieter, Übers. *Dissemination*. Von Jacques Derrida. 1972. Hg. Peter Engelmann. Wien: Passagen, 1995.

Goux, Jean-Joseph. „Calcul des jouissances." 1975. *Les Iconoclastes* 171-190.

---. „Dialectique et histoire." *Freud, Marx: économie et symbolique* 9-52.

---. „Introduction." 1988. *Symbolic Economies: After Marx and Freud*. Übers. Jennifer Curtiss Gage. 1-8.

---. „La réduction du matériel." 1971. *Freud, Marx: économie et symbolique* 115-124.

---. *Freud, Marx: économie et symbolique*. Paris: Seuil, 1973.

---. *Les iconoclastes*. Paris: Seuil, 1978.

---. *Les monnayeurs du langage*. Paris: Galilée, 1984.

Grant, Iain Hamilton, Übers. *Symbolic Exchange and Death*. Von Jean Baudrillard. 1976. London: Sage, 1993.

Gregorzewski, Carla. *Edgar Allan Poe und die Anfänge einer originär amerikanischen Ästhetik*. Heidelberg: Winter, 1982.

„Grenznutzenschule." Dichtl und Issing 847-848.

Grimm, Jacob und Wilhelm Grimm. *Deutsches Wörterbuch*. Bd. 7. Hg. Matthias von Lexer. Leipzig: Hirzel, 1889.

Groys, Boris. *Über das Neue: Versuch einer Kulturökonomie*. München: Hanser, 1992.

Habermas, Jürgen. „Die Moderne - ein unvollendetes Projekt." 1981. Hoffmann 393-408.

---. *Der philosophische Diskurs der Moderne*. Frankfurt: Suhrkamp, 1988.

Handelman, Susan. *The Slayers of Moses*. Albany: State U of NY P, 1982.

Harada, Tetsushi. *Politische Ökonomie des Idealismus und der Romantik*. Berlin: Duncker & Humblot, 1989.

Harras, Gisela. „'Ökonomie' in deutschen Wörterbüchern." Stemmler 37-50.

Hartman, Geoffrey H. *Criticism in the Wilderness*. New Haven: Yale UP, 1980.

Harvey, David. *The Condition of Postmodernity*. Oxford: Blackwell, 1989.

Harvey, Irene E. *Derrida and the Economy of Différance*. Bloomington: Indiana UP, 1986.

Hassan, Ihab. „POSTmodernISM: A Paracritical Bibliography." 1971. *The Postmodern Turn*. Columbus: Ohio State UP, 1987. 25-45.

---. „Pragmatism, Postmodernism, and Beyond: Toward an Open World." *The End of Postmodernism: New Directions*. Hg. Heide Ziegler. Stuttgart: M & P, 1993. 11-30.

---. „Toward a Concept of Postmodernism." 1982. *The Postmodern Turn*. Columbus: Ohio State UP, 1987. 84-96.

Hauck, Johannes. „Nachwort." *Sämtliche Dichtungen*. Von Stéphane Mallarmé. 1862-1898. Übers. Carl Fischer und Rolf Stabel. München: dtv, 1992. 312-330.

Hayles, N. Katherine. „Information or Noise? Economy of Explanation in Barthes's S/Z and Shannon's Information Theory." *One Culture*. Hg. George Levine. Madison: U of Wisconsin P, 1987. 119-142.

Hegel, G.W.F. „Texte zur Philosophischen Propädeutik." 1808-1813. *Nürnberger und Heidelberger Schriften 1808-1817*. Frankfurt: Suhrkamp, 1986.

---. *Berliner Schriften 1818-1831*. Frankfurt: Suhrkamp, 1986.

---. *Grundlinien der Philosophie des Rechts*. 1820. Frankfurt: Suhrkamp, 1986.

---. *Jenaer Schriften 1801-1807*. Frankfurt: Suhrkamp, 1986.

---. *Jenaer Systementwürfe I*. 1803/04. Hamburg: Meiner, 1986.

---. *Jenaer Systementwürfe III*. 1805/06. Hamburg: Meiner, 1987.

---. *Phänomenologie des Geistes*. 1807. Frankfurt: Suhrkamp, 1986.

---. *Vorlesungen über die Geschichte der Philosophie I*. 1816-20. Frankfurt: Suhrkamp, 1986.

---. *Vorlesungen über die Geschichte der Philosophie III*. 1816-20. Frankfurt: Suhrkamp, 1986.

---. *Wissenschaft der Logik I*. 1808-1816. Frankfurt: Suhrkamp, 1986.

Heidegger, Martin. „Der Satz der Identität." *Identität und Differenz*. 1957. Stuttgart: Neske, 1996. 9-30.

---. „Was heißt Denken?" *Vorträge und Aufsätze*. 1954. Stuttgart: Neske, 1994. 123-137.

---. *Über den Humanismus*. 1947. Frankfurt: Klostermann, 1991.

Heinsohn, Gunner. „Muß die abendländische Zivilisation auf immer unerklärbar bleiben? Patriarchat und Geldwirtschaft." Schelkle und Nitsch 209-270.

Heinzelmann, Kurt. *The Economics of the Imagination*. Amherst: U of Massachusetts P, 1980.

Hörisch, Jochen. „Dekonstruktion des Geldes. Die Unvermeidbarkeit des Sekundären." Wetzel und Rabaté 173-182.

Hoffmann, Gerhard und Alfred Hornung, Hg. *Ethics and Aesthetics: The Moral Turn of Postmodernism.* Heidelberg: Winter, 1996.

Hoffmann, Gerhard, Alfred Hornung und Rüdiger Kunow. „'Modern', 'Postmodern' und 'Contemporary'." 1977. Hoffmann 7-43.

Hoffmann, Gerhard, Hg. *Der zeitgenössische amerikanische Roman.* Bd. 1. München: Fink, 1988.

Horn, Hans-Jürgen. „*Oikonomia.* Zur Adaption eines griechischen Gedankens durch das spätantike Christentum. " Stemmler 51-58.

Hornung, Alfred. „Nordamerikanische Literatur im Zeitalter der Postmoderne." *'Jeder nach seiner Fasson': Musikalische Neuansätze.* Hg. Ulrike Liedtke. Saarbrücken: Pfau, 1997. 225-244.

Huyssen, Andreas und Klaus R. Scherpe, Hg. *Postmoderne.* Reinbek: Rowohlt, 1986.

Hyppolite, Jean. *Genèse et structure de la Phénoménologie de l'Esprit de Hegel.* Paris: Aubier, 1946; engl. *Genesis and Structure of Hegel's Phenomenology of Spirit.* Übers. Samuel Cherniak und John Heckman. Evanston: Northwestern UP, 1974.

Issing, Otmar, Hg. *Geschichte der Nationalökonomie.* 1983. 3. überarb. und ergänzte Aufl. München: Vahlen, 1994.

James, Henry. „The Spoils of Poynton, A London Life, The Chaperon." 1908. *The Prefaces to the New York Edition.* 1907-1909. *Literary Criticsm.* Hg. Leon Edel. New York: Literary Classics of the United States, 1984. 1035-1155.

James, William. „Abstractionism and 'Relativismus'." *The Meaning of Truth.* 1909. *Writings 1902-1910.* 950-961.

---. *Pragmatism.* 1906. *Writings 1902-1910.* 479-624.

---. *Some Problems of Philosophy.* 1911. *Writings 1902-1910.* 979-1106.

---. *Writings 1902-1910.* Hg. Bruce Kuklick. New York: Literary Classics of the United States, 1987.

Jameson, Fredric. „Postmodernism, or, The Cultural Logic of Late Capitalism." 1984. *Postmodernism.* Durham: Duke UP, 1991. 1-54.

---. *Marxism and Form.* Princeton: Princeton UP, 1971.

---. *The Prison-House of Language.* Princeton: Princeton UP, 1972.

Johnson, Christopher. *System and Writing in the Philosophy of Jacques Derrida.* Cambridge: Cambridge UP, 1993.

Kamuf, Peggy, Übers. *Given Time: 1. Counterfeit Money.* Von Jacques Derrida. 1991. U of Chicago P, 1992.

---. *Specters of Marx: The State of the Debt, the Work of Mourning, and the New International.* Von Jacques Derrida. 1993. London: Routledge, 1994.

Kant, Immanuel. „Versuch, den Begriff der negativen Größen in die Weltweisheit einzuführen." 1763. *Vorkritische Schriften.* Bd. 2. *Werke in zehn Bänden.* Hg. Wilhelm Weischedel. Darmstadt: WBG, 1983.

---. *Grundlegung zur Metaphysik der Sitten.* 1785. *Schriften zur Ethik und Religionsphilosophie.* 1. Teil. *Werke in zehn Bänden.* Hg. Wilhelm Weischedel. Bd. 6. Darmstadt: WBG, 1983. 11-102.

---. *Kritik der reinen Vernunft.* 1781. Bd. 1. *Werke in zehn Bänden.* Hg. Wilhelm Weischedel. Bd. 3. Darmstadt: WBG, 1983.

---. *Metaphysik der Sitten.* 1797. *Schriften zur Ethik und Religionsphilosophie.* 2. Teil. *Werke in zehn Bänden.* Hg. Wilhelm Weischedel. Bd. 7. Darmstadt: WBG, 1983. 305-634.

Kath, Dieter. „Geld und Kredit." Bender et al. Bd. 1. 175-218.

Klappenbach, Ruth und Wolfgang Steinitz, Hg. *Wörterbuch der deutschen Gegenwartssprache.* Bd. 6. Berlin: Akademie, 1977.

Klein, Richard, Übers. „Positions." Von Jacques Derrida. 1971. *Diacritics* 2.4 (Winter 1972): 35-43, *Diacritics* 3.1 (Frühjahr 1973): 33-46 und *Diacritics* 3.2 (Sommer 1973): 57-59.

Kleinfeld, Annette. *Persona Oeconomica.* Heidelberg: Physica, 1998.

Knapp, Steven und Walter Benn Michaels. „Against Theory." 1982. *Against Theory: Literary Studies and the New Pragmatism.* Hg. W.J.T. Mitchell. Chicago: U of Chicago P, 1985. 11-30.

Knight, Charles A. „The *Spectator*'s Moral Economy." *Modern Philology* 91.2 (November 1993): 161-179.

Knop, Andreas und Michael Wetzel, Übers. *Falschgeld: Zeit geben I.* Von Jacques Derrida. 1991. München: Fink, 1993.

Köhler, Michael. „'Postmodernismus': Ein begriffsgeschichtlicher Überblick." *Amerikastudien* 22.1 (1977): 8-18.

König, Traugott, Übers. „Der verfemte Teil." Von Georges Bataille. 1949. *Die Aufhebung der Ökonomie.* Hg. Gerd Bergfleth. München: Matthes & Seitz, 1985. 33-234.

Kojève, Alexandre. *Introduction à la lecture de Hegel: Leçons sur la Phénoménologie de l'Esprit.* 1933-1939. Zusammengest. und hg. Raymond Queneau. Paris: Gallimard, 1947.

Koslowski, Peter. *Politik und Ökonomie bei Aristoteles.* 1976. 3. Aufl. Tübingen: Mohr, 1993.

Kuberski, Philip. *A Calculus of Ezra Pound.* Gainesville: UP of Florida, 1992.

Lacan, Jacques. „Fonction et champ de la parole et du langage en psychanalyse." 1953. *Écrits* 237-322.

---. „La direction de la cure et les principes de son pouvoir." 1958. *Écrits* 585-646.

---. „L'instance de la lettre dans l'inconscient ou la raison depuis Freud." 1957. *Écrits* 493-530.

---. *Écrits*. Paris: Seuil, 1966.

Laplanche, Jean und J.-B. Pontalis, Hg. *Vocabulaire de la psychanalyse*. Paris: Presses Universitaires de la France, 1967.

Lash, Scott und John Urry. *Economies of Signs and Space*. London: Sage Publications, 1994.

Lauer, Enrik. *Literarischer Monetarismus*. St. Ingbert: Röhrig Universitätsverlag, 1994.

Lawrence, D.H. *Studies in Classic American Literature*. 1923. New York: Viking, 1971.

Leitch, Vincent B. *American Literary Criticism from the Thirties to the Eighties*. New York: Columbia UP, 1988.

Lentricchia, Frank. *After the New Criticism*. London: Athlone Press, 1980.

Lessing, Gotthold Ephraim. *Nathan der Weise*. 1779. München: Hanser, 1971.

Levin, Charles, Übers. *For a Critique of the Political Economy of the Sign*. Von Jean Baudrillard. 1972. St. Louis: Telos Press, 1981.

Lichtenberg, Georg Christoph. *Sudelbücher*. 1800/1806. *Schriften und Briefe*. Bd. 1. München: Hanser, 1968.

Lommel, Herman, Übers. *Grundfragen der allgemeinen Sprachwissenschaft*. 1931. Von Ferdinand de Saussure. 2. Aufl. Berlin: Walter de Gruyter, 1967.

Luhmann, Niklas. „Die Autopoiesis des Bewußtseins." *Selbstthematisierung und Selbstzeugnis*. Hg. Alois Hahn und Volker Kapp. Frankfurt: Suhrkamp, 1987. 25-94.

---. „Deconstruction as Second-Order Observing." *New Literary History* 24.4 (Herbst 1993): 763-782.

---. *Die Wirtschaft der Gesellschaft*. Frankfurt: Suhrkamp, 1988.

Lutherbibel erklärt. Stuttgart: Deutsche Bibelgesellschaft, 1974.

Lyotard, Jean-François. „Réponse à la question: Qu'est-ce que le postmoderne?," *Critique* 37/419 (1982): 357-367; dt. „Beantwortung der Frage: Was ist postmodern?," *Tumult* 4 (1982): 131-142.

---. *Das postmoderne Wissen*. 1979. Übers. Otto Pfersmann. Wien: Passagen, 1994.

---. *Économie libidinale*. Paris: Minuit, 1974.

Male, Roy R., Hg. *Money Talks: Language and Lucre in American Fiction*. Norman: U of Oklahoma P, 1980.

Mallarmé, Stéphane. „Le mystère dans les lettres." 1896. *Divagations*. 1897. *Œuvres*. Hg. Yves-Alain Favre. Paris: Bordas, 1992. 299-307.

---. „Magie." 1893. *Divagations*. 1897. *Œuvres*. Hg. Yves-Alain Favre. Paris: Bordas, 1992. 330-332.

---. „Or." 1893. *Divagations*. 1897. *Œuvres*. Hg. Yves-Alain Favre. Paris: Bordas, 1992. 325-326.

Man, Paul de. *Allegories of Reading*. New Haven: Yale UP, 1979.

Martinet, André. *Économie de changements phonétiques.* Bern: Francke, 1955.

Marx, Karl. *Das Kapital.* Bd. 1. 4. Aufl. 1890. *Karl Marx/Friedrich Engels: Werke.* Berlin: Dietz, 1993.

Marx, Leo. *The Machine in the Garden.* New York: Oxford UP, 1964.

Mauss, Marcel. „Essai sur le don: Forme et raison de l'échange dans les sociétés archaïques." 1923-1924. *Sociologie et Anthropologie: Précédé d'une Introduction à l'œuvre de Marcel Mauss par Claude Lévy-Strauss.* 1950. 5. Aufl.. Paris: Quadrige, 1993. 143-279.

McCaffery, Steve. *North of Intention: Critical Writings 1973-1986.* New York: Roof Books, 1986.

McLuhan, Marshall. *The Gutenberg Galaxy.* Toronto: U of Toronto P, 1962.

---. *Understanding Media.* NY: McGraw-Hill, 1964.

Meister, Martina. „Denken als Risiko: Sind die französischen Intellektuellen Betrüger?" *Frankfurter Rundschau* 29. Oktober 1997: 8.

Michaels, Walter Benn. *The Gold Standard and the Logic of Naturalism.* Berkeley: U of California P, 1987.

Milich, Klaus J. *Die frühe Postmoderne: Geschichte eines europäisch-amerikanischen Kulturkonflikts.* Frankfurt/New York: Campus, 1998.

Miller, J. Hillis. *Theory Now and Then.* New York: Harvester Wheatsheaf, 1991.

Moore, F.C.T., Übers. „White Mythology: Metaphor in the Text of Philosophy." Von Jacques Derrida. *New Literary History* 6.1 (1974): 5-74.

Morot-Sir, Edouard et al., Übers. „The Ends of Man." Von Jacques Derrida. *Philosophy and Phenomenological Research* 30.1 (1969): 31-57.

Nichols, James H., Übers. *Introduction to the Reading of Hegel: Lectures on the Phenomenology of Spirit.* Von Alexandre Kojève. 1947. Hg. Allan Bloom. 1969. Ithaca: Cornell UP, 1980.

Nietzsche, Friedrich. „Ueber Wahrheit und Lüge im aussermoralischen Sinne." 1873. *Nachgelassene Schriften 1870-1873. Kritische Studienausgabe.* Bd. 1. Hg. Giorgio Colli und Mazzino Montinari. München: dtv/de Gruyter, 1988. 873-890.

---. *Also sprach Zarathustra.* 1883-85. *Kritische Studienausgabe.* Bd. 4. Hg. Giorgio Colli und Mazzino Montinari. München: dtv/de Gruyter, 1988.

---. *Zur Genealogie der Moral: Eine Streitschrift.* 1887. *Kritische Studienausgabe.* Hg. Giorgio Colli und Mazzino Montinari. Bd. 5. München: dtv/de Gruyter, 1988. 245-412.

Norris, Christopher. *Deconstruction.* London: Routledge, 1982.

Nouvet, Claire. „The Discourse of the 'Whore:' An Economy of Sacrifice." *Modern Language Notes* 105 (1990): 750-73.

Novalis. *Schriften: Die Werke Friedrich von Hardenbergs.* Hg. Richard Samuel et al. Bd. 3. Stuttgart: Kohlhammer, 1960.

Nussbaum, Martha C. „Women and Cultural Universals." 1993. *Sex and Social Justice.* NY: Oxford UP, 1999. 29-54.

--- und Amartya Sen, Hg. *The Quality of Life.* Oxford: Clarendon, 1993.

Okin, Susan Moller. *Is Multiculturalism Bad for Women?* Princeton: Princeton UP, 1999.

Ormiston, Gayle L. „The Economy of Duplicity: *Différance.*" *Derrida and Différance.* Hg. David Wood und Robert Bernasconi. Evanston: Northwestern UP, 1988. 41-49.

Osteen, Mark. „Narrative Gifts: 'Cyclops' and the Economy of Excess." *Joyce Studies Annual* 1 (Sommer 1990): 162-196.

Pareto, Vilfredo. *Manuel d'économie politique.* 1906. Genf: Librairie Droz, 1966.

---. *System der allgemeinen Soziologie.* 1916. Hg. Gottfried Eisermann. Stuttgart: Enke, 1962.

Paul, Imbs, Hg. *Trésor de la langue francaise.* Bd. 7. Paris: Éditions du centre national de la recherche scientifique, 1979.

Peirce, Charles Sanders. „A Survey of Pragmaticism." *Pragmatism and Pragmaticism/Scientific Metaphysics.* 1892/3-1902/3. Hg. Charles Hartshorne und Paul Weiss. 1935. *The Collected Papers of Charles Sanders Peirce.* Bd. 5. Cambridge: Harvard UP, 1960. 317-345.

---. *Scientific Metaphysics.* 1892/3-1902/3. Hg. Charles Hartshorne und Paul Weiss. 1935. *The Collected Papers of Charles Sanders Peirce.* Bd. 6. Cambridge: Harvard UP, 1960.

Platon. *Der Staat.* Übers. Otto Apelt. 3. Aufl. 1923. Hamburg: Meiner, 1998.

---. *Philebos.* Übers. Otto Apelt. 2. Aufl. 1922. *Sämtliche Dialoge.* Bd. 4. Hamburg: Meiner, 1998.

Poster, Mark. *Existential Marxism in Postwar France.* Princeton: Princeton UP, 1975.

---, Übers. *The Mirror of Production.* Von Jean Baudrillard. 1973. St. Louis: Telos, 1975.

Priddat, Birger P. *Hegel als Ökonom.* Berlin: Duncker & Humblot, 1990.

Rey, Alain, Hg. *Le Grand Robert de la langue francaise.* Bd. 3. 2. Aufl. Paris: Robert, 1985.

Rheinberger, Hans-Jörg und Hanns Zischler, Übers. *Grammatologie.* 1967. Von Jacques Derrida. Frankfurt: Suhrkamp, 1983.

Richardson, Michael. *Georges Bataille.* London: Routledge, 1994.

Riedel, Christoph. *Subjekt und Individuum.* Darmstadt: WBG, 1989.

Rieder, John. „Wordsworth's 'Indolence:' Providential Economy and Poetic Vocation." *Pacific Coast Philology* 23.1-2 (Nov. 1988): 67-76.

Riese, Hajo. „Geld - das letzte Rätsel der Nationalökonomie." Schelkle und Nitsch 45-62.

Rieter, Heinz. „Historische Schulen." Issing 127-162.

Rifkin, Jeremy. *The End of Work: The Decline of the Global Labor Force and the Dawn of the Post-Market Era.* New York: Putnam's Sons, 1995.

Ritter, Joachim und Karlfried Gründer, Hg. *Historisches Wörterbuch der Philosophie.* Bd. 6. Basel: Schwabe & Co, 1984.

Roggenbuck, Simone. *Saussure und Derrida: Linguistik und Philosophie.* Tübingen: Francke, 1998.

Rohr, Rupprecht. „Der Begriff 'Ökonomie' in der französischen Literatur des Mittelalters." Stemmler 59-68.

Rosen, Stanley. *Hermeneutics as Politics.* NY: Oxford UP, 1987.

Rosenthal, Klaus. *Die Gleichursprünglichkeit von Ökonomie und Wissenschaft.* Spardorf: Wilfer, 1986.

Rosenzweig, Franz. *Der Stern der Erlösung.* 1921. Frankfurt: Suhrkamp, 1996.

Rorty, Richard. „Is Derrida a Transcendental Philosopher?" *Derrida: A Critical Reader.* Hg. David Wood. Oxford: Blackwell, 1992. 235-246.

---. *Consequences of Pragmatism.* 1982. New York: Harvester Wheatsheaf, 1991.

---, Hg. und Einf. *The Linguistic Turn: Recent Essays in Philosophical Method.* Chicago: U of Chicago P, 1967.

Ryan, Michael. *Marxism and Deconstruction.* Baltimore: Johns Hopkins UP, 1982.

Salaquarda, Jörg. „Umwertung aller Werte." *Archiv für Begriffsgeschichte* 22.2 (1978): 154-174.

Saussure, Ferdinand de. *Cours de linguistique générale.* 1905-11. Hg. Tullio de Mauro. Paris: Payot, 1972.

Schefold, Bertram und Kristian Carstensen, „Die Klassische Politische Ökonomie." Issing 63-87.

Scheler, Max. *Der Formalismus in der Ethik und die materiale Wertethik.* 1916. Bern: Francke, 1980.

Schelkle, Waltraud und Manfred Nitsch. *Rätsel Geld: Annäherungen aus ökonomischer, soziologischer und historischer Sicht.* Marburg: Metropolis, 1995.

Schestag, Thomas. „économie." *Parerga: Zur literarischen Hermeneutik.* München: Boer, 1991. 160-209.

Schinzinger, Francesca. „Die Vorläufer der Nationalökonomie." Issing 15-35.

Schumann, Jochen. „Wegbereiter der modernen Preis- und Kostentheorie." Issing 163-192.

Schumpeter, Joseph A. *Geschichte der ökonomischen Analyse*. 1954. Hg. Elizabeth B. Schumpeter. Göttingen: Vandenhoeck & Ruprecht, 1965.

Schwarz, Winfried. „Wert, ökonomischer." *Europäische Enzyklopädie zu Philosophie und Wissenschaften*. Hg. H.J. Sandkühler. Bd. 4. Hamburg: Meiner, 1990. 801-805.

Shell, Marc. *Art & Money*. Chicago: U of Chicago P, 1995.

---. *Money, Language, and Thought*. Berkeley: U of California P, 1982.

---. *The Economy of Literature*. Baltimore: Johns Hopkins UP, 1978.

Siebke, Jürgen. „Preistheorie." Bender et al. Bd. 2. 61-121.

Silverman, Kenneth, „From Cotton Mather to Benjamin Franklin." *Columbia Literary History of the United States*. New York: Columbia UP, 1988. 101-112.

Simmel, Georg. *Philosophie des Geldes*. 1900. Frankfurt: Suhrkamp, 1989.

Simpson, J.A. und E.S.C. Weiner, Hg. *The Oxford English Dictionary*. 2. Aufl. Bd. 5. Oxford: Clarendon, 1989.

Smith, Adam. *An Inquiry into the Nature and Causes of the Wealth of Nations*. 1776. Hg. Edwin Cannan. New York: Random House, 1937.

Smith, Barbara Herrnstein. *Contingencies of Value*. Cambridge: Harvard UP, 1988.

Sontag, Susan. „Notes on Camp." 1964. *Against Interpretation and Other Essays*. New York: Farrar, Straus & Giroux, 1969. 275-292.

---. „The Pornographic Imagination." 1967. *Styles of Radical Will*. London: Secker & Warburg, 1969. 35-73.

Spahn, Peter. „Die Anfänge der antiken Ökonomik." *Chiron* 14 (1984): 301-323.

Spivak, Gayatri Chakravorty. „Ghostwriting." *Diacritics* 25.2 (Sommer 1995): 65-84.

---. „Limits and Openings of Marx in Derrida." 1980. *Outside in the Teaching Machine*. New York: Routledge, 1993. 97-119.

---, Übers. *Of Grammatology*. Von Jacques Derrida. 1967. Baltimore: Johns Hopkins UP, 1976.

Stachowiak, Herbert, Hg. *Pragmatik*. Bd. 1. 1986. Darmstadt: WBG, 1997.

Stadermann, Hans-Joachim. „Tabu, Gewalt und Geld als Steuerungsmittel." Schelkle und Nitsch 145-172.

Stavenhagen, Gerhard. *Geschichte der Wirtschaftstheorie*. 1951. Göttingen: Vandenhoeck & Ruprecht, 1964.

Steinmann, Horst und Andreas Scherer, Hg. *Zwischen Universalismus und Relativismus*. Frankfurt: Suhrkamp, 1998.

Stemmler, Theo, Hg. *Ökonomie: Sprachliche und literarische Aspekte eines 2000 Jahre alten Begriffs*. Tübingen: Narr, 1985.

Störig, Hans Joachim. *Kleine Weltgeschichte der Philosophie*. 1949. Frankfurt: Fischer, 1987.

„Tausch." Dichtl und Issing 2065.

Thieme, H. Jörg. „Wirtschaftssysteme." Bender et al. Bd. 1. 1-48.

Trotter, David. „Too Much of a Good Thing: Fiction and the 'Economy of Abundance.'" *Critical Quarterly* 34.4 (Winter 1992): 27-41.

Ulrich, Peter und Josef Wieland, Hg. *Unternehmensethik in der Praxis.* Bern: Haupt, 1998.

Varela, Francisco J. „Autonomie und Autopoiese." 1981. Übers. Siegfried J. Schmidt. *Der Diskurs des radikalen Konstruktivismus.* Hg. Siegfried J. Schmidt. Frankfurt: Suhrkamp, 1987. 119-132.

Veeser, Aram H., Hg. *The New Historicism.* New York: Routledge, 1989.

Vilar, Pierre. *Gold und Geld in der Geschichte.* 1974. Übers. Helga Reimann und Manfred Vasold. München: Beck, 1984.

Völker, Klaus, Hg. *Ich werde auf eure Gräber spucken.* Von Boris Vian. 1946. Übers. Eugen Helmlé. Berlin: Wagenbach, 1994.

Voltaire. *Dictionnaire philosophique.* 1764. *Œuvres complètes.* Bd. 3. Paris: Antoine-Augustin Renouard, 1819.

Wahrig, Gerhard, Hildegard Krämer und Harald Zimmermann, Hg. *Brockhaus Wahrig: Deutsches Wörterbuch.* Bd. 4. Wiesbaden: Brockhaus, 1982.

Walras, Léon. *Élements d'économie pure ou Théorie de la richesse sociale.* 1874. Erg. und verb. Ausgabe. Paris: Economica, 1988.

Walsh, Susan. „Bodies of Capital: *Great Expectations* and the Climacteric Economy." *Victorian Studies* 37.1 (Herbst 1993): 73-98.

Warner, Michael. „*Walden*'s Erotic Economy." *Comparative American Identities.* Hg. Hortense J. Spillers. NY: Routledge, 1991. 157-174.

Weber, Max. *Die protestantische Ethik und der 'Geist' des Kapitalismus.* 1904/5. Hg. Klaus Lichtblau und Johannes Weiß. 2. Aufl. Weinheim: Beltz, 1993.

Weisenburger, Steven. „Contra Naturam?: Usury in William Gaddis's *JR.*" Male 93-110.

Weizsäcker, Carl Friedrich von. *Zeit und Wissen.* München: dtv, 1995.

Welsch, Wolfgang. *Ästhetisches Denken.* Stuttgart: Reclam, 1990.

---. *Unsere Postmoderne Moderne.* 3. Aufl. Weinheim: VCH, 1991.

---, Hg. *Wege aus der Moderne.* Weinheim: VCH, 1988.

„Wert." *Handwörterbuch der Sozialwissenschaften.* Hg. Erwin v. Beckerath et al. Bd. 11. Stuttgart: Fischer, 1961. 631-658.

„Wertphilosophie." *Enzyklopädie Philosophie und Wissenschaftstheorie.* Hg. Jürgen Mittelstraß. Bd. 4. Stuttgart: Metzler, 1996. 668-669.

Wetzel, Michael und Jean-Michel Rabaté, Hg. *Ethik der Gabe: Denken nach Jacques Derrida.* Berlin: Akademie, 1993.

Wex, Thomas. „Ökonomik der Verschwendung. Batailles *Allgemeine Ökonomie* und die Wirtschaftswissenschaft." *Georges Bataille: Vorreden zur Überschreitung.* Hg. Andreas Hetzel und Peter Wiechens. Würzburg: Königshausen und Neumann, 1999. 187-210.

Whalen, Terence. „Edgar Allan Poe and the Horrid Laws of Political Economy." *American Quarterly* 44.3 (Sept. 1992): 381-417.

Wieland, Josef. *Formen der Institutionalisierung von Moral in amerikanischen Unternehmen.* Bern: Haupt, 1993.

Wolf, Philipp. *Einheit, Abstraktion und literarisches Bewußtsein.* Tübingen: Narr, 1998.

Woodmansee, Martha und Mark Osteen, Hg. *The New Economic Criticism: Studies at the Intersection of Literature and Economics.* London: Routledge, 1999.

Wyschogrod, Edith. „Towards a Postmodern Ethics: Corporeality and Alterity." Hoffmann und Hornung 53-67.

Zheng, Da. *Moral Economy and American Realistic Novels.* New York: Lang, 1996.

Zuckert, Catherine H. *Postmodern Platos.* Chicago: U of Chicago P, 1996.

Namenverzeichnis

Die Nennung des Namens von Jacques Derrida, im Text durchgängig, ist hier nicht verzeichnet.